国家电网
STATE GRID

国网山东省电力公司
STATE GRID SHANDONG ELECTRIC POWER COMPANY

国网山东省电力公司

业务审核指引

马瑞霞　蒋文祥　武　健　主编

吉林大学出版社
·长春·

图书在版编目（CIP）数据

国网山东省电力公司业务审核指引 / 马瑞霞，蒋文祥，武健主编 .— 长春：吉林大学出版社，2020.8
ISBN 978-7-5692-6975-8

Ⅰ．①国… Ⅱ．①马… ②蒋… ③武… Ⅲ．①电力工业－工业企业管理－业务管理－研究－山东 Ⅳ．
①F426.61

中国版本图书馆 CIP 数据核字（2020）第 168796 号

书　　名：国网山东省电力公司业务审核指引
GUOWANG SHANDONG SHENG DIANLI GONGSI YEWU SHENHE ZHIYIN

作　　者：马瑞霞　蒋文祥　武　健　主编
策划编辑：邵宇彤
责任编辑：宋睿文
责任校对：李潇潇
装帧设计：优盛文化
出版发行：吉林大学出版社
社　　址：长春市人民大街4059号
邮政编码：130021
发行电话：0431-89580028/29/21
网　　址：http://www.jlup.com.cn
电子邮箱：jdcbs@jlu.edu.cn
印　　刷：定州启航印刷有限公司
成品尺寸：210mm×285mm　　16开
印　　张：23.25
字　　数：520千字
版　　次：2020年8月第1版
印　　次：2020年8月第1次
书　　号：ISBN 978-7-5692-6975-8
定　　价：98.00元

PREFACE 前言

近年来，国网山东省电力公司不断完善稽核监督体系，不断识别、评估潜在风险，调整应对策略，提升内控体系有效性，不断增强公司稳健经营的能力。随着内外部环境的不断变化，需要公司以更高的标准进一步加强稽核监督体系建设，提升风险防控能力，确保安全、合规经营。

为进一步提高安全水平，加强业务审核力度，我们编写了《业务审核指引》（以下简称《指引》）。《指引》主要包括通用业务、财务管理业务、薪酬福利业务、营销管理业务等14类业务流程，每个流程涉及业务概述、风险分析、权责划分、制度依据、审核指引五项内容，主要以业务发生—财务审核—财务稽核为主线，依据现行国家法律、法规和政策及电力企业相关制度要求，依照各业务流程风险类别和来源，全面识别所面临的潜在风险，确定关键控制点。同时，准确界定业务、归口、财务部门权责范围，明确对应关键岗位，最终采用可视化流程图设计，直观反映各业务流程运行的关键环节、业务审核要点，以此形成三道业务审核防线，发挥跨部门联动、有效监督的作用。

《指引》突出合规性、专业性、实用性三个特点，体现了工具书特色，在整体结构、表现形式、审核手段等方面均有所创新，并首次以财务的视角为各部门提供了业务办理流程依据，从单一控制转变为多维控制，有助于各部门互联互通，协同管控，适应了未来公司管理变革的需要。

由于本《指引》首次编写，恳请各部门、各单位在实际应用过程中及时反馈意见和建议，交流改进措施，共同努力，提升业务审核、监督管理水平。

《业务审核指引》 使用指南

1. 业务概述

对各项业务进行准确定义，列明该业务所包含的相关流程，涉及的相关流程及信息系统。

2. 风险分析

风险分析是指在对各项业务风险识别的基础之上，进一步分析风险发生的可能性和对各项业务目标实现的影响程度，并确定其风险类别，以便为制定风险应对策略、选择应对措施提供依据，也将作为业务审核、财务审核的关键控制点。

依照风险的内容和来源，将各项业务面临的风险分为战略风险、财务风险、市场风险、运营风险、法律风险。

3. 权责划分

（1）编制范围

按照各部门职能定位及业务授权权限，以公司内的各项业务流程中的关键控制为基础编制权责划分表，具体按照关键控制的完整性、准确性、接触性和有效性原则，将各项业务流程中业务经办部门、归口管理部门、财务管理部门权限划定为提报权、执行权、审核权、审批权。不包括起草、拟定、建议、审阅和业务复核等其他权限。

（2）编制说明

各项权限是指不同部门相关岗位在行使某项工作权力时的职权范围，具体包括以下几个。

提报权：对职责范围内工作开始前提出申请、工作完成后报送的权力。

执行权：对属于职责范围内工作享有独立操作并完成的权力。

审核权：对某项工作进行审查、核定的权力。

审批权：对某项工作进行最终审查、批准的权力。

原则上各项权责的行使人为部门直接负责人。提报人不得同时兼任审核人、审批人；审批人不得兼任执行人；审批人可兼行使审核权，提报人可兼行使执行权。

4. 制度依据

（1）相关业务制度

国家有关部门、国家电网有限公司已颁布的相关业务管理政策规定、管理制度。

（2）相关财务制度

财政部、国家电网有限公司已颁布的相关会计政策、财务管理制度。

5. 审核指引

（1）业务流程图

通过流程简图反映各项业务工作流程，明确对应岗位，确定关键控制点、原始单据等。

对流程图模板使用、流程图功能带设置、流程图正文编制作了具体规定。流程图编制时使用以下标准图例：

序号	图例	图例说明
1	负责人员 / 工作	负责人员：填列负责该工作的岗位 工作：简要填列具体实施的工作步骤，如填写费用报销单
2		流程目录中已经明确的具体业务流程，此图例表示对其他流程的引用
3	文件、表单的全称	该图例表示以文本形式存在的文件、制度、表单等，内容为文件、表单的全称
4	↓	用来连接两个工作步骤
5		表示流程图开始或结束
6	C1	表示业务流程步骤中的关键控制点，标识在实施控制的步骤的右下角，与所识别的风险点对应，如C1
7		在需要对某项步骤进行详细说明时使用

（2）关键控制审核要点

针对各业务相关业务经办部门、归口管理部门、财务部门权责划分，分别对应关键控制点确定重点审核要点，指导业财人员协同审核、规范办理此类支出业务，防范与应对相关风险。

《业务审核指引》框架

业务大类	流程编号	一级流程	二级流程
一、通用业务	SG-SD0101	办公费	
	SG-SD0102	差旅费	
	SG-SD0103	会议费	
	SG-SD0104	培训费	
	SG-SD0104-01		职工教育经费
	SG-SD0105	业务招待费	
	SG-SD0106	车辆使用费	
	SG-SD0107	备用金	

续 表

业务大类	流程编号	一级流程	二级流程
一、通用业务	SG-SD0108	中介费	
	SG-SD0109	政府业务	
	SG-SD0109-01		地方政府收费
	SG-SD0109-02		政府补助
	SG-SD0110	团体会费	
	SG-SD0110-01		工会经费
	SG-SD0111	租赁业务	
	SG-SD0111-01		资产出租
	SG-SD0112	保险费用收取及支付	
	SG-SD0112-01		收取保险赔偿款
	SG-SD0112-02		支付保险赔偿款
	SG-SD0113	非正常支出	
	SG-SD0113-01		非正常支出
	SG-SD0114	业务外包费用	
二、财务管理	SG-SD0201	预算管理	
	SG-SD0201-01		全面预算管理
	SG-SD0201-02		储备项目评审
	SG-SD0203	核算业务	
	SG-SD0203-01		存款利息收入
	SG-SD0203-01		银行手续费支出
	SG-SD0203-02		资产折旧与摊销
	SG-SD0203-03		坏账准备的计提、转回及坏账损失核销
	SG-SD0203-04		资产减值业务
	SG-SD0203-05		无法支付款项转收入
	SG-SD0203-06		上级拨入资金
	SG-SD0203-07		价外基金列转
	SG-SD0203-08		多维报表编制
	SG-SD0204	财税管理	
	SG-SD0204-01		个人所得税

续　表

业务大类	流程编号	一级流程	二级流程
二、财务管理	SG-SD0204-02		增值税
	SG-SD0204-03		城市维护建设税
	SG-SD0204-04		教育费附加、地方教育费附加
	SG-SD0204-05		土地使用税
	SG-SD0204-06		印花税
	SG-SD0204-07		房产税
三、薪酬福利业务	SG-SD0301	工资	
	SG-SD0302	职工福利费	
	SG-SD0302-01		职工疗养费
	SG-SD0302-02		医疗费用
	SG-SD0302-03		食堂经费
	SG-SD0302-04		防暑降温费
	SG-SD0302-05		供暖费补贴
	SG-SD0302-06		独生子女费
	SG-SD0302-07		丧葬补助费
	SG-SD0302-08		抚恤费
	SG-SD0302-09		职工困难补助
	SG-SD0302-10		离退休医疗费、困难补助、活动经费及其他支出
	SG-SD0302-11		离退休生活补贴、住房补贴
	SG-SD0303	社会保险费	
四、营销管理业务	SG-SD0401	实收电费资金到账	
	SG-SD0402	预收电费	
	SG-SD0403	省内售电收入	
	SG-SD0404	违约使用电费	
	SG-SD0405	高可靠性供电收入	
	SG-SD0406	退还电费	
	SG-SD0407	委托运行维护费	

续　表

业务大类	流程编号	一级流程	二级流程
四、营销管理业务	SG-SD0409	业务费	
	SG-SD0410	节能服务费	
	SG-SD0411	小区配套费	
五、电力交易业务	SG-SD0501	统调电厂购电	
	SG-SD0502	非统调电厂购电	
六、基建工程业务	SG-SD0601	建设项目前期费	
	SG-SD0602	工程款结算	
	SG-SD0603	工程物资结算	
	SG-SD0604	工程其他费用	
	SG-SD0605	工程投产转资	
	SG-SD0606	工程决算转资	
	SG-SD0607	500千伏及以上工程委托属地报销业务	
七、运维检修业务	SG-SD0701	检修运维费	
	SG-SD0702	设备检测费	
	SG-SD0703	节能服务费	
	SG-SD0704	护线费	
	SG-SD0705	技术使用费	
八、设备资产管理	SG-SD0801	资产增加	
	SG-SD0801-01		固定资产零购
	SG-SD0801-02		无偿接收用户资产
	SG-SD0802	资产处置	
	SG-SD0802-01		车辆报废业务
	SG-SD0802-01		房屋土地报废
	SG-SD0802-01		设备报废业务
	SG-SD0802-02		固定资产转让

续　表

业务大类	流程编号	一级流程	二级流程
八、设备资产管理	SG-SD0802-03		固定资产调拨
	SG-SD0803	资产盘点	
	SG-SD0803-01		固定资产盘盈收入
	SG-SD0803-02		固定资产盘亏
	SG-SD0804	资产处置结转	
九、后勤管理业务	SG-SD0901	物业管理费	
	SG-SD0902	清洁卫生费	
	SG-SD0903	绿化费	
	SG-SD0904	取暖费	
	SG-SD0905	水电费	
	SG-SD0906	管理用房屋维修费	
	SG-SD0907	租赁费	
十、科技信息业务	SG-SD1001	管理信息系统维护费	
	SG-SD1002	研发支出业务	
	SG-SD1002-01		服务类研发支出
	SG-SD1002-02		物资类研发支出
十一、安全管控	SG-SD1101	电力设施保护费	
	SG-SD1102	劳动保护费	
	SG-SD1103	安全费	
十二、物资管理业务	SG-SD1201	物资采购	
十二、物资管理业务	SG-SD1202	废旧物资处置	
十三、外联业务	SG-SD1301	广告宣传费	
	SG-SD1302	公益性捐赠支出	
十四、党建活动	SG-SD1401	党组织工作经费	

C目录NTENTS

一、通用业务

审核：办公费

1. 业务概述

办公费是指公司在生产管理中耗用的办公用品及杂费、印刷、邮电、通信、图书报刊及微机耗材等办公费用。

办公费业务涉及三项流程：一是通过 ERP 物资采购流程办理办公用品等消耗性物资采购业务；二是通过员工报销系统办理办公用品及杂费等日常报销业务（合同签订限额标准以下）；三是通过 ERP 服务采购流程办理印刷费等服务采购业务（合同签订限额标准以上）。

2. 风险分析

风险分类	风险描述
运营风险	1. 物资需求计划未经有效审核，导致采购物资不符合办公费报销要求，造成超范围、虚假列支办公费 2. 报销单据与采购申请不一致，可能导致虚列成本，造成损失 3. 未按合同要求取得增值税专用发票，造成公司经济损失 4. 签批手续不完整，存在合规风险
财务风险	1. 未对报销单据的完整性及报销事项与报销单据的一致性复核，可能导致财务数据失真 2. 会计凭证编制未经有效审核，可能导致凭证编制错误未及时被发现，出现会计核算差错问题
法律风险	合同未经有效审核，合同条款约定不明确，合同执行不到位，可能引起法律纠纷。

3. 权责划分

涉及岗位	关键控制点	权限划分
业务经办人员	提交需求申请	提报权
	物资到货并领用发货	执行权
	如实创建采购订单	执行权
	发起合同会签	执行权
经办部门负责人	审核采购需求	审核权、审批权
	物资到货并领用发货	审核权、审批权
	审核采购订单	审核权、审批权
	合同会签	审核权、审批权
归口管理部门负责人	审核采购需求	审核权、审批权
成本管理会计	审核采购需求	审核权

续　表

涉及岗位	关键控制点	权限划分
成本管理会计	发票校验	执行权
	生成报销凭证	执行权

4. 制度依据

（1）相关业务制度

《国网山东省电力公司本部办公物资管理办法》（鲁电后勤〔2016〕740号）

（2）相关财务制度

《国家电网公司会计核算办法》（国网（财/2）469-2014）

《国家电网有限公司会计基础管理办法》（国网（财/2）350-2018）

《国家电网公司财务管理通则》（国网（财/1）97-2014）

5. 审核指引

（1）业务流程图

通过流程简图反映办公费业务工作流程，明确对应岗位，确定关键控制点、原始单据等。

（2）关键控制审核要点

针对办公费业务过程中相关业务经办部门、归口管理部门（办公室、后勤、综合服务中心、信通公司等）、财务部门权责划分，确定重点审核要点，指导业财人员协同审核、规范办理此类业务，防范与应对相关风险。

① 通过 ERP 物资采购流程办理办公用品等消耗性物资采购业务

办公费	业务经办部门：相关部门	流程编号：SG-SD0101
	归口管理部门：办公室、后勤部门、信通部门等	编制单位：国网山东省电力公司

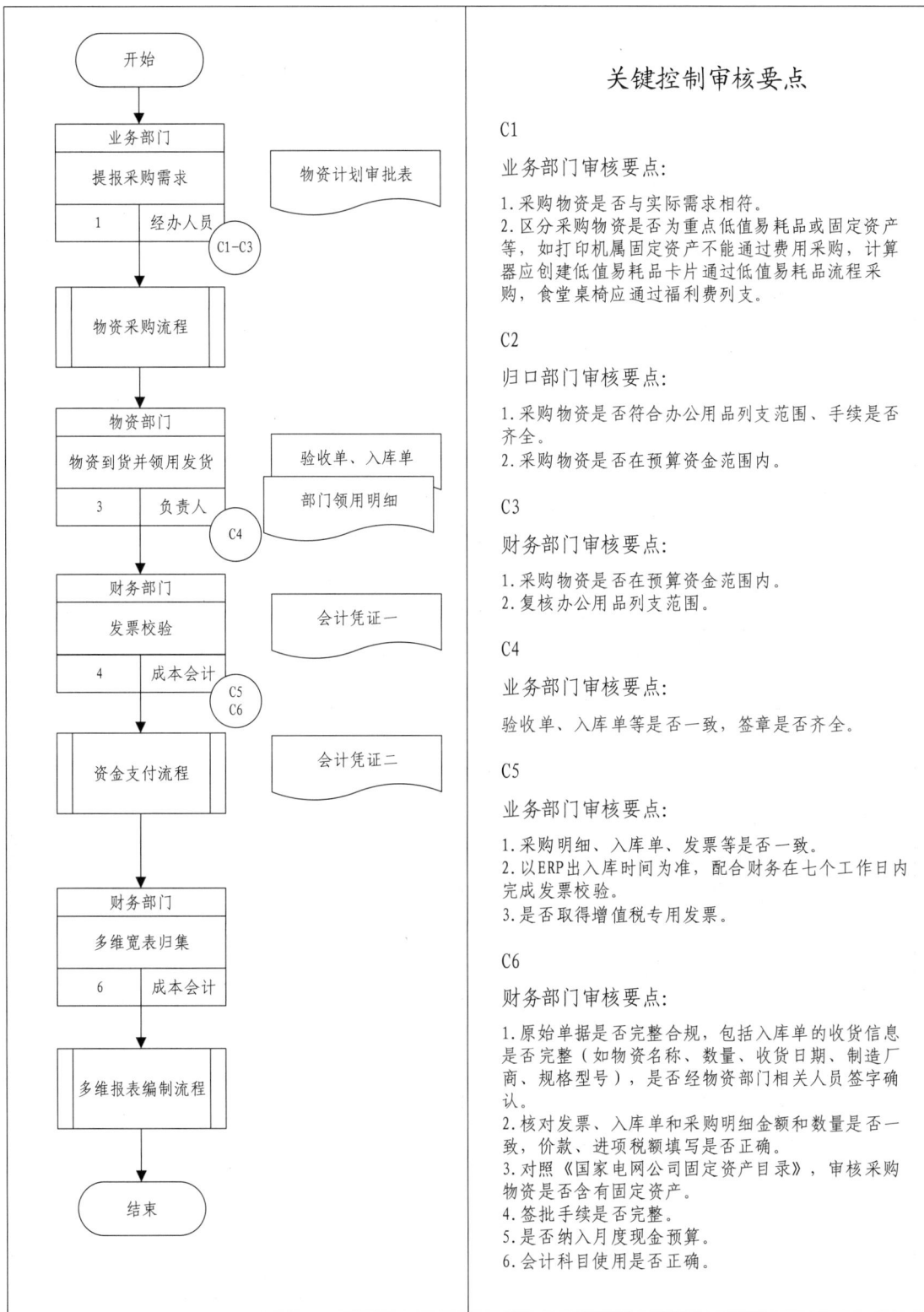

流程图

开始
↓
业务部门
提报采购需求
1　经办人员　C1-C3　→　物资计划审批表
↓
物资采购流程
↓
物资部门
物资到货并领用发货
3　负责人　C4　→　验收单、入库单　部门领用明细
↓
财务部门
发票校验
4　成本会计　C5 C6　→　会计凭证一
↓
资金支付流程　→　会计凭证二
↓
财务部门
多维宽表归集
6　成本会计
↓
多维报表编制流程
↓
结束

关键控制审核要点

C1

业务部门审核要点：

1.采购物资是否与实际需求相符。
2.区分采购物资是否为重点低值易耗品或固定资产等，如打印机属固定资产不能通过费用采购，计算器应创建低值易耗品卡片通过低值易耗品流程采购，食堂桌椅应通过福利费列支。

C2

归口部门审核要点：

1.采购物资是否符合办公用品列支范围、手续是否齐全。
2.采购物资是否在预算资金范围内。

C3

财务部门审核要点：

1.采购物资是否在预算资金范围内。
2.复核办公用品列支范围。

C4

业务部门审核要点：

验收单、入库单等是否一致，签章是否齐全。

C5

业务部门审核要点：

1.采购明细、入库单、发票等是否一致。
2.以ERP出入库时间为准，配合财务在七个工作日内完成发票校验。
3.是否取得增值税专用发票。

C6

财务部门审核要点：

1.原始单据是否完整合规，包括入库单的收货信息是否完整（如物资名称、数量、收货日期、制造厂商、规格型号），是否经物资部门相关人员签字确认。
2.核对发票、入库单和采购明细金额和数量是否一致，价款、进项税额填写是否正确。
3.对照《国家电网公司固定资产目录》，审核采购物资是否含有固定资产。
4.签批手续是否完整。
5.是否纳入月度现金预算。
6.会计科目使用是否正确。

② 通过员工报销系统办理办公费业务（合同签订限额标准以下）

	办公费	业务经办部门：相关部门	流程编号：SG-SD0101
		归口管理部门：办公室、后勤部门、信通部门等	编制单位：国网山东省电力公司

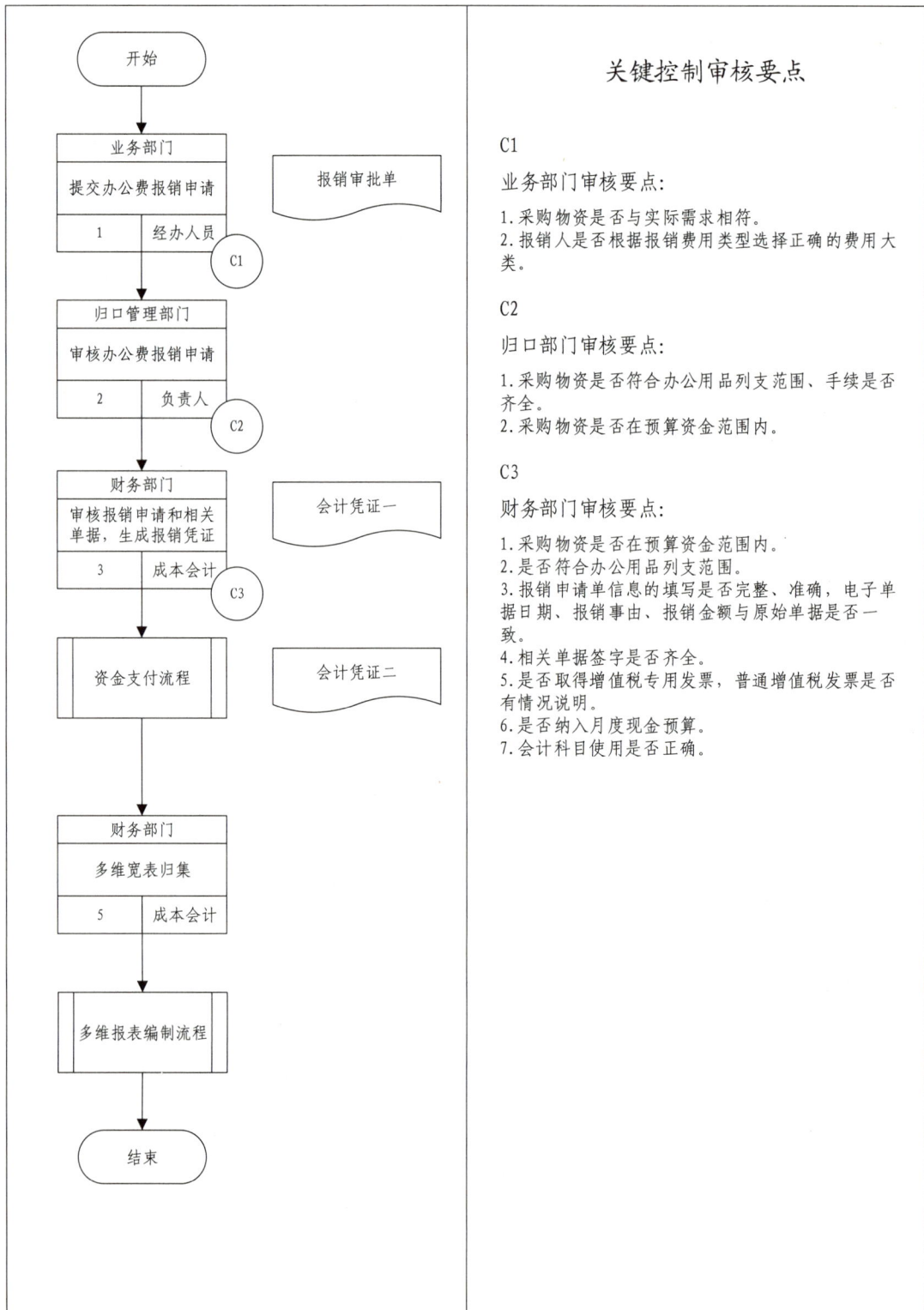

关键控制审核要点

```
    开始
      │
      ▼
┌─────────────┐      ┌──────────┐
│  业务部门    │      │ 报销审批单 │
│ 提交办公费报销申请│    └──────────┘
│  1   经办人员 │ C1
└─────────────┘
      │
      ▼
┌─────────────┐
│  归口管理部门 │
│ 审核办公费报销申请│
│  2   负责人  │ C2
└─────────────┘
      │
      ▼
┌─────────────┐      ┌──────────┐
│  财务部门    │      │ 会计凭证一 │
│ 审核报销申请和相关│    └──────────┘
│ 单据，生成报销凭证│
│  3   成本会计 │ C3
└─────────────┘
      │
      ▼
┌─────────────┐      ┌──────────┐
│  资金支付流程 │      │ 会计凭证二 │
└─────────────┘      └──────────┘
      │
      ▼
┌─────────────┐
│  财务部门    │
│  多维宽表归集 │
│  5   成本会计 │
└─────────────┘
      │
      ▼
┌─────────────┐
│ 多维报表编制流程│
└─────────────┘
      │
      ▼
    结束
```

C1

业务部门审核要点：

1.采购物资是否与实际需求相符。
2.报销人是否根据报销费用类型选择正确的费用大类。

C2

归口部门审核要点：

1.采购物资是否符合办公用品列支范围、手续是否齐全。
2.采购物资是否在预算资金范围内。

C3

财务部门审核要点：

1.采购物资是否在预算资金范围内。
2.是否符合办公用品列支范围。
3.报销申请单信息的填写是否完整、准确，电子单据日期、报销事由、报销金额与原始单据是否一致。
4.相关单据签字是否齐全。
5.是否取得增值税专用发票，普通增值税发票是否有情况说明。
6.是否纳入月度现金预算。
7.会计科目使用是否正确。

③ 通过 ERP 服务采购流程办理印刷费等服务采购业务（合同签订限额标准以上）

	办公费	业务经办部门：相关部门	流程编号：SG-SD0101
		归口管理部门：办公室、后勤部综合服务中心、信通公司等	编制单位：国网山东省电力公司

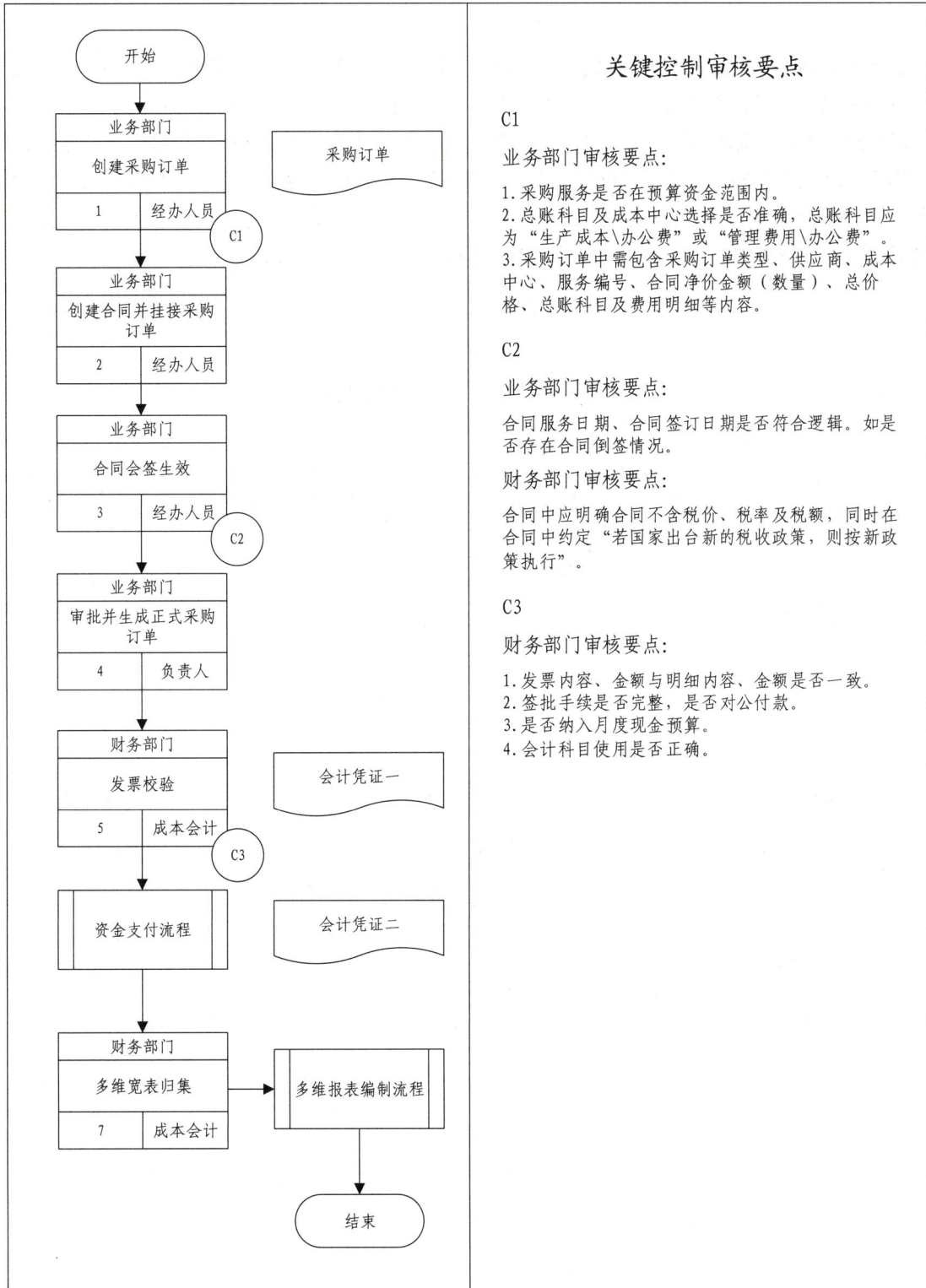

关键控制审核要点

C1

业务部门审核要点：

1. 采购服务是否在预算资金范围内。
2. 总账科目及成本中心选择是否准确，总账科目应为"生产成本\办公费"或"管理费用\办公费"。
3. 采购订单中需包含采购订单类型、供应商、成本中心、服务编号、合同净价金额（数量）、总价格、总账科目及费用明细等内容。

C2

业务部门审核要点：

合同服务日期、合同签订日期是否符合逻辑。如是否存在合同倒签情况。

财务部门审核要点：

合同中应明确合同不含税价、税率及税额，同时在合同中约定"若国家出台新的税收政策，则按新政策执行"。

C3

财务部门审核要点：

1. 发票内容、金额与明细内容、金额是否一致。
2. 签批手续是否完整，是否对公付款。
3. 是否纳入月度现金预算。
4. 会计科目使用是否正确。

流程图：

开始

业务部门
创建采购订单
1　经办人员　C1

采购订单

业务部门
创建合同并挂接采购订单
2　经办人员

业务部门
合同会签生效
3　经办人员　C2

业务部门
审批并生成正式采购订单
4　负责人

财务部门
发票校验
5　成本会计　C3

会计凭证一

资金支付流程

会计凭证二

财务部门
多维宽表归集
7　成本会计

多维报表编制流程

结束

审核：差旅费

1. 业务概述

差旅费是指公司各级单位员工出差参加会议、借调、人员交流、工作调动等（以下简称"因公出差"）发生的相关费用。差旅费报销项目包括住宿费、交通费、伙食补助费和杂费等。

差旅费业务涉及两项流程：一是通过国网商旅办理差旅业务；二是通过员工报销办理差旅业务。

国网商旅应用是国网公司独立开发，集"申请、预订、报销"为一体的"一站式"移动商旅服务平台。通过移动 App 将员工差旅相关的出差申请、差规控制、票务预订、业务审批、费用报销、财务结算等功能进行集成整合，提供了员工差旅出行和报销的全面解决方案。

2. 风险分析

风险分类	风险描述
运营风险	1. 出差申请未经有效审核，可能出现出差事项不真实的情况 2. 报销申请未经有效审核，可能出现与出差申请内容不符、出差事项不真实的情况 3. 出差申请未按要求进行分级审核或交叉审批，经办人自行审核其所报销的差旅费，不符合内控制度要求
财务风险	1. 未对报销单据的完整性及出差事项与报销单据的一致性复核，可能导致财务数据失真 2. 会计凭证编制未经有效审核，可能导致凭证编制错误未及时被发现，出现会计核算差错问题

3. 权责划分

涉及岗位	关键控制点	权限划分
业务经办人员	提交出差申请	提报权
	提交报销申请	提报权
经办部门负责人	审核出差申请	审核权、审批权
	审核报销单据	审核权、审批权
归口管理部门负责人	审核出差申请	审核权、审批权
	审核报销单据	审核权、审批权
成本管理会计	复核报销申请与单据	审核权
	生成报销凭证	执行权

4. 制度依据

（1）相关业务制度

无。

（2）相关财务制度

《国家电网有限公司差旅费管理办法》（国网（财 /4）600-2018）

《国家电网有限公司会计基础管理办法》（国网（财 /2）350-2018）

5. 审核指引

（1）业务流程图

通过流程简图反映差旅费业务工作流程，明确对应岗位，确定关键控制点、原始单据等。

（2）关键控制审核要点

针对差旅费业务过程中相关业务经办部门、归口管理部门（财务部门）、财务部门权责划分，确定重点审核要点，指导业财人员协同审核、规范办理此类业务，防范与应对相关风险。

① 通过国网商旅办理差旅业务

差旅费	业务经办部门：相关部门	流程编号：SG-SD0102
	归口管理部门：财务部门	编制单位：国网山东省电力公司

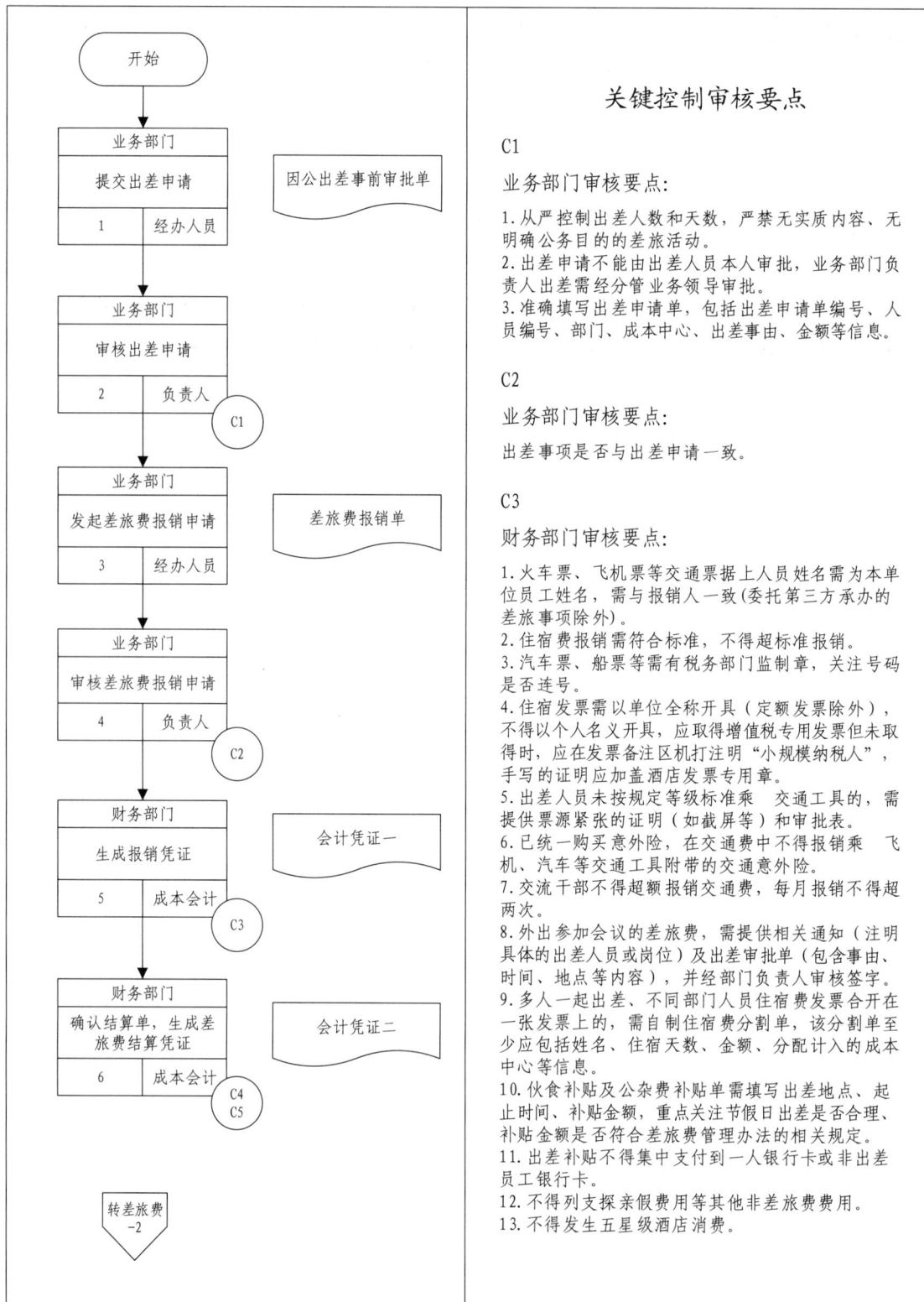

关键控制审核要点

C1

业务部门审核要点：

1. 从严控制出差人数和天数，严禁无实质内容、无明确公务目的的差旅活动。
2. 出差申请不能由出差人员本人审批，业务部门负责人出差需经分管业务领导审批。
3. 准确填写出差申请单，包括出差申请单编号、人员编号、部门、成本中心、出差事由、金额等信息。

C2

业务部门审核要点：

出差事项是否与出差申请一致。

C3

财务部门审核要点：

1. 火车票、飞机票等交通票据上人员姓名需为本单位员工姓名，需与报销人一致(委托第三方承办的差旅事项除外)。
2. 住宿费报销需符合标准，不得超标准报销。
3. 汽车票、船票等需有税务部门监制章，关注号码是否连号。
4. 住宿发票需以单位全称开具（定额发票除外），不得以个人名义开具，应取得增值税专用发票但未取得时，应在发票备注区机打注明"小规模纳税人"，手写的证明应加盖酒店发票专用章。
5. 出差人员未按规定等级标准乘　交通工具的，需提供票源紧张的证明（如截屏等）和审批表。
6. 已统一购买意外险，在交通费中不得报销乘　飞机、汽车等交通工具附带的交通意外险。
7. 交流干部不得超额报销交通费，每月报销不得超两次。
8. 外出参加会议的差旅费，需提供相关通知（注明具体的出差人员或岗位）及出差审批单（包含事由、时间、地点等内容），并经部门负责人审核签字。
9. 多人一起出差、不同部门人员住宿发票合开在一张发票上的，需自制住宿费分割单，该分割单至少应包括姓名、住宿天数、金额、分配计入的成本中心等信息。
10. 伙食补贴及公杂费补贴单需填写出差地点、起止时间、补贴金额，重点关注节假日出差是否合理、补贴金额是否符合差旅费管理办法的相关规定。
11. 出差补贴不得集中支付到一人银行卡或非出差员工银行卡。
12. 不得列支探亲假费用等其他非差旅费费用。
13. 不得发生五星级酒店消费。

差旅费	业务经办部门：相关部门	流程编号：SG-SD0102
	归口管理部门：财务部	编制单位：国网山东省电力公司

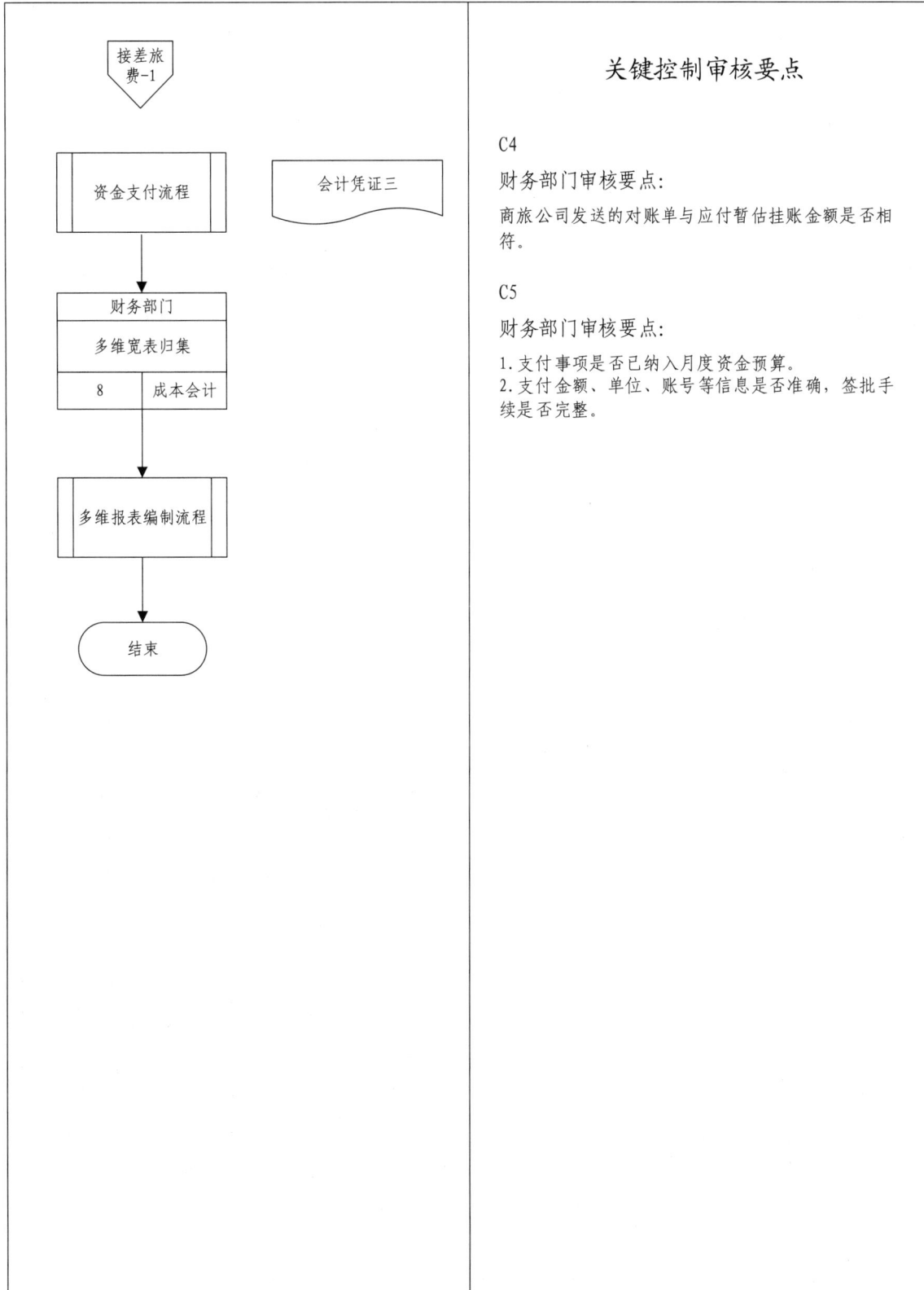

接差旅
费-1

资金支付流程

会计凭证三

财务部门

多维宽表归集

| 8 | 成本会计 |

多维报表编制流程

结束

关键控制审核要点

C4

财务部门审核要点：

商旅公司发送的对账单与应付暂估挂账金额是否相符。

C5

财务部门审核要点：

1.支付事项是否已纳入月度资金预算。
2.支付金额、单位、账号等信息是否准确，签批手续是否完整。

② 通过员工报销办理差旅业务

差旅费	业务经办部门：相关部门	流程编号：SG-SD0102
	归口管理部门：财务部	编制单位：国网山东省电力公司

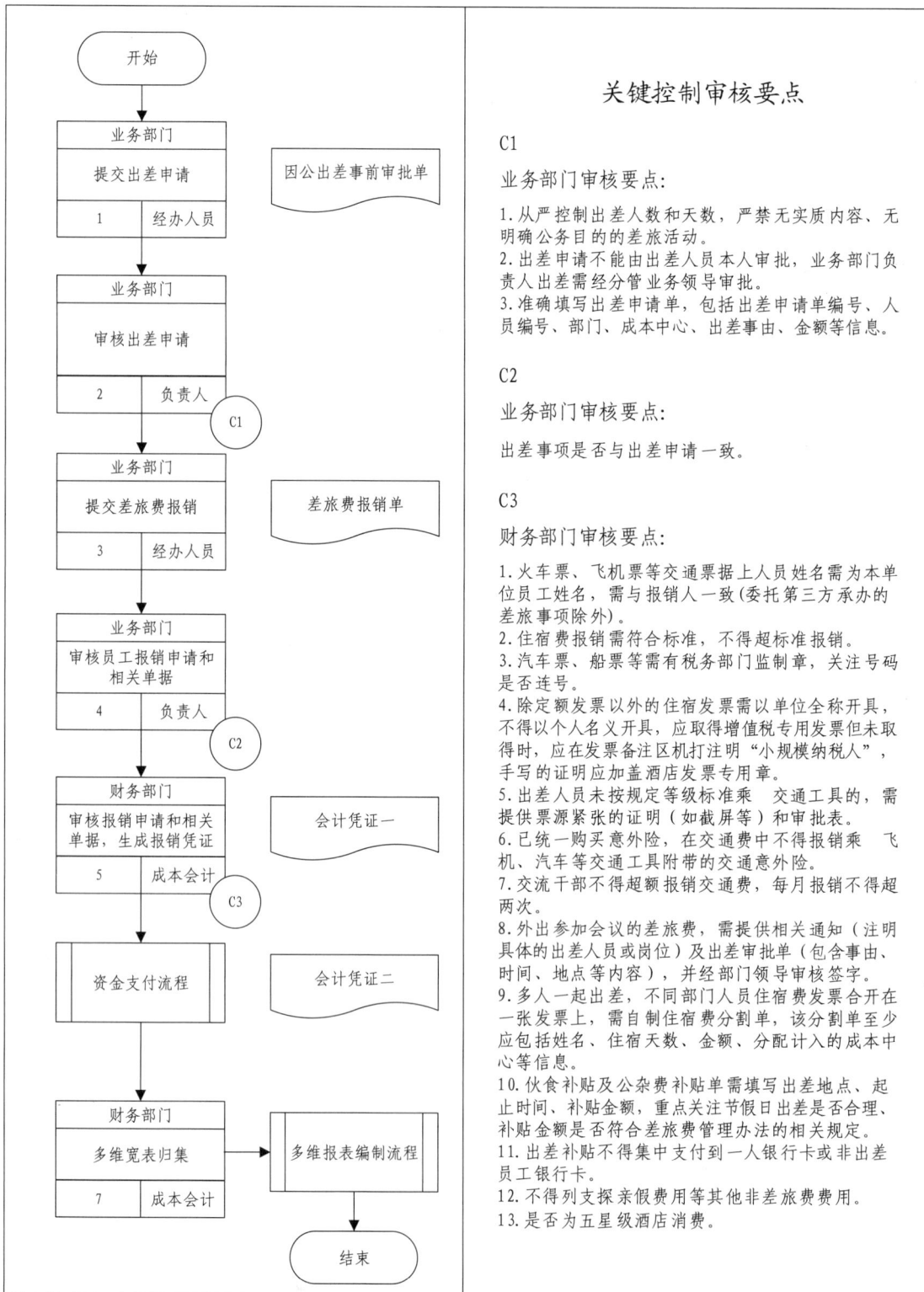

开始

业务部门
提交出差申请
1　经办人员

因公出差事前审批单

业务部门
审核出差申请
2　负责人　C1

业务部门
提交差旅费报销
3　经办人员

差旅费报销单

业务部门
审核员工报销申请和
相关单据
4　负责人　C2

财务部门
审核报销申请和相关
单据，生成报销凭证
5　成本会计　C3

会计凭证一

资金支付流程

会计凭证二

财务部门
多维宽表归集
7　成本会计

多维报表编制流程

结束

关键控制审核要点

C1

业务部门审核要点：

1. 从严控制出差人数和天数，严禁无实质内容、无明确公务目的的差旅活动。
2. 出差申请不能由出差人员本人审批，业务部门负责人出差需经分管业务领导审批。
3. 准确填写出差申请单，包括出差申请单编号、人员编号、部门、成本中心、出差事由、金额等信息。

C2

业务部门审核要点：

出差事项是否与出差申请一致。

C3

财务部门审核要点：

1. 火车票、飞机票等交通票据上人员姓名需为本单位员工姓名，需与报销人一致(委托第三方承办的差旅事项除外)。
2. 住宿费报销需符合标准，不得超标准报销。
3. 汽车票、船票等需有税务部门监制章，关注号码是否连号。
4. 除定额发票以外的住宿发票需以单位全称开具，不得以个人名义开具，应取得增值税专用发票但未取得时，应在发票备注区机打注明"小规模纳税人"，手写的证明应加盖酒店发票专用章。
5. 出差人员未按规定等级标准乘　交通工具的，需提供票源紧张的证明(如截屏等)和审批表。
6. 已统一购买意外险，在交通费中不得报销乘　飞机、汽车等交通工具附带的交通意外险。
7. 交流干部不得超额报销交通费，每月报销不得超两次。
8. 外出参加会议的差旅费，需提供相关通知(注明具体的出差人员或岗位)及出差审批单(包含事由、时间、地点等内容)，并经部门领导审核签字。
9. 多人一起出差，不同部门人员住宿费发票合开在一张发票上，需自制住宿费分割单，该分割单至少应包括姓名、住宿天数、金额、分配计入的成本中心等信息。
10. 伙食补贴及公杂费补贴单需填写出差地点、起止时间、补贴金额，重点关注节假日出差是否合理、补贴金额是否符合差旅费管理办法的相关规定。
11. 出差补贴不得集中支付到一人银行卡或非出差员工银行卡。
12. 不得列支探亲假费用等其他非差旅费用。
13. 是否为五星级酒店消费。

审核：会议费

1. 业务概述

会议费是公司组织公务性会议及参加外部单位组织会议所发生的支出。

会议费业务涉及两项流程：一是通过员工报销系统办理会议费报销业务（合同签订限额标准以下）；二是通过 ERP 服务采购流程办理会议费等服务采购业务（合同签订限额标准以上）。

2. 风险分析

风险分类	风险描述
运营风险	1. 承办会议无会议计划安排，计划外会议未经有效审批，无法确定会议费的真实性、必要性 2. 会议报销申请未经有效审核，可能出现与会议计划不符、报销事项不真实的情况 3. 未按合同要求取得增值税专用发票，造成公司经济损失 4. 签批手续不完整，存在合规风险
财务风险	1. 未对报销单据的完整性及报销事项与报销单据的一致性复核，可能导致财务数据失真 2. 会计凭证编制未经有效审核，可能导致凭证编制错误未及时被发现，出现会计核算差错问题

3. 权责划分

涉及岗位	关键控制点	权限划分
业务经办人员	提交报销申请	提报权
经办部门负责人	审核报销申请	审核权、审批权
归口管理部门负责人	审核报销申请	审核权、审批权
成本管理会计	审核报销申请	审核权
	生成报销凭证	执行权

4. 制度依据

（1）相关业务制度

《国家电网有限公司会议管理办法》（国网（企管）430-2019）

（2）相关财务制度

《国家电网有限公司会计基础管理办法》（国网（财/2)350-2018）

5. 审核指引

（1）业务流程图

通过流程简图反映会议费业务工作流程，明确对应岗位，确定关键控制点、原始单据等。

（2）关键控制审核要点

针对会议费业务过程中业务经办部门、归口管理部门（办公室）、财务部门权责划分，确定重点审核要点，指导业财人员协同审核、规范办理此类业务，防范与应对相关风险。

①通过员工报销系统办理会议费报销业务（合同签订限额标准以下）

会议费	业务经办部门：相关部门	流程编号：SG-SD0103
	归口管理部门：办公室	编制单位：国网山东省电力公司

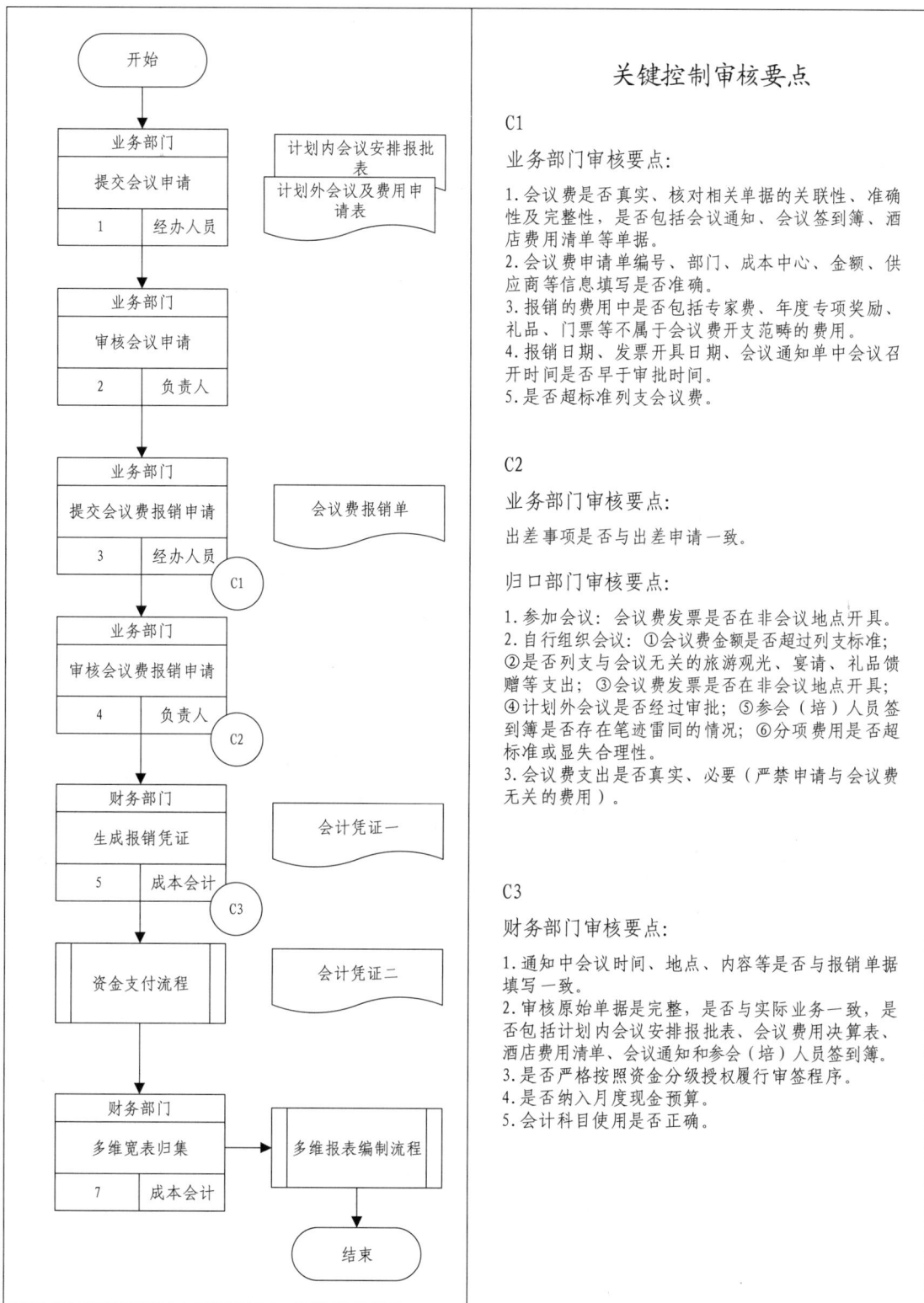

关键控制审核要点

C1

业务部门审核要点：

1. 会议费是否真实、核对相关单据的关联性、准确性及完整性，是否包括会议通知、会议签到簿、酒店费用清单等单据。
2. 会议费申请单编号、部门、成本中心、金额、供应商等信息填写是否准确。
3. 报销的费用中是否包括专家费、年度专项奖励、礼品、门票等不属于会议费开支范畴的费用。
4. 报销日期、发票开具日期、会议通知单中会议召开时间是否早于审批时间。
5. 是否超标准列支会议费。

C2

业务部门审核要点：

出差事项是否与出差申请一致。

归口部门审核要点：

1. 参加会议：会议费发票是否在非会议地点开具。
2. 自行组织会议：①会议费金额是否超过列支标准；②是否列支与会议无关的旅游观光、宴请、礼品馈赠等支出；③会议费发票是否在非会议地点开具；④计划外会议是否经过审批；⑤参会（培）人员签到簿是否存在笔迹雷同的情况；⑥分项费用是否超标准或显失合理性。
3. 会议费支出是否真实、必要（严禁申请与会议费无关的费用）。

C3

财务部门审核要点：

1. 通知中会议时间、地点、内容等是否与报销单据填写一致。
2. 审核原始单据是否完整，是否与实际业务一致，是否包括计划内会议安排报批表、会议费用决算表、酒店费用清单、会议通知和参会（培）人员签到簿。
3. 是否严格按照资金分级授权履行审签程序。
4. 是否纳入月度现金预算。
5. 会计科目使用是否正确。

②通过 ERP 服务采购流程办理会议费服务采购业务（合同签订限额标准以上）

会议费	业务经办部门：相关部门	流程编号：SG-SD0103
	归口管理部门：办公室	编制单位：国网山东省电力公司

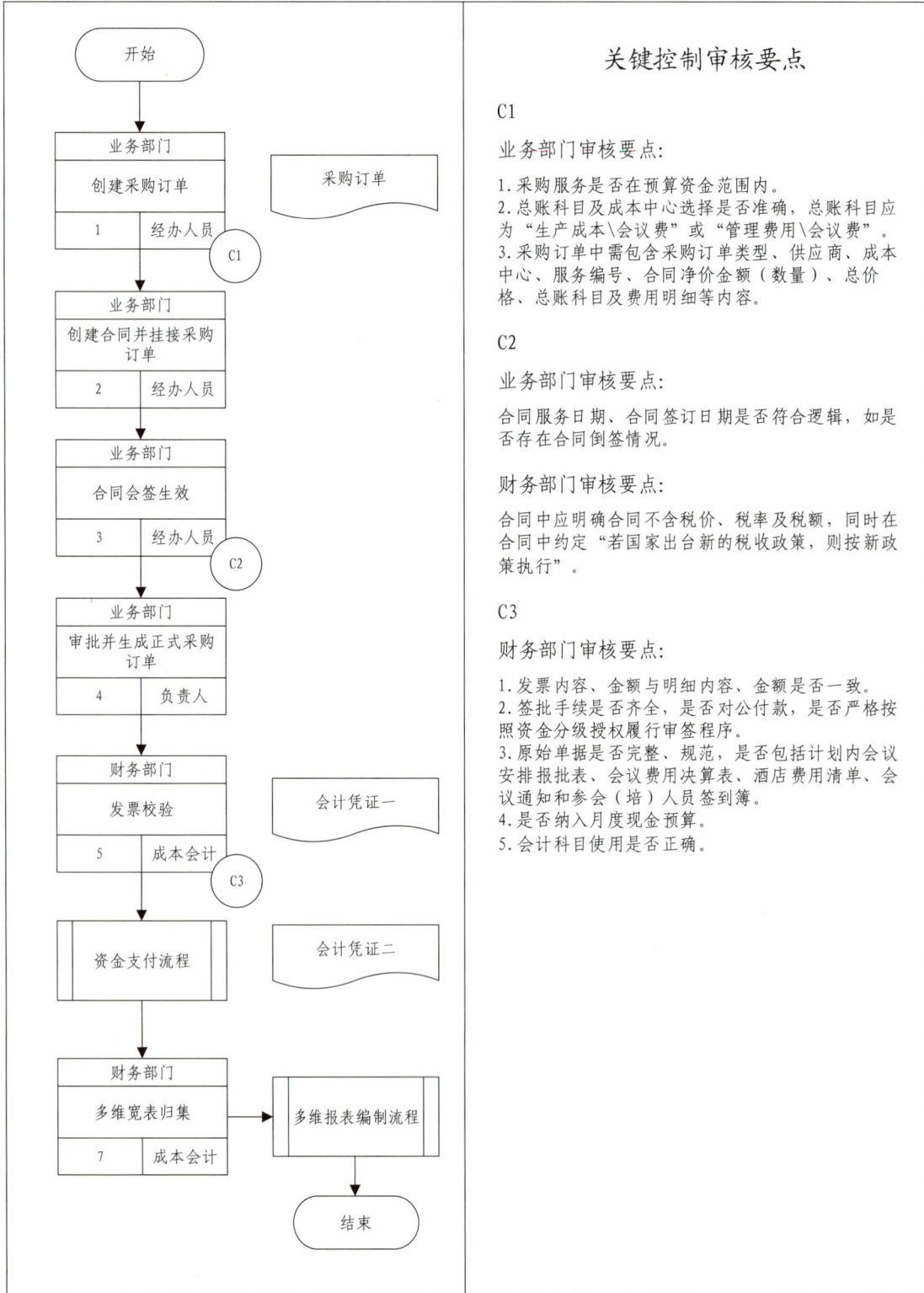

关键控制审核要点

C1

业务部门审核要点：

1. 采购服务是否在预算资金范围内。
2. 总账科目及成本中心选择是否准确，总账科目应为"生产成本\会议费"或"管理费用\会议费"。
3. 采购订单中需包含采购订单类型、供应商、成本中心、服务编号、合同净价金额（数量）、总价格、总账科目及费用明细等内容。

C2

业务部门审核要点：

合同服务日期、合同签订日期是否符合逻辑，如是否存在合同倒签情况。

财务部门审核要点：

合同中应明确合同不含税价、税率及税额，同时在合同中约定"若国家出台新的税收政策，则按新政策执行"。

C3

财务部门审核要点：

1. 发票内容、金额与明细内容、金额是否一致。
2. 签批手续是否齐全，是否对公付款，是否严格按照资金分级授权履行审签程序。
3. 原始单据是否完整、规范，是否包括计划内会议安排报批表、会议费用决算表、酒店费用清单、会议通知和参会（培）人员签到簿。
4. 是否纳入月度现金预算。
5. 会计科目使用是否正确。

流程图：

开始

业务部门
创建采购订单
1　经办人员　C1

采购订单

业务部门
创建合同并挂接采购订单
2　经办人员

业务部门
合同会签生效
3　经办人员　C2

业务部门
审批并生成正式采购订单
4　负责人

财务部门
发票校验
5　成本会计　C3

会计凭证一

资金支付流程

会计凭证二

财务部门
多维宽表归集
7　成本会计

多维报表编制流程

结束

审核：职工教育经费

1. 业务概述

职工教育经费是指企业为职工学习技术、提高文化水平和业务素质，用于开展职工教育及职业技能培训等相关支出。

职工教育经费业务涉及三项流程：一是通过员工报销系统办理外出培训的职工教育经费业务；二是通过 ERP 服务采购流程办理自行组织培训的职工教育经费业务；三是通过国网商旅办理职工教育经费业务（参照国网商旅差旅费业务流程）。

2. 风险分析

风险分类	风险描述
运营风险	1. 培训费报销无参加培训通知，无培训项目审批表、培训费用决算表、参会（培）人员签到簿等，无法保证培训费的真实性、必要性 2. 报销申请未经有效审核，可能出现报销事项与报销申请内容不符的情况 3. 未按合同要求取得增值税专用发票，造成公司经济损失 4. 签批手续不完整，存在合规风险
财务风险	1. 未对报销单据的完整性及报销事项与报销单据的一致性复核，可能导致财务数据失真 2. 会计凭证编制未经有效审核，可能导致凭证编制错误未及时被发现，出现会计核算差错问题

3. 权责划分

涉及岗位	关键控制点	权限划分
业务经办人员	提交报销申请	提报权
经办部门负责人	审核报销申请	审核权、审批权
归口管理部门负责人	审核报销申请	审核权、审批权
成本管理会计	审核报销申请	审核权
	生成报销凭证	执行权

4. 制度依据

（1）相关业务制度

无。

（2）相关财务制度

《国家电网有限公司会计基础管理办法》（国网（财 /2）350-2018）

5. 审核指引

（1）业务流程图

通过流程简图反映职工教育经费业务工作流程，明确对应岗位，确定关键控制点、原始单据等。

（2）关键控制审核要点

针对职工教育经费业务过程中业务经办部门、归口管理部门（人资部门）、财务部门权责划分，确定重点审核要点，指导业财人员协同审核、规范办理此类业务，防范与应对相关风险。

①通过员工报销系统办理职工教育经费报销业务

职工教育经费	业务经办部门：相关部门	流程编号：SG-SD0104-01
	归口管理部门：人资部门	编制单位：国网山东省电力公司

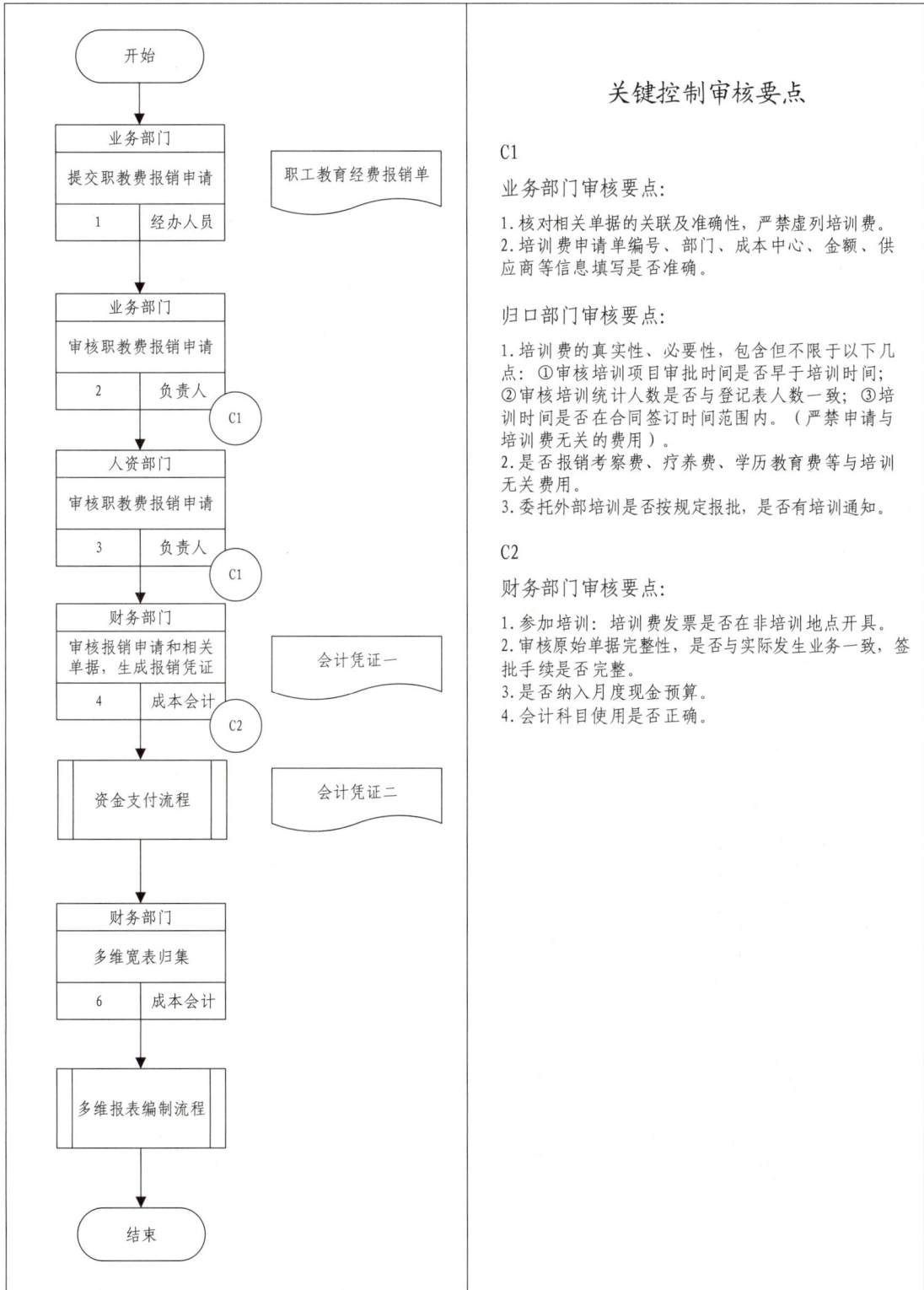

开始

↓

业务部门
提交职教费报销申请
| 1 | 经办人员 |

职工教育经费报销单

↓

业务部门
审核职教费报销申请
| 2 | 负责人 |
C1

↓

人资部门
审核职教费报销申请
| 3 | 负责人 |
C1

↓

财务部门
审核报销申请和相关单据，生成报销凭证
| 4 | 成本会计 |
C2

会计凭证一

↓

资金支付流程

会计凭证二

↓

财务部门
多维宽表归集
| 6 | 成本会计 |

↓

多维报表编制流程

↓

结束

关键控制审核要点

C1

业务部门审核要点：

1.核对相关单据的关联及准确性，严禁虚列培训费。
2.培训费申请单编号、部门、成本中心、金额、供应商等信息填写是否准确。

归口部门审核要点：

1.培训费的真实性、必要性，包含但不限于以下几点：①审核培训项目审批时间是否早于培训时间；②审核培训统计人数是否与登记表人数一致；③培训时间是否在合同签订时间范围内。（严禁申请与培训费无关的费用）。
2.是否报销考察费、疗养费、学历教育费等与培训无关费用。
3.委托外部培训是否按规定报批，是否有培训通知。

C2

财务部门审核要点：

1.参加培训：培训费发票是否在非培训地点开具。
2.审核原始单据完整性，是否与实际发生业务一致，签批手续是否完整。
3.是否纳入月度现金预算。
4.会计科目使用是否正确。

②通过 ERP 服务采购流程办理印刷费等服务采购业务

职工教育经费	业务经办部门：相关部门	流程编号：SG-SD0104-01
	归口管理部门：人资部门	编制单位：国网山东省电力公司

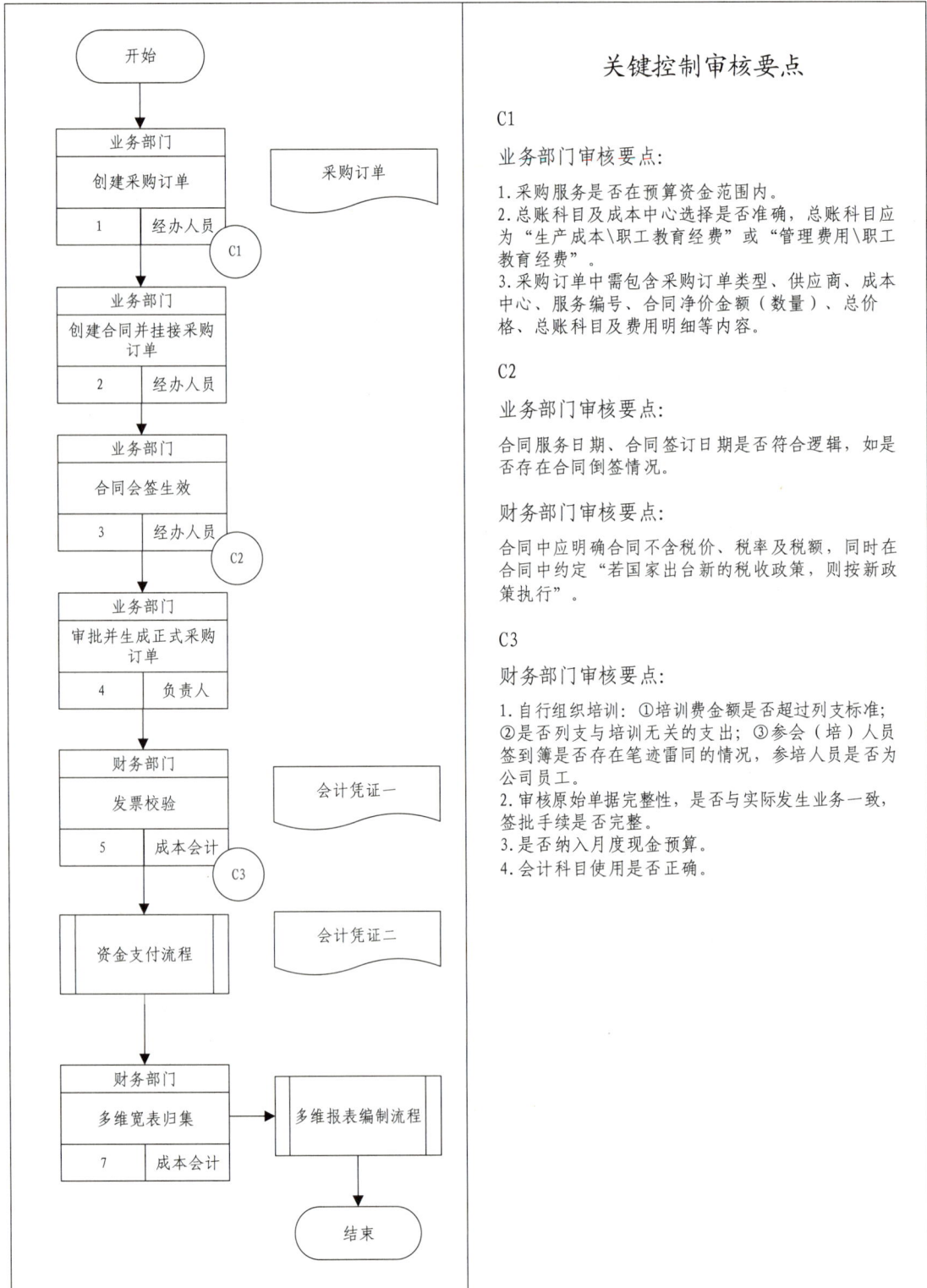

关键控制审核要点

```
        开始
         │
    ┌────────────┐
    │  业务部门   │        ┌──────────┐
    │ 创建采购订单 │        │  采购订单  │
    ├──────┬─────┤        └──────────┘
    │  1   │经办人员│ C1
    └──────┴─────┘
         │
    ┌────────────┐
    │  业务部门   │
    │创建合同并挂接采│
    │     购订单   │
    ├──────┬─────┤
    │  2   │经办人员│
    └──────┴─────┘
         │
    ┌────────────┐
    │  业务部门   │
    │  合同会签生效 │
    ├──────┬─────┤
    │  3   │经办人员│ C2
    └──────┴─────┘
         │
    ┌────────────┐
    │  业务部门   │
    │审批并生成正式采│
    │     购订单   │
    ├──────┬─────┤
    │  4   │ 负责人 │
    └──────┴─────┘
         │
    ┌────────────┐
    │  财务部门   │        ┌──────────┐
    │  发票校验   │        │ 会计凭证一 │
    ├──────┬─────┤        └──────────┘
    │  5   │成本会计│ C3
    └──────┴─────┘
         │
    ┌────────────┐        ┌──────────┐
    │  资金支付流程 │        │ 会计凭证二 │
    └────────────┘        └──────────┘
         │
    ┌────────────┐
    │  财务部门   │
    │  多维宽表归集 │────→ │多维报表编制流程│
    ├──────┬─────┤
    │  7   │成本会计│
    └──────┴─────┘
         │
        结束
```

C1

业务部门审核要点：

1. 采购服务是否在预算资金范围内。
2. 总账科目及成本中心选择是否准确，总账科目应为"生产成本\职工教育经费"或"管理费用\职工教育经费"。
3. 采购订单中需包含采购订单类型、供应商、成本中心、服务编号、合同净价金额（数量）、总价格、总账科目及费用明细等内容。

C2

业务部门审核要点：

合同服务日期、合同签订日期是否符合逻辑，如是否存在合同倒签情况。

财务部门审核要点：

合同中应明确合同不含税价、税率及税额，同时在合同中约定"若国家出台新的税收政策，则按新政策执行"。

C3

财务部门审核要点：

1. 自行组织培训：①培训费金额是否超过列支标准；②是否列支与培训无关的支出；③参会（培）人员签到簿是否存在笔迹雷同的情况，参培人员是否为公司员工。
2. 审核原始单据完整性，是否与实际发生业务一致，签批手续是否完整。
3. 是否纳入月度现金预算。
4. 会计科目使用是否正确。

审核：业务招待费

1. 业务概述

业务招待费是指各级单位正常生产经营管理过程中需要发生的、用于必要招待的各项费用，包括用于接待客户和相关单位的餐饮等合理支出。

2. 风险分析

风险分类	风险描述
运营风险	1. 无业务招待费审批单（接待清单），无派出单位公函或通知等，无法保证业务招待费的真实性、必要性 2. 报销申请未经有效审核，可能出现报销事项不真实的情况 3. 未按合同要求取得增值税专用发票，造成公司经济损失 4. 签批手续不完整，存在合规风险
财务风险	1. 未对报销单据的完整性及出差事项与报销单据的一致性复核，可能导致财务数据失真 2. 会计凭证编制未经有效审核，可能导致凭证编制错误未及时被发现，出现会计核算差错问题

3. 权责划分

涉及岗位	关键控制点	权限划分
业务经办人员	提交报销申请	提报权
经办部门负责人	审核报销申请	审核权、审批权
归口管理部门负责人	审核报销申请	审核权、审批权
成本管理会计	审核报销申请	审核权
	生成报销凭证	执行权

4. 制度依据

（1）相关业务制度

无。

（2）相关财务制度

《国家电网有限公司会计基础管理办法》（国网（财/2）350-2018）

5. 审核指引

（1）业务流程图

通过流程简图反映业务招待费业务工作流程，明确对应岗位，确定关键控制点、原始单据等。

（2）关键控制审核要点

针对业务招待费业务过程中业务经办部门、归口管理部门（办公室）、财务部门权责划分，确定重点审核要点，指导业财人员协同审核、规范办理此类业务，防范与应对相关风险。

通过员工报销系统办理业务招待费报销业务

业务招待费	业务经办部门：相关部门	流程编号：SG-SD0105
	归口管理部门：办公室	编制单位：国网山东省电力公司

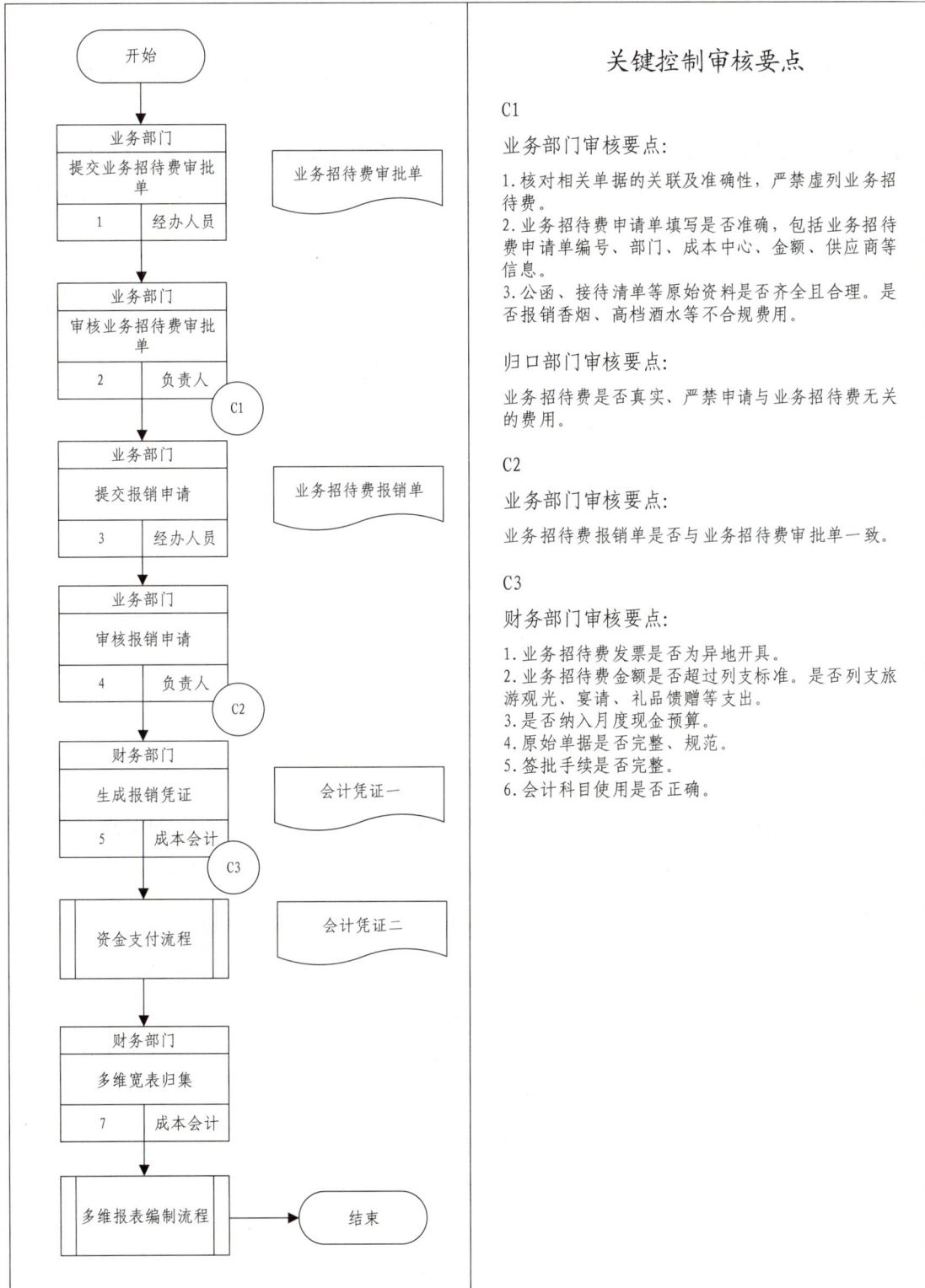

流程图	关键控制审核要点
开始 **业务部门** 提交业务招待费审批单 1　经办人员 → 业务招待费审批单 **业务部门** 审核业务招待费审批单 2　负责人　C1 **业务部门** 提交报销申请 3　经办人员 → 业务招待费报销单 **业务部门** 审核报销申请 4　负责人　C2 **财务部门** 生成报销凭证 5　成本会计 → 会计凭证一 C3 资金支付流程 → 会计凭证二 **财务部门** 多维宽表归集 7　成本会计 多维报表编制流程　→　结束	**C1** 业务部门审核要点： 1.核对相关单据的关联及准确性，严禁虚列业务招待费。 2.业务招待费申请单填写是否准确，包括业务招待费申请单编号、部门、成本中心、金额、供应商等信息。 3.公函、接待清单等原始资料是否齐全且合理。是否报销香烟、高档酒水等不合规费用。 归口部门审核要点： 业务招待费是否真实、严禁申请与业务招待费无关的费用。 **C2** 业务部门审核要点： 业务招待费报销单是否与业务招待费审批单一致。 **C3** 财务部门审核要点： 1.业务招待费发票是否为异地开具。 2.业务招待费金额是否超过列支标准。是否列支旅游观光、宴请、礼品馈赠等支出。 3.是否纳入月度现金预算。 4.原始单据是否完整、规范。 5.签批手续是否完整。 6.会计科目使用是否正确。

审核：车辆使用费

1. 业务概述

车辆使用费是指因公使用车辆，维持车辆正常运行的相关费用，包括发生的燃油费、车辆修理费、过路过桥费、车辆保险费、年检费等。

车辆使用费业务涉及三项流程：一是通过员工报销系统办理车辆使用费业务（合同签订限额标准以下）；二是通过 ERP 服务采购流程办理车辆使用费业务（合同签订限额标准以上）；三是通过线上预付款办理车辆使用费（燃油费）业务。

2. 风险分析

风险分类	风险描述
运营风险	1. 提供的油费、高速公路通行费明细清单中出现非本单位使用的车辆、明细清单中混淆生产用车与公务用车、向业务外包驾驶员发放出车补贴，造成报销事项缺乏真实性、必要性 2. 报销申请未经有效审核，可能出现与原始单据不符、报销事项不真实的情况 3. 未按合同要求取得增值税专用发票，造成公司经济损失 4. 签批手续不完整，存在合规风险
财务风险	1. 未对报销单据的完整性及报销事项与报销单据的一致性复核，可能导致财务数据失真 2. 会计凭证编制未经有效审核，可能导致凭证编制错误未及时被发现，出现会计核算差错问题
法律风险	合同未经有效审核，合同条款约定不明确，合同执行不到位，可能引起法律纠纷

3. 权责划分

涉及岗位	关键控制点	权限划分
业务经办人员	提交报销申请	提报权
	创建采购订单	执行权
	发起合同会签	执行权
经办部门负责人	审核报销申请	审核权、审批权
	审核采购订单	审核权、审批权
	合同会签	审核权、审批权
归口管理部门负责人	审核报销申请	审核权、审批权
成本管理会计	审核报销申请	审核权
	发票校验	执行权
	生成报销凭证	执行权

4. 制度依据

（1）相关业务制度

无。

（2）相关财务制度

《国家电网公司会计核算办法》（国网（财/2）469-2014）

《国家电网有限公司会计基础管理办法》（国网（财/2）350-2018）

5. 审核指引

（1）业务流程图

通过流程简图反映车辆使用费业务工作流程，明确对应岗位，确定关键控制点、原始单据等。

（2）关键控制审核要点

针对车辆使用费业务过程中相关业务经办部门、归口管理部门（后勤部门）、财务部门权责划分，确定重点审核要点，指导业财人员协同审核、规范办理此类业务，防范与应对相关风险。

① 通过员工报销系统办理车辆使用费业务（合同签订限额标准以下）

车辆使用费	业务经办部门：相关部门	流程编号：SG-SD0106
	归口管理部门：后勤部门	编制单位：国网山东省电力公司

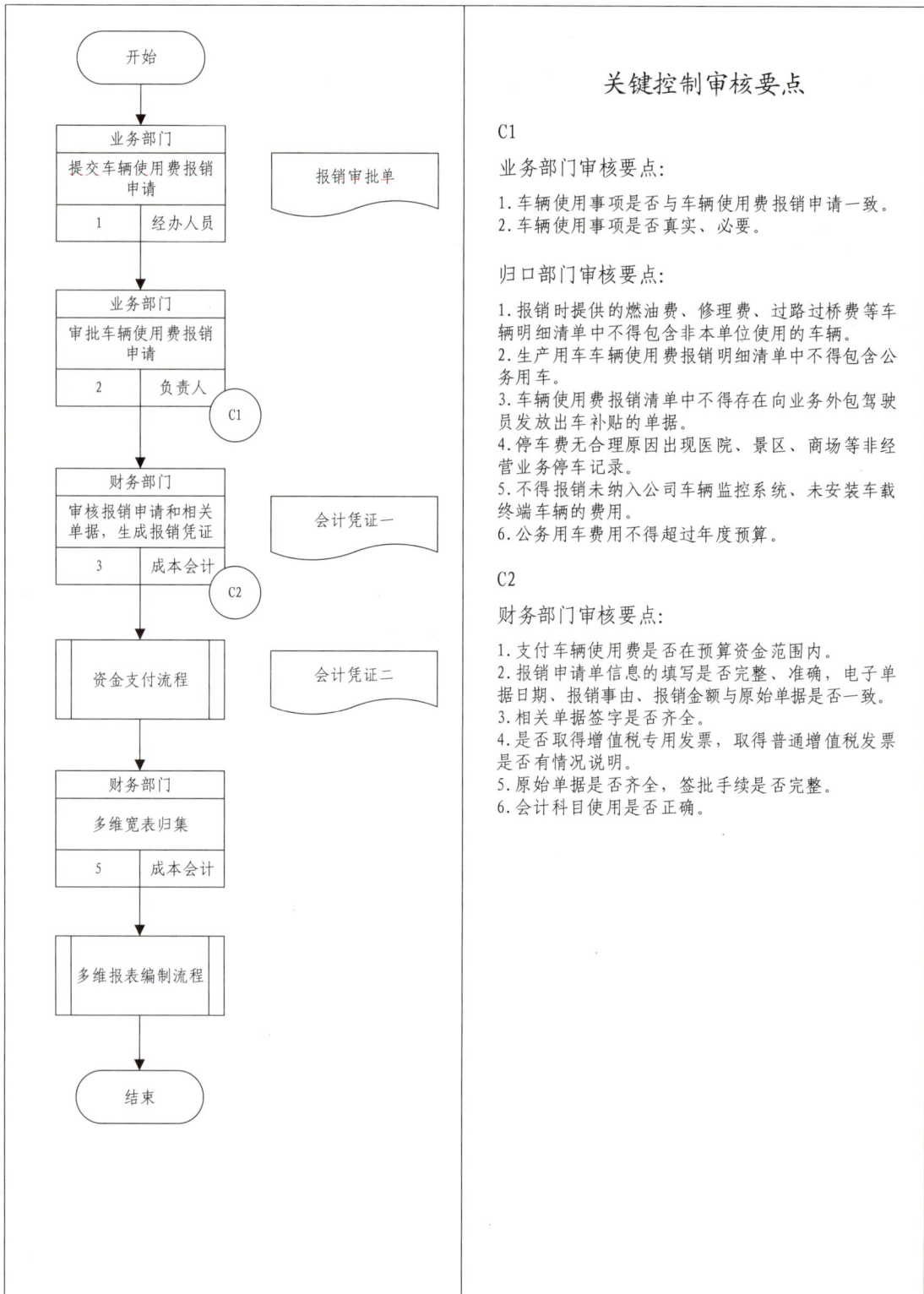

开始

业务部门
提交车辆使用费报销申请
1 经办人员

报销审批单

业务部门
审批车辆使用费报销申请
2 负责人
C1

财务部门
审核报销申请和相关单据，生成报销凭证
3 成本会计
C2

会计凭证一

资金支付流程

会计凭证二

财务部门
多维宽表归集
5 成本会计

财务部门
多维报表编制流程

结束

关键控制审核要点

C1

业务部门审核要点：

1.车辆使用事项是否与车辆使用费报销申请一致。
2.车辆使用事项是否真实、必要。

归口部门审核要点：

1.报销时提供的燃油费、修理费、过路过桥费等车辆明细清单中不得包含非本单位使用的车辆。
2.生产用车车辆使用费报销明细清单中不得包含公务用车。
3.车辆使用费报销清单中不得存在向业务外包驾驶员发放出车补贴的单据。
4.停车费无合理原因出现医院、景区、商场等非经营业务停车记录。
5.不得报销未纳入公司车辆监控系统、未安装车载终端车辆的费用。
6.公务用车费用不得超过年度预算。

C2

财务部门审核要点：

1.支付车辆使用费是否在预算资金范围内。
2.报销申请单信息的填写是否完整、准确，电子单据日期、报销事由、报销金额与原始单据是否一致。
3.相关单据签字是否齐全。
4.是否取得增值税专用发票，取得普通增值税发票是否有情况说明。
5.原始单据是否齐全，签批手续是否完整。
6.会计科目使用是否正确。

② 通过 ERP 服务采购流程办理车辆使用费业务（合同签订限额标准以上）

车辆使用费	业务经办部门：相关部门	流程编号：SG-SD0106
	归口管理部门：后勤部门	编制单位：国网山东省电力公司

关键控制审核要点

C1

业务部门审核要点：

1. 采购服务是否在预算资金范围内。
2. 总账科目及成本中心选择是否准确，总账科目应为"生产成本\车辆使用费"或"管理费用\车辆使用费"。
3. 采购订单中需包含采购订单类型、供应商、成本中心、服务编号、合同净价金额（数量）、总价格、总账科目及费用明细等内容。

C2

业务部门审核要点：

合同服务日期、合同签订日期是否符合逻辑，如是否存在合同倒签情况。

财务部门审核要点：

合同中应明确合同不含税价、税率及税额，同时在合同中约定"若国家出台新的税收政策，则按新政策执行"。

C3

财务部门审核要点：

1. 发票内容、金额与明细内容、金额是否一致。
2. 原始单据是否齐全、签批手续是否完整，是否对公付款。
3. 是否纳入月度现金预算。
4. 会计科目使用是否正确。

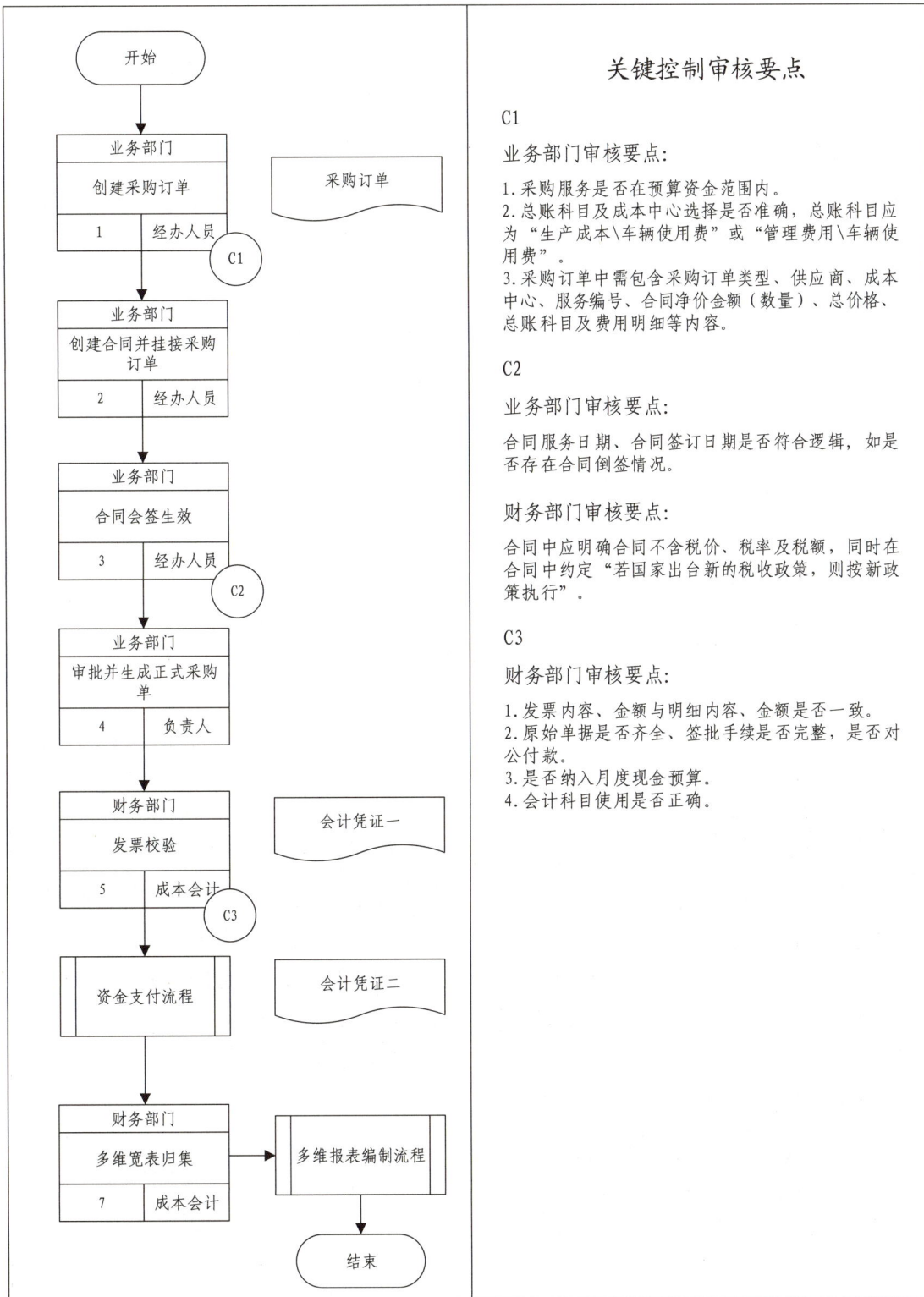

③ 通过线上预付款办理车辆使用费（燃油费）业务

车辆使用费	业务经办部门: 相关部门	流程编号: SG-SD0106
	归口管理部门: 后勤部门	编制单位: 国网山东省电力公司

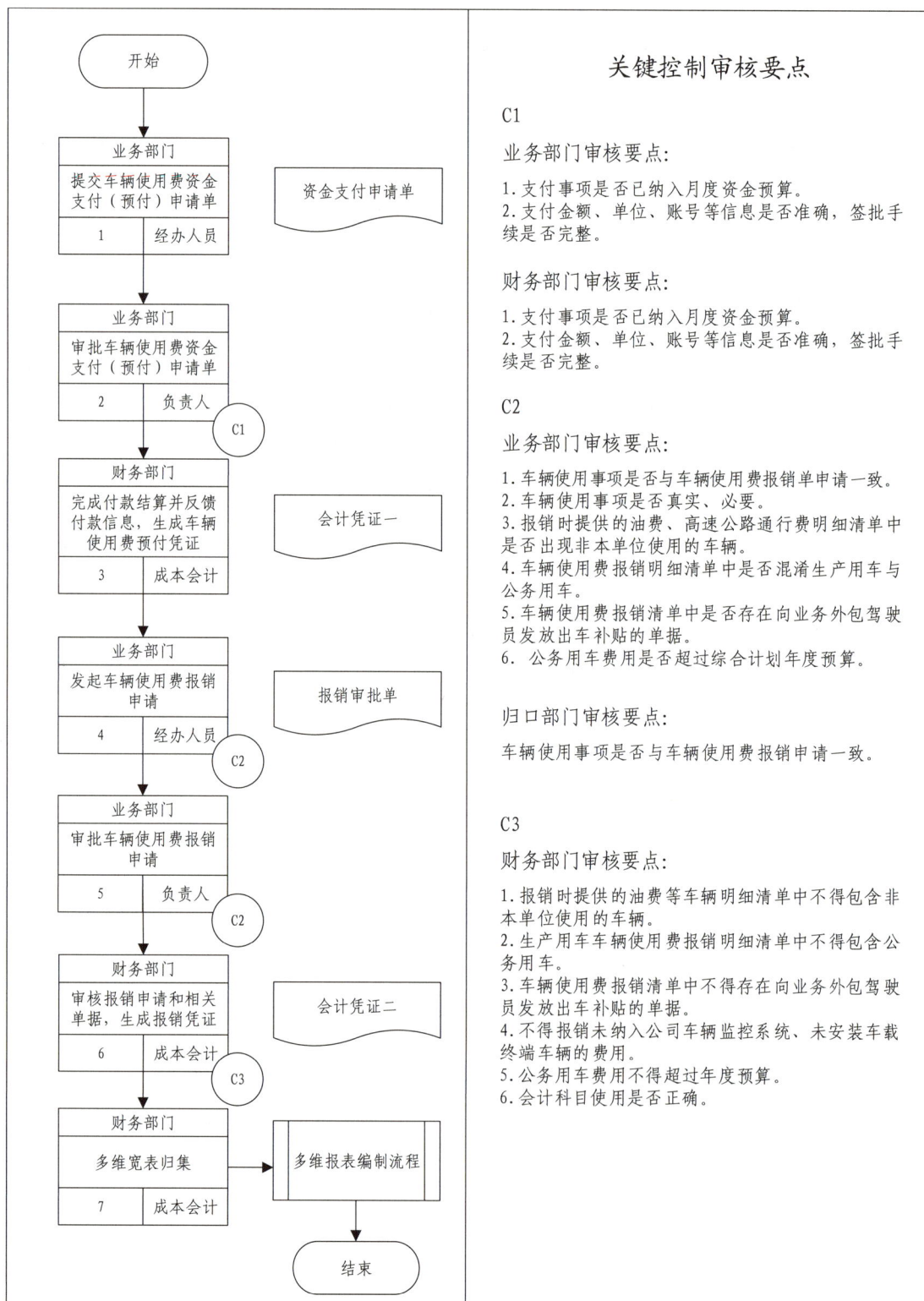

关键控制审核要点

开始

业务部门
提交车辆使用费资金支付（预付）申请单
1　经办人员

资金支付申请单

业务部门
审批车辆使用费资金支付（预付）申请单
2　负责人　C1

财务部门
完成付款结算并反馈付款信息，生成车辆使用费预付凭证
3　成本会计

会计凭证一

业务部门
发起车辆使用费报销申请
4　经办人员　C2

报销审批单

业务部门
审批车辆使用费报销申请
5　负责人　C2

财务部门
审核报销申请和相关单据，生成报销凭证
6　成本会计　C3

会计凭证二

财务部门
多维宽表归集
7　成本会计

多维报表编制流程

结束

C1

业务部门审核要点:

1.支付事项是否已纳入月度资金预算。
2.支付金额、单位、账号等信息是否准确，签批手续是否完整。

财务部门审核要点:

1.支付事项是否已纳入月度资金预算。
2.支付金额、单位、账号等信息是否准确，签批手续是否完整。

C2

业务部门审核要点:

1.车辆使用事项是否与车辆使用费报销单申请一致。
2.车辆使用事项是否真实、必要。
3.报销时提供的油费、高速公路通行费明细清单中是否出现非本单位使用的车辆。
4.车辆使用费报销明细清单中是否混淆生产用车与公务用车。
5.车辆使用费报销清单中是否存在向业务外包驾驶员发放出车补贴的单据。
6.公务用车费用是否超过综合计划年度预算。

归口部门审核要点:

车辆使用事项是否与车辆使用费报销申请一致。

C3

财务部门审核要点:

1.报销时提供的油费等车辆明细清单中不得包含非本单位使用的车辆。
2.生产用车车辆使用费报销明细清单中不得包含公务用车。
3.车辆使用费报销清单中不得存在向业务外包驾驶员发放出车补贴的单据。
4.不得报销未纳入公司车辆监控系统、未安装车载终端车辆的费用。
5.公务用车费用不得超过年度预算。
6.会计科目使用是否正确。

审核：备用金

1. 业务概述

备用金核算借支给正式员工用于支付与本单位经济业务相关、必须预支且尚不具备报销条件的费用支出的款项，并按员工供应商进行辅助核算。本科目期末余额反映企业已借出职工尚未归还或报销的备用金数额。

2. 风险分析

风险分类	风险描述
运营风险	1. 备用金未当月归还、未及时清理，影响资金周转 2. 备用金审核不严格，非本单位正式员工借用备用金 3. 签批手续不完整，存在合规风险
财务风险	未按"一事一借、清旧借新"的原则办理备用金借款，存在备用金科目月底未清零的情况

3. 权责划分

涉及岗位	关键控制点	权限划分
业务经办人员	提交借款申请	提报权
	提交核销借款申请	提报权
经办部门负责人	审核借款申请	审核权、审批权
	审核核销借款申请	审核权、审批权
归口管理部门负责人	审核借款申请	审核权、审批权
	审核核销借款申请	审核权、审批权
成本管理会计	审核借款申请	审核权
	审核报销申请	审核权
	生成会计凭证	执行权

4. 制度依据

（1）相关业务制度

无。

（2）相关财务制度

《国家电网有限公司会计基础管理办法》（国网（财/2）350-2018）

《国家电网公司会计核算办法》（国网（财/2）469-2014）

5. 审核指引

（1）业务流程图

通过流程简图反映备用金业务工作流程，明确对应岗位，确定关键控制点、原始单据等。

（2）关键控制审核要点

针对备用金业务过程中业务经办部门、归口管理部门（办公室）、财务部门权责划分，确定重点审核要点，指导业财人员协同审核、规范办理此类业务，防范与应对相关风险。

通过员工报销系统办理备用金业务

| 备用金 | 业务经办部门：相关部门 | 流程编号：SG-SD0107 |
| | 归口管理部门：办公室 | 编制单位：国网山东省电力公司 |

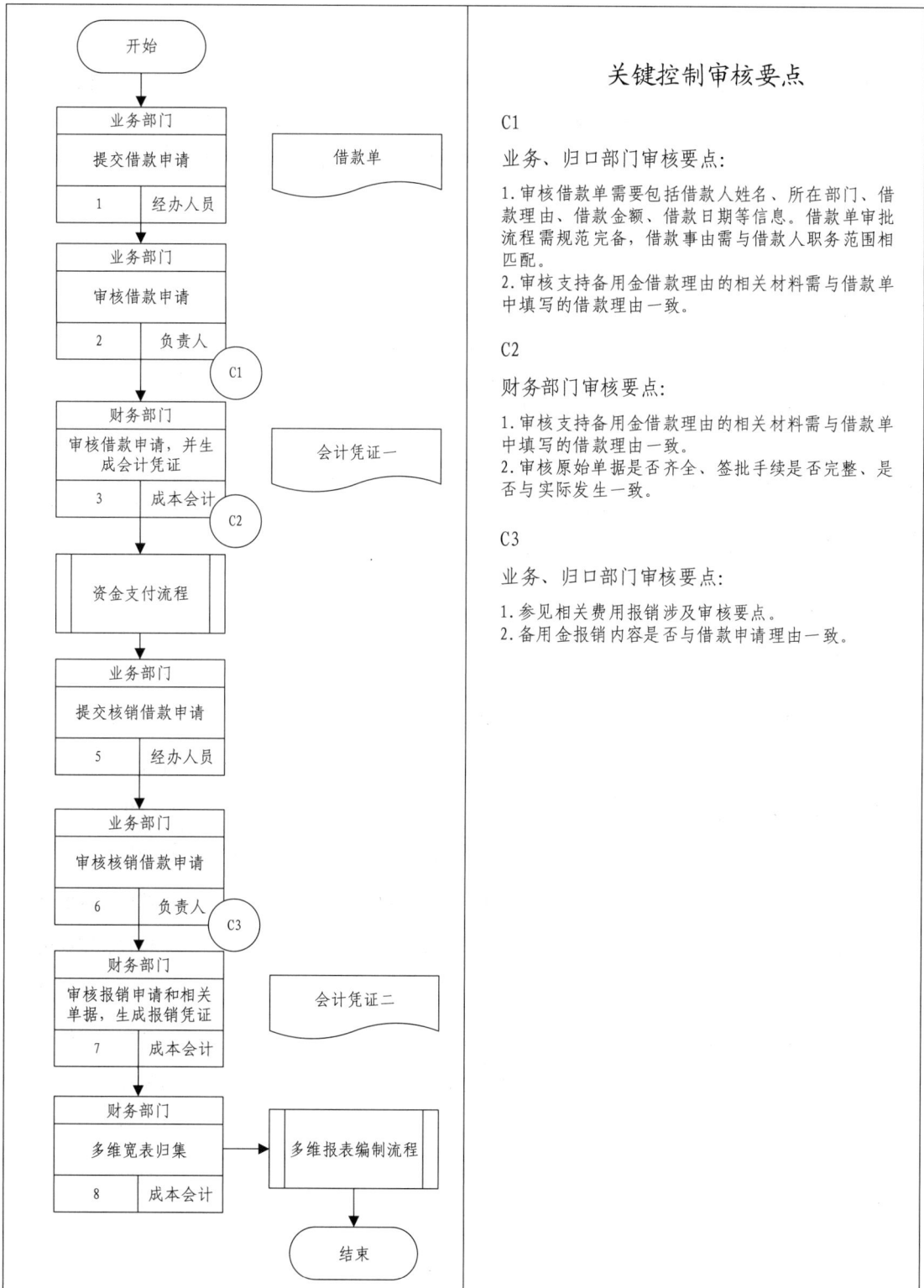

关键控制审核要点

C1

业务、归口部门审核要点：

1.审核借款单需要包括借款人姓名、所在部门、借款理由、借款金额、借款日期等信息。借款单审批流程需规范完备，借款事由需与借款人职务范围相匹配。

2.审核支持备用金借款理由的相关材料需与借款单中填写的借款理由一致。

C2

财务部门审核要点：

1.审核支持备用金借款理由的相关材料需与借款单中填写的借款理由一致。

2.审核原始单据是否齐全、签批手续是否完整、是否与实际发生一致。

C3

业务、归口部门审核要点：

1.参见相关费用报销涉及审核要点。

2.备用金报销内容是否与借款申请理由一致。

审核：中介费

1. 业务概述

中介费核算供电企业委托社会中介机构进行审计、评估、咨询顾问的支出，以及法律诉讼费等。

中介费业务涉及两项流程：一是通过 ERP 服务采购流程办理中介费等服务采购业务（合同签订限额标准以上）；二是通过员工报销系统办理中介费等日常报销业务（合同签订限额标准以下）。

2. 风险分析

风险分类	风险描述
运营风险	1. 单据未经有效审核，导致中介费不符合报销要求，可能存在超范围、虚假列支中介费的情况 2. 报销申请未经有效审核，与费用审批表内容不符，导致报销事项缺乏真实性、准确性 3. 未按合同要求取得增值税专用发票，造成公司经济损失 4. 签批手续不完整，存在合规风险
财务风险	1. 未对报销单据的完整性及报销事项与报销单据的一致性复核，可能导致财务数据失真 2. 会计凭证编制未经有效审核，可能导致凭证编制错误未及时被发现，出现会计核算差错问题
法律风险	合同未经有效审核，合同条款约定不明确，合同执行不到位，可能引起法律纠纷

3. 权责划分

涉及岗位	关键控制点	权限划分
业务经办人员	提交中介费报销申请	提报权
	创建采购订单	执行权
	发起合同会签	执行权
经办部门负责人	审核中介费报销申请	审核权、审批权
	审核采购订单	审核权、审批权
	合同会签	审核权、审批权
归口管理部门负责人	审核报销单据	审核权、审批权
成本管理会计	审核报销单据	审核权
	发票校验	执行权
	生成报销凭证	执行权

4. 制度依据

（1）相关业务制度

无。

（2）相关财务制度

《国家电网公司会计核算办法》（国网（财 /2）469-2014）

《国家电网有限公司会计基础管理办法》（国网（财 /2）350-2018）

5. 审核指引

（1）业务流程图

通过流程简图反映中介费报销业务工作流程，明确对应岗位，确定关键控制点、原始单据等。

（2）关键控制审核要点

针对中介费报销过程中业务经办部门、归口管理部门、财务部门权责划分，确定重点审核要点，指导业财人员协同审核、规范办理此类支出业务，防范与应对相关风险。

①通过 ERP 服务采购流程办理中介费等服务采购业务（合同签订限额标准以上）

中介费	业务经办部门：相关部门	流程编号：SG-SD0108
	归口管理部门：	编制单位：国网山东省电力公司

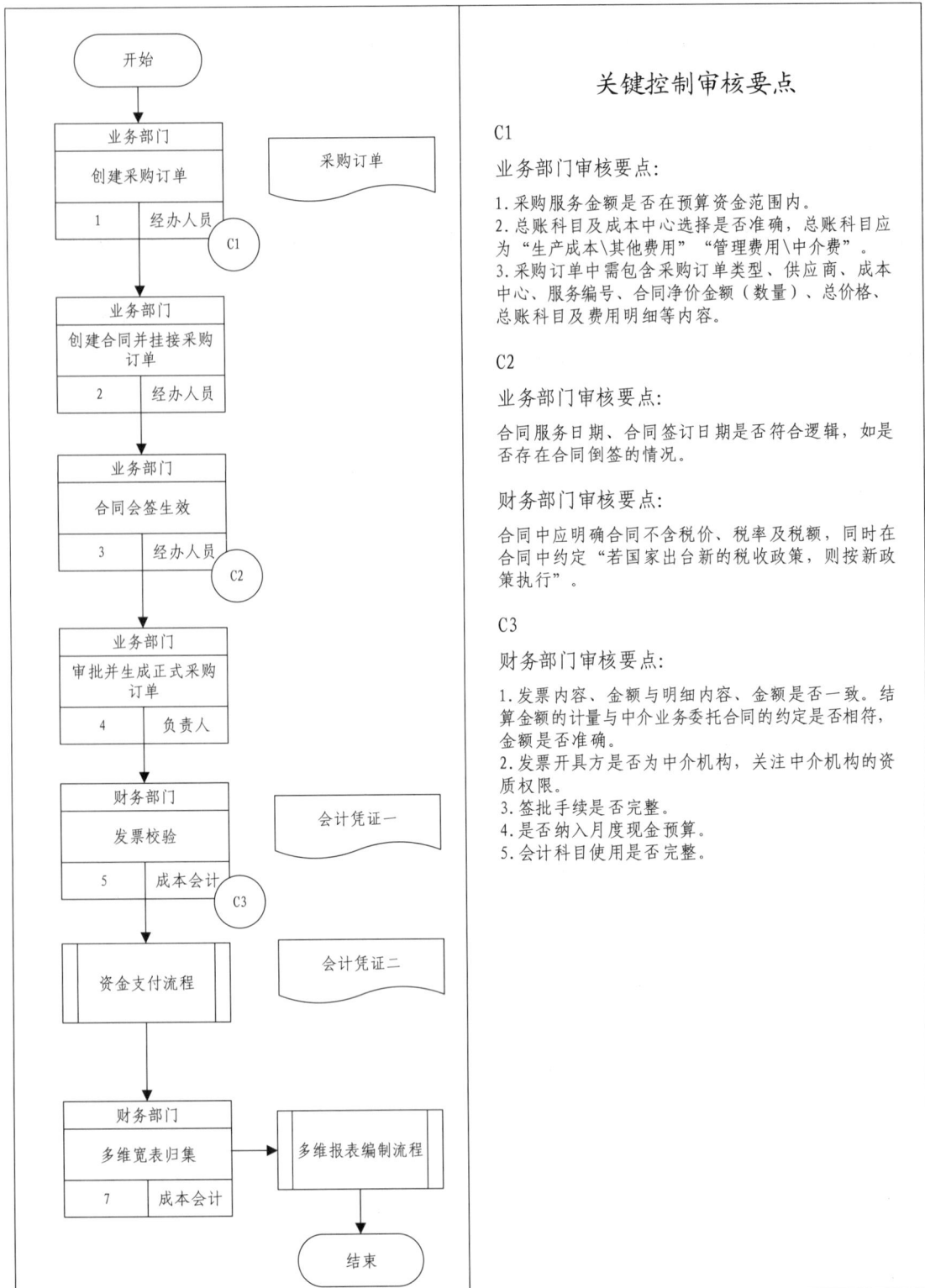

关键控制审核要点

C1

业务部门审核要点：

1. 采购服务金额是否在预算资金范围内。
2. 总账科目及成本中心选择是否准确，总账科目应为"生产成本\其他费用""管理费用\中介费"。
3. 采购订单中需包含采购订单类型、供应商、成本中心、服务编号、合同净价金额（数量）、总价格、总账科目及费用明细等内容。

C2

业务部门审核要点：

合同服务日期、合同签订日期是否符合逻辑，如是否存在合同倒签的情况。

财务部门审核要点：

合同中应明确合同不含税价、税率及税额，同时在合同中约定"若国家出台新的税收政策，则按新政策执行"。

C3

财务部门审核要点：

1. 发票内容、金额与明细内容、金额是否一致。结算金额的计量与中介业务委托合同的约定是否相符，金额是否准确。
2. 发票开具方是否为中介机构，关注中介机构的资质权限。
3. 签批手续是否完整。
4. 是否纳入月度现金预算。
5. 会计科目使用是否完整。

流程图

开始

↓

业务部门
创建采购订单
| 1 | 经办人员 | C1 |

采购订单

↓

业务部门
创建合同并挂接采购订单
| 2 | 经办人员 |

↓

业务部门
合同会签生效
| 3 | 经办人员 | C2 |

↓

业务部门
审批并生成正式采购订单
| 4 | 负责人 |

↓

财务部门
发票校验
| 5 | 成本会计 | C3 |

会计凭证一

↓

资金支付流程

会计凭证二

↓

财务部门
多维宽表归集
| 7 | 成本会计 |
→ 多维报表编制流程

↓

结束

②通过员工报销系统办理中介费等日常报销业务（合同签订限额标准以下）

	中介费	业务经办部门：相关部门	流程编号：SG-SD0108
		归口管理部门：	编制单位：国网山东省电力公司

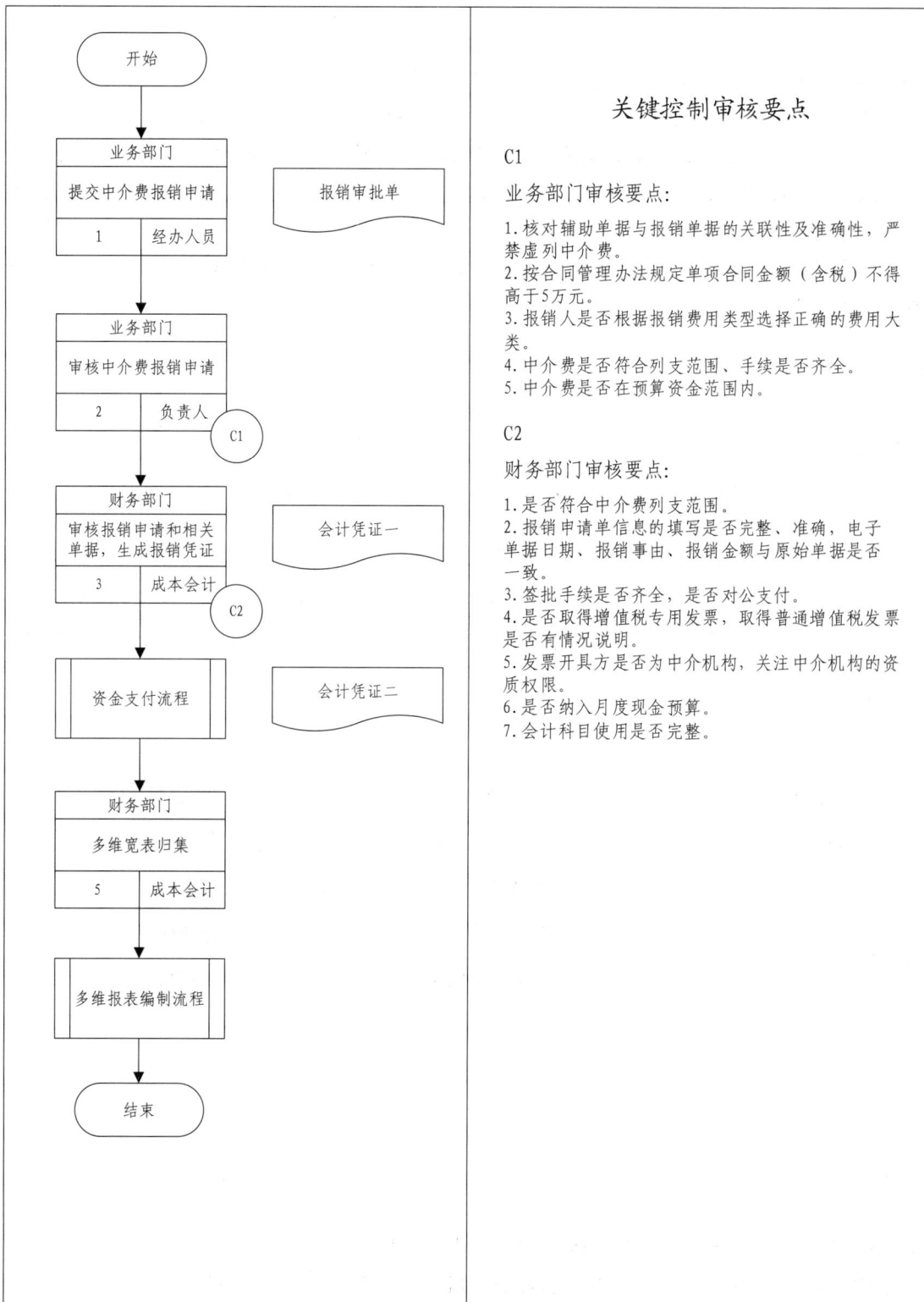

关键控制审核要点

C1

业务部门审核要点：

1.核对辅助单据与报销单据的关联性及准确性，严禁虚列中介费。
2.按合同管理办法规定单项合同金额（含税）不得高于5万元。
3.报销人是否根据报销费用类型选择正确的费用大类。
4.中介费是否符合列支范围、手续是否齐全。
5.中介费是否在预算资金范围内。

C2

财务部门审核要点：

1.是否符合中介费列支范围。
2.报销申请单信息的填写是否完整、准确，电子单据日期、报销事由、报销金额与原始单据是否一致。
3.签批手续是否齐全，是否对公支付。
4.是否取得增值税专用发票，取得普通增值税发票是否有情况说明。
5.发票开具方是否为中介机构，关注中介机构的资质权限。
6.是否纳入月度现金预算。
7.会计科目使用是否完整。

审核：地方政府收费

1. 业务概述

地方政府收费是核算供电企业按地方政府规定支付的各项费用，包括防洪费、排污费、人防费、河道维护费、残疾人就业保障金、公安消防费、民兵预备费、价格调节基金等。

残疾人就业保障金是为保障残疾人权益，由未按规定安排残疾人就业的机关、团体、企业、事业单位和非企业单位缴纳的资金，按上年用人单位安排残疾人就业未达到规定比例的差额人数和本单位在职职工年平均工资之积计算缴纳。

土地有偿使用金是指供电企业以租赁方式有偿使用国有土地，按照国家规定的标准和方法，向国家缴纳的土地资源性收益。

2. 风险分析

风险分类	风险描述
运营风险	1. 报销申请未经有效审核，可能出现支出事项不真实的情况 2. 收费政策执行不到位，导致缴款金额存在偏差 3. 签批手续不完整，存在合规风险
财务风险	1. 未对报销单据的完整性及报销事项与报销单据的一致性复核，可能导致财务数据失真 2. 会计凭证未经有效审核，可能导致凭证编制错误未及时被发现，出现会计核算差错问题

3. 权责划分

涉及岗位	关键控制点	权限划分
业务（归口）经办人员	提交报销申请	提报权
业务（归口）部门负责人	审批报销申请	审核权、审批权
成本管理会计	审核报销申请	审核权
	生成报销凭证	执行权

4. 制度依据

（1）相关业务制度

无。

（2）相关财务制度

《国家电网公司会计核算办法》（国网（财/2）469-2014）

《国家电网有限公司总部资金支付管理办法》（国网（财/2）597-2019）

《国家电网有限公司会计基础管理办法》（国网（财/2)350-2018）

5. 审核指引

（1）业务流程图

通过流程简图反映地方政府收费业务工作流程，明确对应岗位，确定关键控制点、原始单据等。

（2）关键控制审核要点

针对地方政府收费业务中相关业务经办部门、归口管理部门（人资部门、后勤部门等）、财务部门权责划分，确定重点审核要点，指导业财人员协同审核、规范办理此类业务，防范与应对相关风险。

通过 ERP 、财务管控系统办理残保金的审核报销

| 地方政府收费 | 业务经办部门：人资部门、后勤部门等 | 流程编号：SG-SD0109-01 |
| | 归口管理部门：人资部门、后勤部门等 | 编制单位：国网山东省电力公司 |

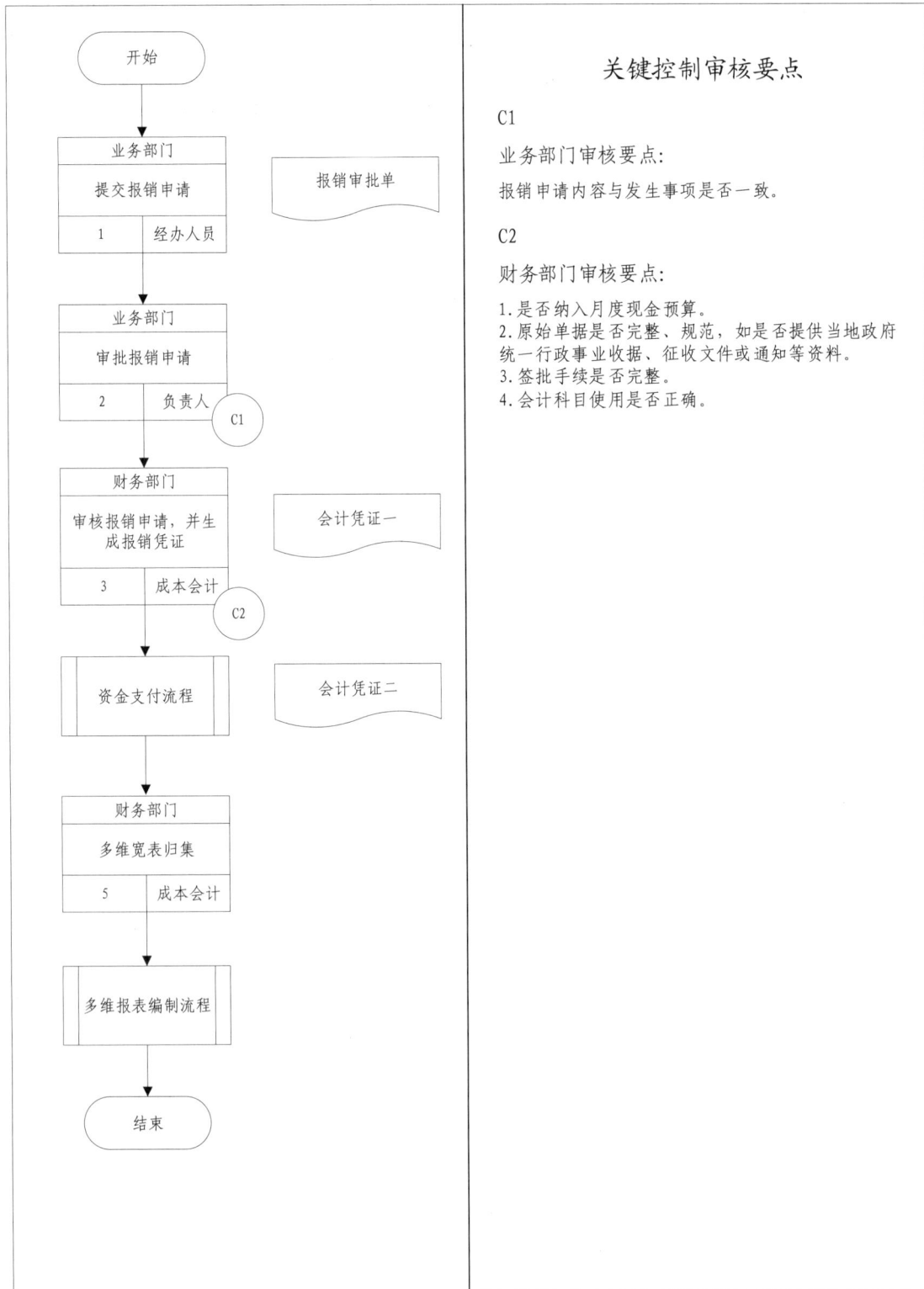

开始

业务部门
提交报销申请
1　　经办人员

报销审批单

业务部门
审批报销申请
2　　负责人　　C1

财务部门
审核报销申请，并生成报销凭证
3　　成本会计　　C2

会计凭证一

资金支付流程

会计凭证二

财务部门
多维宽表归集
5　　成本会计

多维报表编制流程

结束

关键控制审核要点

C1

业务部门审核要点：

报销申请内容与发生事项是否一致。

C2

财务部门审核要点：

1.是否纳入月度现金预算。
2.原始单据是否完整、规范，如是否提供当地政府统一行政事业收据、征收文件或通知等资料。
3.签批手续是否完整。
4.会计科目使用是否正确。

审核：政府补助

1. 业务概述

政府补助是指企业从政府无偿取得的货币性资产或非货币性资产，但不包括政府作为企业所有者投入的资本。主要的政府补助形式为财政拨款、财政贴息、税收返还与无偿划拨非货币性资产等。

政府补助分为与资产相关的政府补助以及与收益相关的政府补助。

与资产相关的政府补助会计处理方法有总额法和净额法。在总额法下，将与资产相关的政府补助确认为递延收益，并随着资产的使用逐步结转计入损益，若政府补助与日常活动相关应计入其他收益，若无关则计入营业外收入；在净额法下，将政府补助冲减相关资产的账面价值，以反映长期资产的实际取得成本。

与收益相关的政府补助分为两种情况：若用于补偿企业以后期间的成本费用或损失，需先确认为递延收益，在满足相关成本费用或损失确认的期间，计入当期损益或冲减相关成本；若用于补偿企业已发生的相关成本费用或损失，则直接计入当期损益或冲减成本，若政府补助与日常活动相关应计入其他收益，无关则计入营业外收入。

2. 风险分析

风险分类	风险描述
运营风险	1. 收入确认申请未经有效审核，入账依据不充分，可能导致收入不真实 2. 签批手续不完整，存在合规风险
财务风险	1. 未对报销单据的完整性及报销事项与报销单据的一致性复核，可能导致财务数据失真 2. 会计凭证编制未经有效审核，可能导致凭证编制错误未及时被发现，出现会计核算差错问题

3. 权责划分

涉及岗位	关键控制点	权限划分
业务经办人员	取得政府补助文件，提交政府补助确认申请	提报权
经办部门负责人	审核确认申请	审核权、审批权
核算管理会计	审核报销申请单据	审核权
	生成报销凭证	执行权
出纳	确认资金到账并开具收据	执行权

4. 制度依据

（1）相关业务制度

无。

（2）相关财务制度

《国家电网有限公司会计基础管理办法》（国网（财/2）350-2018）

《国家电网公司会计核算办法》（国网（财/2）469-2014）

5. 审核指引

（1）业务流程图

通过流程简图反映政府补助业务工作流程，明确对应岗位，确定关键控制点、原始单据等。

（2）关键控制审核要点

针对政府补助业务过程中业务经办部门、归口管理部门、财务部门权责划分，确定重点审核要点，指导业财人员协同审核、规范办理此类收入业务，防范与应对相关风险。

政府补助	业务经办部门：相关部门	流程编号：SG-SD0109-02
	归口管理部门：	编制单位：国网山东省电力公司

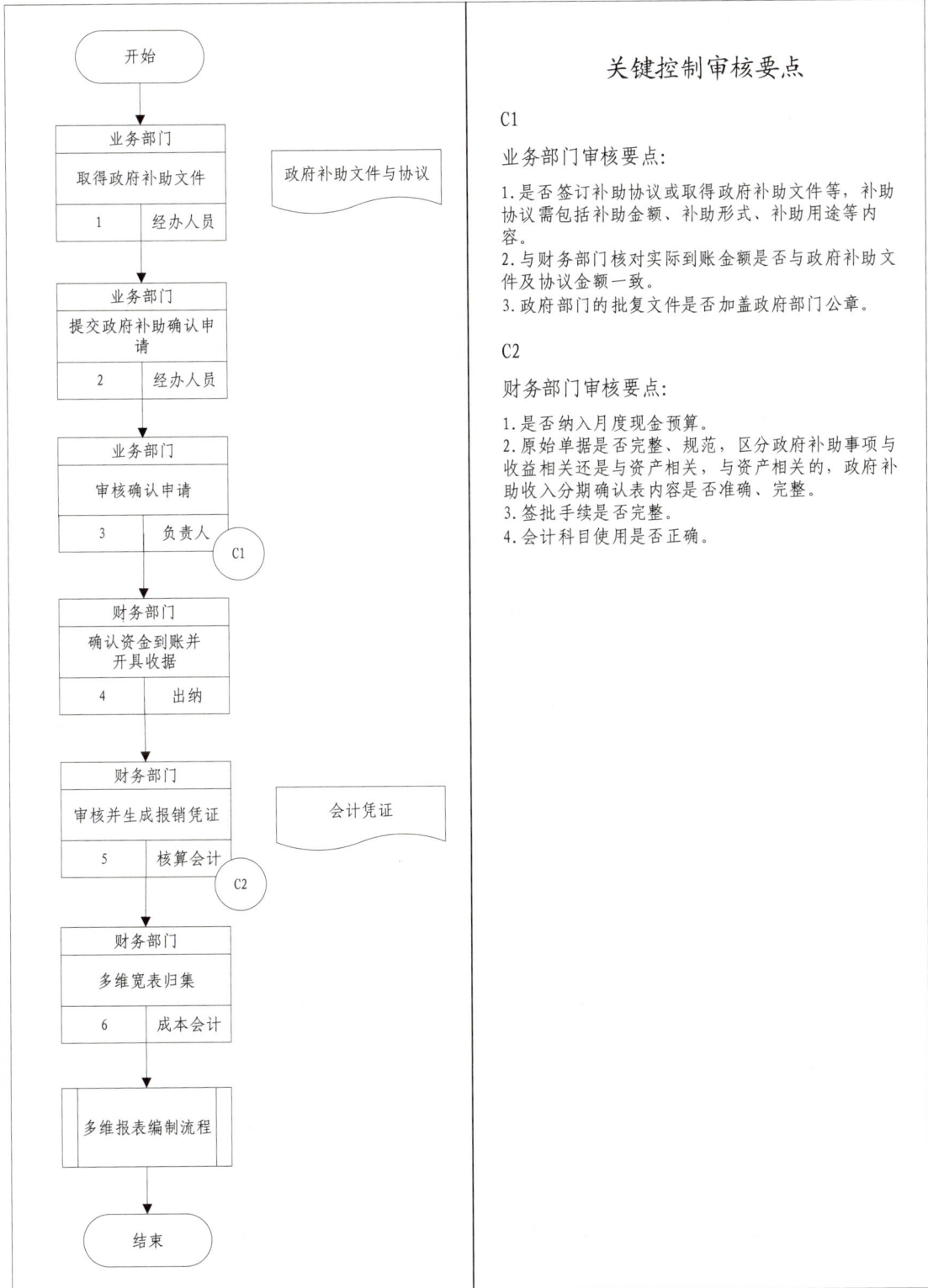

关键控制审核要点

C1

业务部门审核要点：

1.是否签订补助协议或取得政府补助文件等，补助协议需包括补助金额、补助形式、补助用途等内容。

2.与财务部门核对实际到账金额是否与政府补助文件及协议金额一致。

3.政府部门的批复文件是否加盖政府部门公章。

C2

财务部门审核要点：

1.是否纳入月度现金预算。

2.原始单据是否完整、规范，区分政府补助事项与收益相关还是与资产相关，与资产相关的，政府补助收入分期确认表内容是否准确、完整。

3.签批手续是否完整。

4.会计科目使用是否正确。

流程图：

开始

业务部门
取得政府补助文件
1　经办人员 —— 政府补助文件与协议

业务部门
提交政府补助确认申请
2　经办人员

业务部门
审核确认申请
3　负责人　C1

财务部门
确认资金到账并开具收据
4　出纳

财务部门
审核并生成报销凭证
5　核算会计　C2 —— 会计凭证

财务部门
多维宽表归集
6　成本会计

多维报表编制流程

结束

审核：工会经费

1. 业务概述

工会经费指按规定应由企业负担的、按职工工资总额 2% 的比例提取的经费。

2. 风险分析

风险分类	风险描述
运营风险	1. 工会经费计提基数不准确 2. 签批手续不完整，存在合规风险
财务风险	1. 未对报销单据的完整性及报销事项与报销单据的一致性复核，可能导致财务数据失真 2. 会计凭证编制未经有效审核，可能导致凭证编制错误未及时被发现，出现会计核算差错问题

3. 权责划分

涉及岗位	关键控制点	权限划分
人资部门经办人员	工资计提自动触发生成工会经费计提明细	提报权
人资部门负责人	审核工会经费计提明细	审核权、审批权
工会经办人员	取得专用收据，办理上缴业务	执行权
成本管理会计	审核工会经费计提单	审核权
	生成计提凭证	执行权

4. 制度依据

（1）相关业务制度

无。

（2）相关财务制度

《国家电网有限公司会计基础管理办法》（国网（财/2）350-2018）

《国家电网公司会计核算办法》（国网（财/2）469-2014）

《国家电网有限公司资金管理办法》（国网（财/2）345-2019）

5. 审核指引

（1）业务流程图

通过流程简图反映工会经费业务工作流程，明确对应岗位，确定关键控制点、原始单据等。

（2）关键控制审核要点

针对工会经费计提、上缴过程中业务经办部门（人资部门、工会）、归口管理部门、财务部门权责划分，确定重点审核要点，指导业财人员协同审核、规范办理此类业务，防范与应对相关风险。

通过 ERP 系统完成工会经费计提、付款业务

工会经费	业务经办部门：人资部门、工会	流程编号：SG-SD0110-01
	归口管理部门：	编制单位：国网山东省电力公司

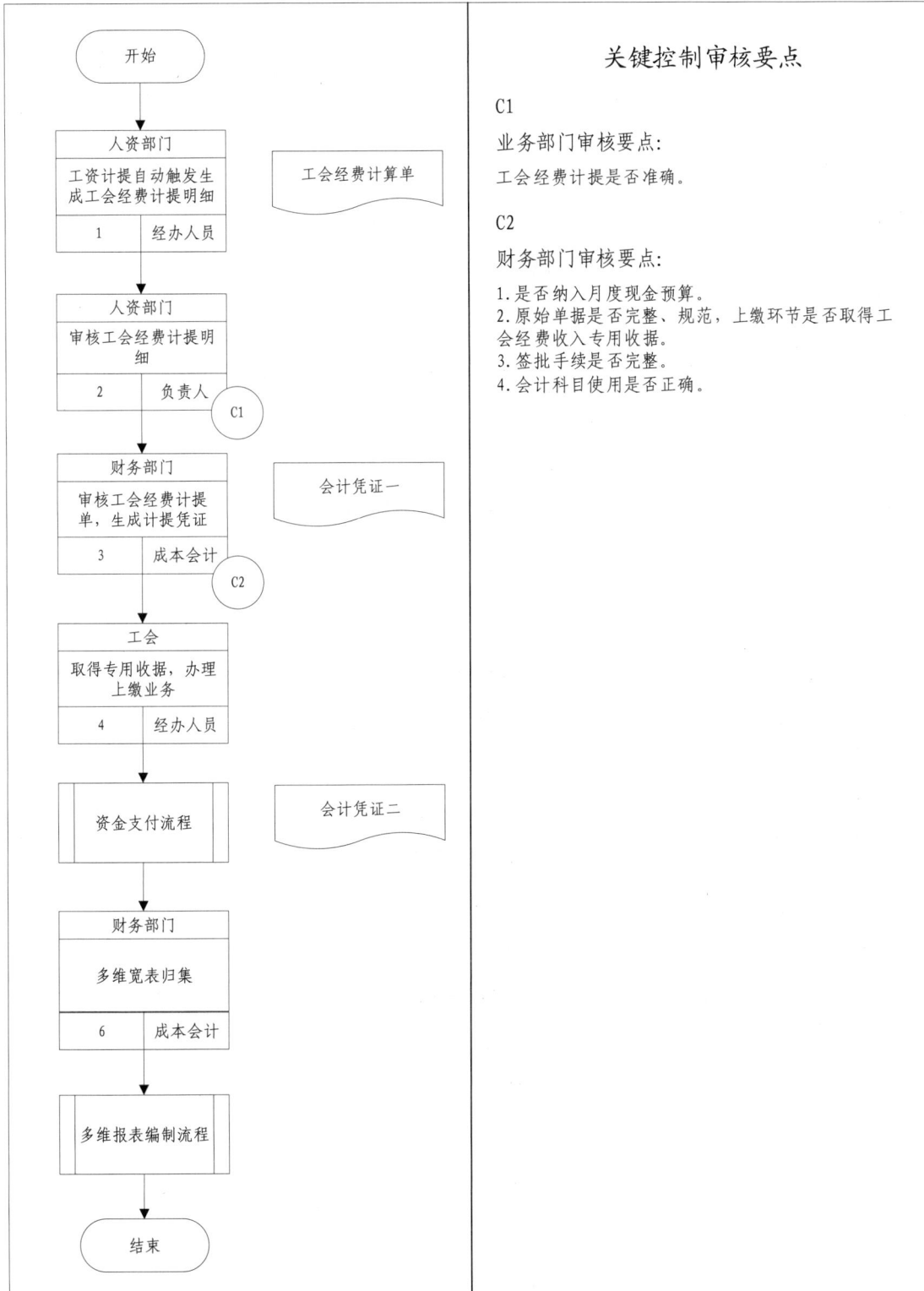

关键控制审核要点

C1

业务部门审核要点：

工会经费计提是否准确。

C2

财务部门审核要点：

1. 是否纳入月度现金预算。
2. 原始单据是否完整、规范，上缴环节是否取得工会经费收入专用收据。
3. 签批手续是否完整。
4. 会计科目使用是否正确。

审核：资产出租

1. 业务概述

资产出租，是指固定资产、无形资产经营租赁取得租金收入的行为。

2. 风险分析

风险分类	风险描述
运营风险	1. 资产出租未履行规范的审批流程，可能出现不真实情况 2. 租赁合同信息不完整、不合规 3. 签批手续不完整，存在合规风险
财务风险	1. 未对原始单据的完整性及收入事项与单据的一致性复核，导致财务信息失真 2. 会计凭证编制未经过有效审核，导致凭证编制错误未及时被发现，出现会计核算差错问题 3. 发票税率不正确，存在涉税风险 4. 未经过有资质的评估机构进行评估，导致租赁价格不公允
法律风险	合同未经过有效审核，租赁合同签订不规范，价格不公允，或低于评估价格，可能出现合同纠纷

3. 权责划分

涉及岗位	关键控制点	权限划分
实物管理部门经办人员	提出出租申请	提报权
	发起合同会签	执行权
实物管理部门负责人	履行审批程序	审核权、审批权
	合同会签生效	审核权、审批权
资产会计	组织资产评估	执行权
财税管理会计	开具发票	执行权
应收会计	审核收款单据	审核权
	生成会计凭证	执行权
出纳	收款	执行权

4. 制度依据

（1）相关业务制度

无。

（2）相关财务制度

《国家电网有限公司会计基础管理办法》（国网（财/2）350-2018）

《国家电网公司资产评估工作管理办法》（国网（财/2）470-2014）

《国家电网有限公司固定资产管理办法》（国网（财/2）593-2018）

5. 审核指引

（1）业务流程图

通过流程简图反映资产出租业务工作流程，明确对应岗位，确定关键控制点、原始单据等。

（2）关键控制审核要点

针对资产出租业务过程中业务经办部门、归口管理部门（实物管理部门）、财务部门权责划分，确定重点审核要点，指导业财人员协同审核、规范办理此类业务，防范与应对相关风险。

通过 ERP 系统处理固定资产出租业务

资 产 出 租	业务经办部门：实物管理部门	流程编号：SG-SD0111-01
	归口管理部门：实物管理部门	编制单位：国网山东省电力公司

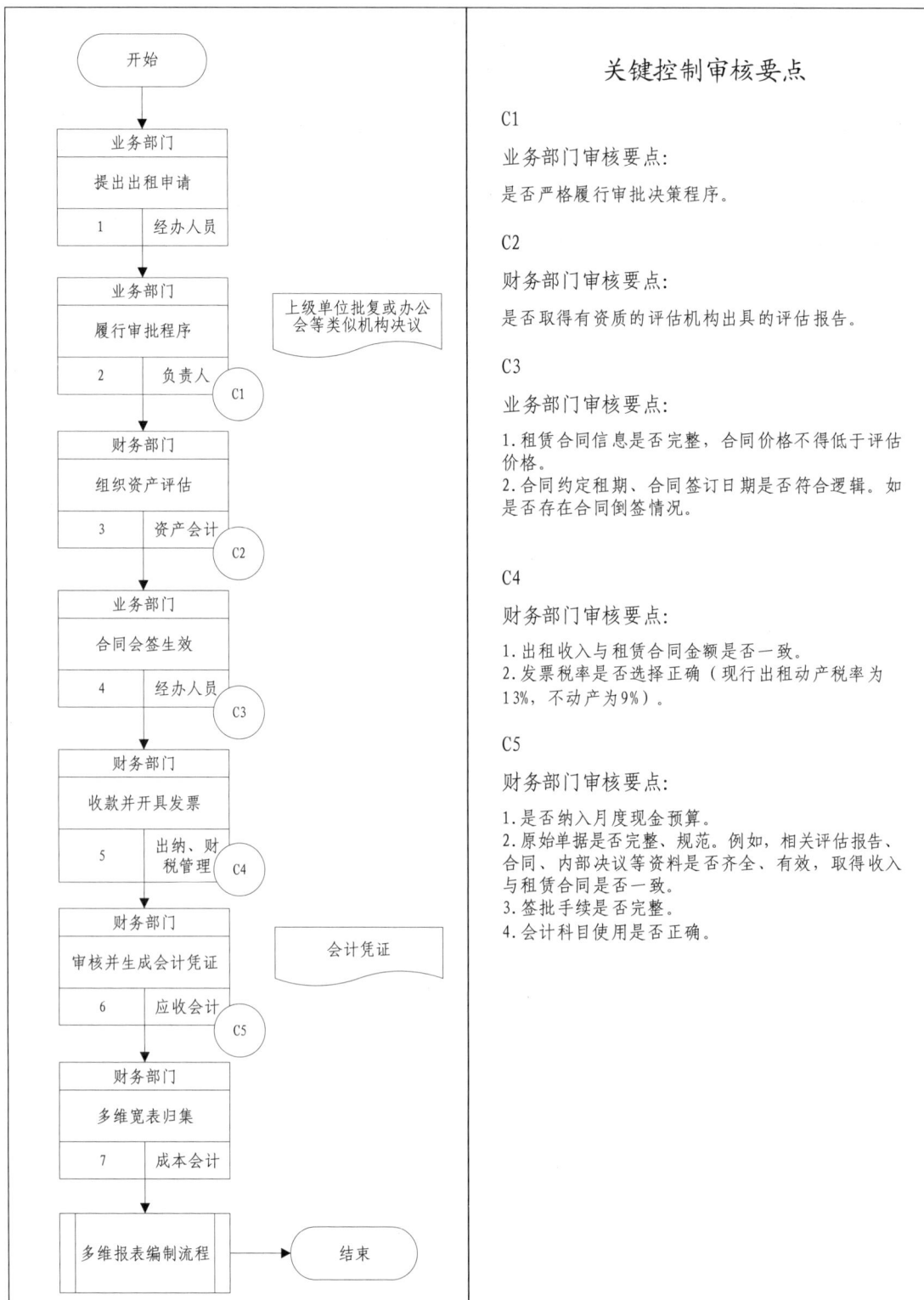

关键控制审核要点

C1

业务部门审核要点：

是否严格履行审批决策程序。

C2

财务部门审核要点：

是否取得有资质的评估机构出具的评估报告。

C3

业务部门审核要点：

1.租赁合同信息是否完整，合同价格不得低于评估价格。

2.合同约定租期、合同签订日期是否符合逻辑。如是否存在合同倒签情况。

C4

财务部门审核要点：

1.出租收入与租赁合同金额是否一致。

2.发票税率是否选择正确（现行出租动产税率为13%，不动产为9%）。

C5

财务部门审核要点：

1.是否纳入月度现金预算。

2.原始单据是否完整、规范。例如，相关评估报告、合同、内部决议等资料是否齐全、有效，取得收入与租赁合同是否一致。

3.签批手续是否完整。

4.会计科目使用是否正确。

流程图：

开始 →

业务部门
提出出租申请
1　经办人员

业务部门
履行审批程序
2　负责人　C1
（上级单位批复或办公会等类似机构决议）

财务部门
组织资产评估
3　资产会计　C2

业务部门
合同会签生效
4　经办人员　C3

财务部门
收款并开具发票
5　出纳、财税管理　C4

财务部门
审核并生成会计凭证
6　应收会计　C5
（会计凭证）

财务部门
多维宽表归集
7　成本会计

多维报表编制流程 → 结束

审核：收取保险赔偿款

1. 业务概述

保险赔偿，是指保险标的发生保险事故而使被保险人财产受到损失或人身生命受到损害时，或保单约定的其他保险事故出现而需要给付保险金时，保险公司根据合同规定，履行赔偿或给付责任的行为，是直接体现保险职能和履行保险责任的工作。

财产保险是指以企业财产及其相关利益为保险标的的保险，包括（但不限于）企业财产险，机器损坏险，建筑/安装工程一切险，机动车辆险，货物运输险，供电责任、公众责任、雇主责任等各类责任险等。

2. 风险分析

风险分类	风险描述
运营风险	1. 理赔资料不真实、不合规 2. 签批手续不完整，存在合规风险
财务风险	1. 会计凭证未经有效审核，导致凭证编制错误未及时被发现，出现会计核算差错问题 2. 未对原始单据的完整性及报案事项与单据的一致性复核，可能导致财务数据失真

3. 权责划分

涉及岗位	关键控制点	权限划分
业务经办人员	提交发生保险损失佐证材料，取得保险公司定损资料	提报权
经办部门负责人	审核保险赔偿资料	审核权
出纳	收到保险赔偿款	执行权
资产会计	审核赔偿单据	审核权
	生成会计凭证	执行权

4. 制度依据

（1）相关业务制度

无。

（2）相关财务制度

《国家电网有限公司固定资产管理办法》（国网（财/2）593-2018）

《国家电网有限公司会计基础管理办法》（国网（财/2）350-2018）

5. 审核指引

（1）业务流程图

通过流程简图反映收取保险赔偿款业务工作流程，明确对应岗位，确定关键控制点、原始单据等。

（2）关键控制审核要点

针对收取保险赔偿款业务过程中相关业务经办部门、归口管理部门、财务部门权责划分，确定重点审核要点，指导业财人员协同审核、规范办理此类业务，防范与应对相关风险。

| 收取保险赔偿款 | 业务经办部门：相关部门 | 流程编号：SG-SD0112-01 |
| | 归口管理部门： | 编制单位：国网山东省电力公司 |

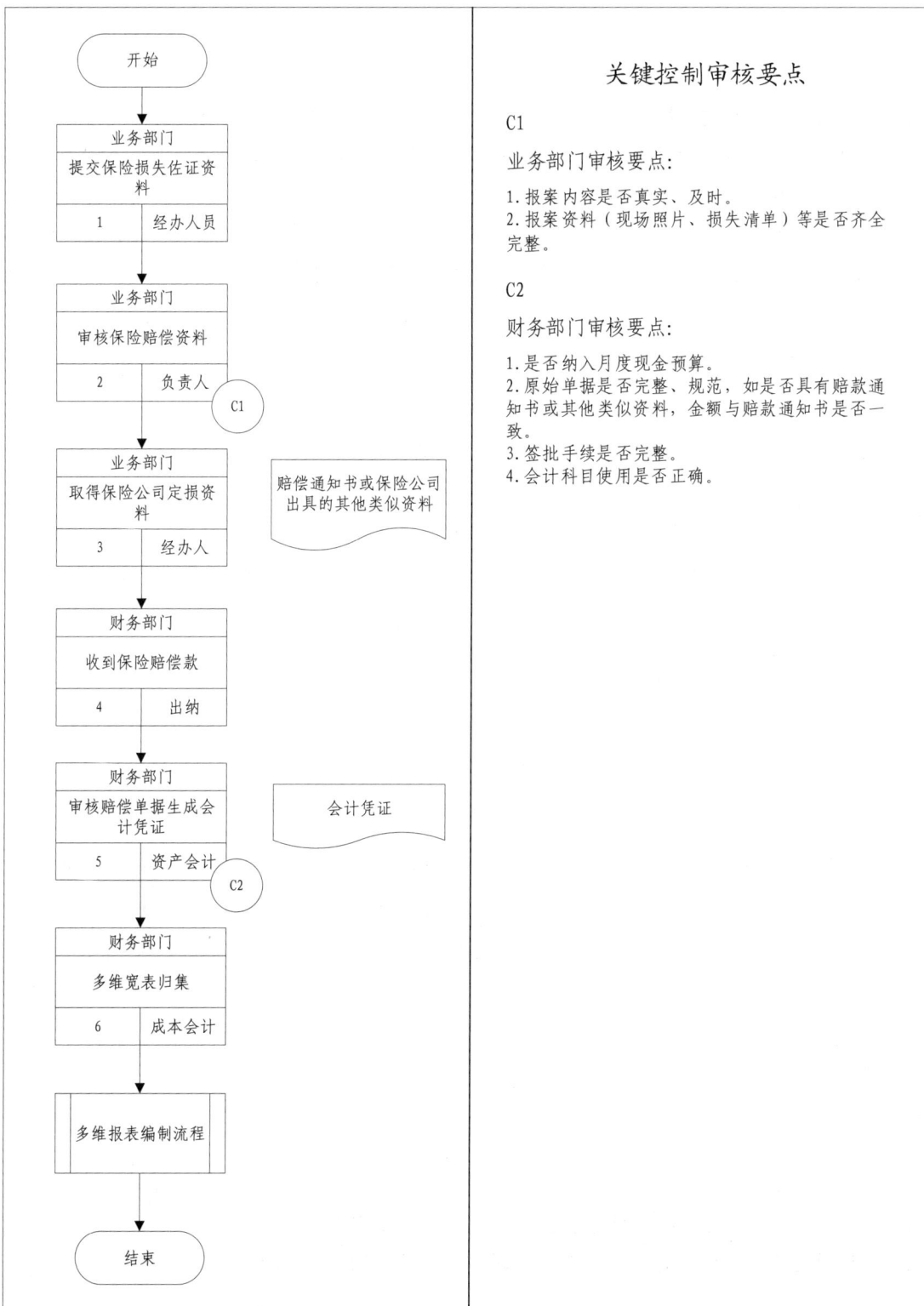

关键控制审核要点

C1

业务部门审核要点：

1. 报案内容是否真实、及时。
2. 报案资料（现场照片、损失清单）等是否齐全完整。

C2

财务部门审核要点：

1. 是否纳入月度现金预算。
2. 原始单据是否完整、规范，如是否具有赔款通知书或其他类似资料，金额与赔款通知书是否一致。
3. 签批手续是否完整。
4. 会计科目使用是否正确。

流程图：

开始

业务部门
提交保险损失佐证资料
1　经办人员

业务部门
审核保险赔偿资料
2　负责人　C1

业务部门
取得保险公司定损资料
3　经办人

（赔偿通知书或保险公司出具的其他类似资料）

财务部门
收到保险赔偿款
4　出纳

财务部门
审核赔偿单据生成会计凭证
5　资产会计　C2

（会计凭证）

财务部门
多维宽表归集
6　成本会计

多维报表编制流程

结束

审核：支付保险赔偿款

1. 业务概述

保险赔偿是指保险标的发生保险事故而使被保险人财产受到损失或人身生命受到损害时，或保单约定的其他保险事故出现而需要给付保险金时，保险公司根据合同规定，履行赔偿或给付责任的行为，是直接体现保险职能和履行保险责任的工作。

财产保险是指以企业财产及其相关利益为保险标的的保险，包括（但不限于）企业财产险，机器损坏险，建筑/安装工程一切险，机动车辆险，货物运输险，供电责任、公众责任、雇主责任等各类责任险等。

2. 风险分析

风险分类	风险描述
运营风险	1. 报销事项与理赔事项不一致 2. 签批手续不完整，存在合规风险
财务风险	1. 会计凭证未经有效审核，导致凭证编制错误未及时被发现，出现会计核算差错问题 2. 未对报销单据的完整性及保险赔付事项与报销单据的一致性复核，可能导致财务数据失真

3. 权责划分

涉及岗位	关键控制点	权限划分
业务经办人员	提交报销申请	提报权
经办部门负责人	审核报销单据	审核权、审批权
资产会计	审核报销单据	审核权
	生成会计凭证	执行权

4. 制度依据

（1）相关业务制度

无。

（2）相关财务制度

《国家电网有限公司固定资产管理办法》（国网（财/2）593-2018）

《国家电网有限公司会计基础管理办法》（国网（财/2）350-2018）

5. 审核指引

（1）业务流程图

通过流程简图反映支付保险赔偿款业务工作流程，明确对应岗位，确定关键控制点、原始单据等。

（2）关键控制审核要点

针对支付保险赔偿款业务过程中相关业务经办部门、归口管理部门、财务部门权责划分，确定重点审核要点，指导业财人员协同审核、规范办理此类业务，防范与应对相关风险。

支付保险赔偿款	业务经办部门：相关部门	流程编号：SG-SD0112-02
	归口管理部门：	编制单位：国网山东省电力公司

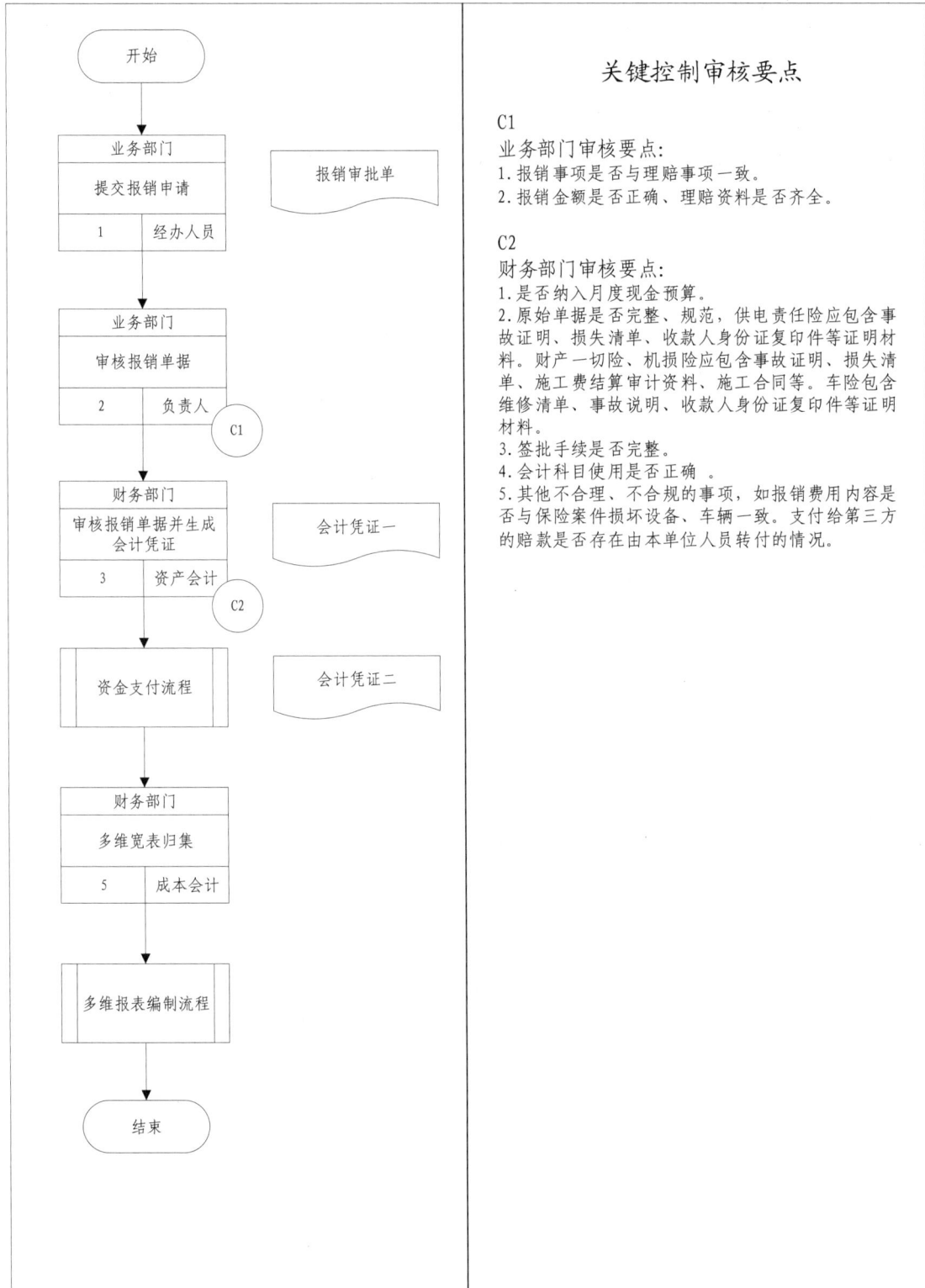

开始

业务部门
提交报销申请
| 1 | 经办人员 |

报销审批单

业务部门
审核报销单据
| 2 | 负责人 | C1 |

财务部门
审核报销单据并生成会计凭证
| 3 | 资产会计 | C2 |

会计凭证一

资金支付流程

会计凭证二

财务部门
多维宽表归集
| 5 | 成本会计 |

多维报表编制流程

结束

关键控制审核要点

C1

业务部门审核要点：

1.报销事项是否与理赔事项一致。

2.报销金额是否正确、理赔资料是否齐全。

C2

财务部门审核要点：

1.是否纳入月度现金预算。

2.原始单据是否完整、规范，供电责任险应包含事故证明、损失清单、收款人身份证复印件等证明材料。财产一切险、机损险应包含事故证明、损失清单、施工费结算审计资料、施工合同等。车险包含维修清单、事故说明、收款人身份证复印件等证明材料。

3.签批手续是否完整。

4.会计科目使用是否正确 。

5.其他不合理、不合规的事项，如报销费用内容是否与保险案件损坏设备、车辆一致。支付给第三方的赔款是否存在由本单位人员转付的情况。

审核：非正常支出

1. 业务概述

非正常支出包括罚款、违约金、滞纳金及赔偿金支出：

罚款支出是指公司由于违反法律法规规定而支付的各种行政罚款；违约金支出是指公司由于过错不履行或不完全履行合同，应当依照合同约定或法律规定，支付给另一方一定数量货币的支出；滞纳金支出是指因公司不按期履行金钱给付义务，受到行政机关课以新的金钱给付义务而发生的支出，如税收滞纳金；赔偿金支出是指公司各单位因责任过失、不可抗力因素等原因造成安全事故、法律纠纷等事件，而给对方造成一定的经济损失、人身安全损失等，应给予一定数量的货币进行赔偿。包括人身安全事故赔偿、供电责任赔偿、法律诉讼赔偿、产品及服务质量问题赔偿等。

2. 风险分析

风险分类	风险描述
运营风险	1. 支出内容与发生事项不一致，存在支出事项不真实情况 2. 签批手续不完整，存在合规风险
财务风险	1. 未对报销单据的完整性及发生事项与报销单据的一致性复核，可能导致财务数据失真 2. 未按实质重于形式的原则准确区分罚款、违约金、滞纳金和赔偿金业务，导致核算范围不准确

3. 权责划分

涉及岗位	关键控制点	权限划分
业务经办人员	提交报销申请	提报权
经办部门负责人	审核报销单据	审核权、审批权
财务部门专责	提交省公司线上审批	审批权
成本管理会计	审核报销单据	审核权
	生成报销凭证	执行权

4. 制度依据

（1）相关业务制度

无。

（2）相关财务制度

《国家电网有限公司会计基础管理办法》（国网（财/2）350-2018）

《国家电网公司会计核算办法》（国网（财/2）469-2014）

5. 审核指引

（1）业务流程图

通过流程简图反映非正常支出业务工作流程，明确对应岗位，确定关键控制点、原始单据等。

（2）关键控制审核要点

针对非正常支出过程中业务经办部门、归口管理部门、财务部门权责划分，确定重点审核要点，指导业财人员协同审核、规范办理此类支出业务，防范与应对相关风险。

| 非正常支出 | 业务经办部门：相关部门 | 流程编号：SG-SD0113-01 |
| | 归口管理部门： | 编制单位：国网山东省电力公司 |

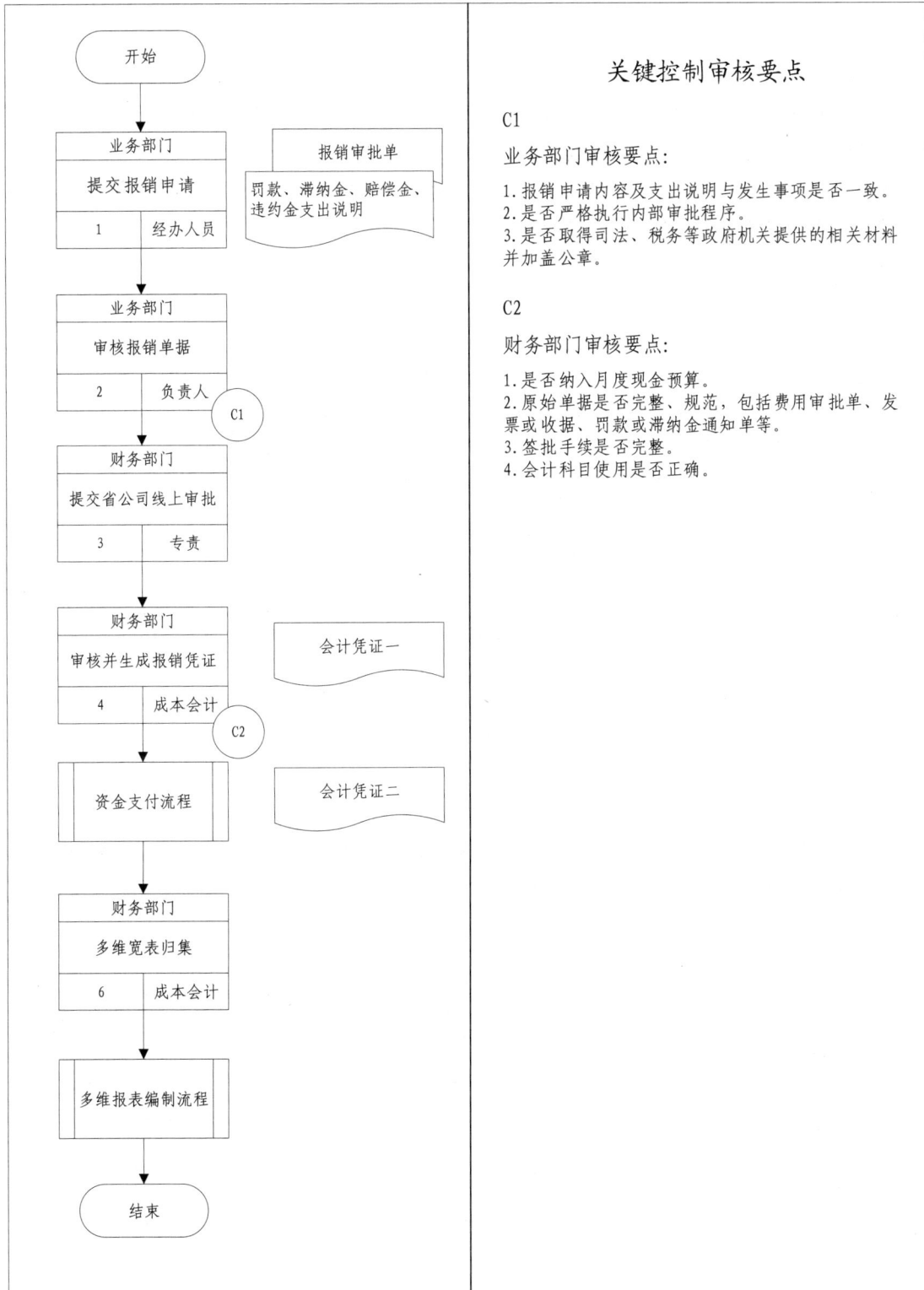

开始

业务部门
提交报销申请
1　经办人员

报销审批单
罚款、滞纳金、赔偿金、
违约金支出说明

业务部门
审核报销单据
2　负责人　C1

财务部门
提交省公司线上审批
3　专责

财务部门
审核并生成报销凭证
4　成本会计　C2

会计凭证一

资金支付流程

会计凭证二

财务部门
多维宽表归集
6　成本会计

多维报表编制流程

结束

关键控制审核要点

C1

业务部门审核要点：

1. 报销申请内容及支出说明与发生事项是否一致。
2. 是否严格执行内部审批程序。
3. 是否取得司法、税务等政府机关提供的相关材料并加盖公章。

C2

财务部门审核要点：

1. 是否纳入月度现金预算。
2. 原始单据是否完整、规范，包括费用审批单、发票或收据、罚款或滞纳金通知单等。
3. 签批手续是否完整。
4. 会计科目使用是否正确。

审核：业务外包费用

1. 业务概述

业务外包费用是指企业将经营范围内业务，通过与其他法人单位（包括公司系统各子公司、代管单位、集体企业）签订合同的方式，完成相关任务而发生的费用。

外包业务是指除基建、技改、大修工程以及与工程建设有关的勘察、设计、监理等服务以外的业务，主要包括供电企业日常运维、检修等业务。

2. 风险分析

风险分类	风险描述
运营风险	1. 超范围开展业务外包，如发生负面清单业务整项外包、超员专业开展业务外包等情形 2. 超标准开展业务外包，如费用标准与典型外包项目测算标准存在差异 3. 报销事项未经有效审核，出现供应商及合同金额与中标公告不一致情况 4. 签批手续不完整，存在合规风险 5. 未按服务完成进度进行服务确认，提前或滞后确认服务，导致项目成本核算不真实、不准确，影响财务报告的可靠性、准确性
财务风险	1. 未对报销单据的完整性及报销事项与报销单据的一致性复核，可能导致财务数据失真 2. 会计凭证未经有效审核，可能导致凭证编制错误未及时被发现，出现会计核算差错问题
法律风险	合同未经有效审核，合同条款约定不明确，产生法律纠纷

3. 权责划分

涉及岗位	关键控制点	权限划分
业务经办人员	提报业务外包需求	提报权
	发起合同会签	执行权
	服务确认	执行权
经办部门负责人	审核业务外包需求	审核权、审批权
	合同会签生效	审核权、审批权
人资部门专责	审核提报需求部门人员配置率	审核权、审批权
成本会计	发票校验	审核权
	生成会计凭证	执行权

4. 制度依据

（1）相关业务制度

《国网山东省电力公司业务外包管理办法（暂行）》（鲁电办〔2019〕423号）

（2）相关财务制度

《国家电网有限公司会计基础管理办法》（国网（财/2）350-2018）

《国家电网有限公司成本管理办法》（国网（财/2）347-2019）

5. 审核指引

（1）业务流程图

通过流程简图反映业务外包费用业务工作流程，明确对应岗位，确定关键控制点、原始单据等。

（2）关键控制审核要点

针对业务外包费用业务过程中相关业务经办部门、归口管理部门（人资部门）、财务部门权责划分，确定重点审核要点，指导业财人员协同审核、规范办理此类业务，防范与应对相关风险。

通过 ERP 完成业务外包费用的结算业务

业务外包费用	业务经办部门：相关部门	流程编号：SG-SD0114
	归口管理部门：人资部门	编制单位：国网山东省电力公司

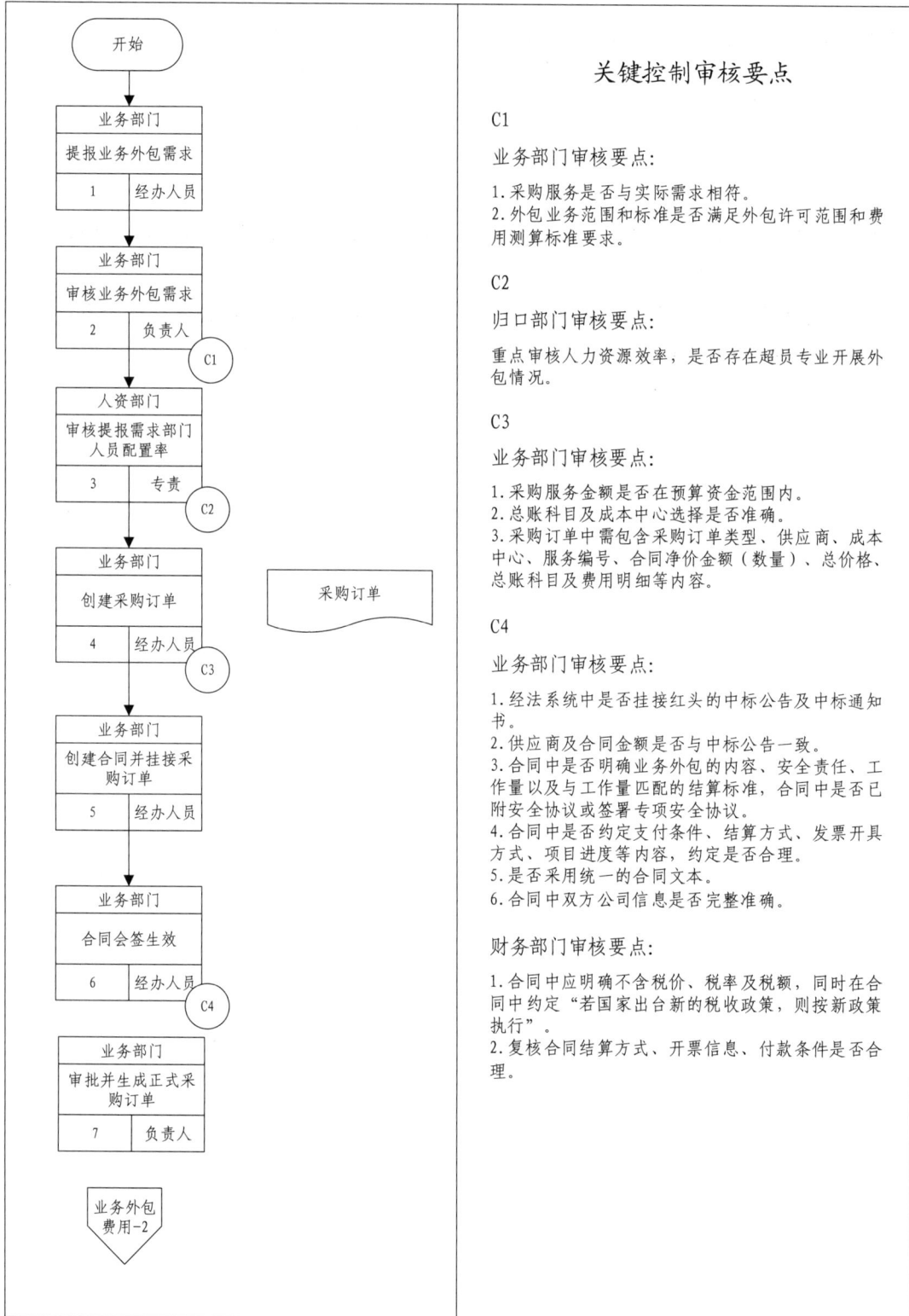

开始

业务部门
提报业务外包需求
| 1 | 经办人员 |

业务部门
审核业务外包需求
| 2 | 负责人 | C1

人资部门
审核提报需求部门
人员配置率
| 3 | 专责 | C2

业务部门
创建采购订单
| 4 | 经办人员 | C3

采购订单

业务部门
创建合同并挂接采
购订单
| 5 | 经办人员 |

业务部门
合同会签生效
| 6 | 经办人员 | C4

业务部门
审批并生成正式采
购订单
| 7 | 负责人 |

业务外包
费用-2

关键控制审核要点

C1

业务部门审核要点：

1. 采购服务是否与实际需求相符。
2. 外包业务范围和标准是否满足外包许可范围和费用测算标准要求。

C2

归口部门审核要点：

重点审核人力资源效率，是否存在超员专业开展外包情况。

C3

业务部门审核要点：

1. 采购服务金额是否在预算资金范围内。
2. 总账科目及成本中心选择是否准确。
3. 采购订单中需包含采购订单类型、供应商、成本中心、服务编号、合同净价金额（数量）、总价格、总账科目及费用明细等内容。

C4

业务部门审核要点：

1. 经法系统中是否挂接红头的中标公告及中标通知书。
2. 供应商及合同金额是否与中标公告一致。
3. 合同中是否明确业务外包的内容、安全责任、工作量以及与工作量匹配的结算标准，合同中是否已附安全协议或签署专项安全协议。
4. 合同中是否约定支付条件、结算方式、发票开具方式、项目进度等内容，约定是否合理。
5. 是否采用统一的合同文本。
6. 合同中双方公司信息是否完整准确。

财务部门审核要点：

1. 合同中应明确不含税价、税率及税额，同时在合同中约定"若国家出台新的税收政策，则按新政策执行"。
2. 复核合同结算方式、开票信息、付款条件是否合理。

业务外包费用	业务经办部门：相关部门	流程编号：SG-SD0114
	归口管理部门：人资部门	编制单位：国网山东省电力公司

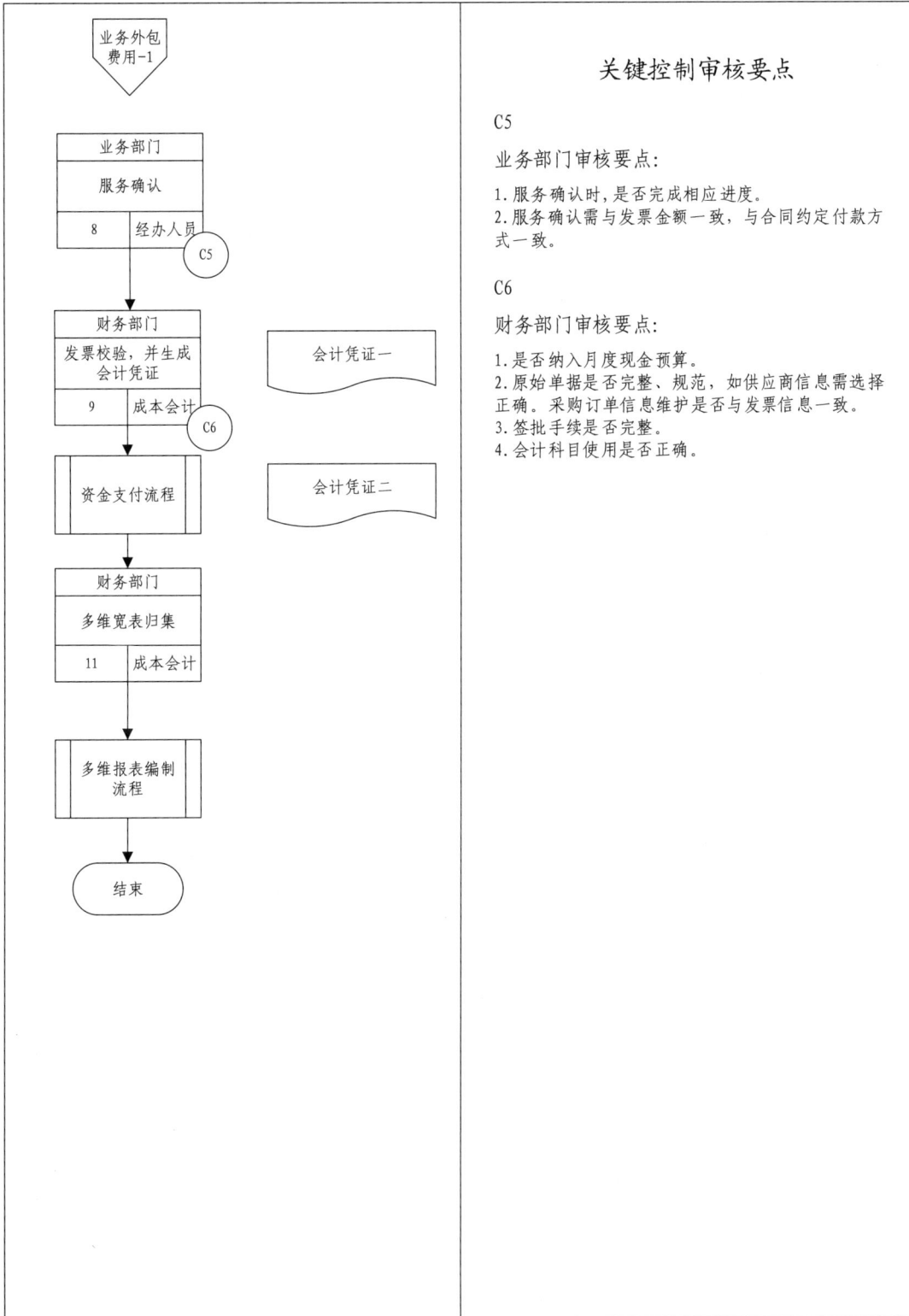

关键控制审核要点

业务外包费用-1

业务部门

服务确认

| 8 | 经办人员 | C5 |

财务部门

发票校验，并生成会计凭证

| 9 | 成本会计 | C6 |

会计凭证一

资金支付流程

会计凭证二

财务部门

多维宽表归集

| 11 | 成本会计 |

多维报表编制流程

结束

C5

业务部门审核要点：

1.服务确认时，是否完成相应进度。
2.服务确认需与发票金额一致，与合同约定付款方式一致。

C6

财务部门审核要点：

1.是否纳入月度现金预算。
2.原始单据是否完整、规范，如供应商信息需选择正确。采购订单信息维护是否与发票信息一致。
3.签批手续是否完整。
4.会计科目使用是否正确。

二、财务管理业务

审核：全面预算管理

1. 业务概述

预算管理是在企业战略目标的指导下，对未来一定期间内的经营活动和相应的财务结果进行全面预测和筹划，科学、合理配置企业各项财务和非财务资源，并对执行过程进行监督和分析，对执行结果进行评价和反馈，及时指导经营活动的改善和调整，推动实现企业战略目标。预算业务主要包括财务发展规划、总控目标建议、储备项目可研经济性与财务合规性评审、预算编制（"两下两上"）、执行预算备案、预算年中调整、调整预算备案、预算控制分析、预算快报编制、预算考核评价等环节。

2. 风险分析

风险分类	风险描述
战略风险	财务发展规划内容与公司中长期战略目标符合度不高，规划财务数据不准确、不合理，规划内容缺乏可实现性
运营风险	1. 业务部门提交的数据缺乏合理性、准确性导致总控目标建议缺乏可操作性 2. 量、价、损、费、利等主要预算指标及内部利润等业绩考核指标不符合上级单位下达的目标要求 3. 预算未保障公司重点工作任务开展导致预算不符合要求 4. 执行预算主要预算指标不符合上级预算目标要求，执行预算不可行 5. 预算调整事项发生的原因、内容、金额缺乏内外部相关支撑文件，无法说明调整的必要性、合理性 6. 预算年中调整建议方案整体缺乏合理性，已经发生事项未纳入年中预算调整，调整方案不能满足实际需求
财务风险	1. 预算报表、表单编制内容不完整，数据不准确导致预算缺乏完整性、准确性 2. 执行预算数据未考虑系统内合并抵销事项，造成预算指标不准确

3. 权责划分

涉及岗位	关键控制点	权限划分
业务部门	财务发展规划	提报权
	年度预算编制	提报权
	执行预算备案	提报权
财务部门	财务发展规划	执行权
	年度预算编制	执行权
	执行预算备案	执行权
	调整预算备案	执行权

涉及岗位	关键控制点	权限划分
财务部门	预算控制分析	执行权
	预算快报编制	执行权
	预算考核评价	执行权
预算决策机构	年度预算编制	审核权、审批权
	预算年中调整	审核权、审批权

4. 制度依据

（1）相关业务制度

无。

（2）相关财务制度

《国家电网有限公司全面预算管理办法》（国网（财/2)375-2019）

《国网山东省电力公司预算管理操作手册》

5. 审核指引

（1）业务流程图

通过流程简图反映全面预算管理业务工作流程，明确对应岗位，确定关键控制点、原始单据等。

（2）关键控制审核要点

针对全面预算管理业务过程中相关业务经办部门、财务部门权责划分，确定重点审核要点，指导业财人员协同审核、规范办理此类业务，防范与应对相关风险。

| 全面预算管理 | 业务经办部门：相关部门 | 流程编号：SG-SD0201-01 |
| | 归口管理部门：财务部门 | 编制单位：国网山东省电力公司 |

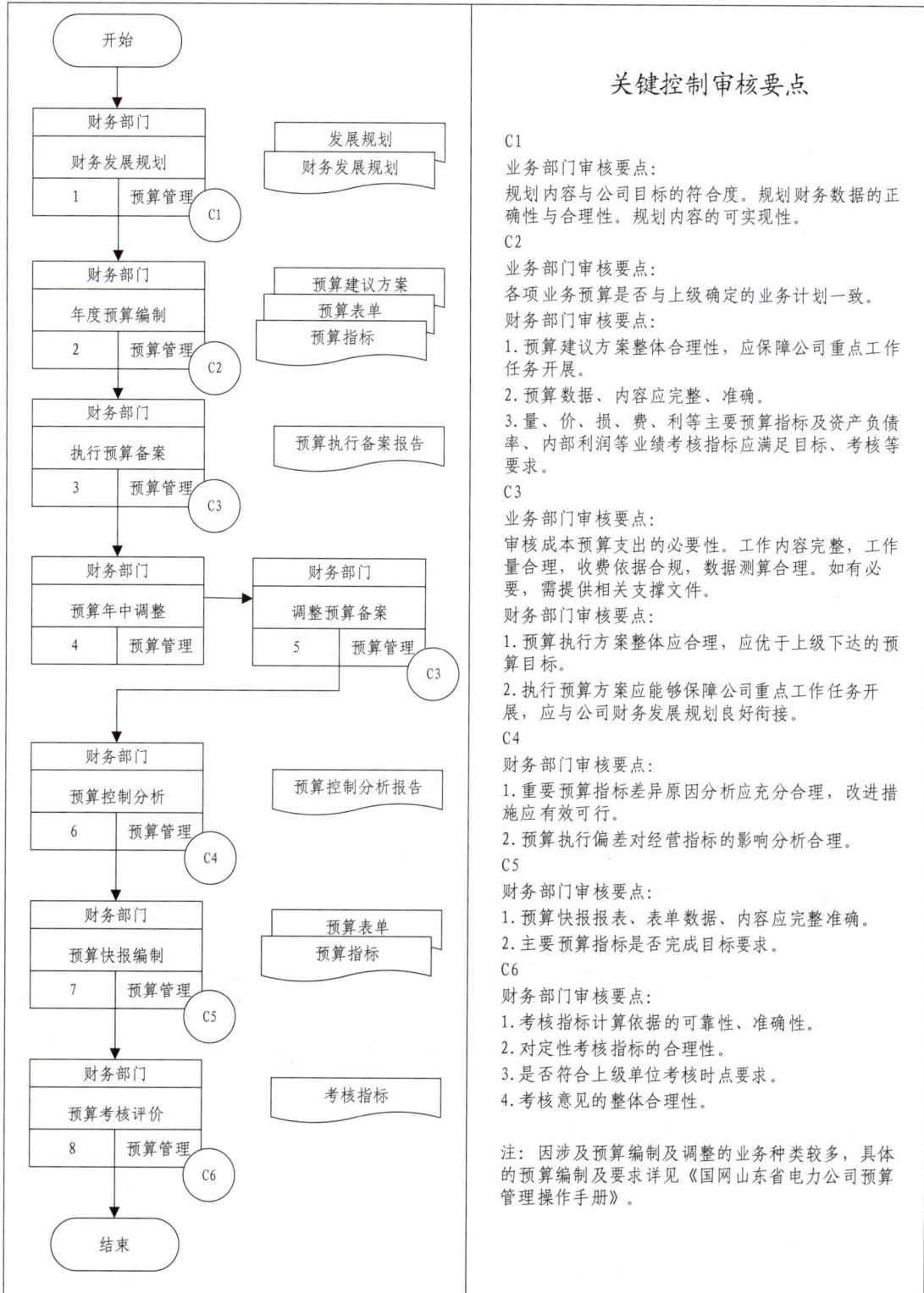

关键控制审核要点

流程图：

开始
↓

财务部门
财务发展规划
1　预算管理　C1
→ 发展规划 / 财务发展规划
↓

财务部门
年度预算编制
2　预算管理　C2
→ 预算建议方案 / 预算表单 / 预算指标
↓

财务部门
执行预算备案
3　预算管理　C3
→ 预算执行备案报告
↓

财务部门
预算年中调整
4　预算管理
→ 财务部门 / 调整预算备案 / 5　预算管理　C3
↓

财务部门
预算控制分析
6　预算管理　C4
→ 预算控制分析报告
↓

财务部门
预算快报编制
7　预算管理　C5
→ 预算表单 / 预算指标
↓

财务部门
预算考核评价
8　预算管理　C6
→ 考核指标
↓

结束

关键控制审核要点：

C1
业务部门审核要点：
规划内容与公司目标的符合度。规划财务数据的正确性与合理性。规划内容的可实现性。

C2
业务部门审核要点：
各项业务预算是否与上级确定的业务计划一致。
财务部门审核要点：
1. 预算建议方案整体合理性，应保障公司重点工作任务开展。
2. 预算数据、内容应完整、准确。
3. 量、价、损、费、利等主要预算指标及资产负债率、内部利润等业绩考核指标应满足目标、考核等要求。

C3
业务部门审核要点：
审核成本预算支出的必要性。工作内容完整，工作量合理，收费依据合规，数据测算合理。如有必要，需提供相关支撑文件。
财务部门审核要点：
1. 预算执行方案整体应合理，应优于上级下达的预算目标。
2. 执行预算方案应能够保障公司重点工作任务开展，应与公司财务发展规划良好衔接。

C4
财务部门审核要点：
1. 重要预算指标差异原因分析应充分合理，改进措施应有效可行。
2. 预算执行偏差对经营指标的影响分析合理。

C5
财务部门审核要点：
1. 预算快报报表、表单数据、内容应完整准确。
2. 主要预算指标是否完成目标要求。

C6
财务部门审核要点：
1. 考核指标计算依据的可靠性、准确性。
2. 对定性考核指标的合理性。
3. 是否符合上级单位考核时点要求。
4. 考核意见的整体合理性。

注：因涉及预算编制及调整的业务种类较多，具体的预算编制及要求详见《国网山东省电力公司预算管理操作手册》。

审核：储备项目评审

1. 业务概述

储备项目评审是指依据国家财经法规和公司财务制度要求，对业务部门提交储备项目的可研经济性和财务合规性进行审核。

2. 风险分析

风险分类	风险描述
运营风险	项目评审不严谨，纳入储备项目质量不高，导致预算投入不精准，预算安排效率低下

3. 权责划分

涉及岗位	关键控制点	权限划分
项目管理部门	提报储备项目相关资料	提报权、执行权
经研院（所）	项目可研经济性与财务合规性评审	审核权
财务部门	会同项目部门会签项目可研批复	审核权

4. 制度依据

（1）相关业务制度

《国家电网有限公司工程财务管理办法》（国网（财/2）351-2019）

《国家电网公司会计核算办法》（国网（财/2）469-2014）

《国家电网公司固定资产管理办法》（国网（财4）593-2018）

《国家电网有限公司电网小型基建项目管理办法》（国网（后勤/2）232-2019）

《国家电网公司生产技术改造和设备大修项目可研编制与审批管理规定》（国网（运检/3）316-2018）

《生产技术改造和生产设备大修项目可行性研究内容深度规定》第一部分生产技术改造项目（Q/GDW 11719.1—2017）

《生产技术改造和生产设备大修项目可行性研究内容深度规定》第二部分生产设备大修项目（Q/GDW 11719.2—2017）

《国家电网有限公司生产辅助技改、大修项目管理办法》（国网（后勤/3)442-2019）

《国家电网公司非生产性技改项目技术规范》（Q/GDW 11562—2016）

《国家电网公司非生产性大修项目技术规范》（Q/GDW 11563—2016）

《国家电网有限公司固定资产零星购置管理规定》（国网（发展/3）364-2019）

《国家电网公司营销项目管理办法》（国网（营销 /3)381-2019）

《国家电网公司海外高层次引进人才专项科研经费管理细则》（国网（科 /3）268-2014）

《国家电网公司研究开发费财务管理办法》（国网（财 /2)348-2014）

《国家电网有限公司科技项目储备库管理细则》（国网（科 /3）265-2019）

《国家电网有限公司科技项目管理办法》（国网（科 /3）263-2019）

《国家电网公司科技项目预算编制实施细则》（国网（科 /3）264-2017）

《国家电网公司引进海外高层次人才管理办法（试行）》（国网（人事 /4）139-2013）

《国家电网公司信息化项目可研编制与评审管理办法》（国网（信息 /4）400-2014）

《国家电网公司信息化建设管理办法》（国网（信息 /2）118-2018）

《国家电网公司关于修订生产运营成本标准的通知》（国家电网财〔2017〕992 号）

《国家电网有限公司教育培训项目管理办法》（国网（人资 /4）213-2019）

《国家电网有限公司教育培训管理规定》（国网（人资 /3）212-2019）

《国网山东省电力公司人力资源部关于印发教育培训项目经费标准》（2019 版）的通知（人资培〔2019〕23 号）

《公司人资部关于进一步明确培训项目实施有关事项的通知》（2019）（人资培〔2019〕10 号）

《固定资产目录》

《国网山东省电力公司关于规范资产处置管理的指导意见》（鲁电财〔2015〕418 号）

（2）相关财务制度

《国网山东省电力公司项目可研经济性与财务合规性评审指南》（鲁电财〔2016〕527 号）

5. 审核指引

（1）业务流程图

通过流程简图反映项目储备评审工作流程，明确对应岗位，确定关键控制点等。

（2）关键控制审核要点

针对储备项目评审过程中相关业务经办部门、财务部门权责划分，确定重点审核要点，指导业财人员协同审核、规范办理此类业务，防范与应对相关风险。

| 储备项目评审 | 业务经办部门：项目管理部门 | 流程编号：SG-SD0201-02 |
| | 归口管理部门：财务部门 | 编制单位：国网山东省电力公司 |

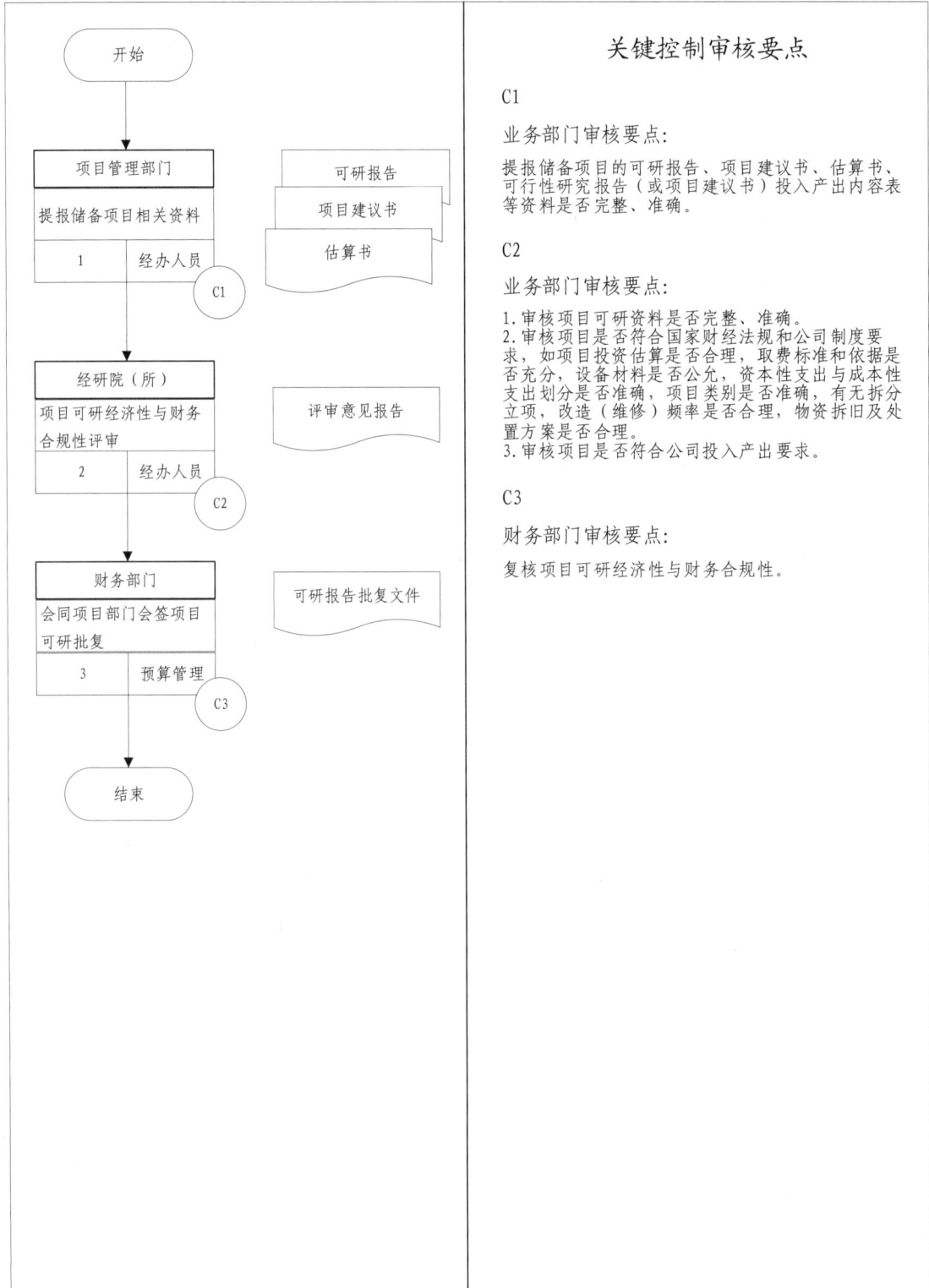

开始

项目管理部门

提报储备项目相关资料

| 1 | 经办人员 |

C1

可研报告

项目建议书

估算书

经研院（所）

项目可研经济性与财务
合规性评审

| 2 | 经办人员 |

C2

评审意见报告

财务部门

会同项目部门会签项目
可研批复

| 3 | 预算管理 |

C3

可研报告批复文件

结束

关键控制审核要点

C1

业务部门审核要点：

提报储备项目的可研报告、项目建议书、估算书、可行性研究报告（或项目建议书）投入产出内容表等资料是否完整、准确。

C2

业务部门审核要点：

1.审核项目可研资料是否完整、准确。
2.审核项目是否符合国家财经法规和公司制度要求，如项目投资估算是否合理，取费标准和依据是否充分，设备材料是否公允，资本性支出与成本性支出划分是否准确，项目类别是否准确，有无拆分立项，改造（维修）频率是否合理，物资拆旧及处置方案是否合理。
3.审核项目是否符合公司投入产出要求。

C3

财务部门审核要点：

复核项目可研经济性与财务合规性。

审核：存款利息收入

1. 业务概述

存款利息收入是指企业将资金提供给他人使用但不构成权益性投资而取得的利息收入，计入财务费用——利息收入。

2. 风险分析

风险分类	风险描述
财务风险	利率变动时，未及时调整计息标准，导致收入确认不准确

3. 权责划分

涉及岗位	关键控制点	权限划分
出纳	根据银行流水打印回单	提报权
成本会计	审核银行回单、发票	审核权
	发起存款利息确认并生成会计凭证	执行权
财务部门负责人	审核会计凭证	审核权

4. 制度依据

（1）相关业务制度

无。

（2）相关财务制度

《国家电网有限公司会计基础管理办法》（国网（财/2）350-2018）

《国家电网公司会计核算办法》（国网（财/2）469-2014））

5. 审核指引

（1）业务流程图

通过流程简图反映存款利息收入业务工作流程，明确对应岗位，确定关键控制点、原始单据等。

（2）关键控制审核要点

确定存款利息收入业务重点审核要点，指导财务人员规范办理此类支出业务，防范与应对相关风险。

通过通用业务单据办理

存款利息收入	业务经办部门：财务部门	流程编号：SG-SD0203-01
	归口管理部门：财务部门	编制单位：国网山东省电力公司

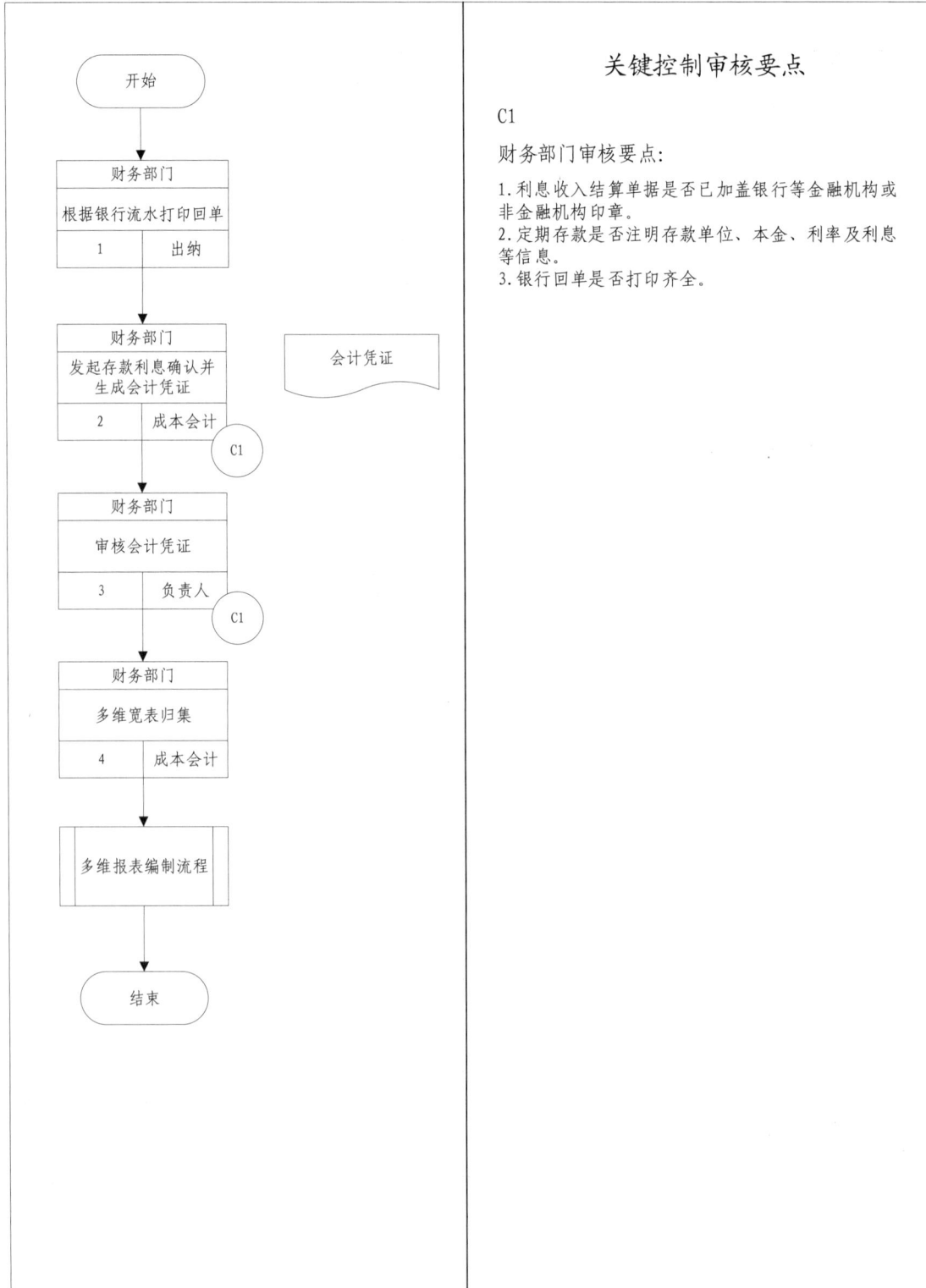

关键控制审核要点

C1

财务部门审核要点：

1.利息收入结算单据是否已加盖银行等金融机构或非金融机构印章。

2.定期存款是否注明存款单位、本金、利率及利息等信息。

3.银行回单是否打印齐全。

开始

财务部门
根据银行流水打印回单
1　　出纳

财务部门
发起存款利息确认并生成会计凭证
2　　成本会计

C1

会计凭证

财务部门
审核会计凭证
3　　负责人

C1

财务部门
多维宽表归集
4　　成本会计

多维报表编制流程

结束

审核：银行手续费支出

1. 业务概述

银行手续费支出包括支付银行服务费、银行手续费等。

2. 风险分析

风险分类	风险描述
财务风险	1. 未发现银行扣款，对账不及时，出现银行未达账项 2. 未及时取得增值税专用发票，影响进项税额抵扣，导致多交税款

3. 权责划分

涉及岗位	关键控制点	权限划分
出纳	根据银行流水打印回单，获取发票	执行权
成本会计	审核银行回单、发票	审核权
	发起财务费用确认并生成会计凭证	执行权
财务部门负责人	审核会计凭证	审核权

4. 制度依据

（1）相关业务制度

无。

（2）相关财务制度

《国家电网有限公司会计基础管理办法》（国网（财/2）350-2018）

《国家电网公司会计核算办法》（国网（财/2）469-2014）

5. 审核指引

（1）业务流程图

通过流程简图反映银行手续费支出业务工作流程，明确对应岗位，确定关键控制点、原始单据等。

（2）关键控制审核要点

确定银行手续费支出业务重点审核要点，指导财务人员规范办理此类支出业务，防范与应对相关风险。

通过通用业务单据办理

银行手续费支出	业务经办部门：财务部门	流程编号：SG-SD0203-01
	归口管理部门：财务部门	编制单位：国网山东省电力公司

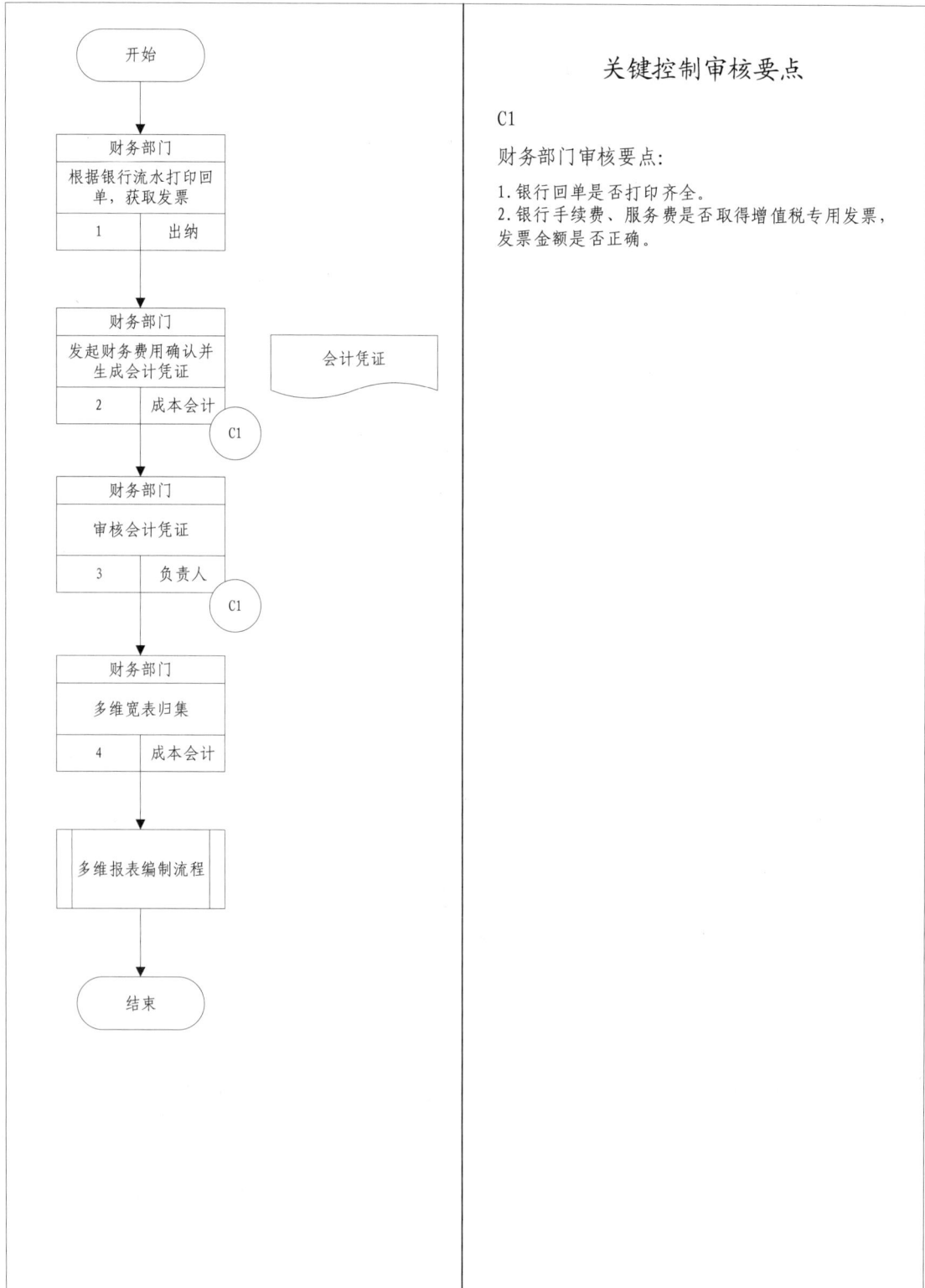

开始

财务部门
根据银行流水打印回单，获取发票
| 1 | 出纳 |

财务部门
发起财务费用确认并生成会计凭证
| 2 | 成本会计 |

C1

会计凭证

财务部门
审核会计凭证
| 3 | 负责人 |

C1

财务部门
多维宽表归集
| 4 | 成本会计 |

多维报表编制流程

结束

关键控制审核要点

C1

财务部门审核要点：

1. 银行回单是否打印齐全。
2. 银行手续费、服务费是否取得增值税专用发票，发票金额是否正确。

审核：资产折旧与摊销

1. 业务概述

固定资产折旧是指企业按月对所有固定资产计提折旧，将当月计提的折旧费用按照资产用途计入相应会计科目，并对生产管理共用资产的折旧费按照一定的分摊规则进行分摊。

无形资产摊销是企业对使用寿命有限的无形资产按期（月）进行计提的摊销金额。

2. 风险分析

风险分类	风险描述
运营风险	1. 实物管理部门资产分类不正确、无形资产受益年限估计不合理，导致资产折旧与摊销不准确 2. 实物管理部门成本中心或拆分动因参数维护不准确，导致成本费用分摊不合理
财务风险	折旧及摊销存在错提、漏提等情况，影响财务报表的准确性

3. 权责划分

涉及岗位	关键控制点	权限划分
实物管理部门专责	维护资产类别及成本中心	执行权
	维护拆分动因参数	执行权
资产会计	计提、分摊折旧与摊销	审核权
成本会计	分摊生产管理共用资产折旧费	审核权

4. 制度依据

（1）相关业务制度

无。

（2）相关财务制度

《国家电网公司会计核算办法》（国网（财 /2）469-2014）

《国家电网有限公司固定资产管理办法》（国网（财 /4）593-2018）

《国家电网公司无形资产管理办法》（国网（财 /2）205-2014）

5. 审核指引

（1）业务流程图

通过流程简图反映资产折旧及摊销业务工作流程，明确对应岗位，确定关键控制点、原始单据等。

（2）关键控制审核要点

针对资产折旧与摊销过程中实物管理部门、财务部门权责划分，确定重点审核要点，指导业财人员协同审核、规范办理此类业务，防范与应对相关风险。

通过通用业务单据办理

资产折旧与摊销	业务经办部门：实物管理部门	流程编号：SG-SD0203-02
	归口管理部门：财务部门	编制单位：国网山东省电力公司

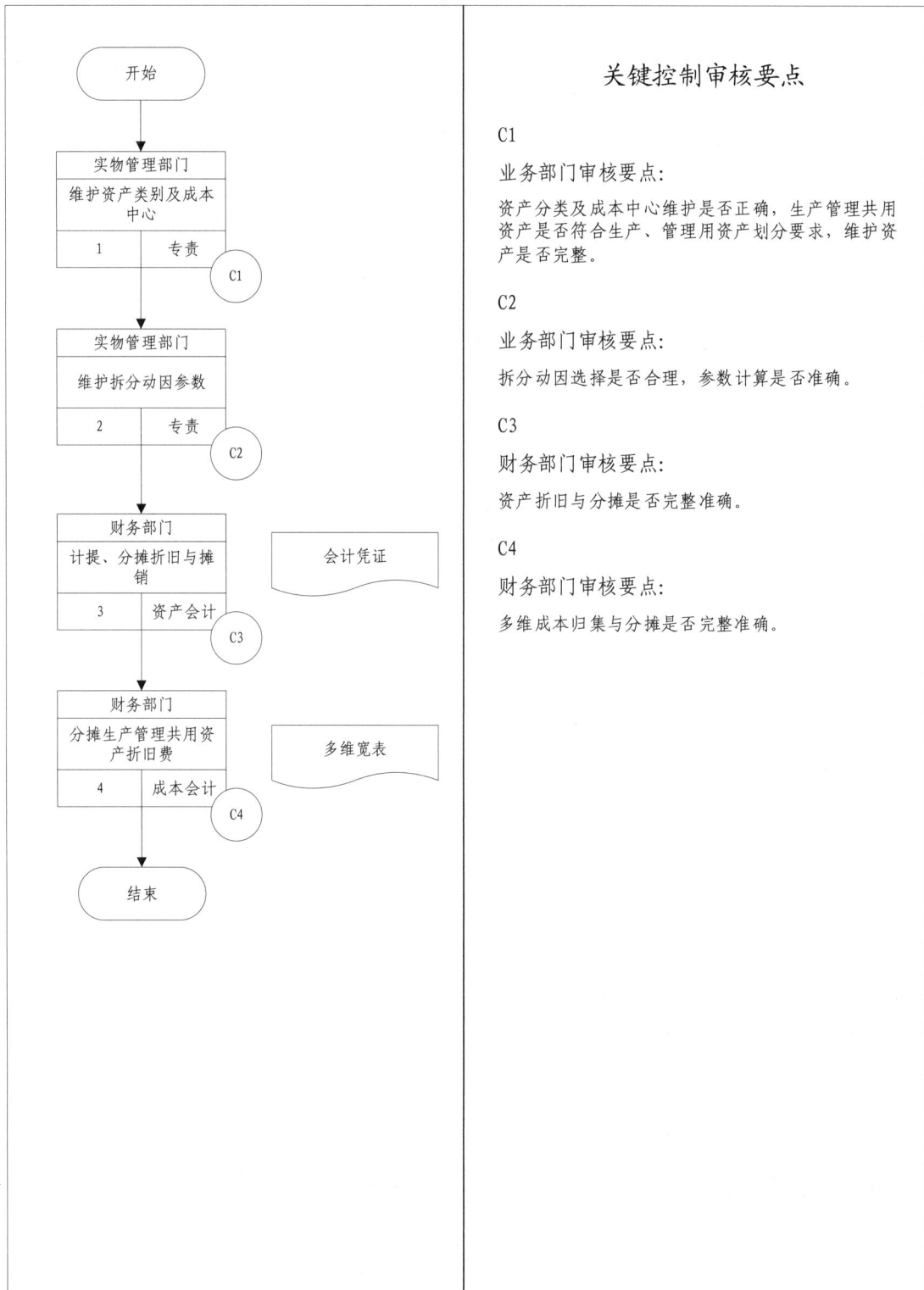

关键控制审核要点

C1

业务部门审核要点：

资产分类及成本中心维护是否正确，生产管理共用资产是否符合生产、管理用资产划分要求，维护资产是否完整。

C2

业务部门审核要点：

拆分动因选择是否合理，参数计算是否准确。

C3

财务部门审核要点：

资产折旧与分摊是否完整准确。

C4

财务部门审核要点：

多维成本归集与分摊是否完整准确。

开始

实物管理部门
维护资产类别及成本中心

| 1 | 专责 | C1 |

实物管理部门
维护拆分动因参数

| 2 | 专责 | C2 |

财务部门
计提、分摊折旧与摊销

| 3 | 资产会计 | C3 |

会计凭证

财务部门
分摊生产管理共用资产折旧费

| 4 | 成本会计 | C4 |

多维宽表

结束

审核：坏账准备的计提、转回及坏账损失核销

1. 业务概述

坏账准备是指企业的应收款项（含应收账款、其他应收款等）计提，是备抵账户。备抵法是指采用一定的方法按期（至少每年末）估计坏账损失；实际发生坏账时，直接冲减已计提的坏账准备，同时转销相应的应收款项余额。企业应当定期或至少每年年度终了，对应收款项进行全面检查，预计各项应收款项可能发生的坏账，对于没有把握收回的应收款项，应当计提坏账准备。

2. 风险分析

风险分类	风险描述
运营风险	1. 应收款项账龄分析汇总表不准确，导致坏账准备计提、转回金额错误 2. 计提坏账准备的相关佐证材料不完整，核销坏账损失依据不充分 3. 坏账准备计提（转回）内部审批单签批不完整
财务风险	1. 坏账准备计提、转回不准确 2. 大额坏账准备计提、转回、核销未由具有资质的事务所出具专项鉴证报告 3. 坏账损失核销未履行办公会或类似机构决议程序，核算依据不充分 4. 递延所得税资产的确认与转回不准确

3. 权责划分

涉及岗位	关键控制点	权限划分
业务经办人员	提交账龄分析表、坏账损失等证明材料	提报权
业务部门负责人	审核账龄分析表、坏账损失等证明材料	审核权、审批权
往来会计	审核账龄分析表、坏账损失等证明材料	审核权
	计提、转回及核销坏账准备	执行权
	生成会计凭证	执行权
税务会计	确认递延所得税、生成会计凭证	执行权
财务部门负责人	审核坏账准备计提与转回明细表、坏账损失确认明细表	审核权、审批权

4. 制度依据

（1）相关业务制度

无。

（2）相关财务制度

《国家电网有限公司会计基础管理办法》（国网（财/2）350-2018）

《国家电网公司会计核算办法》（国网（财/2）469-2014）

5.审核指引

（1）业务流程图

通过流程简图反映坏账准备的计提、转回及坏账损失核销业务工作流程，明确对应岗位，确定关键控制点、原始单据等。

（2）关键控制审核要点

针对坏账准备的计提、转回及坏账损失核销过程中业务经办部门、财务部门权责划分，确定重点审核要点，指导业财人员协同审核、规范办理此类支出业务，防范与应对相关风险。

坏账准备计提、转回及坏账损失核销	业务经办部门：相关部门	流程编号：SG-SD0203-03
	归口管理部门：财务部门	编制单位：国网山东省电力公司

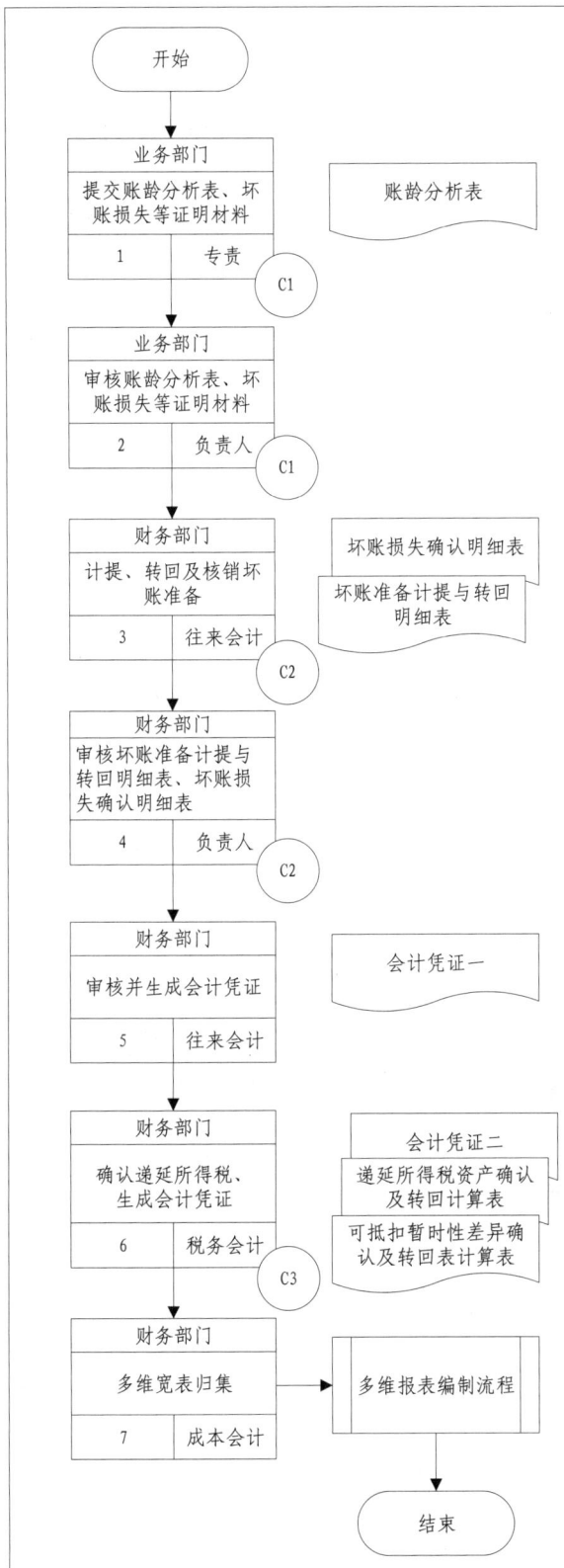

关键控制审核要点

开始

业务部门
提交账龄分析表、坏账损失等证明材料
1　专责　C1

账龄分析表

业务部门
审核账龄分析表、坏账损失等证明材料
2　负责人　C1

财务部门
计提、转回及核销坏账准备
3　往来会计　C2

坏账损失确认明细表
坏账准备计提与转回明细表

财务部门
审核坏账准备计提与转回明细表、坏账损失确认明细表
4　负责人　C2

财务部门
审核并生成会计凭证
5　往来会计

会计凭证一

财务部门
确认递延所得税、生成会计凭证
6　税务会计　C3

会计凭证二
递延所得税资产确认及转回计算表
可抵扣暂时性差异确认及转回表计算表

财务部门
多维宽表归集
7　成本会计

多维报表编制流程

结束

C1

业务部门审核要点：

1.根据应收项清单按账龄生成分析汇总表，检查账龄分析表是否准确。
2.检查计提坏账准备的相关佐证材料是否真实、完整，是否已履行内部审批决策手续。
3.坏账准备转回依据是否充分。
4.坏账准备核销是否取得法院的破产公告、工商部门的注销、吊销等证明材料。

C2

财务部门审核要点：

1.按账龄分析法提取坏账准备的比例是否符合会计核算办法要求，计提金额计算是否准确。
2.大额坏账准备计提、转回、核销是否由具有资质的事务所出具专项鉴证报告。
3.坏账准备计提（转回）内部审批单签批是否完整，坏账损失核销是否履行办公会或类似机构决议程序。
4.坏账准备转回金额是否超过原计提金额。
5.对已经财务核销，但尚未形成最终事实损失的应收款项，是否设置备查台账作为账销案存资产管理。

C3

财务部门审核要点：

1.比较应收项计税基础与账面价值，检查可抵扣暂时性差异确认及转回表计算是否准确。
2.递延所得税资产确认及转回计算表是否准确。

审核：资产减值业务

1. 业务概述

资产减值是指企业计提各项资产减值准备所形成的损失，主要包括固定资产减值、无形资产减值、存货跌价准备等。

固定资产减值是指固定资产由于市价持续下跌、技术陈旧、损坏、长期闲置或其他经济原因，导致可收回金额低于其账面价值的，即表明资产发生了减值。

无形资产减值是指无形资产的可收回金额低于其账面价值。

存货跌价准备是指资产负债表日，当存货成本高于可变现净值时，存货按可变现净值计量，同时按照成本高于可变现净值的差额计提。

2. 风险分析

风险分类	风险描述
运营风险	实物管理部门未对存在减值迹象的资产及时进行核实，无法真实反映资产价值
财务风险	1. 资产评估机构不符合评估资质要求，导致评估价值不准确、不公允，无法为减值资产提供合理参考 2. 未按规定履行总经理办公会决策程序，存在合规风险

3. 权责划分

涉及岗位	关键控制点	权限划分
实物管理部门专责	提交资产减值迹象报告	提报权
	参与资产减值准备测试	执行权
资产会计	提出资产减值准备申请报告	执行权
	组织资产减值测试并开展资产评估	执行权
	出具减值资产的会计处理建议，履行决策程序	执行权
	生成减值会计凭证	执行权
税务会计	确认递延所得税资产，生成会计凭证	执行权
财务部门负责人	核准资产减值准备申请报告	审核权、审批权

4. 制度依据

（1）相关业务制度

无。

（2）相关财务制度

《国家电网公司会计核算办法》（国网（财/2）469-2014）

《国家电网有限公司固定资产管理办法》（国网（财/4）593-2018）

5. 审核指引

（1）业务流程图

通过流程简图反映资产减值损失业务工作流程，明确对应岗位，确定关键控制点、原始单据等。

（2）关键控制审核要点

针对资产减值损失过程中业务经办部门、归口管理部门、财务部门权责划分，确定重点审核要点，指导业财人员协同审核、规范办理此类支出业务，防范与应对相关风险。

资产减值业务	业务经办部门：实物管理部门	流程编号：SG-SD0203-04
	归口管理部门：财务部门	编制单位：国网山东省电力公司

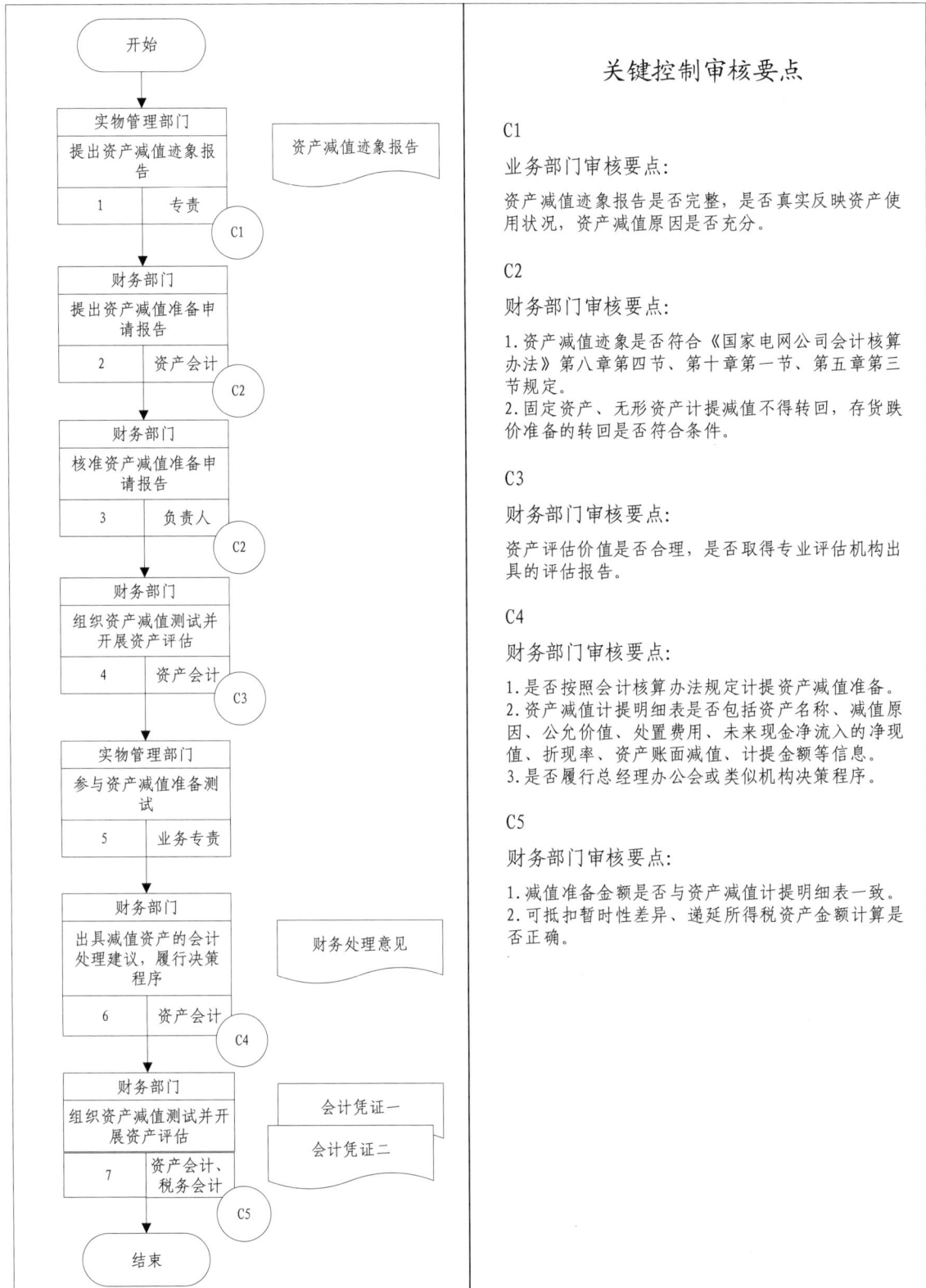

关键控制审核要点

C1

业务部门审核要点：

资产减值迹象报告是否完整，是否真实反映资产使用状况，资产减值原因是否充分。

C2

财务部门审核要点：

1. 资产减值迹象是否符合《国家电网公司会计核算办法》第八章第四节、第十章第一节、第五章第三节规定。
2. 固定资产、无形资产计提减值不得转回，存货跌价准备的转回是否符合条件。

C3

财务部门审核要点：

资产评估价值是否合理，是否取得专业评估机构出具的评估报告。

C4

财务部门审核要点：

1. 是否按照会计核算办法规定计提资产减值准备。
2. 资产减值计提明细表是否包括资产名称、减值原因、公允价值、处置费用、未来现金流入的净现值、折现率、资产账面减值、计提金额等信息。
3. 是否履行总经理办公会或类似机构决策程序。

C5

财务部门审核要点：

1. 减值准备金额是否与资产减值计提明细表一致。
2. 可抵扣暂时性差异、递延所得税资产金额计算是否正确。

流程图：

开始

实物管理部门
提出资产减值迹象报告
1　专责　C1

资产减值迹象报告

财务部门
提出资产减值准备申请报告
2　资产会计　C2

财务部门
核准资产减值准备申请报告
3　负责人　C2

财务部门
组织资产减值测试并开展资产评估
4　资产会计　C3

实物管理部门
参与资产减值准备测试
5　业务专责

财务部门
出具减值资产的会计处理建议，履行决策程序
6　资产会计　C4

财务处理意见

财务部门
组织资产减值测试并开展资产评估
7　资产会计、税务会计　C5

会计凭证一
会计凭证二

结束

审核：无法支付款项转收入

1. 业务概述

无法支付款项转收入是企业定期对应付及预收款项进行全面检查，对于有确凿证据证明无法支付的款项，按照企业的管理权限，应履行相关决策程序后转入营业外收入。

2. 风险分析

风险分类	风险描述
运营风险	1. 业务部门未及时开展应付款项清理，导致应付款项长期挂账 2. 提供资料不充分，无法有效支撑核销事项 3. 对核销事项未严格履行内部审核、决策程序
财务风险	1. 未及时进行账务处理，导致收入确认延迟 2. 对已核销的事项未建立备查机制

3. 权责划分

涉及岗位	关键控制点	权限划分
业务经办人员	发起应付款项核销申请	提报权
经办部门负责人	审核应付款项核销申请	审核权、审批权
往来会计	审核并生成会计凭证	审核权
财务部门负责人	审核会计凭证及相关资料	审核权、审批权

4. 制度依据

（1）相关业务制度

无。

（2）相关财务制度

《国家电网有限公司会计基础管理办法》（国网（财/2）350-2018）

《国家电网公司会计核算办法》（国网（财/2）469-2014））

5. 审核指引

（1）业务流程图

通过流程简图反映无法支付款项转收入业务工作流程，明确对应岗位，确定关键控制点、原始单据等。

（2）关键控制审核要点

　　针对无法支付款项转收入过程中业务经办部门、财务部门权责划分，确定重点审核要点，指导业财人员协同审核、规范办理此类业务，防范与应对相关风险。

通过通用业务单据办理

无法支付款项转收入	业务经办部门：相关部门	流程编号：SG-SD0203-05
	归口管理部门：财务部门	编制单位：国网山东省电力公司

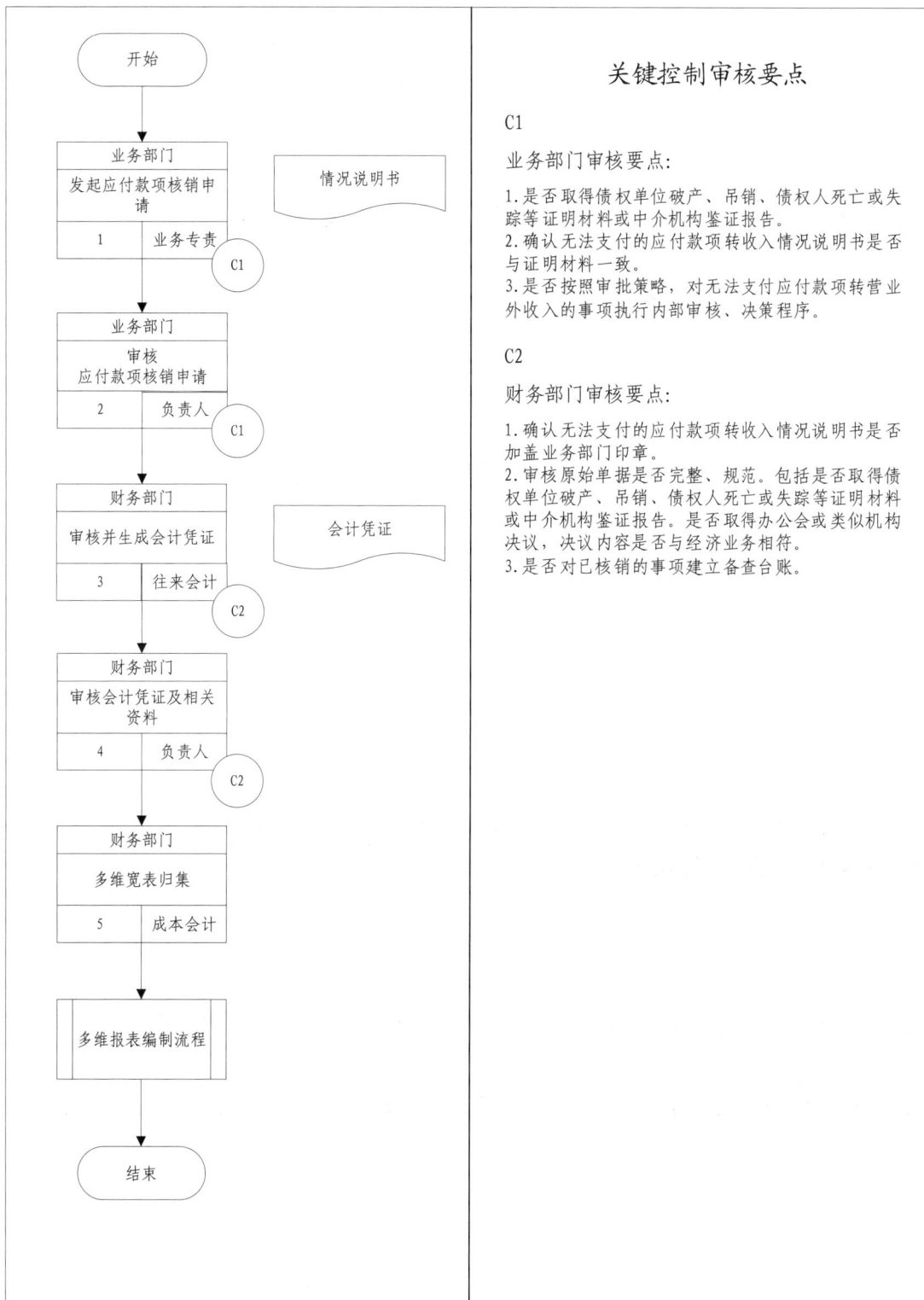

关键控制审核要点

C1

业务部门审核要点：

1. 是否取得债权单位破产、吊销、债权人死亡或失踪等证明材料或中介机构鉴证报告。
2. 确认无法支付的应付款项转收入情况说明书是否与证明材料一致。
3. 是否按照审批策略，对无法支付应付款转营业外收入的事项执行内部审核、决策程序。

C2

财务部门审核要点：

1. 确认无法支付的应付款项转收入情况说明书是否加盖业务部门印章。
2. 审核原始单据是否完整、规范。包括是否取得债权单位破产、吊销、债权人死亡或失踪等证明材料或中介机构鉴证报告。是否取得办公会或类似机构决议，决议内容是否与经济业务相符。
3. 是否对已核销的事项建立备查台账。

流程图

- 开始
- 业务部门：发起应付款项核销申请 — 1 业务专责 — C1
- 情况说明书
- 业务部门：审核应付款项核销申请 — 2 负责人 — C1
- 财务部门：审核并生成会计凭证 — 3 往来会计 — C2
- 会计凭证
- 财务部门：审核会计凭证及相关资料 — 4 负责人 — C2
- 财务部门：多维宽表归集 — 5 成本会计
- 多维报表编制流程
- 结束

审核：上级拨入资金

1. 业务概述

上级拨入资金是指非独立核算的单位收到的上级单位拨入的各种长期资金。

2. 风险分析

风险分类	风险描述
财务风险	1. 拨入资金账户选择错误 2. 拨付金额与资金预算金额不一致

3. 权责划分

涉及岗位	关键控制点	权限划分
出纳	核对银行到账金额	执行权
往来会计	生成会计凭证	执行权

4. 制度依据

（1）相关业务制度

无。

（2）相关财务制度

《国家电网有限公司会计基础管理办法》（国网（财/2）350-2018）

《国家电网公司会计核算办法》（国网（财/2）469-2014）

5. 审核指引

（1）业务流程图

通过流程简图反映上级拨入资金业务工作流程，明确对应岗位，确定关键控制点、原始单据等。

（2）关键控制审核要点

确定上级拨入资金业务重点审核要点，指导财务人员规范办理此类支出业务，防范与应对相关风险。

上级拨入资金	业务经办部门：财务部门	流程编号：SG-SD0203-06
	归口管理部门：财务部门	编制单位：国网山东省电力公司

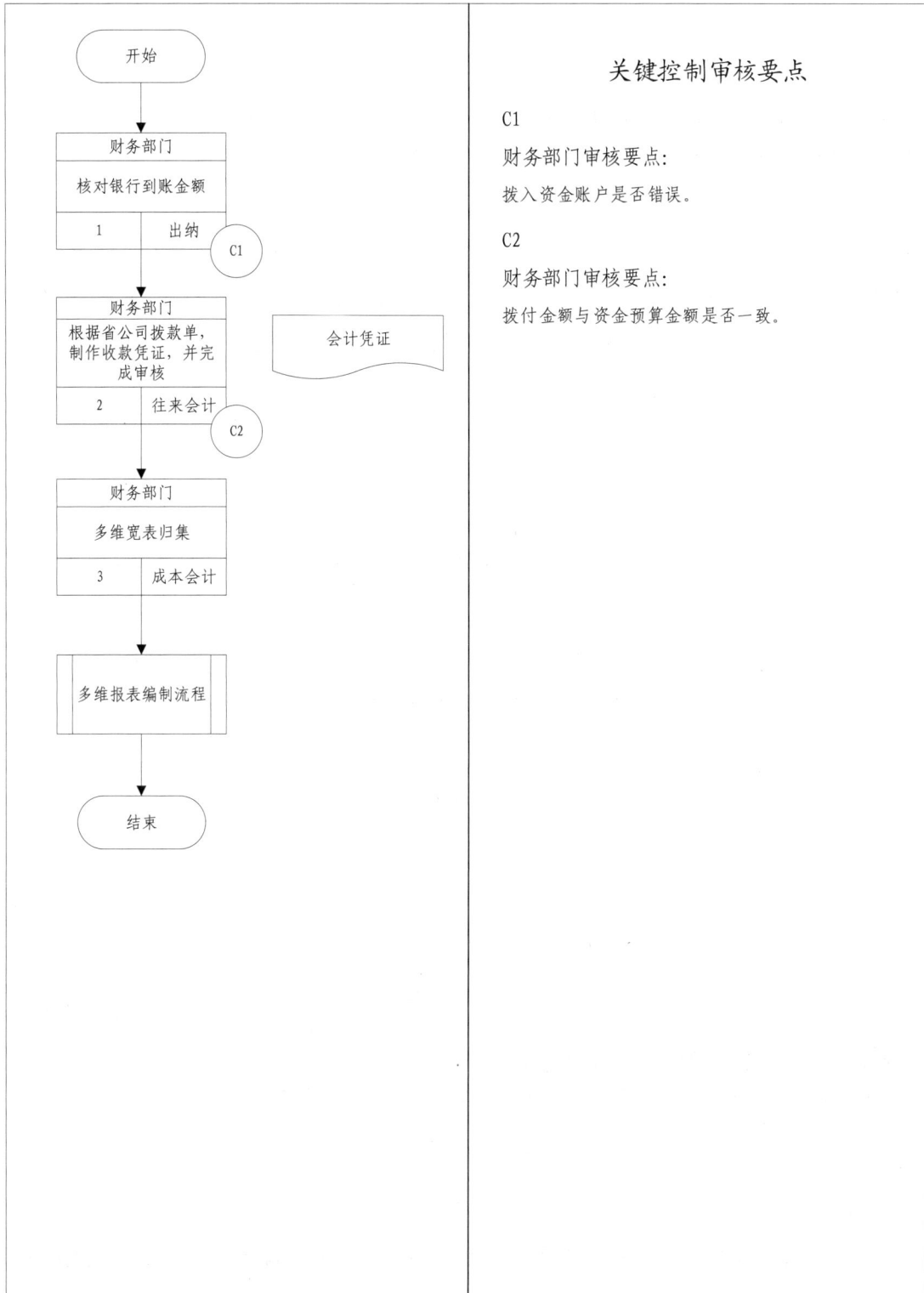

```
        ┌─────────┐
        │  开始   │
        └────┬────┘
             │
  ┌──────────────────────┐
  │      财务部门         │
  ├──────────────────────┤
  │  核对银行到账金额     │
  ├──────┬───────────────┤       ◯ C1
  │  1   │     出纳      │
  └──────┴───────────────┘
             │
  ┌──────────────────────┐        ╭──────────╮
  │      财务部门         │        │ 会计凭证 │
  ├──────────────────────┤        ╰──────────╯
  │ 根据省公司拨款单，    │
  │ 制作收款凭证，并完    │
  │ 成审核               │
  ├──────┬───────────────┤       ◯ C2
  │  2   │   往来会计    │
  └──────┴───────────────┘
             │
  ┌──────────────────────┐
  │      财务部门         │
  ├──────────────────────┤
  │   多维宽表归集        │
  ├──────┬───────────────┤
  │  3   │   成本会计    │
  └──────┴───────────────┘
             │
  ┌──────────────────────┐
  │  多维报表编制流程     │
  └──────────────────────┘
             │
        ┌─────────┐
        │  结束   │
        └─────────┘
```

关键控制审核要点

C1

财务部门审核要点：

拨入资金账户是否错误。

C2

财务部门审核要点：

拨付金额与资金预算金额是否一致。

审核：价外基金列转

1. 业务概述

价外基金列转是指随电费收取的国家重大水利工程建设基金、大中型水库库区基金、可再生能源附加基金等应交款项从主营业务收入中转出并将净额列转省公司的核算过程。

2. 风险分析

风险分类	风险描述
运营风险	营销系统价外基金传递数据与月度应收电费汇总表中价外基金数据不一致
财务风险	适用税率错误，计提税额、列转金额不正确

3. 权责划分

涉及岗位	关键控制点	权限划分
营销部门专责	提供应收电费汇总表	执行权
税务会计	计提价外基金税费	执行权
价格管理	复核电费发行价外基金数据一致性	审核权
	基金收入转出	执行权
	列转价外基金至上级部门	执行权

4. 制度依据

（1）相关业务制度

无

（2）相关财务制度

《国家电网公司会计核算办法》（国网（财/2）469-2014）

《国家电网公司关于全面推进营财一体化建设工作的通知》（国家电网财（2015）696号）

5. 审核指引

（1）业务流程图

通过流程简图反映价外基金列转业务工作流程，明确对应岗位，确定关键控制点、原始单据等。

（2）关键控制审核要点

确定价外基金列转业务过程中营销部门、财务部门重点审核要点，指导营销部门、财务部门规范办理业务，防范与应对相关风险。

通过管控系统进行附加税计提、结转价外基金、列转省公司等其他应交款业务处理。

价外基金列转	业务经办部门：营销部门、财务部门	流程编号：SG-SD0203-07
	归口管理部门：财务部门	编制单位：国网山东省电力公司

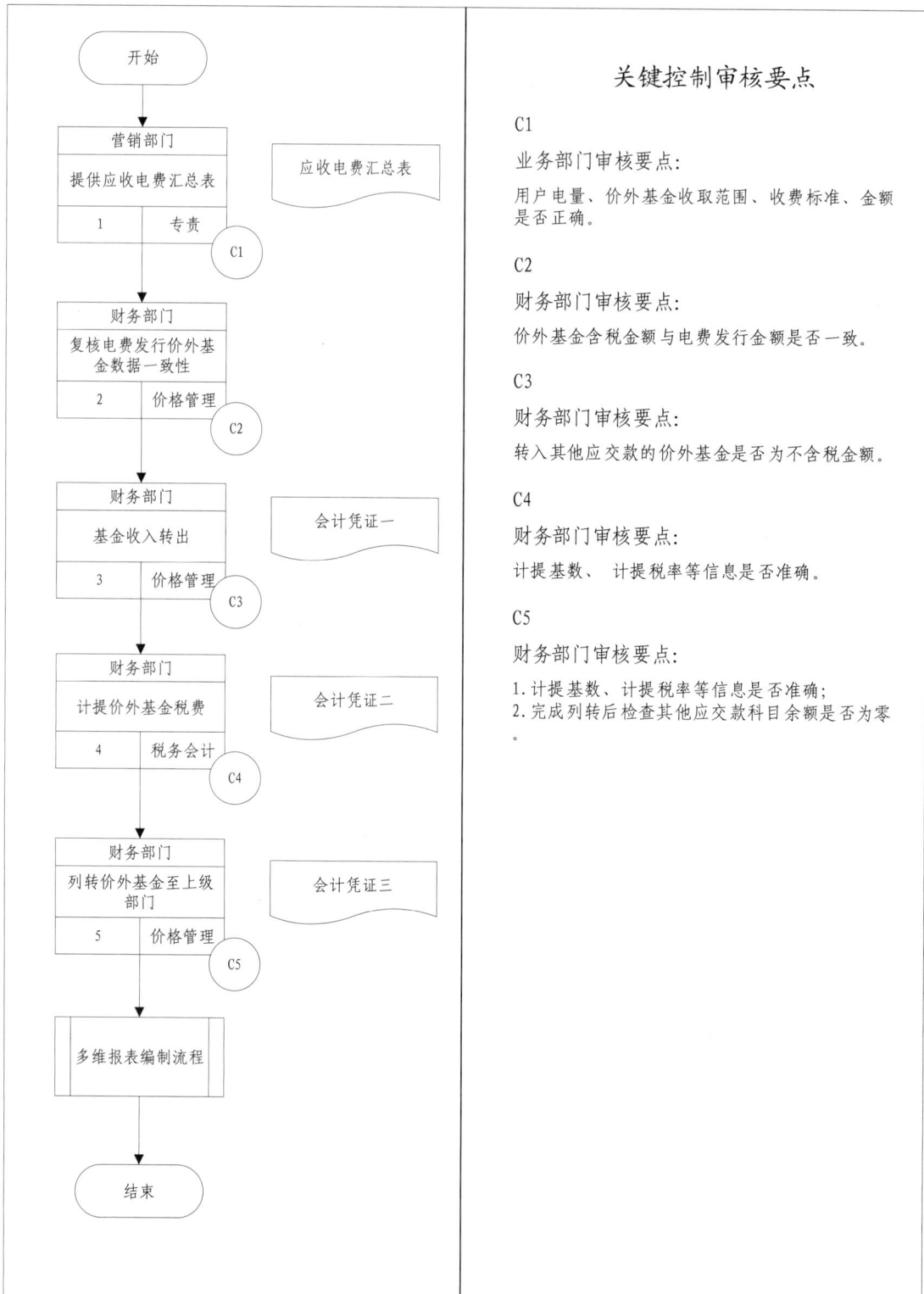

开始

营销部门
提供应收电费汇总表
| 1 | 专责 |

应收电费汇总表

C1

财务部门
复核电费发行价外基金数据一致性
| 2 | 价格管理 |

C2

财务部门
基金收入转出
| 3 | 价格管理 |

会计凭证一

C3

财务部门
计提价外基金税费
| 4 | 税务会计 |

会计凭证二

C4

财务部门
列转价外基金至上级部门
| 5 | 价格管理 |

会计凭证三

C5

多维报表编制流程

结束

关键控制审核要点

C1

业务部门审核要点：

用户电量、价外基金收取范围、收费标准、金额是否正确。

C2

财务部门审核要点：

价外基金含税金额与电费发行金额是否一致。

C3

财务部门审核要点：

转入其他应交款的价外基金是否为不含税金额。

C4

财务部门审核要点：

计提基数、计提税率等信息是否准确。

C5

财务部门审核要点：

1.计提基数、计提税率等信息是否准确；
2.完成列转后检查其他应交款科目余额是否为零。

审核：多维报表编制

1. 业务概述

多维报表编制是指在财务管控系统进行成本归集及分摊后，根据多维汇总宽表完成多维精益管理体系报表出具的过程。

2. 风险分析

风险分类	风险描述
运营风险	分摊动因参数不合理，可能导致数据分析失真

3. 权责划分

涉及岗位	关键控制点	权限划分
业务部门专责	提供分摊动因参数	提报权
成本会计	维护分摊规则，按月进行分摊	执行权
	系统录入动因指标，执行多维成本归集、分摊	执行权
报表会计	编制多维精益管理报表	执行权

4. 制度依据

（1）相关业务制度

无。

（2）相关财务制度

《国家电网公司会计核算办法》（国网（财/2）469-2014）

《国家电网公司财务管理通则》（国网（财/1）97-2014）

《国家电网公司财务报告管理办法》（国网（财/2)474-2014）

5. 审核指引

（1）业务流程图

通过流程简图反映多维报表编制工作流程，明确对应岗位，确定关键控制点、原始单据等。

（2）关键控制审核要点

针对多维报表编制过程中相关业务部门、财务部门权责划分，确定重点审核要点，指导业财人员协同审核、规范办理此类业务，防范与应对相关风险。

通过财务管控系统编制

多维报表编制	业务经办部门：相关部门	流程编号：SG-SD0203-08
	归口管理部门：财务部门	编制单位：国网山东省电力公司

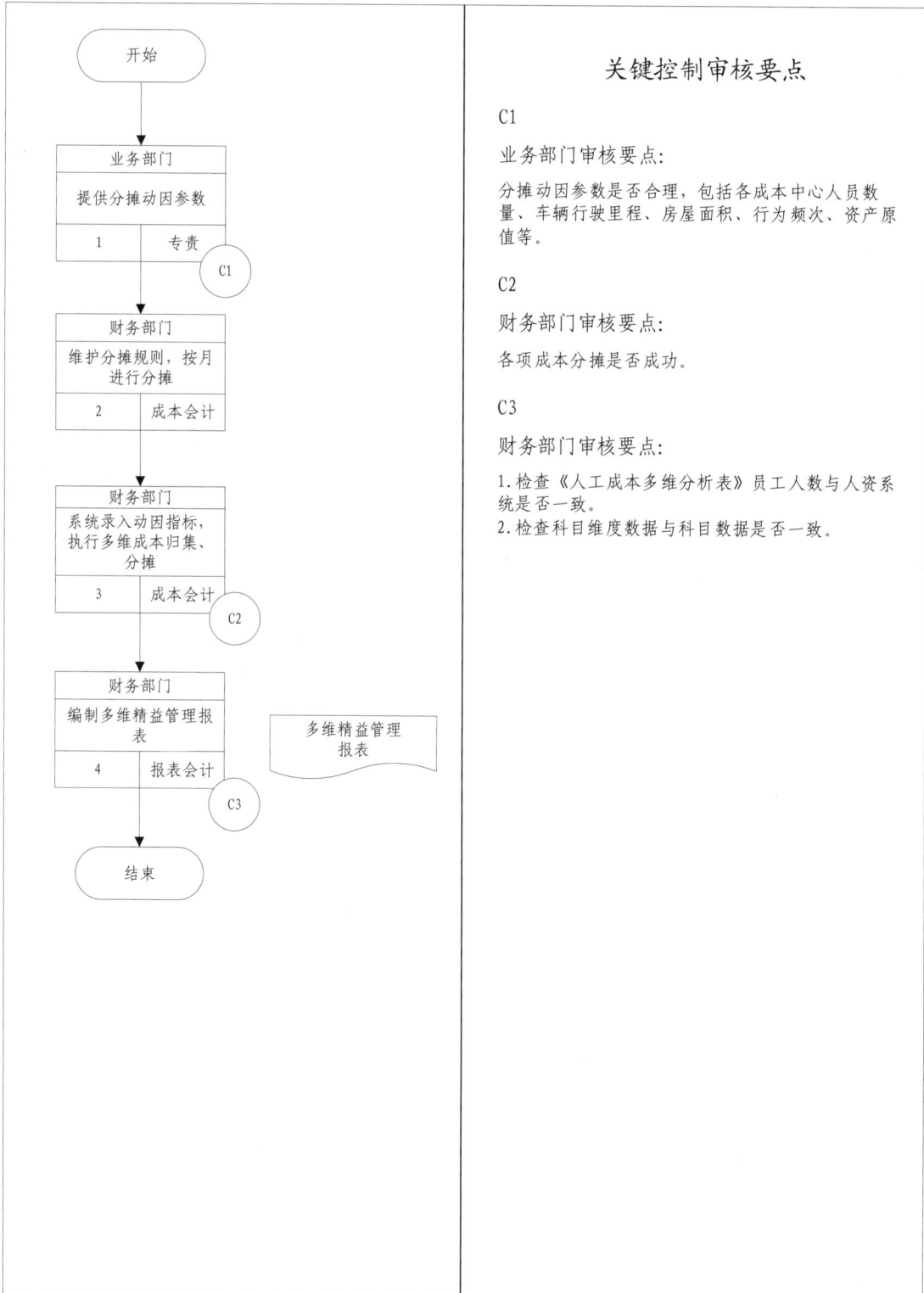

业务部门
提供分摊动因参数
| 1 | 专责 |
C1

财务部门
维护分摊规则，按月进行分摊
| 2 | 成本会计 |

财务部门
系统录入动因指标，执行多维成本归集、分摊
| 3 | 成本会计 |
C2

财务部门
编制多维精益管理报表
| 4 | 报表会计 |
C3

多维精益管理报表

开始

结束

关键控制审核要点

C1

业务部门审核要点：

分摊动因参数是否合理，包括各成本中心人员数量、车辆行驶里程、房屋面积、行为频次、资产原值等。

C2

财务部门审核要点：

各项成本分摊是否成功。

C3

财务部门审核要点：

1. 检查《人工成本多维分析表》员工人数与人资系统是否一致。
2. 检查科目维度数据与科目数据是否一致。

审核：个人所得税

1. 业务概述

个人所得税是国家对本国公民，居住在本国境内的个人的所得和境外个人来源于本国的所得征收的一个税种。

2. 风险分析

风险分类	风险描述
运营风险	1. 个人所得税专项附加扣除相关信息不真实，申报信息与个税扣缴客户端维护信息不匹配，导致个税计算错误 2. 员工综合所得个税申报基数与汇算清缴时申报基数不一致 3. 防暑降温费、取暖补贴等福利费支出未代扣代缴个人所得税
财务风险	1. 税金付款申请签批手续不完整，存在合规风险 2. 个人所得税申报逾期、申报表填报不规范，导致税收处罚，造成资金损失 3. 三方协议过期或变更导致税款无法正常划转，未按期缴入国库导致税收处罚，造成资金损失
法律风险	1. 多缴税款：经营行为适用税法不准确造成企业应享受而未享受相关税收优惠政策、错误适用税率多缴税款，导致税收处罚 2. 少缴税款：企业的纳税行为不符合税收法律法规的规定，应缴税而未缴税、少缴税，导致税收处罚

3. 权责划分

涉及岗位	关键控制点	权限划分
人资部门薪酬专责	计提个税	执行权
人资部门负责人	审核个税计提数据	审核权、审批权
税务会计	审核人资系统推送的个税计提金额	审核权
	提交报税申请，生成交税凭证	执行权
	申报缴纳个人所得税	执行权
薪酬会计	审核人资部门推送的工资汇总表	审核权
	生成会计凭证	执行权

4. 制度依据

（1）相关业务制度

《国务院关于印发个人所得税专项附加扣除暂行办法的通知》（国发〔2018〕41号）

《国家税务总局关于发布<个人所得税专项附加扣除操作办法（试行）>的公告》（国税〔2018〕60号）

《个人所得税扣缴申报管理办法（试行）》（国税〔2018〕61号）

《中华人民共和国个人所得税法实施条例》（国务院令第707号）

《财政部关于个人所得税法修改后有关优惠政策衔接问题的通知》（财税〔2018〕164号）

《国家税务总局关于全面实施新个人所得税法若干征管衔接问题的公告》（国税〔2018〕56号）

《国家发展改革委办公厅 国家税务总局办公厅关于加强个人所得税纳税信用建设的通知》（发改办财金规〔2019〕860号）

《国家税务总局关于调整个人取得全年一次性奖金等计算征收个人所得税方法问题的通知》（国税〔2005〕9号）

《国家税务总局关于严格按照5000元费用减除标准执行税收政策的公告》（国税〔2018〕51号）

《财政部 人力资源社会保障部 国家税务总局关于企业年金、职业年金个人所得税有关问题的通知》（财税〔2013〕103号）

《国家税务总局关于单位为员工支付有关保险缴纳个人所得税问题的批复》（国税函〔2005〕318号）

《财政部 国家税务总局 银保监会关于开展商业健康保险个人所得税政策试点工作的通知》（财税〔2015〕56号）

《财政部 国家税务总局关于基本养老保险费基本医疗保险费失业保险费、住房公积金有关个人所得税政策的通知》（财税〔2006〕10号）

《财政部关于企业加强职工福利费财务管理的通知》（财企〔2009〕242号）

《国家税务总局关于个人因公务用车制度改革取得补贴收入征收个人所得税问题的通知》（国税函〔2006〕245号）

《企业财务通则》（财政部令第41号）

《财政部 国家税务总局关于企业促销展业赠送礼品有关个人所得税问题的通知》（财税〔2011〕50号）

（2）相关财务制度

《国家电网有限公司纳税管理办法》（国网（财/2）202-2018）

《国家电网公司资金管理办法》（国网（财/2）345-2019）

5. 审核指引

（1）业务流程图

通过流程简图反映个人所得税计提、缴纳业务工作流程，明确对应岗位，确定关键控制点、原始单据等。

（2）关键控制审核要点

针对个人所得税计提及缴纳过程中涉及的人资部门、财务部门权责划分，确定重点审核要点，指导业财人员协同审核、规范办理此类业务，防范与应对相关风险。

通过 ERP 人资模块计提个人所得税

个人所得税	业务经办部门：人资部门	流程编号：SG-SD0204-01
	归口管理部门：人资部门	编制单位：国网山东省电力公司

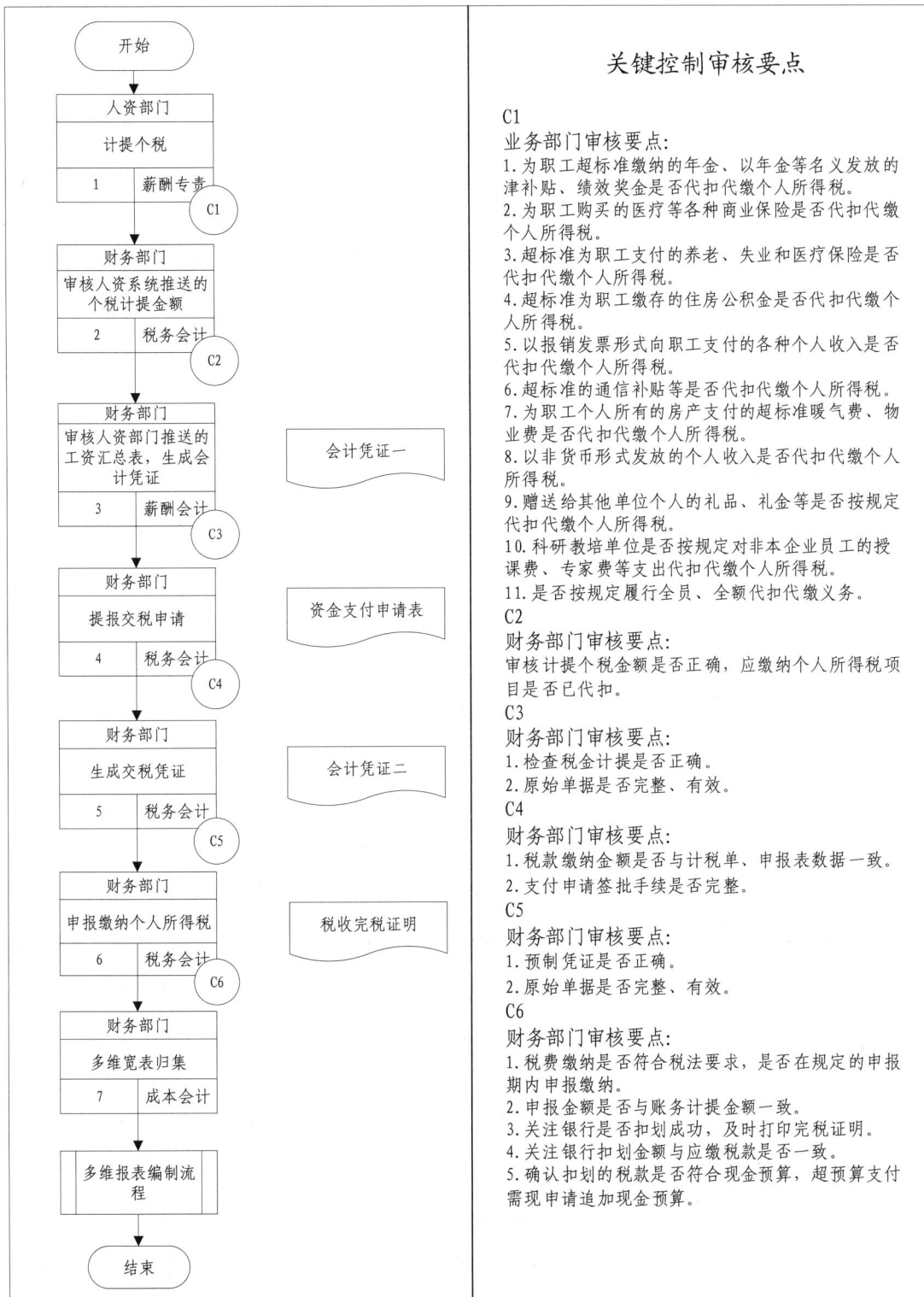

关键控制审核要点

开始

人资部门
计提个税
1　薪酬专责　C1

财务部门
审核人资系统推送的个税计提金额
2　税务会计　C2

财务部门
审核人资部门推送的工资汇总表，生成会计凭证
3　薪酬会计　C3

会计凭证一

财务部门
提报交税申请
4　税务会计　C4

资金支付申请表

财务部门
生成交税凭证
5　税务会计　C5

会计凭证二

财务部门
申报缴纳个人所得税
6　税务会计　C6

税收完税证明

财务部门
多维宽表归集
7　成本会计

多维报表编制流程

结束

C1
业务部门审核要点：
1.为职工超标准缴纳的年金、以年金等名义发放的津补贴、绩效奖金是否代扣代缴个人所得税。
2.为职工购买的医疗等各种商业保险是否代扣代缴个人所得税。
3.超标准为职工支付的养老、失业和医疗保险是否代扣代缴个人所得税。
4.超标准为职工缴存的住房公积金是否代扣代缴个人所得税。
5.以报销发票形式向职工支付的各种个人收入是否代扣代缴个人所得税。
6.超标准的通信补贴等是否代扣代缴个人所得税。
7.为职工个人所有的房产支付的超标准暖气费、物业费是否代扣代缴个人所得税。
8.以非货币形式发放的个人收入是否代扣代缴个人所得税。
9.赠送给其他单位个人的礼品、礼金等是否按规定代扣代缴个人所得税。
10.科研教培单位是否按规定对非本企业员工的授课费、专家费等支出代扣代缴个人所得税。
11.是否按规定履行全员、全额代扣代缴义务。
C2
财务部门审核要点：
审核计提个税金额是否正确，应缴纳个人所得税项目是否已代扣。
C3
财务部门审核要点：
1.检查税金计提是否正确。
2.原始单据是否完整、有效。
C4
财务部门审核要点：
1.税款缴纳金额是否与计税单、申报表数据一致。
2.支付申请签批手续是否完整。
C5
财务部门审核要点：
1.预制凭证是否正确。
2.原始单据是否完整、有效。
C6
财务部门审核要点：
1.税费缴纳是否符合税法要求，是否在规定的申报期内申报缴纳。
2.申报金额是否与账务计提金额一致。
3.关注银行是否扣划成功，及时打印完税证明。
4.关注银行扣划金额与应缴税款是否一致。
5.确认扣划的税款是否符合现金预算，超预算支付需现申请追加现金预算。

审核：增值税

1. 业务概述

增值税是以商品（含应税劳务）在流转过程中产生的增值额作为计税依据而征收的一种流转税。

2. 风险分析

风险分类	风险描述
运营风险	1. 营财数据不一致，收入确认不准确，未按政策规定的税率或计税依据计提销项税，导致税款申报缴纳数据有误 2. 进项税抵扣不准确，存在多抵扣或少抵扣进项税的现象 3. 各项价外费用未按税法规定申报纳税 4. 固定资产变价收入和废旧物资的销售收入未准确计缴增值税，出售、转出的动产设备、不动产等未按税法规定缴纳增值税
财务风险	1. 签批手续不完整，存在合规风险 2. 增值税申报逾期，申报表填报不规范，导致税收处罚，造成资金损失 3. 三方协议过期或变更导致税款无法正常划转，未按期缴入国库，导致税收处罚，造成资金损失 4. 会计科目使用不当，导致会计核算不准确，影响财务报告的准确性 5. 发票认证税额与账面进项税额不一致，导致应交增值税计提错误 6. 增值税纳税申报表填列不规范、不准确，存在税务机关稽查风险
法律风险	1. 多缴税款：经营行为适用税法不准确造成企业应享受而未享受相关税收优惠政策、错误适用税率多缴税款或应抵扣未抵扣进项税金等 2. 少缴税款：企业的纳税行为不符合税收法律法规的规定，应缴税而未缴税、少缴税或未能准确界定进项税的抵扣范围或违规操作抵扣 3. 企业发票管理不善，出现虚开发票或取得虚开发票的情况，带来违法犯罪风险及多缴税款的风险

3. 权责划分

涉及岗位	关键控制点	权限划分
收入会计	计提增值税销项税	执行权
相关专责	增值税进项税额抵扣	执行权
税务会计	认证发票	执行权
	列传增值税	执行权
	提报交税申请，生成交税凭证	执行权
	申报缴纳增值税	提报权
财务部门负责人	审批税金付款申请	审核权、审批权
	审核交税凭证	审核权

4. 制度依据

（1）相关业务制度

《财政部税务总局海关总署关于深化增值税改革有关政策的公告》（财政部 税务总局 海关总署公告 2019 年第 39 号）

《国家税务总局关于深化增值税改革有关事项的公告》（国家税务总局公告 2019 年第 14 号）

《国家税务总局关于调整增值税纳税申报有关事项的公告》（国家税务总局公告 2019 年第 15 号）

《财政部 税务总局海关总署关于深化增值税改革有关政策的公告》（财政部 税务总局 海关总署公告 2019 年第 39 号）

《营业税改征增值税试点实施办法》（财税〔2016〕36 号）

《中华人民共和国税收征收管理法》

《中华人民共和国发票管理办法》

《中华人民共和国增值税暂行条例》

《财政部 国家税务总局关于收费公路通行费增值税抵扣有关问题的通知》（财税〔2016〕86 号）（2016 年 8 月 1 日起执行）

（2）相关财务制度

《国家电网有限公司纳税管理办法》（国网（财 /2）202-2018）

《财务管控系统内部往来列转业务单据说明手册》

《财务管控应交税费重分类操作手册》

5. 审核指引

（1）业务流程图

通过流程简图反映增值税计提、缴纳业务工作流程，明确对应岗位，确定关键控制点、原始单据等。

（2）关键控制审核要点

针对增值税计提及缴纳过程中财务部门权责划分，确定重点审核要点，指导财务人员协同审核、规范办理此类业务，防范与应对相关风险。

通过财务管控系统—税务管理模块办理增值税计提缴纳业务

增值税	业务经办部门：财务部门	流程编号：SG-SD0204-02
	归口管理部门：财务部门	编制单位：国网山东省电力公司

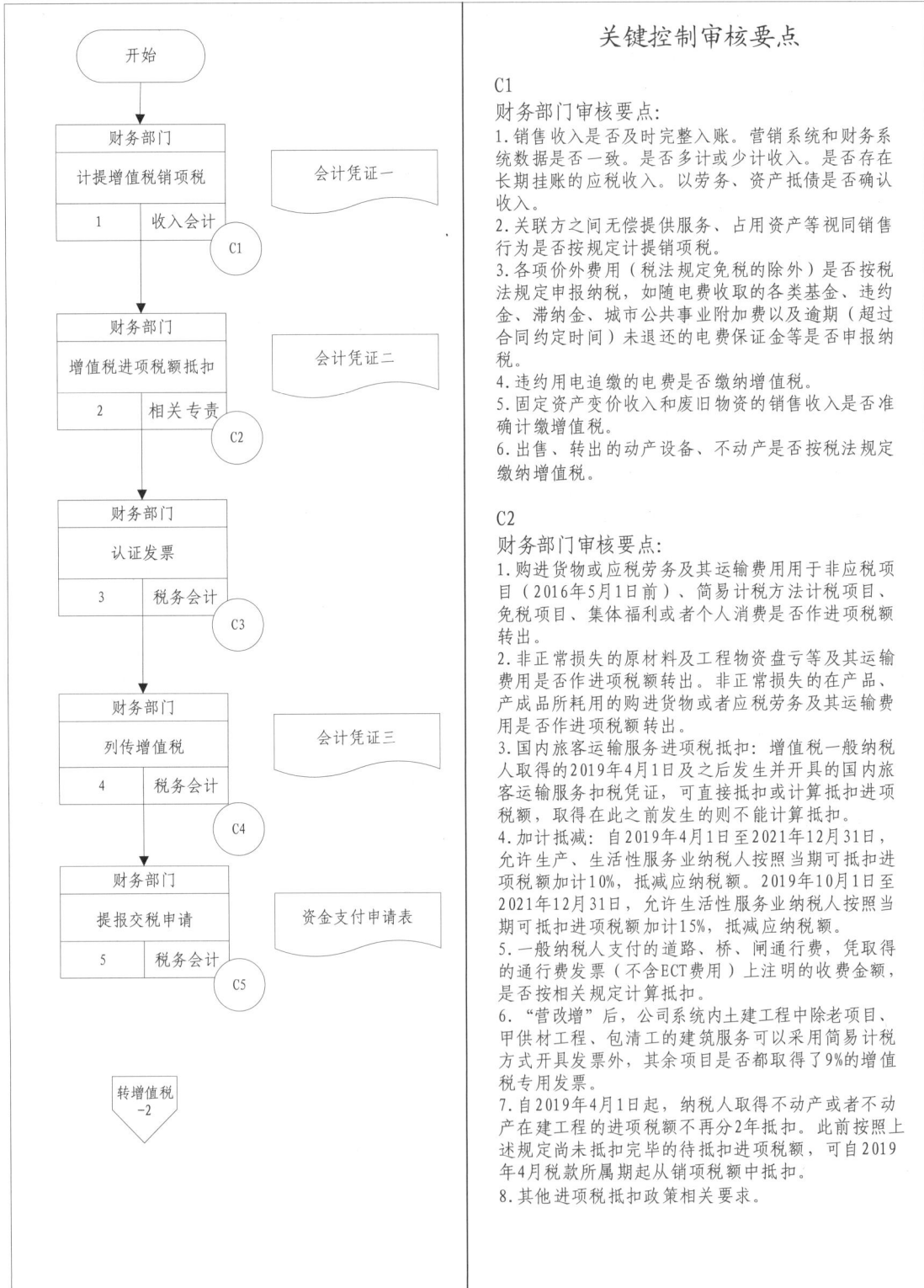

开始

财务部门
计提增值税销项税
1　收入会计　C1

会计凭证一

财务部门
增值税进项税额抵扣
2　相关专责　C2

会计凭证二

财务部门
认证发票
3　税务会计　C3

财务部门
列传增值税
4　税务会计　C4

会计凭证三

财务部门
提报交税申请
5　税务会计　C5

资金支付申请表

转增值税
-2

关键控制审核要点

C1

财务部门审核要点：

1.销售收入是否及时完整入账。营销系统和财务系统数据是否一致。是否多计或少计收入。是否存在长期挂账的应税收入。以劳务、资产抵债是否确认收入。

2.关联方之间无偿提供服务、占用资产等视同销售行为是否按规定计提销项税。

3.各项价外费用（税法规定免税的除外）是否按税法规定申报纳税，如随电费收取的各类基金、违约金、滞纳金、城市公共事业附加费以及逾期（超过合同约定时间）未退还的电费保证金等是否申报纳税。

4.违约用电追缴的电费是否缴纳增值税。

5.固定资产变价收入和废旧物资的销售收入是否准确计缴增值税。

6.出售、转出的动产设备、不动产是否按税法规定缴纳增值税。

C2

财务部门审核要点：

1.购进货物或应税劳务及其运输费用用于非应税项目（2016年5月1日前）、简易计税方法计税项目、免税项目、集体福利或者个人消费是否作进项税额转出。

2.非正常损失的原材料及工程物资盘亏等及其运输费用是否作进项税额转出。非正常损失的在产品、产成品所耗用的购进货物或者应税劳务及其运输费用是否作进项税额转出。

3.国内旅客运输服务进项税抵扣：增值税一般纳税人取得的2019年4月1日及之后发生并开具的国内旅客运输服务扣税凭证，可直接抵扣或计算抵扣进项税额，取得在此之前发生的则不能计算抵扣。

4.加计抵减：自2019年4月1日至2021年12月31日，允许生产、生活性服务业纳税人按照当期可抵扣进项税额加计10%，抵减应纳税额。2019年10月1日至2021年12月31日，允许生活性服务业纳税人按照当期可抵扣进项税额加计15%，抵减应纳税额。

5.一般纳税人支付的道路、桥、闸通行费，凭取得的通行费发票（不含ECT费用）上注明的收费金额，是否按相关规定计算抵扣。

6."营改增"后，公司系统内土建工程中除老项目、甲供材工程、包清工的建筑服务可以采用简易计税方式开具发票外，其余项目是否都取得了9%的增值税专用发票。

7.自2019年4月1日起，纳税人取得不动产或者不动产在建工程的进项税额不再分2年抵扣。此前按照上述规定尚未抵扣完毕的待抵扣进项税额，可自2019年4月税款所属期起从销项税额中抵扣。

8.其他进项税抵扣政策相关要求。

增值税	业务经办部门：财务部门	流程编号：SG-SD0204-02
	归口管理部门：财务部门	编制单位：国网山东省电力公司

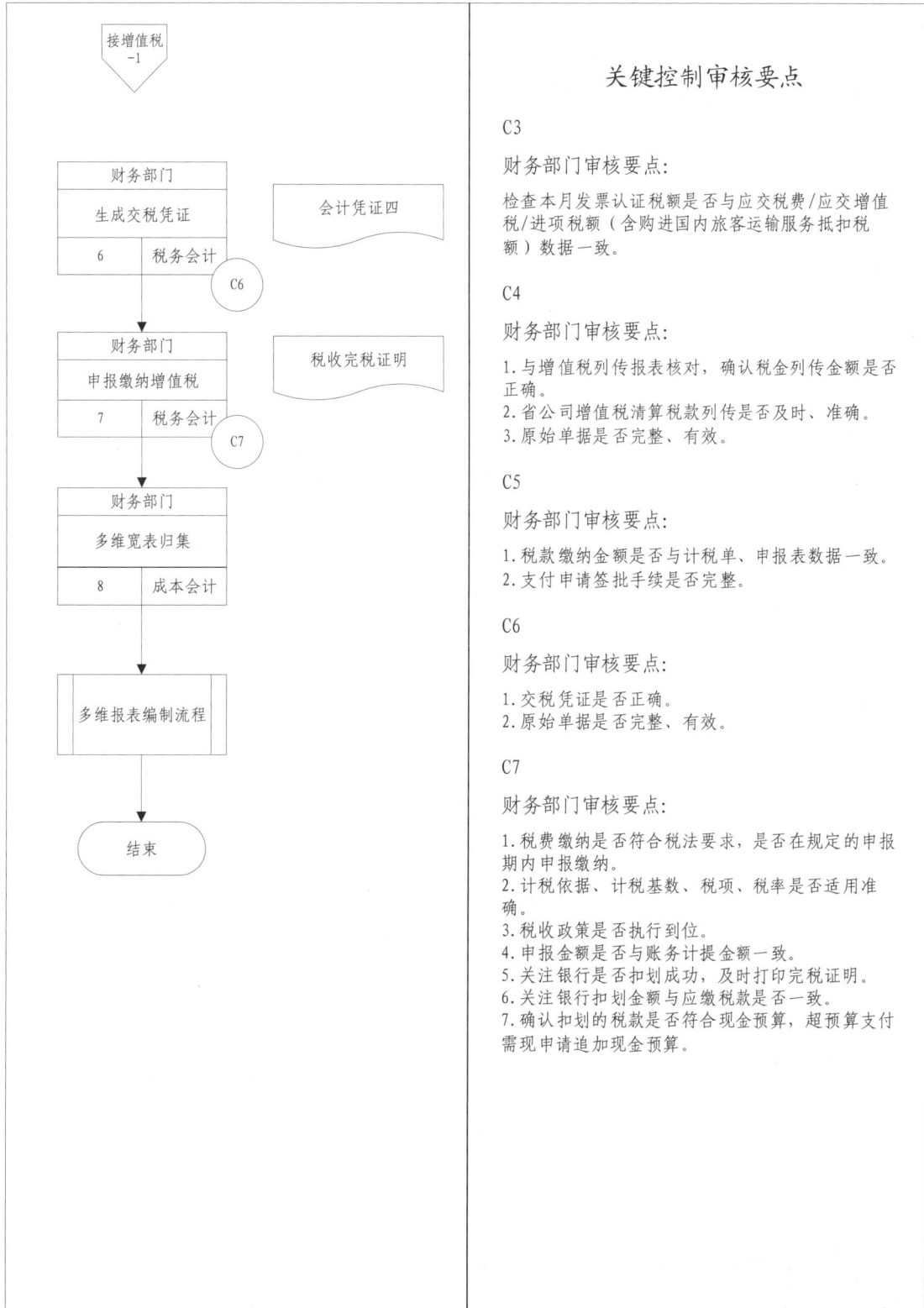

接增值税
-1

财务部门
生成交税凭证
| 6 | 税务会计 |

会计凭证四

C6

财务部门
申报缴纳增值税
| 7 | 税务会计 |

税收完税证明

C7

财务部门
多维宽表归集
| 8 | 成本会计 |

多维报表编制流程

结束

关键控制审核要点

C3

财务部门审核要点：

检查本月发票认证税额是否与应交税费/应交增值税/进项税额（含购进国内旅客运输服务抵扣税额）数据一致。

C4

财务部门审核要点：

1. 与增值税列传报表核对，确认税金列传金额是否正确。
2. 省公司增值税清算税款列传是否及时、准确。
3. 原始单据是否完整、有效。

C5

财务部门审核要点：

1. 税款缴纳金额是否与计税单、申报表数据一致。
2. 支付申请签批手续是否完整。

C6

财务部门审核要点：

1. 交税凭证是否正确。
2. 原始单据是否完整、有效。

C7

财务部门审核要点：

1. 税费缴纳是否符合税法要求，是否在规定的申报期内申报缴纳。
2. 计税依据、计税基数、税项、税率是否适用准确。
3. 税收政策是否执行到位。
4. 申报金额是否与账务计提金额一致。
5. 关注银行是否扣划成功，及时打印完税证明。
6. 关注银行扣划金额与应缴税款是否一致。
7. 确认扣划的税款是否符合现金预算，超预算支付需现申请追加现金预算。

审核：城市维护建设税

1. 业务概述

城市维护建设税（以下简称"城建税"）是以纳税人实际缴纳的增值税、消费税税额为计税依据，依法计征的一种税目。

2. 风险分析

风险分类	风险描述
运营风险	1. 缴纳增值税的同时未计算缴纳城建税 2. 未按规定在计税单填写计税依据，或计税单适用税率选择不准确，导致城建税计提错误或漏提、少提 3. 城建税计算与计提不一致，导致少缴税款，面临税收处罚，造成资金损失
财务风险	1. 签批手续不完整，存在合规风险 2. 城建税申报逾期，申报表填报不规范，导致税收处罚，造成资金损失 3. 三方协议过期或变更导致税款无法正常划转，未按期缴入国库导致税收处罚，造成资金损失
法律风险	1. 多缴税款：经营行为适用税法不准确，造成企业应享受而未享受相关税收优惠政策、错误适用税率多缴税款，导致税收处罚 2. 少缴税款：企业的纳税行为不符合税收法律法规的规定，应缴税而未缴税、少缴税，导致税收处罚

3. 权责划分

涉及岗位	关键控制点	权限划分
税务会计	计提城建税	执行权
	生成城建税计提凭证	执行权
	提报交税申请	提报权
	申报缴纳城建税	执行权
财务部门负责人	审核计提单据准确性	审核权
	审批税金支付申请准确性	审核权、审批权

4. 制度依据

（1）相关业务制度

《中华人民共和国城市维护建设税暂行条例》（国发〔1985〕19号）

《关于免征国家重大水利工程建设基金的城市维护建设税和教育费附加的通知》（财税〔2010〕

44号）

《财政部 税务总局关于实施小微企业普惠性税收减免政策的通知》（财税〔2019〕13号）

（2）相关财务制度

《国家电网有限公司纳税管理办法》（国网（财/2）202-2018）

《国家电网公司资金管理办法》（国网（财/2）345-2019）

5. 审核指引

（1）业务流程图

通过流程简图反映城建税计提、缴纳业务工作流程，明确对应岗位，确定关键控制点、原始单据等。

（2）关键控制审核要点

针对城建税计提及缴纳过程中财务部门权责划分，确定重点审核要点，指导财务人员审核、规范办理此类业务，防范与应对相关风险。

通过财务管控系统—税务管理模块办理城市维护建设税计提缴纳业务

城市维护建设税	业务经办部门：财务部门	流程编号：SG-SD0204-03
	归口管理部门：财务部门	编制单位：国网山东省电力公司

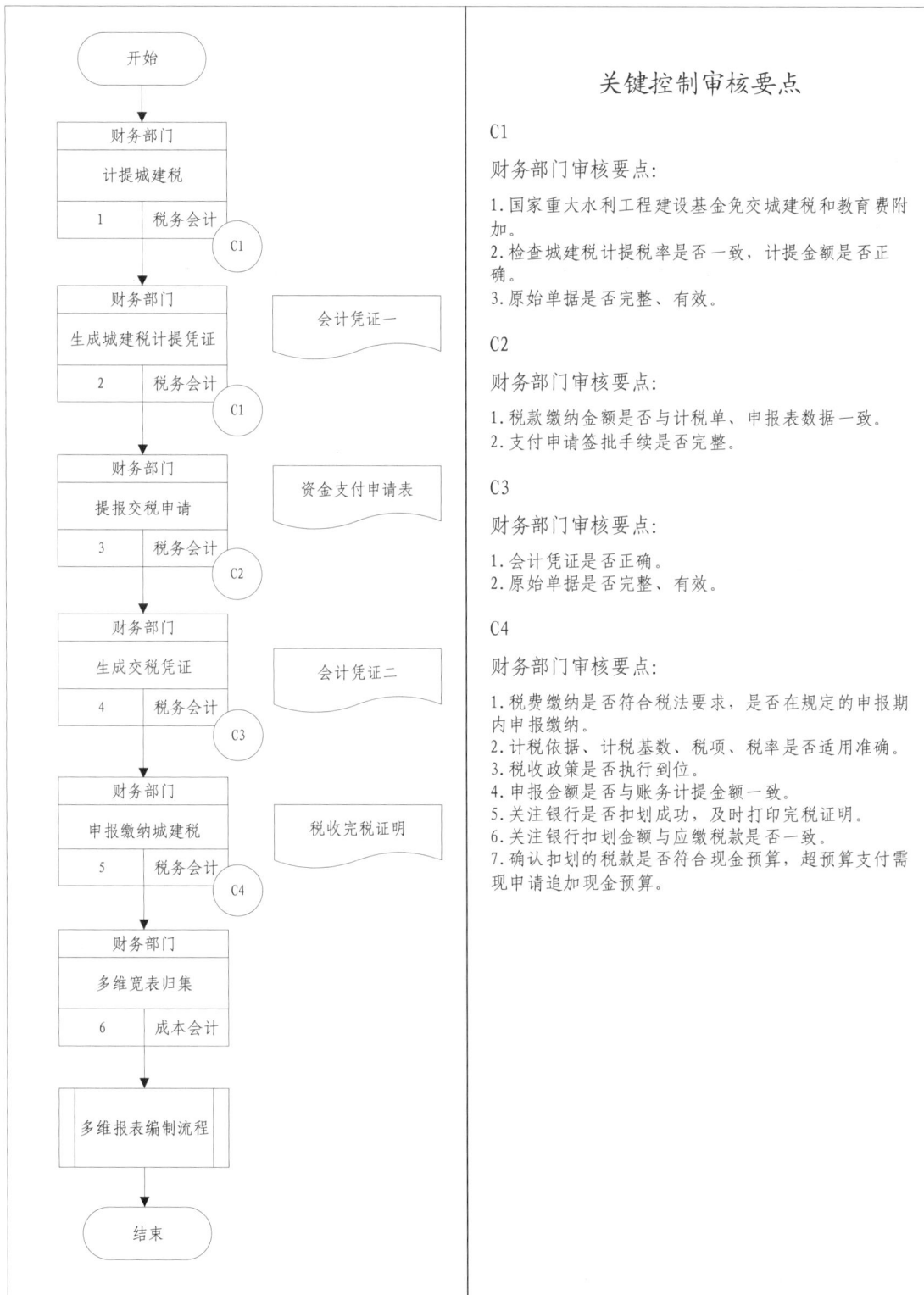

开始

财务部门	
计提城建税	
1	税务会计

C1

财务部门	
生成城建税计提凭证	
2	税务会计

会计凭证一

C1

财务部门	
提报交税申请	
3	税务会计

资金支付申请表

C2

财务部门	
生成交税凭证	
4	税务会计

会计凭证二

C3

财务部门	
申报缴纳城建税	
5	税务会计

税收完税证明

C4

财务部门	
多维宽表归集	
6	成本会计

多维报表编制流程

结束

关键控制审核要点

C1

财务部门审核要点：

1. 国家重大水利工程建设基金免交城建税和教育费附加。
2. 检查城建税计提税率是否一致，计提金额是否正确。
3. 原始单据是否完整、有效。

C2

财务部门审核要点：

1. 税款缴纳金额是否与计税单、申报表数据一致。
2. 支付申请签批手续是否完整。

C3

财务部门审核要点：

1. 会计凭证是否正确。
2. 原始单据是否完整、有效。

C4

财务部门审核要点：

1. 税费缴纳是否符合税法要求，是否在规定的申报期内申报缴纳。
2. 计税依据、计税基数、税项、税率是否适用准确。
3. 税收政策是否执行到位。
4. 申报金额是否与账务计提金额一致。
5. 关注银行是否扣划成功，及时打印完税证明。
6. 关注银行扣划金额与应缴税款是否一致。
7. 确认扣划的税款是否符合现金预算，超预算支付需现申请追加现金预算。

审核：教育费附加、地方教育费附加

1. 业务概述

教育费附加是为发展教育事业而征收的一种专项资金，由税务机关负责征收以作为教育专项资金，其收入纳入财政预算管理，由教育行政部门统筹安排。

地方教育费附加是指根据国家有关规定，为实施"科教兴省"战略，增加地方教育的资金投入，促进各省、自治区、直辖市教育事业开展，开征的一项地方政府性基金，该收入主要用于各地方教育经费的投入补充。

2. 风险分析

风险分类	风险描述
运营风险	1. 缴纳增值税的同时未计算缴纳教育费附加及地方教育费附加 2. 未按规定在计税单填写计税依据，或计税单适用税率选择不准确，导致教育费附加、地方教育费附加计提错误或漏提、少提 3. 教育费附加、地方教育费附加计算与计提不一致，导致少缴税款，面临税收处罚，造成资金损失
财务风险	1. 签批手续不完整，存在合规风险 2. 教育费附加、地方教育费附加申报逾期，申报表填报不规范，导致税收处罚，造成资金损失 3. 三方协议过期或变更，导致税款无法正常划转，未按期缴入国库，导致税收处罚，造成资金损失
法律风险	1. 多缴税款：经营行为适用税法不准确造成企业应享受而未享受相关税收优惠政策、错误适用税率多缴税款，导致税收处罚 2. 少缴税款：企业的纳税行为不符合税收法律法规的规定，应缴税而未缴税、少缴税，导致税收处罚

3. 权责划分

涉及岗位	关键控制点	权限划分
税务会计	计提教育费附加、地方教育费附加	执行权
	生成教育费附加、地方教育费附加计提凭证	执行权
	提报交税申请	提报权
	申报缴纳教育费附加、地方教育费附加	执行权
财务部门负责人	审核计提单据	审核权
	审批税金支付申请	审核权、审批权

4. 制度依据

（1）相关业务制度

《财政部关于统一地方教育附加政策有关问题的通知 》（财综〔2010〕98 号）

《财政部 国家税务总局关于免征国家重大水利工程建设基金的城市维护建设税和教育费附加的通知》（财税〔2010〕44 号）

《中华人民共和国税收征收管理法 》

（2）相关财务制度

《国家电网有限公司纳税管理办法》（国网（财/2）202-2018）

《国家电网公司资金管理办法》（国网（财/2）345-2019）

5. 审核指引

（1）业务流程图

通过流程简图反映教育费附加、地方教育费附加计提、缴纳业务工作流程，明确对应岗位，确定关键控制点、原始单据等。

（2）关键控制审核要点

针对教育费附加、地方教育费附加计提及缴纳过程中财务部门权责划分，确定重点审核要点，指导财务人员审核、规范办理此类业务，防范与应对相关风险。

通过财务管控系统—税务管理模块办理教育费附加、地方教育费附加计提缴纳业务

教育费附加、地方教育费附加	业务经办部门：财务部门	流程编号：SG-SD0204-04
	归口管理部门：财务部门	编制单位：国网山东省电力公司

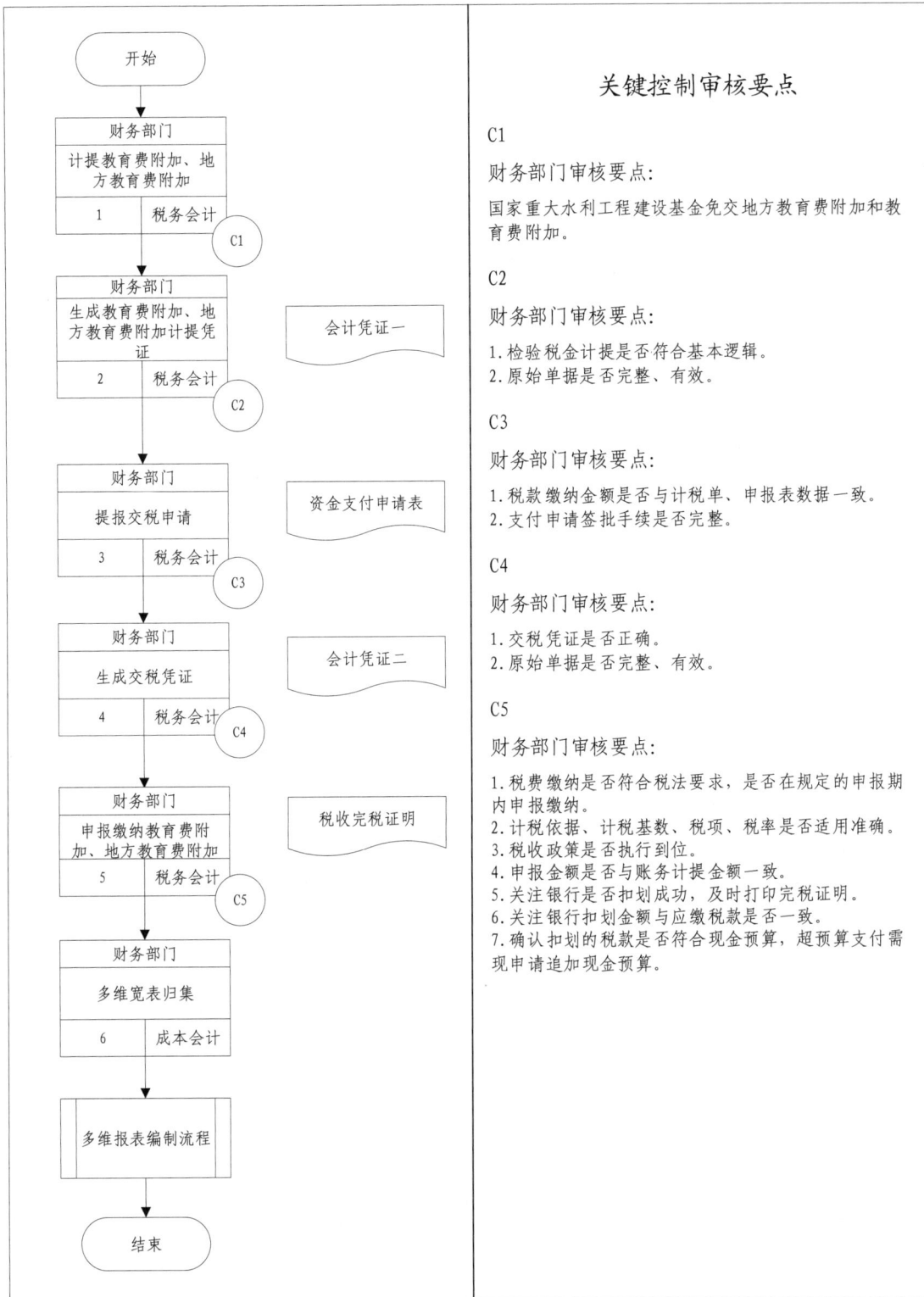

关键控制审核要点

开始

财务部门
计提教育费附加、地方教育费附加
1　税务会计　C1

财务部门
生成教育费附加、地方教育费附加计提凭证
2　税务会计　C2
会计凭证一

财务部门
提报交税申请
3　税务会计　C3
资金支付申请表

财务部门
生成交税凭证
4　税务会计　C4
会计凭证二

财务部门
申报缴纳教育费附加、地方教育费附加
5　税务会计　C5
税收完税证明

财务部门
多维宽表归集
6　成本会计

多维报表编制流程

结束

C1

财务部门审核要点：

国家重大水利工程建设基金免交地方教育费附加和教育费附加。

C2

财务部门审核要点：

1.检验税金计提是否符合基本逻辑。
2.原始单据是否完整、有效。

C3

财务部门审核要点：

1.税款缴纳金额是否与计税单、申报表数据一致。
2.支付申请签批手续是否完整。

C4

财务部门审核要点：

1.交税凭证是否正确。
2.原始单据是否完整、有效。

C5

财务部门审核要点：

1.税费缴纳是否符合税法要求，是否在规定的申报期内申报缴纳。
2.计税依据、计税基数、税项、税率是否适用准确。
3.税收政策是否执行到位。
4.申报金额是否与账务计提金额一致。
5.关注银行是否扣划成功，及时打印完税证明。
6.关注银行扣划金额与应缴税款是否一致。
7.确认扣划的税款是否符合现金预算，超预算支付需现申请追加现金预算。

审核：土地使用税

1. 业务概述

土地使用税是对使用国有土地的单位和个人，按使用的土地面积定额征收的一种税目。

2. 风险分析

风险分类	风险描述
运营风险	1. 对于符合免征、减征土地使用税政策的土地，未按时进行备案，导致产生滞纳金、罚款等问题，造成资金损失 2. 未及时按政策规定维护计税依据，导致税金计提错误
财务风险	1. 签批手续不完整，存在合规风险 2. 土地使用税申报逾期，申报表填报不规范，导致税收处罚，造成资金损失 3. 三方协议过期或变更导致税款无法正常划转，未按期缴入国库导致税收处罚，造成资金损失
法律风险	1. 多缴税款：经营行为适用税法不准确造成企业应享受而未享受相关税收优惠政策、错误适用税率多缴税款，导致税收处罚 2. 少缴税款：企业的纳税行为不符合税收法律法规的规定，应缴税而未缴税、少缴税，导致税收处罚

3. 权责划分

涉及岗位	关键控制点	权限划分
税务会计	维护土地涉税台账	执行权
	计提土地使用税，生成计提凭证	执行权
	提报交税申请	执行权
	生成交税凭证	执行权
	申报缴纳土地使用税	执行权
财务部门负责人	审核计提单据	审核权
	审批税金支付申请	审核权、审批权

4. 制度依据

（1）相关业务制度

《国家税务局关于电力行业征免土地使用税问题的规定》（国税地字〔1989〕13号）

《山东省人民政府关于调整城镇土地使用税税额标准的通知》（鲁证字〔2018〕309号）

《中华人民共和国城镇土地使用税暂行条例》（国务院令〔2006〕第483号）

《中华人民共和国税收征收管理法（2015修正）》

《中华人民共和国税收征收管理法实施细则》

（2）相关财务制度

《国家电网有限公司纳税管理办法》（国网（财/2）202-2018）

《国家电网公司资金管理办法》（国网（财/2）345-2019）

5. 审核指引

（1）业务流程图

通过流程简图反映土地使用税计提、缴纳业务工作流程，明确对应岗位，确定关键控制点、原始单据等。

（2）关键控制审核要点

针对土地使用税计提及缴纳过程中财务部门权责划分，确定重点审核要点，指导财务人员审核、规范办理此类业务，防范与应对相关风险。

通过财务管控系统—税务管理模块办理土地使用税计提缴纳业务

土地使用税	业务经办部门：财务部门	流程编号：SG-SD0204-05
	归口管理部门：财务部门	编制单位：国网山东省电力公司

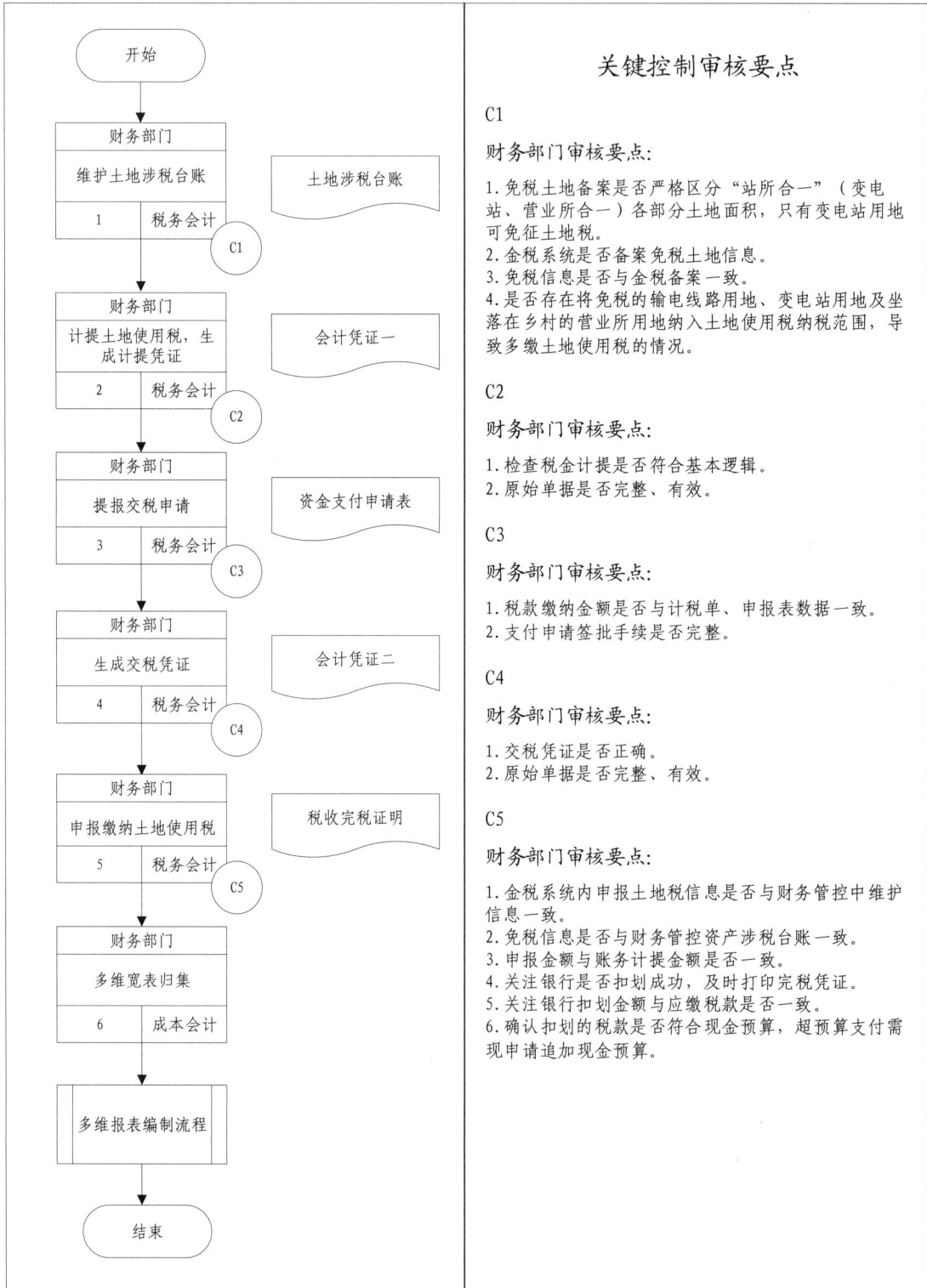

关键控制审核要点

C1

财务部门审核要点：

1. 免税土地备案是否严格区分"站所合一"（变电站、营业所合一）各部分土地面积，只有变电站用地可免征土地税。
2. 金税系统是否备案免税土地信息。
3. 免税信息是否与金税备案一致。
4. 是否存在将免税的输电线路用地、变电站用地及坐落在乡村的营业所用地纳入土地使用税纳税范围，导致多缴土地使用税的情况。

C2

财务部门审核要点：

1. 检查税金计提是否符合基本逻辑。
2. 原始单据是否完整、有效。

C3

财务部门审核要点：

1. 税款缴纳金额是否与计税单、申报表数据一致。
2. 支付申请签批手续是否完整。

C4

财务部门审核要点：

1. 交税凭证是否正确。
2. 原始单据是否完整、有效。

C5

财务部门审核要点：

1. 金税系统内申报土地税信息是否与财务管控中维护信息一致。
2. 免税信息是否与财务管控资产涉税台账一致。
3. 申报金额与账务计提金额是否一致。
4. 关注银行是否扣划成功，及时打印完税凭证。
5. 关注银行扣划金额与应缴税款是否一致。
6. 确认扣划的税款是否符合现金预算，超预算支付需现申请追加现金预算。

审核：印花税

1. 业务概述

印花税是指对经济活动和经济交往中订立、领受具有法律效力的凭证的行为所征收的税目。

2. 风险分析

风险分类	风险描述
运营风险	1.经法系统及业务部门的合同台账不完整，税目、税率适用不当，对应税合同把握不准确，纳税主体不清晰，导致少计、漏记印花税，或印花税缴纳不及时 2.纳税主体在税务机关核定的印花税税目不完整，导致印花税申报税目不规范、不准确
财务风险	1.签批手续不完整，存在合规风险 2.印花税申报逾期，申报表填报不规范，导致税收处罚，造成资金损失 3.三方协议过期或变更，导致税款无法正常划转，未按期缴入国库导致税收处罚，造成资金损失 4.计税单未经有效审核，导致印花税计提错误未能被及时发现，影响财务报告准确性 5.工程合同印花税未计入工程项目成本，导致会计核算不准确
法律风险	1.多缴税款：经营行为适用税法不准确造成企业应享受而未享受相关税收优惠政策、错误适用税率多缴税款，导致税收处罚 2.少缴税款：企业的纳税行为不符合税收法律法规的规定，应缴税而未缴税、少缴税，导致税收处罚

3. 权责划分

涉及岗位	关键控制点	权限划分
税务会计	计提印花税	执行权
	生成印花税凭证	执行权
	提报交税申请	提报权
	申报缴纳印花税	执行权
财务部门负责人	审核计提单据	审核权
	审批税金支付申请	审核权、审批权

4. 制度依据

（1）相关业务制度

《中华人民共和国税收征收管理法（2015修正）》
《中华人民共和国印花税暂行条例（2011修订）》

《国家税务总局关于对借款合同贴花问题的具体规定》（国税地字第 30 号）

《财政部 国家税务总局关于印花税若干政策的通知》（财税〔2006〕162 号）

（2）相关财务制度

《国家电网有限公司纳税管理办法》（国网（财 /2）202-2018）

《国家电网公司资金管理办法》（国网（财 /2）345-2019）

5. 审核指引

（1）业务流程图

通过流程简图反映印花税计提、缴纳业务工作流程，明确对应岗位，确定关键控制点、原始单据等。

（2）关键控制审核要点

针对印花税计提及缴纳过程中财务部门权责划分，确定重点审核要点，指导财务人员审核、规范办理此类业务，防范与应对相关风险。

通过财务管控系统－税务管理模块办理印花税计提缴纳业务

印花税	业务经办部门：财务部门	流程编号：SG-SD0204-06
	归口管理部门：财务部门	编制单位：国网山东省电力公司

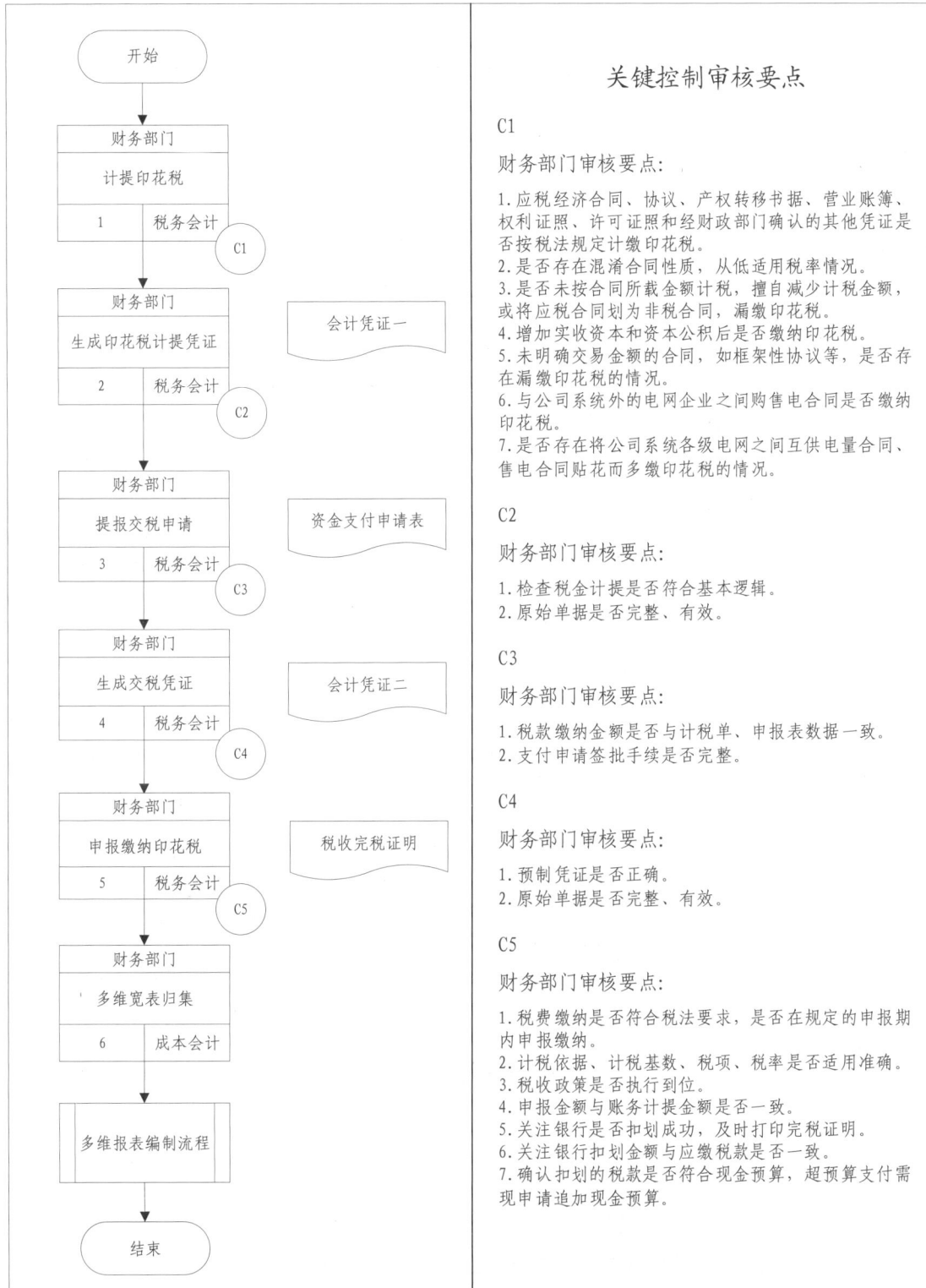

关键控制审核要点

开始

财务部门
计提印花税
| 1 | 税务会计 |
C1

会计凭证一

财务部门
生成印花税计提凭证
| 2 | 税务会计 |
C2

资金支付申请表

财务部门
提报交税申请
| 3 | 税务会计 |
C3

财务部门
生成交税凭证
| 4 | 税务会计 |
C4

会计凭证二

财务部门
申报缴纳印花税
| 5 | 税务会计 |
C5

税收完税证明

财务部门
多维宽表归集
| 6 | 成本会计 |

多维报表编制流程

结束

C1

财务部门审核要点：

1.应税经济合同、协议、产权转移书据、营业账簿、权利证照、许可证照和经财政部门确认的其他凭证是否按税法规定计缴印花税。
2.是否存在混淆合同性质，从低适用税率情况。
3.是否未按合同所载金额计税，擅自减少计税金额，或将应税合同划为非税合同，漏缴印花税。
4.增加实收资本和资本公积后是否缴纳印花税。
5.未明确交易金额的合同，如框架性协议等，是否存在漏缴印花税的情况。
6.与公司系统外的电网企业之间购售电合同是否缴纳印花税。
7.是否存在将公司系统各级电网之间互供电量合同、售电合同贴花而多缴印花税的情况。

C2

财务部门审核要点：

1.检查税金计提是否符合基本逻辑。
2.原始单据是否完整、有效。

C3

财务部门审核要点：

1.税款缴纳金额是否与计税单、申报表数据一致。
2.支付申请签批手续是否完整。

C4

财务部门审核要点：

1.预制凭证是否正确。
2.原始单据是否完整、有效。

C5

财务部门审核要点：

1.税费缴纳是否符合税法要求，是否在规定的申报期内申报缴纳。
2.计税依据、计税基数、税项、税率是否适用准确。
3.税收政策是否执行到位。
4.申报金额与账务计提金额是否一致。
5.关注银行是否扣划成功，及时打印完税证明。
6.关注银行扣划金额与应缴税款是否一致。
7.确认扣划的税款是否符合现金预算，超预算支付需现申请追加现金预算。

审核：房产税

1. 业务概述

房产税是以房屋为征税对象，按房屋的计税余值或租金收入为计税依据，向产权所有人征收的一种财产税。

2. 风险分析

风险分类	风险描述
运营风险	1. 对于符合免征、减征房产税政策的房产，未按时进行备案，导致产生滞纳金、罚款等问题，造成资金损失 2. 未及时按政策规定维护计税依据，导致税金计提错误
财务风险	1. 签批手续不完整，存在合规风险 2. 房产税申报逾期，申报表填报不规范，导致税收处罚，造成资金损失 3. 三方协议过期或变更导致税款无法正常划转，未按期缴入国库导致税收处罚，造成资金损失
法律风险	1. 多缴税款：经营行为适用税法不准确造成企业应享受而未享受相关税收优惠政策、错误适用税率多缴税款，导致税收处罚 2. 少缴税款：企业的纳税行为不符合税收法律法规的规定，应缴税而未缴税、少缴税，导致税收处罚

3. 权责划分

涉及岗位	关键控制点	权限划分
税务会计	维护房产涉税台账	执行权
	计提房产税，生成计提凭证	执行权
	提报交税申请	执行权
	生成交税凭证	执行权
	申报缴纳房产税	执行权
财务部门负责人	审核计提单据	审核权
	审批税金支付申请	审核权、审批权

4. 制度依据

（1）相关业务制度

《中华人民共和国税收征收管理法（2015修正）》

《中华人民共和国税收征收管理法实施细则》

《中华人民共和国房产税暂行条例》（国发〔1986〕90号）

《财政部 国家税务总局关于房产税 城镇土地使用税有关问题的通知》（财税[2009]128号）

《国家税务总局关于进一步明确房屋附属设备和配套设施计征房产税有关问题的通知》（国税发〔2005〕173号）

《财政部 国家税务总局关于安置残疾人就业单位城镇土地使用税等政策的通知》（财税〔2010〕121号）

《财政部 国家税务总局关于具备房屋功能的地下建筑征收房产税的通知》（财税〔2005〕181号）

《财政部 税务总局关于房产税若干具体问题的解释和暂行规定》（财税地号〔1986〕8号）

（2）相关财务制度

《国家电网有限公司纳税管理办法》（国网（财/2）202-2018）

《国家电网公司资金管理办法》（国网（财/2）345-2019）

5. 审核指引

（1）业务流程图

通过流程简图反映房产税计提、缴纳业务工作流程，明确对应岗位，确定关键控制点、原始单据等。

（2）关键控制审核要点

针对房产税计提及缴纳过程中财务部门的权责划分，确定重点审核要点，指导财务人员审核、规范办理此类业务，防范与应对相关风险。

通过财务管控系统—税务管理模块办理房产税计提缴纳业务

房产税	业务经办部门：财务部门	流程编号：SG-SD0204-07
	归口管理部门：财务部门	编制单位：国网山东省电力公司

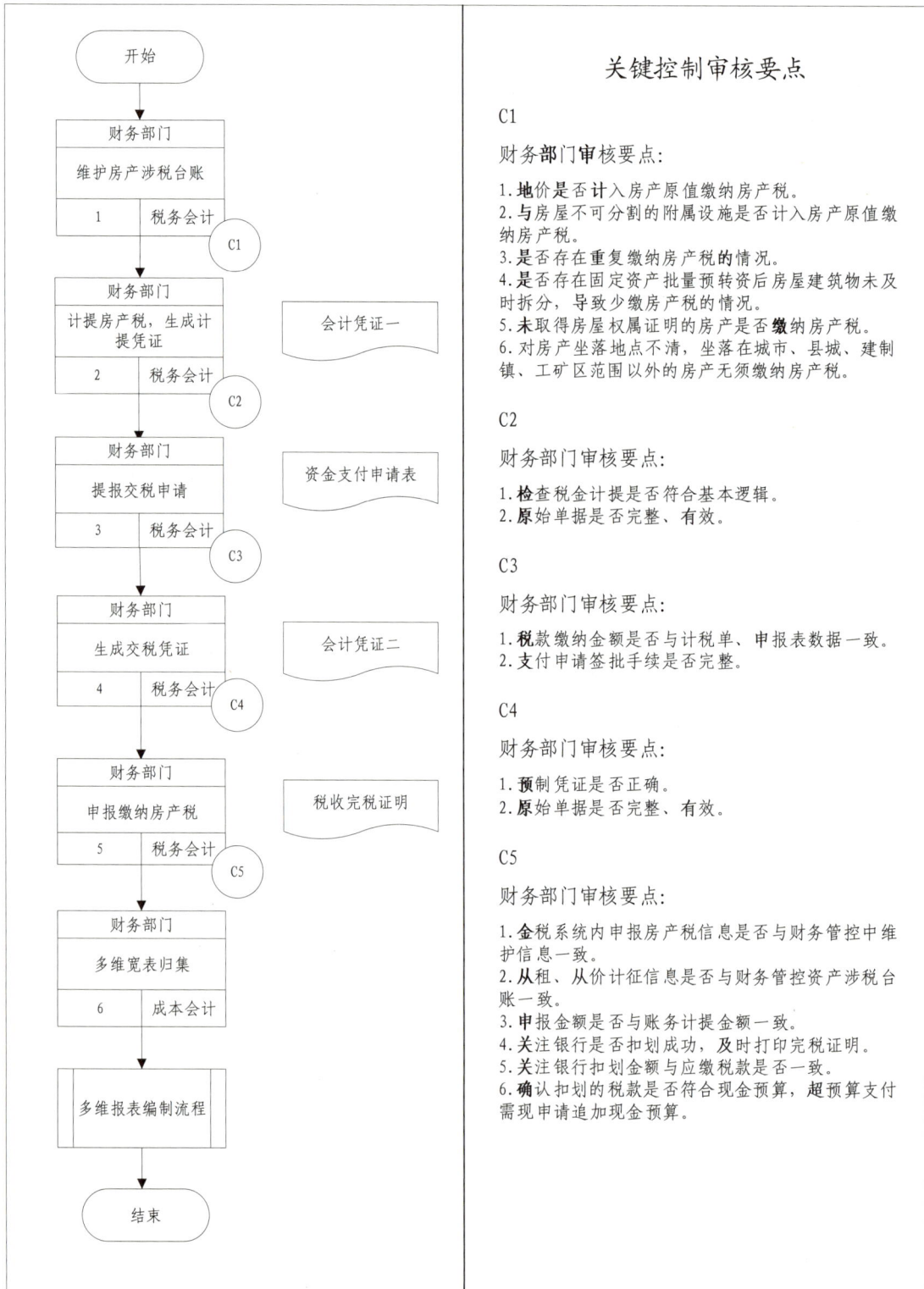

关键控制审核要点

C1

财务部门审核要点：

1. 地价是否计入房产原值缴纳房产税。
2. 与房屋不可分割的附属设施是否计入房产原值缴纳房产税。
3. 是否存在重复缴纳房产税的情况。
4. 是否存在固定资产批量预转资后房屋建筑物未及时拆分，导致少缴房产税的情况。
5. 未取得房屋权属证明的房产是否缴纳房产税。
6. 对房产坐落地点不清，坐落在城市、县城、建制镇、工矿区范围以外的房产无须缴纳房产税。

C2

财务部门审核要点：

1. 检查税金计提是否符合基本逻辑。
2. 原始单据是否完整、有效。

C3

财务部门审核要点：

1. 税款缴纳金额是否与计税单、申报表数据一致。
2. 支付申请签批手续是否完整。

C4

财务部门审核要点：

1. 预制凭证是否正确。
2. 原始单据是否完整、有效。

C5

财务部门审核要点：

1. 金税系统内申报房产税信息是否与财务管控中维护信息一致。
2. 从租、从价计征信息是否与财务管控资产涉税台账一致。
3. 申报金额是否与账务计提金额一致。
4. 关注银行是否扣划成功，及时打印完税证明。
5. 关注银行扣划金额与应缴税款是否一致。
6. 确认扣划的税款是否符合现金预算，超预算支付需现申请追加现金预算。

流程图：

开始
→ 财务部门　维护房产涉税台账　1　税务会计　C1
→ 财务部门　计提房产税，生成计提凭证　2　税务会计　C2　（会计凭证一）
→ 财务部门　提报交税申请　3　税务会计　C3　（资金支付申请表）
→ 财务部门　生成交税凭证　4　税务会计　C4　（会计凭证二）
→ 财务部门　申报缴纳房产税　5　税务会计　C5　（税收完税证明）
→ 财务部门　多维宽表归集　6　成本会计
→ 多维报表编制流程
→ 结束

三、薪酬福利业务

审核：工资

1. 业务概述

工资主要是指企业为获得职工提供的服务或与职工终止劳动关系而给予的各种形式的报酬或补偿，包括短期薪酬、离职后福利、辞退福利和其他长期职工福利，以及为职工配偶、子女、受赡养人、已故员工遗属和其他受益人等提供的福利。

2. 风险分析

风险分类	风险描述
运营风险	1. 承担本单位以外人员工资，存在工资超范围发放的风险 2. 发放依据或标准不统一，存在工资错发的风险 3. 个人所得税计算不准确，存在涉税风险 4. 签批手续不完整，存在合规风险
财务风险	原始单据未经有效审核，存在单据不完整、汇总数据与明细数据不一致等情况

3. 权责划分

涉及岗位	关键控制点	权限划分
人资部门经办人员	薪酬相关明细计算、汇总	执行权
	提交报销申请	提报权
人资部门负责人	审核报销单据	审核权、审批权
成本管理会计	审核报销单据	审核权
	生成报销凭证	执行权

4. 制度依据

（1）相关业务制度

《国家电网公司关于加强收入分配规范管理的通知》（国家电网人资〔2011〕1149号）

《国网山东省电力公司岗位薪点工资薪档动态调整积分管理实施细则》（鲁电企管〔2017〕572号）

（2）相关财务制度

《国家电网有限公司会计基础管理办法》（国网（财/2）350-2018）

《国家电网公司会计核算办法》（国网（财/2）469-2014）

5. 审核指引

（1）业务流程图

通过流程简图反映工资计提、发放业务工作流程，明确对应岗位，确定关键控制点、原始单据等。

（2）关键控制审核要点

针对工资计提、发放过程中人资部门、财务部门权责划分，确定重点审核要点，指导业财人员协同审核、规范办理此类业务，防范与应对相关风险。

通过 SAP 薪资系统办理工资计提业务

	工资	业务经办部门：人资部门	流程编号：SG-SD0301
		归口管理部门：人资部门	编制单位：国网山东省电力公司

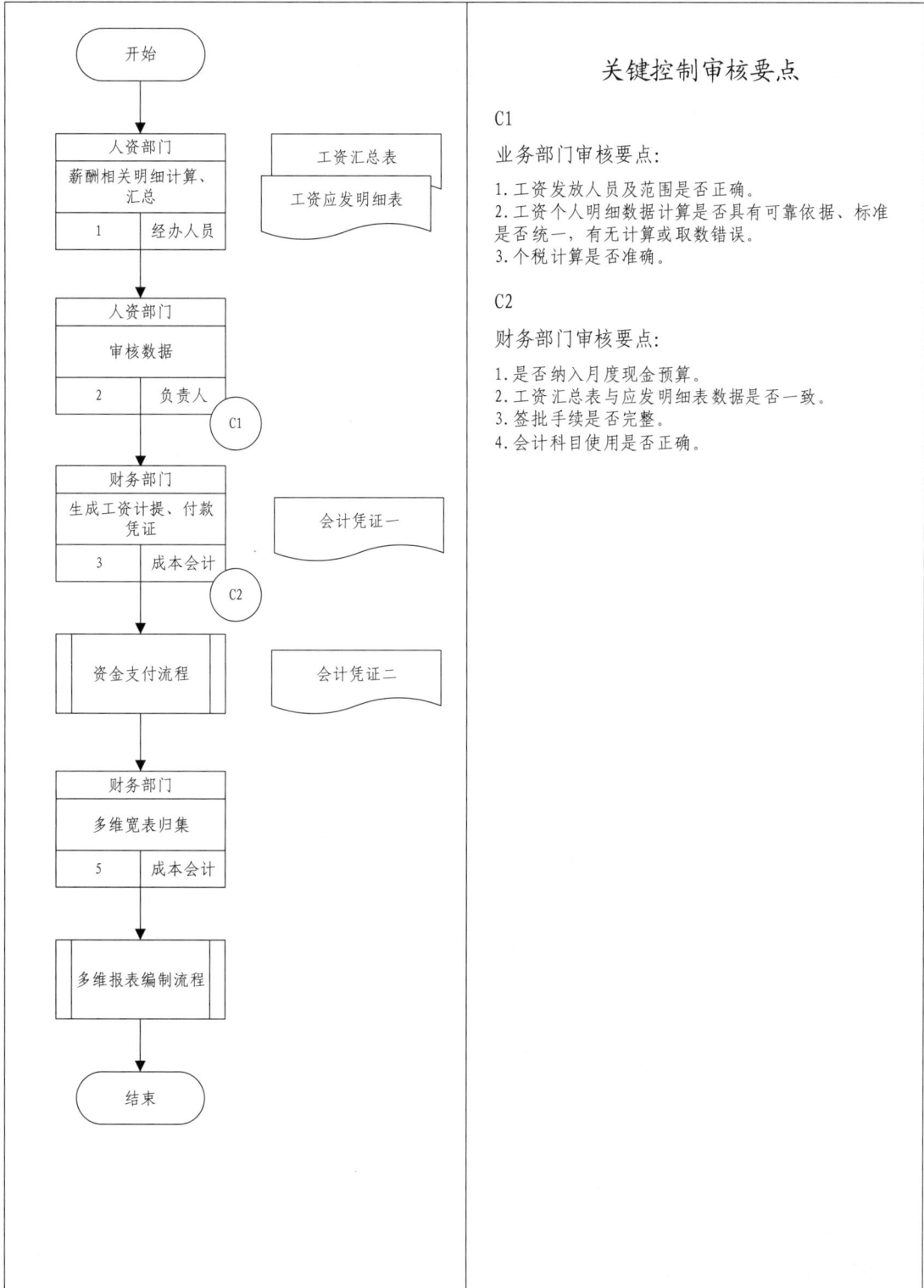

开始

↓

人资部门
薪酬相关明细计算、汇总
1   经办人员

工资汇总表
工资应发明细表

↓

人资部门
审核数据
2   负责人

C1

↓

财务部门
生成工资计提、付款凭证
3   成本会计

会计凭证一

C2

↓

资金支付流程

会计凭证二

↓

财务部门
多维宽表归集
5   成本会计

↓

多维报表编制流程

↓

结束

关键控制审核要点

C1

业务部门审核要点：

1. 工资发放人员及范围是否正确。
2. 工资个人明细数据计算是否具有可靠依据、标准是否统一，有无计算或取数错误。
3. 个税计算是否准确。

C2

财务部门审核要点：

1. 是否纳入月度现金预算。
2. 工资汇总表与应发明细表数据是否一致。
3. 签批手续是否完整。
4. 会计科目使用是否正确。

审核：职工疗养费

1. 业务概述

职工疗养费是为降低职工疾病率、恢复与增进职工身心健康、提高职工生产积极性而统一组织职工疗养所负担的费用。根据组织对象分为劳动模范类和奖励类两个层次。

2. 风险分析

风险分类	风险描述
运营风险	1. 疗养费使用不当，存在扩大或缩小疗养人员范围，延长或缩短疗养天数，报销餐费、景点门票、旅游、娱乐等不合理支出，直接发放现金，以虚开发票或挂账等方式套取疗养费用等情况 2. 未履行规定的招标程序，未选择有资质的疗养机构，违规委托旅行社或与旅行社合作开展职工疗养等 3. 签批手续不完整，存在合规风险
财务风险	原始单据未经有效审核，存在单据不完整、汇总数据与明细数据不一致等情况

3. 权责划分

涉及岗位	关键控制点	权限划分
工会经办人员	合同会签生效	执行权
	填报福利费支付申请单	提报权
	填报资金支付申请表	提报权
工会负责人	审核福利费报销申请	审核权、审批权
人资部门负责人	审核福利费报销申请	审核权、审批权
人资部门经办人员	汇总福利费计提数据，形成对公支付付款数据	执行权
成本管理会计	审核福利费报销申请	审核权
	审核资金支付申请表	审核权
	生成报销凭证	执行权

4. 制度依据

（1）相关业务制度

《国家电网公司关于加强疗养费管理的通知》（国家电网人资〔2017〕871号）

《关于进一步加强疗养管理工作的通知》（人资保障〔2018〕79号）

《国网山东省电力公司职工疗养费实施细则》（鲁电企管〔2016〕855号）

（2）相关财务制度

《国家电网有限公司会计基础管理办法》（国网（财/2）350-2018）

《国家电网公司会计核算办法》（国网（财/2）469-2014）

5. 审核指引

（1）业务流程图

通过流程简图反映职工疗养费业务工作流程，明确对应岗位，确定关键控制点、原始单据等。

（2）关键控制审核要点

针对职工疗养费业务过程中相关业务经办部门（工会）、归口管理部门（人资部门）、财务部门权责划分，确定重点审核要点，指导业财人员协同审核、规范办理此类业务，防范与应对相关风险。

通过福利系统和 ERP 系统办理职工疗养费报销业务

职工疗养费	业务经办部门：工会	流程编号：SG-SD0302-01
	归口管理部门：人资部门	编制单位：国网山东省电力公司

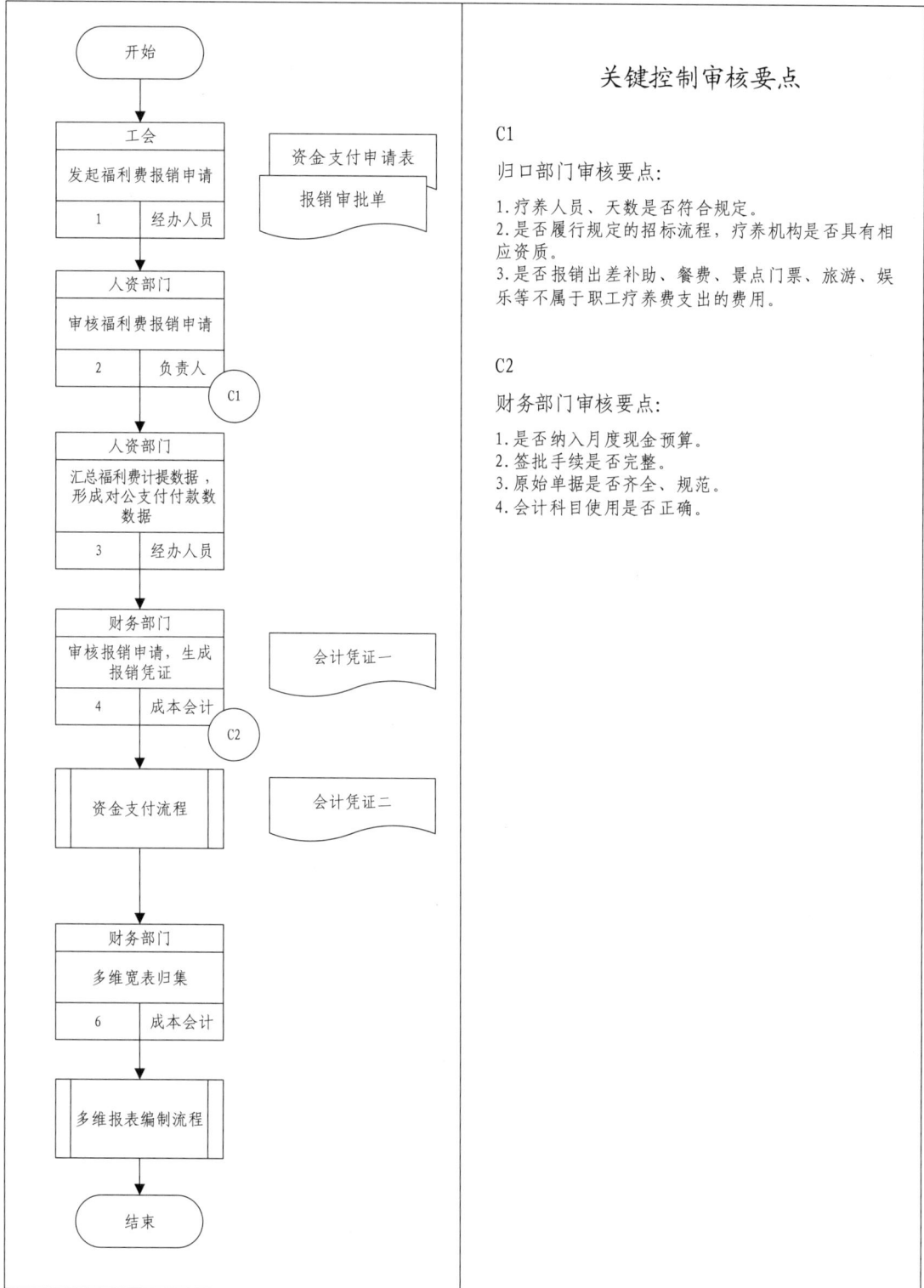

```
        开始
         │
         ▼
  ┌──────────────┐        ┌──────────────┐
  │     工会      │        │  资金支付申请表 │
  │ 发起福利费报销申请 │        │  报销审批单    │
  ├──────┬───────┤        └──────────────┘
  │  1   │ 经办人员 │
  └──────┴───────┘
         │
         ▼
  ┌──────────────┐
  │    人资部门    │
  │ 审核福利费报销申请 │
  ├──────┬───────┤      ◯ C1
  │  2   │ 负责人  │
  └──────┴───────┘
         │
         ▼
  ┌──────────────┐
  │    人资部门    │
  │ 汇总福利费计提数据，│
  │ 形成对公支付付款数 │
  │     据        │
  ├──────┬───────┤
  │  3   │ 经办人员 │
  └──────┴───────┘
         │
         ▼
  ┌──────────────┐        ┌──────────────┐
  │    财务部门    │        │   会计凭证一   │
  │ 审核报销申请，生成 │        └──────────────┘
  │   报销凭证     │
  ├──────┬───────┤      ◯ C2
  │  4   │ 成本会计 │
  └──────┴───────┘
         │
         ▼
  ┌──────────────┐        ┌──────────────┐
  │  资金支付流程   │        │   会计凭证二   │
  └──────────────┘        └──────────────┘
         │
         ▼
  ┌──────────────┐
  │    财务部门    │
  │   多维宽表归集   │
  ├──────┬───────┤
  │  6   │ 成本会计 │
  └──────┴───────┘
         │
         ▼
  ┌──────────────┐
  │  多维报表编制流程 │
  └──────────────┘
         │
         ▼
        结束
```

关键控制审核要点

C1

归口部门审核要点：

1. 疗养人员、天数是否符合规定。
2. 是否履行规定的招标流程，疗养机构是否具有相应资质。
3. 是否报销出差补助、餐费、景点门票、旅游、娱乐等不属于职工疗养费支出的费用。

C2

财务部门审核要点：

1. 是否纳入月度现金预算。
2. 签批手续是否完整。
3. 原始单据是否齐全、规范。
4. 会计科目使用是否正确。

审核：医疗费用

1. 业务概述

医疗费用是指企业根据公司总（分）部、省公司、直属单位管理规定负担的职工及其供养直系亲属的医疗费用。其包括职工因公外地就医费用、职工供养直系亲属医疗补助、暂未实行医疗统筹企业职工医疗费用、职工体检费用、老工伤职工医疗费用；不包括纳入社会保险统筹、企业补充医疗保险范围的各项医疗费用。

2. 风险分析

风险分类	风险描述
运营风险	1. 未履行规定的招标程序，未与体检机构签订体检协议 2. 超范围、超标准报销职工体检费 3. 超范围、超标准报销职工供养直系亲属医疗补助 4. 虚假报销、跨年度报销供养直系亲属医疗补助 5. 签批手续不完整，存在合规风险
财务风险	原始单据未经有效审核，存在单据不完整、汇总数据与明细数据不一致等情况

3. 权责划分

涉及岗位	关键控制点	权限划分
工会经办人员	合同会签生效	执行权
	填报福利费支付申请单	提报权
	填报资金支付申请表	提报权
工会负责人	审核福利费报销申请	审核权、审批权
人资部门负责人	审核福利费报销申请	审核权、审批权
人资部门经办人员	汇总福利费计提数据，形成对公支付付款数据	执行权
成本管理会计	审核福利费报销申请	审核权
	审核资金支付申请表	审核权
	生成报销凭证	执行权

4. 制度依据

（1）相关业务制度

《国网山东省电力公司体检费实施细则》（鲁电企管〔2017〕629号）

《国网山东省电力公司职工供养直系亲属医疗补助实施细则》（鲁电企管〔2017〕629号）

（2）相关财务制度

《国家电网有限公司会计基础管理办法》（国网（财/2）350-2018）

《国家电网公司会计核算办法》（国网（财/2）469-2014）

5. 审核指引

（1）业务流程图

通过流程简图反映医疗费用报销业务工作流程，明确对应岗位，确定关键控制点、原始单据等。

（2）关键控制审核要点

针对医疗费用支出过程中相关业务经办部门（工会）、归口管理部门（人资部门）、财务部门权责划分，确定重点审核要点，指导业财人员协同审核、规范办理此类业务，防范与应对相关风险。

通过福利系统和 ERP 系统办理医疗养费报销业务

医疗费用	业务经办部门：工会	流程编号：SG-SD0302-02
	归口管理部门：人资部门	编制单位：国网山东省电力公司

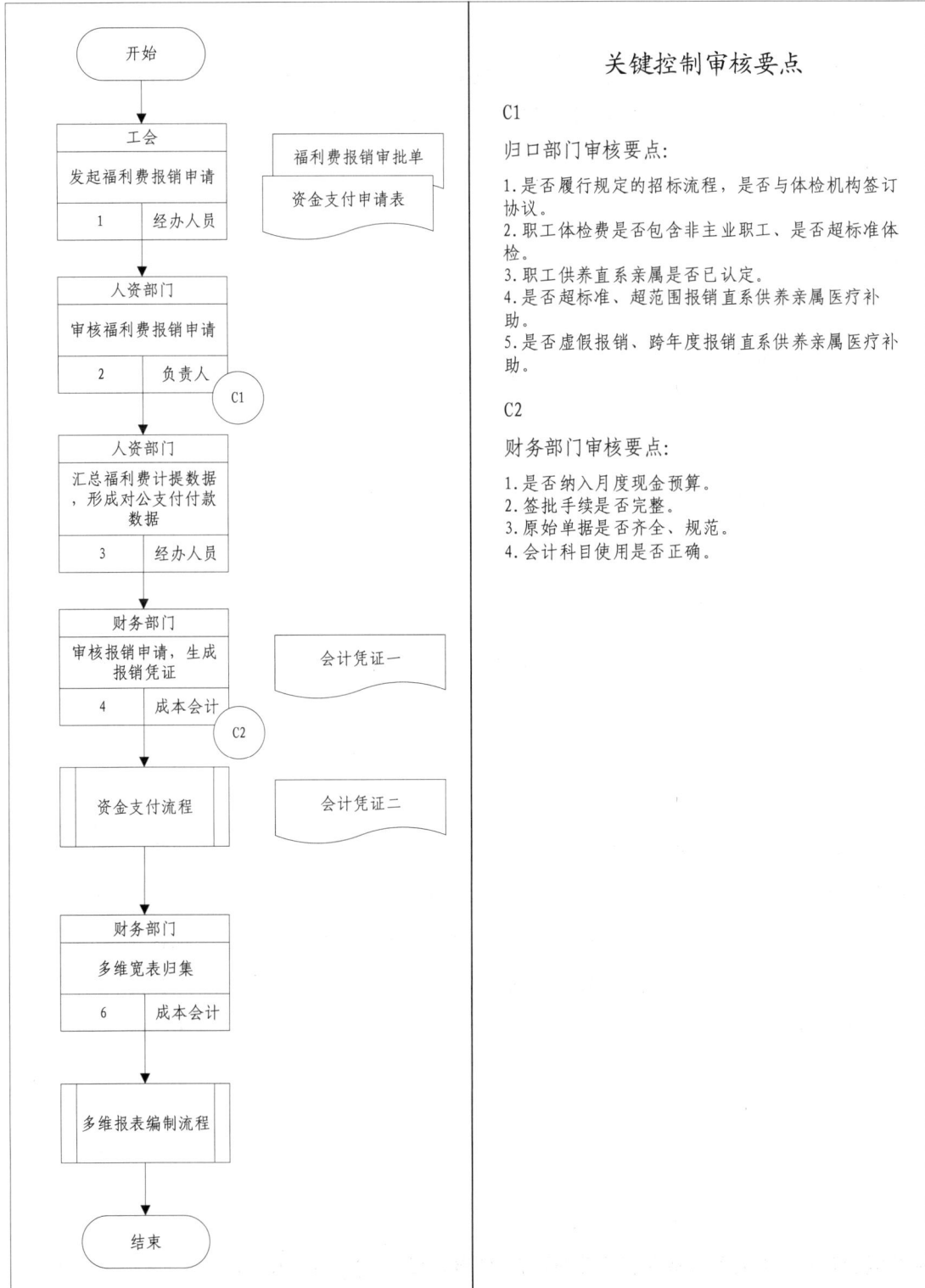

关键控制审核要点

开始

工会
发起福利费报销申请
1　经办人员

福利费报销审批单
资金支付申请表

人资部门
审核福利费报销申请
2　负责人　C1

人资部门
汇总福利费计提数据，形成对公支付付款数据
3　经办人员

财务部门
审核报销申请，生成报销凭证
4　成本会计　C2

会计凭证一

资金支付流程

会计凭证二

财务部门
多维宽表归集
6　成本会计

财务部门
多维报表编制流程

结束

C1

归口部门审核要点：

1.是否履行规定的招标流程，是否与体检机构签订协议。
2.职工体检费是否包含非主业职工、是否超标准体检。
3.职工供养直系亲属是否已认定。
4.是否超标准、超范围报销直系供养亲属医疗补助。
5.是否虚假报销、跨年度报销直系供养亲属医疗补助。

C2

财务部门审核要点：

1.是否纳入月度现金预算。
2.签批手续是否完整。
3.原始单据是否齐全、规范。
4.会计科目使用是否正确。

审核：食堂经费

1. 业务概述

食堂经费是指本单位自办职工食堂经费补贴或未办职工食堂统一供应午餐支出，不包含未统一供餐而按月发放给职工的应纳入工资总额的午餐补贴和内设食堂的设备、设施折旧、维修保养等费用。

2. 风险分析

风险分类	风险描述
运营风险	1. 自办食堂采购、供餐服务制未履行规定的招标采购流程 2. 自办食堂报销内容不符合要求，存在报销烟酒糖茶等业务招待项目、税控系统货物清单与结算清单物资不一致、与个人签订食材采购合同等情况 3. 供餐服务制未按实际就餐人数结算，存在委托服务发票与结算清单人数不一致的情况 4. 通过食堂经费变相为职工发放福利 5. 签批手续不完整，存在合规风险
财务风险	原始单据未经有效审核，存在单据不完整、汇总数据与明细数据不一致等情况

3. 权责划分

涉及岗位	关键控制点	权限划分
后勤部门经办人员	合同会签生效	执行权
	在福利系统填报福利费支付申请单	提报权
	填报资金支付申请表	执行权
后勤部门负责人	审核福利费报销申请	审核权、审批权
人资部门负责人	审核福利费报销申请	审核权、审批权
人资部门经办人员	汇总福利费计提数据，形成对公支付付款数据	执行权
成本管理会计	审核福利费报销申请	审核权
	审核资金支付申请表	审核权
	生成报销凭证	执行权

4. 制度依据

（1）相关业务制度

《国网山东省电力公司食堂经费管理细则》（鲁电人资〔2018〕930号）

（2）相关财务制度

《国家电网有限公司会计基础管理办法》（国网（财/2）350-2018）

《国家电网公司会计核算办法》（国网（财/2）469-2014）

5. 审核指引

（1）业务流程图

通过流程简图反映食堂经费业务工作流程，明确对应岗位，确定关键控制点、原始单据等。

（2）关键控制审核要点

针对食堂经费业务过程中业务经办部门（后勤部门）、归口管理部门（人资部门）、财务部门权责划分，确定重点审核要点，指导业财人员协同审核、规范办理此类业务，防范与应对相关风险。

通过福利系统和 ERP 系统办理食堂经费报销业务

食堂经费	业务经办部门：后勤部门	流程编号：SG-SD0302-03
	归口管理部门：人资部门	编制单位：国网山东省电力公司

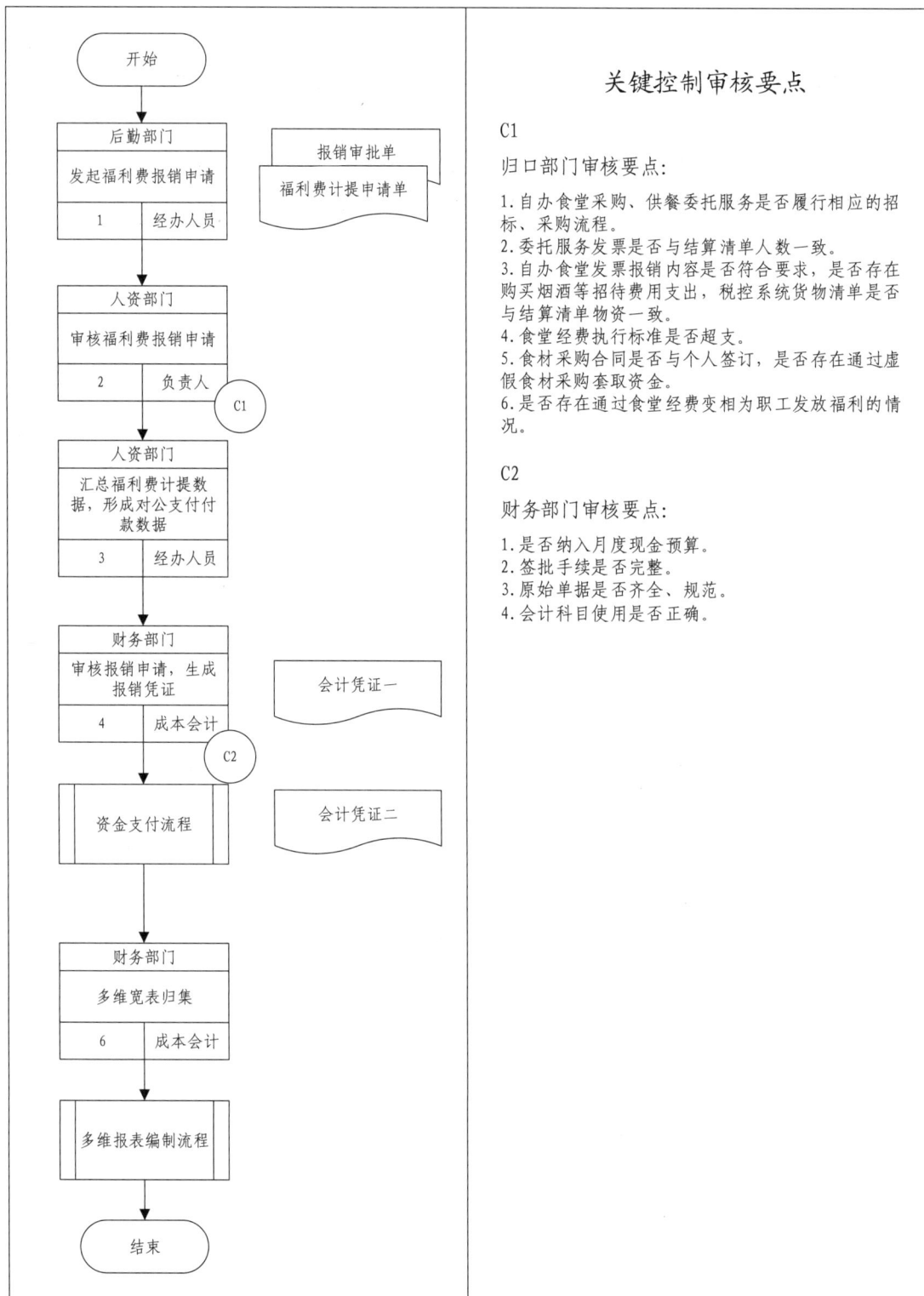

开始

后勤部门
发起福利费报销申请
1 经办人员

报销审批单
福利费计提申请单

人资部门
审核福利费报销申请
2 负责人
C1

人资部门
汇总福利费计提数据，形成对公支付付款数据
3 经办人员

财务部门
审核报销申请，生成报销凭证
4 成本会计
C2

会计凭证一

资金支付流程

会计凭证二

财务部门
多维宽表归集
6 成本会计

多维报表编制流程

结束

关键控制审核要点

C1

归口部门审核要点：

1. 自办食堂采购、供餐委托服务是否履行相应的招标、采购流程。
2. 委托服务发票是否与结算清单人数一致。
3. 自办食堂发票报销内容是否符合要求，是否存在购买烟酒等招待费用支出，税控系统货物清单是否与结算清单物资一致。
4. 食堂经费执行标准是否超支。
5. 食材采购合同是否与个人签订，是否存在通过虚假食材采购套取资金。
6. 是否存在通过食堂经费变相为职工发放福利的情况。

C2

财务部门审核要点：

1. 是否纳入月度现金预算。
2. 签批手续是否完整。
3. 原始单据是否齐全、规范。
4. 会计科目使用是否正确。

审核：防暑降温费

1. 业务概述

防暑降温费是根据国家和地方政策，在规定的高温天气期间，企业按属地政策规定和标准向在岗职工发放的防暑降温费用。不包括按照政策规定计入工资的高温津贴和购置防暑降温用品的支出。

2. 风险分析

风险分类	风险描述
运营风险	1. 超范围、超标准发放防暑降温费 2. 个人所得税计算不准确，存在涉税风险 3. 签批手续不完整，存在合规风险
财务风险	原始单据未经有效审核，存在单据不完整、汇总数据与明细数据不一致等情况

3. 权责划分

涉及岗位	关键控制点	权限划分
人资部门经办人员	防暑降温费、个税明细计算	执行权
	填报福利费支付申请单	提报权
	填报资金支付申请表	提报权
人资部门负责人	福利费报销申请审核	审核权、审批权
成本管理会计	审核报销申请和相关单据	审核权
	生成报销凭证	审核权

4. 制度依据

（1）相关业务制度

《国网山东省电力公司职工防暑降温费、取暖费补贴、独生子女费、抚恤费、探亲假路费管理细则》（鲁电人资〔2018〕930号）

《山东省高温天气劳动保护办法》（山东省人民政府令第239号）

（2）相关财务制度

《国家电网有限公司会计基础管理办法》（国网（财/2）350-2018）

《国家电网公司会计核算办法》（国网（财/2）469-2014）

5. 审核指引

（1）业务流程图

通过流程简图反映防暑降温费业务工作流程，明确对应岗位，确定关键控制点、原始单据等。

（2）关键控制审核要点

针对防暑降温费业务过程中业务经办部门、归口管理部门（人资部门）、财务部门权责划分，确定重点审核要点，指导业财人员协同审核、规范办理此类业务，防范与应对相关风险。

通过福利系统办理防暑降温费发放业务

防暑降温费	业务经办部门：人资部门	流程编号：SG-SD0302-04
	归口管理部门：人资部门	编制单位：国网山东省电力公司

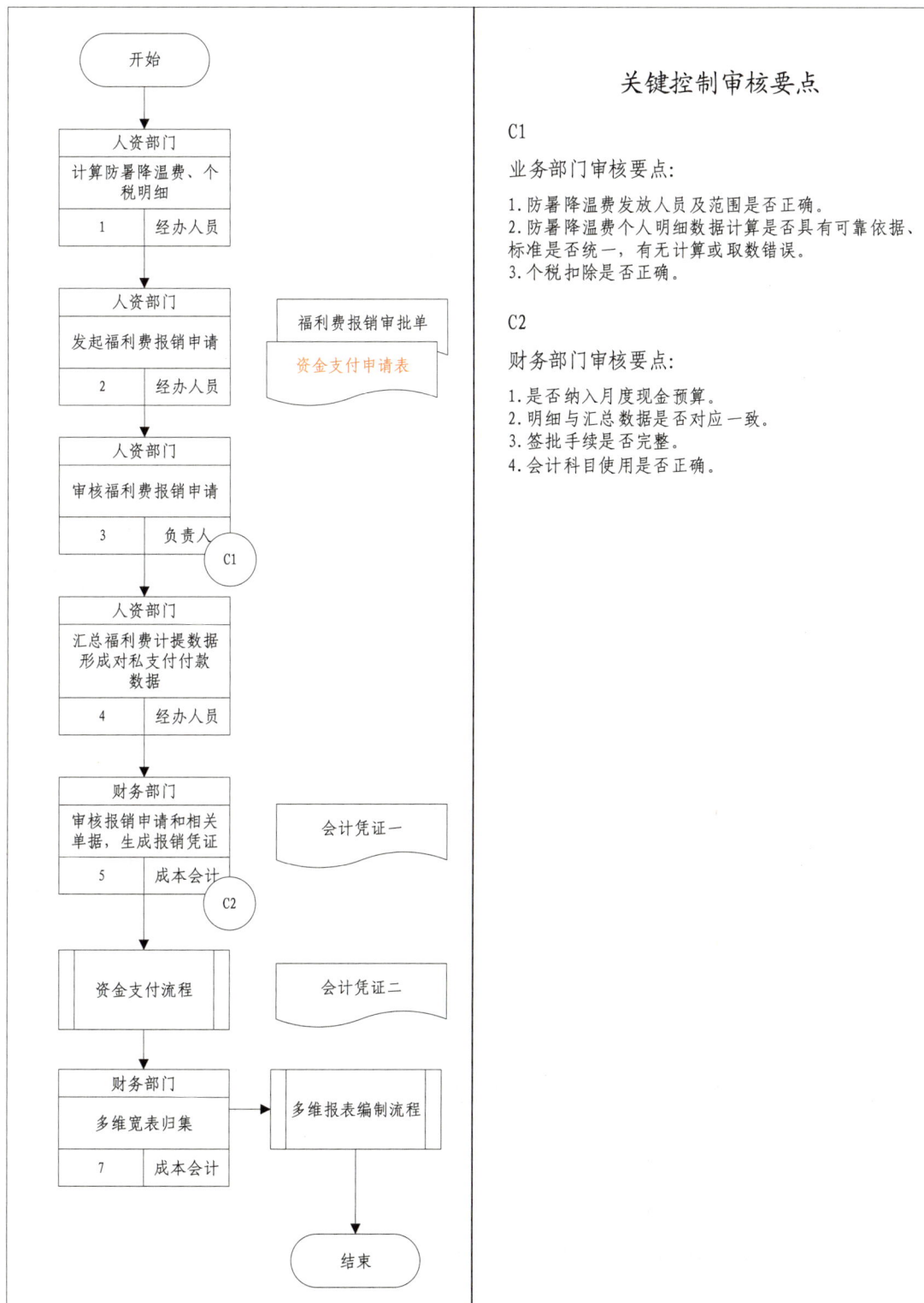

开始

人资部门	
计算防暑降温费、个税明细	
1	经办人员

人资部门	
发起福利费报销申请	
2	经办人员

福利费报销审批单
资金支付申请表

人资部门	
审核福利费报销申请	
3	负责人

C1

人资部门	
汇总福利费计提数据形成对私支付付款数据	
4	经办人员

财务部门	
审核报销申请和相关单据，生成报销凭证	
5	成本会计

会计凭证一

C2

资金支付流程

会计凭证二

财务部门	
多维宽表归集	
7	成本会计

多维报表编制流程

结束

关键控制审核要点

C1

业务部门审核要点：

1.防暑降温费发放人员及范围是否正确。
2.防暑降温费个人明细数据计算是否具有可靠依据、标准是否统一，有无计算或取数错误。
3.个税扣除是否正确。

C2

财务部门审核要点：

1.是否纳入月度现金预算。
2.明细与汇总数据是否对应一致。
3.签批手续是否完整。
4.会计科目使用是否正确。

审核：供暖费补贴

1. 业务概述

供暖费补贴是指根据国家和地方政策，在冬季集中供暖地区，企业按属地政策规定和标准负担的职工供暖费补贴。

2. 风险分析

风险分类	风险描述
运营风险	1. 超范围、超标准发放供暖费补贴 2. 个人所得税计算不准确，存在涉税风险 3. 签批手续不完整，存在合规风险
财务风险	原始单据未经有效审核，存在单据不完整、汇总数据与明细数据不一致等情况

3. 权责划分

涉及岗位	关键控制点	权限划分
人资部门经办人员	供暖费补贴个税明细计算	执行权
	填报福利费支付申请单	提报权
	填报资金支付申请表	提报权
人资部门负责人	审核福利费报销申请	审核权、审批权
成本管理会计	审核福利费报销申请	审核权
	审核资金支付申请表	审核权
	生成报销凭证	执行权

4. 制度依据

（1）相关业务制度

《国网山东省电力公司职工防暑降温费、取暖费补贴、独生子女费、抚恤费、探亲假路费管理细则》（鲁电人资〔2018〕930号）

（2）相关财务制度

《国家电网有限公司会计基础管理办法》（国网（财/2）350-2018）

《国家电网公司会计核算办法》（国网（财/2）469-2014）

5. 审核指引

（1）业务流程图

通过流程简图反映供暖费补贴业务工作流程，明确对应岗位，确定关键控制点、原始单据等。

（2）关键控制审核要点

针对供暖费补贴业务过程中相关业务经办部门、归口管理部门（人资部门）、财务部门权责划分，确定重点审核要点，指导业财人员协同审核、规范办理此类业务，防范与应对相关风险。

通过福利系统办理供暖费补贴发放业务

供暖费补贴	业务经办部门：人资部门	流程编号：SG-SD0302-05
	归口管理部门：人资部门	编制单位：国网山东省电力公司

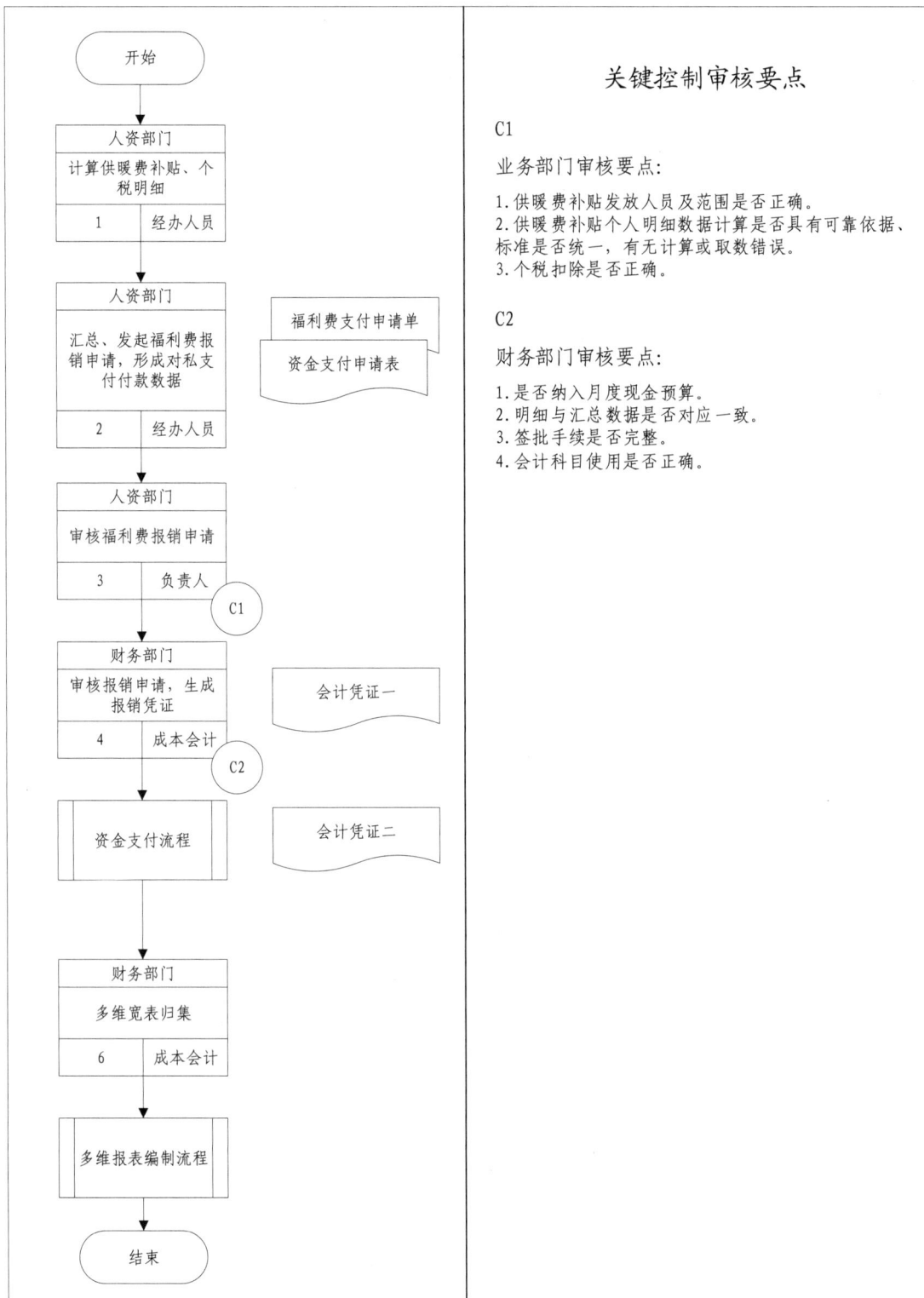

开始

人资部门
计算供暖费补贴、个税明细
| 1 | 经办人员 |

人资部门
汇总、发起福利费报销申请，形成对私支付付款数据
| 2 | 经办人员 |

福利费支付申请单
资金支付申请表

人资部门
审核福利费报销申请
| 3 | 负责人 |

C1

财务部门
审核报销申请，生成报销凭证
| 4 | 成本会计 |

会计凭证一

C2

资金支付流程

会计凭证二

财务部门
多维宽表归集
| 6 | 成本会计 |

多维报表编制流程

结束

关键控制审核要点

C1

业务部门审核要点：

1. 供暖费补贴发放人员及范围是否正确。
2. 供暖费补贴个人明细数据计算是否具有可靠依据、标准是否统一，有无计算或取数错误。
3. 个税扣除是否正确。

C2

财务部门审核要点：

1. 是否纳入月度现金预算。
2. 明细与汇总数据是否对应一致。
3. 签批手续是否完整。
4. 会计科目使用是否正确。

审核：独生子女费

1. 业务概述

独生子女费是指根据国家和地方政策规定，对符合独生子女父母奖励条件的职工，企业按属地政策标准给予奖励的支出。

2. 风险分析

风险分类	风险描述
运营风险	1. 超范围、超标准发放独生子女费 2. 签批手续不完整，存在合规风险
财务风险	原始单据未经有效审核，存在单据不完整、汇总数据与明细数据不一致等情况

3. 权责划分

涉及岗位	关键控制点	权限划分
工会经办人员	按照发放标准计算独生子女费明细数据	执行权
	在福利系统填报福利费支付申请单	提报权
	填报资金支付申请表	提报权
工会负责人	福利费报销申请审核	审核权、审批权
人资部门负责人	审核福利费报销申请	审核权、审批权
人资部门经办人员	汇总福利费计提数据，形成对私支付付款数据	执行权
成本管理会计	审核福利费报销申请	审核权
	审核资金支付申请表	审核权
	生成报销凭证	执行权

4. 制度依据

（1）相关业务制度

《国网山东省电力公司职工防暑降温费、取暖费补贴、独生子女费、抚恤费、探亲假路费管理细则》（鲁电人资〔2018〕930号）

（2）相关财务制度

《国家电网有限公司会计基础管理办法》（国网（财/2）350-2018）

《国家电网公司会计核算办法》（国网（财/2）469-2014）

5. 审核指引

（1）业务流程图

通过流程简图反映独生子女费业务工作流程，明确对应岗位，确定关键控制点、原始单据等。

（2）关键控制审核要点

针对独生子女费业务过程中相关业务经办部门（工会）、归口管理部门（人资部门）、财务部门权责划分，确定重点审核点，指导业财人员协同审核、规范办理此类业务，防范与应对相关风险。

通过福利系统办理独生子女费发放业务

| 独生子女费 | 业务经办部门：工会 | 流程编号：SG-SD0302-06 |
| | 归口管理部门：人资部门 | 编制单位：国网山东省电力公司 |

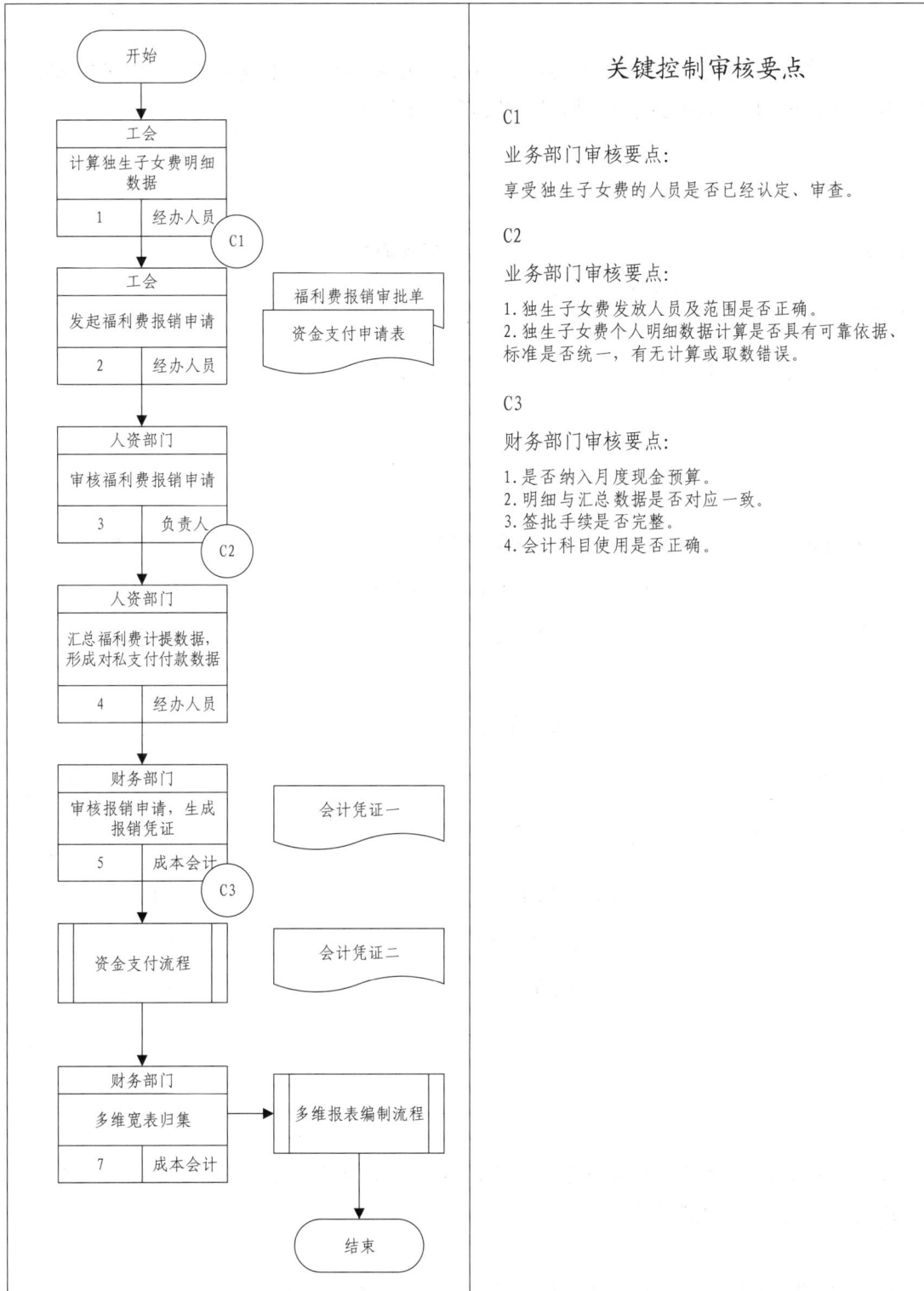

```
            开始
             │
             ▼
┌─────────────────────┐
│        工会          │
│  计算独生子女费明细   │
│       数据           │
├──────────┬──────────┤        C1
│    1     │ 经办人员  │
└──────────┴──────────┘
             │
             ▼
┌─────────────────────┐      ╭──────────────╮
│        工会          │      │ 福利费报销审批单 │
│  发起福利费报销申请   │      │ 资金支付申请表 │
├──────────┬──────────┤      ╰──────────────╯
│    2     │ 经办人员  │
└──────────┴──────────┘
             │
             ▼
┌─────────────────────┐
│      人资部门        │
│  审核福利费报销申请   │
├──────────┬──────────┤        C2
│    3     │  负责人   │
└──────────┴──────────┘
             │
             ▼
┌─────────────────────┐
│      人资部门        │
│  汇总福利费计提数据，  │
│  形成对私支付付款数据  │
├──────────┬──────────┤
│    4     │ 经办人员  │
└──────────┴──────────┘
             │
             ▼
┌─────────────────────┐      ╭──────────────╮
│      财务部门        │      │  会计凭证一    │
│  审核报销申请，生成   │      ╰──────────────╯
│     报销凭证         │
├──────────┬──────────┤
│    5     │ 成本会计  │
└──────────┴──────────┘
         C3  │
             ▼
┌─────────────────────┐      ╭──────────────╮
│                     │      │  会计凭证二    │
│    资金支付流程       │      ╰──────────────╯
│                     │
└─────────────────────┘
             │
             ▼
┌─────────────────────┐   ┌──────────────┐
│      财务部门        │   │              │
│    多维宽表归集       │──▶│ 多维报表编制流程 │
├──────────┬──────────┤   │              │
│    7     │ 成本会计  │   └──────────────┘
└──────────┴──────────┘
             │
             ▼
           结束
```

关键控制审核要点

C1

业务部门审核要点：

享受独生子女费的人员是否已经认定、审查。

C2

业务部门审核要点：

1.独生子女费发放人员及范围是否正确。

2.独生子女费个人明细数据计算是否具有可靠依据、标准是否统一，有无计算或取数错误。

C3

财务部门审核要点：

1.是否纳入月度现金预算。

2.明细与汇总数据是否对应一致。

3.签批手续是否完整。

4.会计科目使用是否正确。

审核：丧葬补助费

1. 业务概述

丧葬补助费是指根据国家和地方政策规定，由企业按属地政策标准支付的职工因病或非因公死亡的丧葬补助费。不包括纳入社会保险统筹范围的各项丧葬费用。

2. 风险分析

风险分类	风险描述
运营风险	1. 超范围、超标准发放丧葬补助费 2. 签批手续不完整，存在合规风险
财务风险	原始单据未经有效审核，存在单据不完整、汇总数据与明细数据不一致等情况

3. 权责划分

涉及岗位	关键控制点	权限划分
工会经办人员	按照发放标准计算丧葬补助费明细数据	执行权
	在福利系统填报福利费支付申请单	提报权
	填报资金支付申请表	提报权
工会负责人	福利费报销申请审核	审核权、审批权
人资部门负责人	审批资金支付申请表	审核权、审批权
人资部门经办人员	汇总福利费计提数据形成对私支付付款数据	执行权
成本管理会计	审核福利费报销申请	审核权
	审核资金支付申请表	审核权
	生成报销凭证	执行权

4. 制度依据

（1）相关业务制度

《国网山东省电力公司职工防暑降温费、取暖费补贴、独生子女费、抚恤费、探亲假路费管理细则》(鲁电人资〔2018〕930 号)

（2）相关财务制度

《国家电网有限公司会计基础管理办法》(国网（财 /2）350-2018)

《国家电网公司会计核算办法》（国网（财/2）469-2014）

5. 审核指引

（1）业务流程图

通过流程简图反映丧葬补助费业务工作流程，明确对应岗位，确定关键控制点、原始单据等。

（2）关键控制审核要点

针对丧葬补助费业务过程中业务经办部门（工会）、归口管理部门（人资部门）、财务部门权责划分，确定重点审核要点，指导业财人员协同审核、规范办理此类业务，防范与应对相关风险。

通过福利系统办理丧葬补助费发放业务

丧葬补助费	业务经办部门：工会	流程编号：SG-SD0302-07
	归口管理部门：人资部门	编制单位：国网山东省电力公司

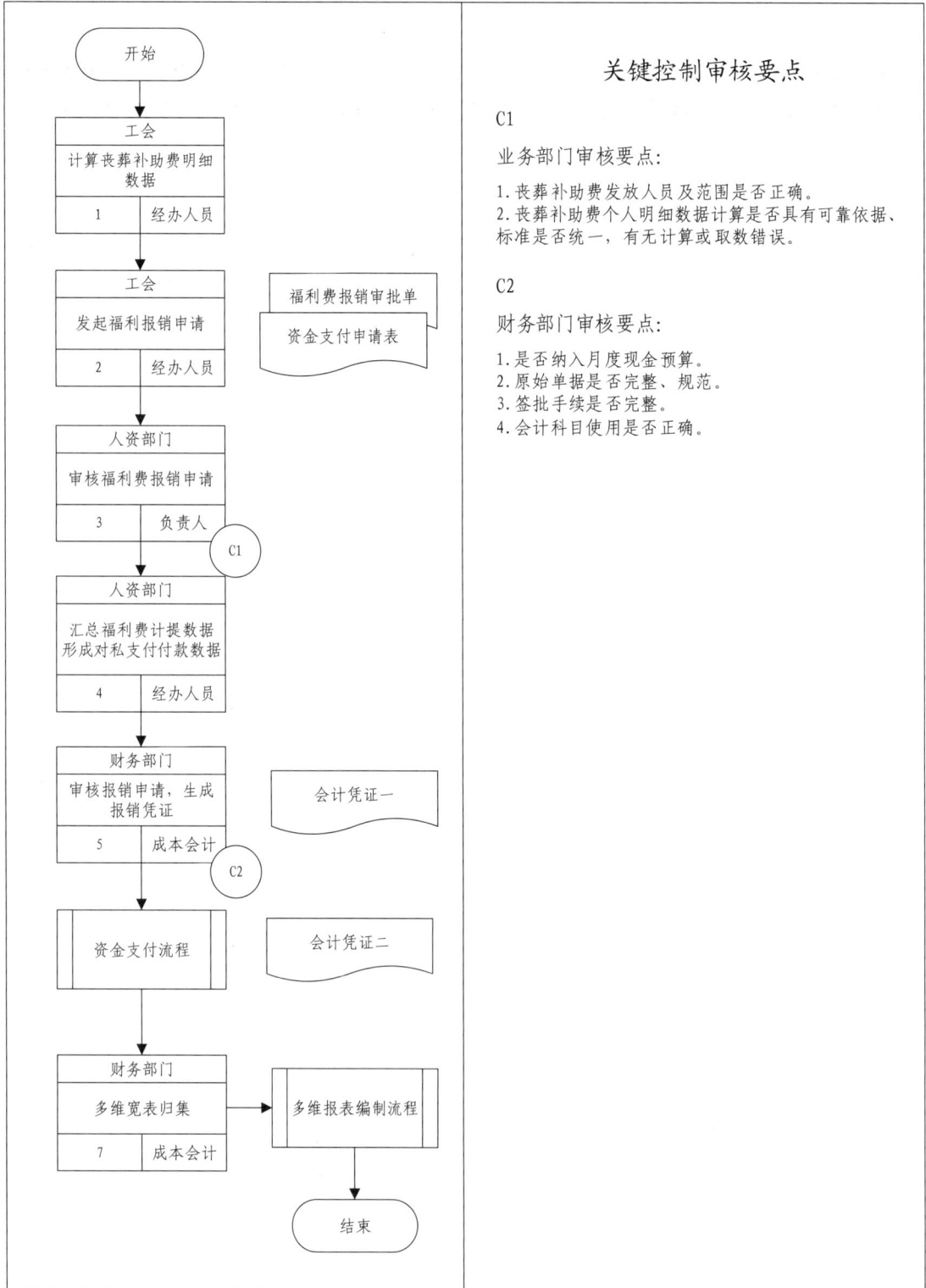

开始

工会
计算丧葬补助费明细数据

1	经办人员

工会
发起福利报销申请

2	经办人员

福利费报销审批单
资金支付申请表

人资部门
审核福利费报销申请

3	负责人

C1

人资部门
汇总福利费计提数据形成对私支付付款数据

4	经办人员

财务部门
审核报销申请，生成报销凭证

5	成本会计

会计凭证一

C2

资金支付流程

会计凭证二

财务部门
多维宽表归集

7	成本会计

多维报表编制流程

结束

关键控制审核要点

C1

业务部门审核要点：

1. 丧葬补助费发放人员及范围是否正确。
2. 丧葬补助费个人明细数据计算是否具有可靠依据、标准是否统一，有无计算或取数错误。

C2

财务部门审核要点：

1. 是否纳入月度现金预算。
2. 原始单据是否完整、规范。
3. 签批手续是否完整。
4. 会计科目使用是否正确。

审核：抚恤费

1. 业务概述

抚恤费是指根据国家和地方政策规定，由企业按属地政策标准支付的职工因病或非因公死亡后供养直系亲属的抚恤费和救济费（生活困难补助），但不包括纳入社会保险统筹范围的各项抚恤费用。

2. 风险分析

风险分类	风险描述
运营风险	1. 超范围、超标准发放抚恤费 2. 签批手续不完整，存在合规风险
财务风险	原始单据未经有效审核，存在单据不完整、汇总数据与明细数据不一致等情况

3. 权责划分

涉及岗位	关键控制点	权限划分
工会经办人员	计算抚恤费明细数据	执行权
	填报福利费支付申请单	提报权
	填报资金支付申请表	提报权
工会负责人	福利费报销申请审核	审核权、审批权
人资部门负责人	福利费报销申请审核	审核权、审批权
人资部门经办人员	汇总福利费计提数据形成对私支付付款数据	执行权
成本管理会计	审核福利费报销申请	审核权
	审核资金支付申请表	审核权
	生成报销凭证	执行权

4. 制度依据

（1）相关业务制度

《国网山东省电力公司职工防暑降温费、取暖费补贴、独生子女费、抚恤费、探亲假路费管理细则》（鲁电人资〔2018〕930号）

（2）相关财务制度

《国家电网有限公司会计基础管理办法》（国网（财/2）350-2018）

《国家电网公司会计核算办法》（国网（财/2）469-2014）

5. 审核指引

（1）业务流程图

通过流程简图反映抚恤费业务工作流程，明确对应岗位，确定关键控制点、原始单据等。

（2）关键控制审核要点

针对抚恤费业务过程中相关业务经办部门（工会）、归口管理部门（人资部门）、财务部门权责划分，确定重点审核要点，指导业财人员协同审核、规范办理此类业务，防范与应对相关风险。

通过福利系统办理抚恤费发放业务

抚恤费	业务经办部门：工会	流程编号：SG-SD0302-08
	归口管理部门：人资部门	编制单位：国网山东省电力公司

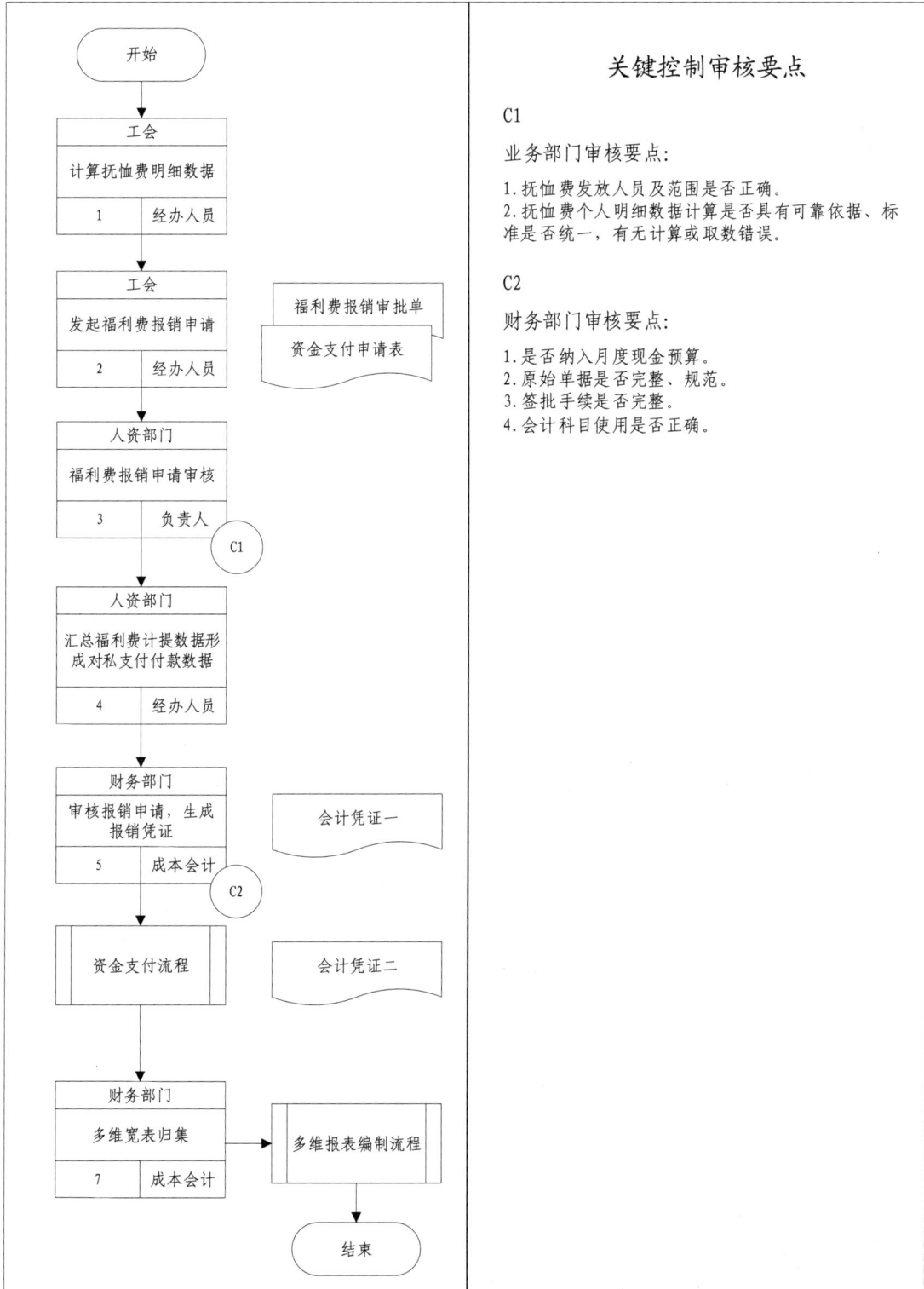

开始

工会
计算抚恤费明细数据
| 1 | 经办人员 |

工会
发起福利费报销申请
| 2 | 经办人员 |

福利费报销审批单

资金支付申请表

人资部门
福利费报销申请审核
| 3 | 负责人 |

C1

人资部门
汇总福利费计提数据形成对私支付付款数据
| 4 | 经办人员 |

财务部门
审核报销申请，生成报销凭证
| 5 | 成本会计 |

会计凭证一

C2

资金支付流程

会计凭证二

财务部门
多维宽表归集
| 7 | 成本会计 |

多维报表编制流程

结束

关键控制审核要点

C1

业务部门审核要点：

1. 抚恤费发放人员及范围是否正确。
2. 抚恤费个人明细数据计算是否具有可靠依据、标准是否统一，有无计算或取数错误。

C2

财务部门审核要点：

1. 是否纳入月度现金预算。
2. 原始单据是否完整、规范。
3. 签批手续是否完整。
4. 会计科目使用是否正确。

审核：职工困难补助

1. 业务概述

职工困难补助是指根据公司管理规定和标准，为保障困难职工家庭的基本生活，在按程序进行审核认定与公示基础上，发放给困难职工的一次性补助。不包括根据国家或地方政策纳入"抚恤费"管理的因病或非因工死亡职工抚恤性质的困难补助。

2. 风险分析

风险分类	风险描述
运营风险	1. 未履行困难补助申请、审批、公示等流程 2. 超标准、超范围发放困难补贴 3. 签批手续不完整，存在合规风险
财务风险	原始单据未经有效审核，存在单据不完整、汇总数据与明细数据不一致等情况

3. 权责划分

涉及岗位	关键控制点	权限划分
工会经办人员	填报福利费支付申请单	提报权
	填报资金支付申请表	提报权
	职工困难补助明细数据计算	执行权
工会负责人	审核福利费报销申请	审核权、审批权
人资部门负责人	福利费报销申请审核	审核权、审批权
人资部门经办人员	汇总福利费计提数据，形成对私支付付款数据	执行权
成本管理会计	审核福利费报销申请	审核权
	审核资金支付申请表	审核权
	生成报销凭证	执行权

4. 制度依据

（1）相关业务制度

《国网山东省电力公司职工困难补助管理细则》（鲁电人资〔2018〕930号）

（2）相关财务制度

《国家电网有限公司会计基础管理办法》（国网（财/2）350-2018）

《国家电网公司会计核算办法》（国网（财/2）469-2014）

5. 审核指引

（1）业务流程图

通过流程简图反映职工困难补助业务工作流程，明确对应岗位，确定关键控制点、原始单据等。

（2）关键控制审核要点

针对办理职工困难补助业务过程中业务经办部门（工会）、归口管理部门（人资部门）、财务部门权责划分，确定重点审核要点，指导业财人员协同审核、规范办理此类业务，防范与应对相关风险。

通过福利系统办理职工困难补助业务

职工困难补助

业务经办部门: 工会	流程编号: SG-SD0302-09
归口管理部门: 人资部门	编制单位: 国网山东省电力公司

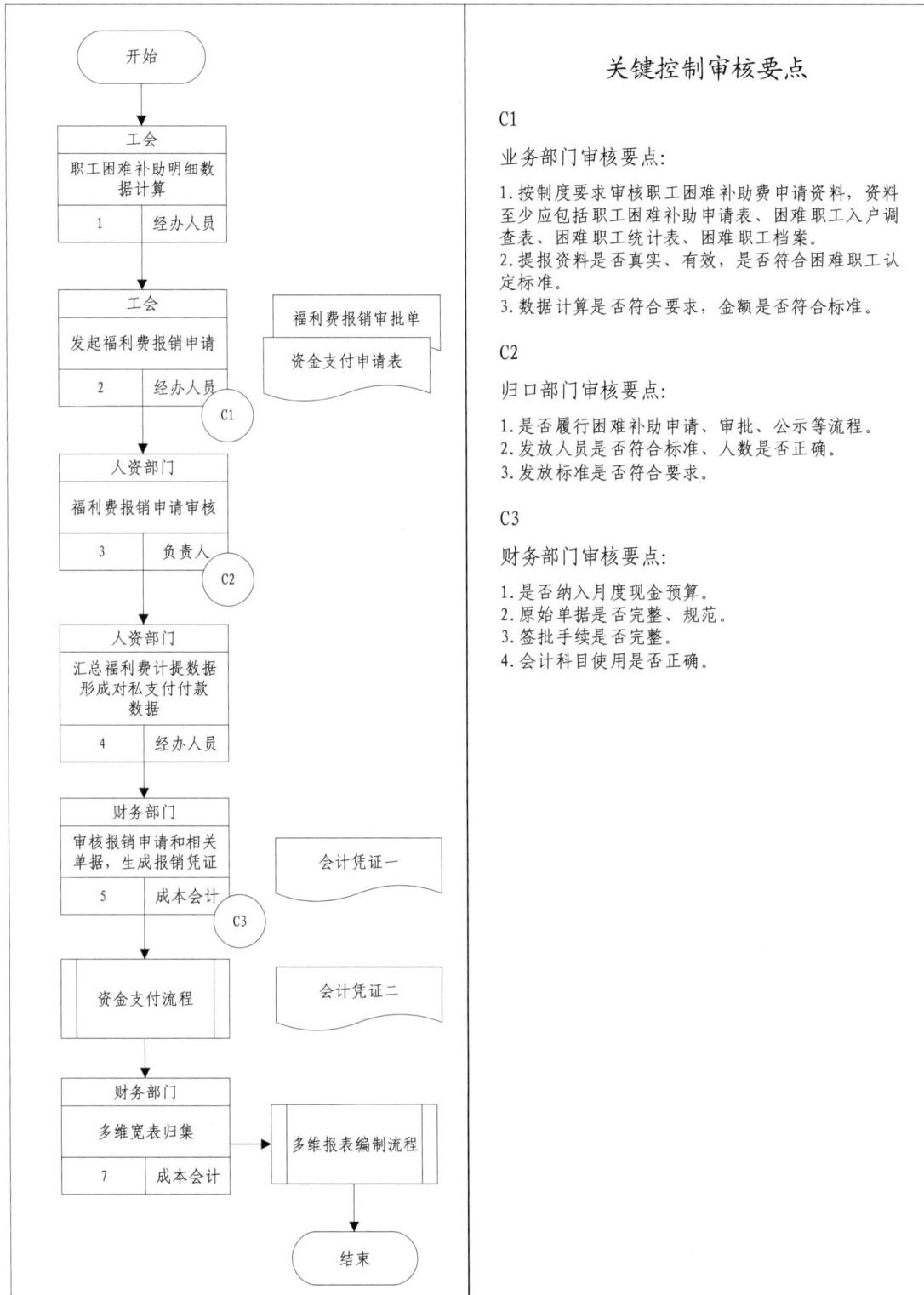

关键控制审核要点

开始

工会
职工困难补助明细数据计算
1　经办人员

工会
发起福利费报销申请
2　经办人员
C1

福利费报销审批单
资金支付申请表

人资部门
福利费报销申请审核
3　负责人
C2

人资部门
汇总福利费计提数据形成对私支付付款数据
4　经办人员

财务部门
审核报销申请和相关单据,生成报销凭证
5　成本会计
C3

会计凭证一

资金支付流程

会计凭证二

财务部门
多维宽表归集
7　成本会计

多维报表编制流程

结束

C1

业务部门审核要点:

1.按制度要求审核职工困难补助费申请资料,资料至少应包括职工困难补助申请表、困难职工入户调查表、困难职工统计表、困难职工档案。
2.提报资料是否真实、有效,是否符合困难职工认定标准。
3.数据计算是否符合要求,金额是否符合标准。

C2

归口部门审核要点:

1.是否履行困难补助申请、审批、公示等流程。
2.发放人员是否符合标准、人数是否正确。
3.发放标准是否符合要求。

C3

财务部门审核要点:

1.是否纳入月度现金预算。
2.原始单据是否完整、规范。
3.签批手续是否完整。
4.会计科目使用是否正确。

审核：离退休医疗费、困难补助、活动经费及其他支出

1. 业务概述

　　离退休医疗费、离退休困难补助、离退休活动经费及其他离退休支出指公司离退休人员统筹外费用。离退休医疗费是指离退休人员发生的医疗费用，离退休困难补助是指根据公司管理规定和标准，为保障困难离退休职工家庭的基本生活，在按程序进行审核认定与公示的基础上，发放给困难离退休职工的一次性补助，不包括根据国家或地方政策纳入"抚恤费"管理的因病或非因工死亡离退休职工抚恤性质的困难补助。离退休活动经费及其他离退休支出是指保障离退休人员生活、开展必要活动发生的支出。

2. 风险分析

风险分类	风险描述
运营风险	1. 离退休医疗费：未履行规定的招标程序，未与体检机构签订体检协议；超范围、超标准报销职工体检费；存在虚假报销、跨年度报销离退休医疗费等情况 2. 离退休困难补助：未履行困难补助申请、审批、公示等流程；超标准、超范围发放困难补贴 3. 离退休活动经费及其他离退休支出：未按规定履行招标程序，未与对方签订合同或协议；活动费用明细与合同或协议不一致； 4. 签批手续不完整，存在合规风险
财务风险	原始单据未经有效审核，存在单据不完整、汇总数据与明细数据不一致等情况

3. 权责划分

涉及岗位	关键控制点	权限划分
后勤部门经办人员	填报福利费支付申请单	提报权
	填报资金支付申请表	提报权
后勤部门负责人	审核福利费支付申请单	审核权、审批权
人资部门负责人	审批资金支付申请表	审核权、审批权
人资部门经办人员	汇总福利费计提数据，形成对公支付或对私支付款数据	执行权
成本管理会计	审核福利费报销申请	审核权
	审核资金支付申请表	审核权
	生成报销凭证	执行权

4. 制度依据

（1）相关业务制度

《国家电网公司福利保障管理办法》（国家电网企管〔2014〕1553号）

（2）相关财务制度

《国家电网有限公司会计基础管理办法》（国网（财/2）350-2018）

《国家电网公司会计核算办法》（国网（财/2）469-2014）

5. 审核指引

（1）业务流程图

通过流程简图反映离退休医疗费、困难补助、活动经费及其他支出业务工作流程，明确对应岗位，确定关键控制点、原始单据等。

（2）关键控制审核要点

针对企业离退休医疗费、困难补助、活动经费及其他支出过程中业务经办部门（后勤部门）、归口管理部门（人资部门）、财务部门权责划分，确定重点审核要点，指导业财人员协同审核、规范办理此类业务，防范与应对相关风险。

通过 ERP 福利系统办理离退休医疗费、困难补助、活动经费及其他支出

离退休医疗费、困难补助、活动经费及其他支出	业务经办部门：后勤部门	流程编号：SG-SD0302-10
	归口管理部门：人资部门	编制单位：国网山东省电力公司

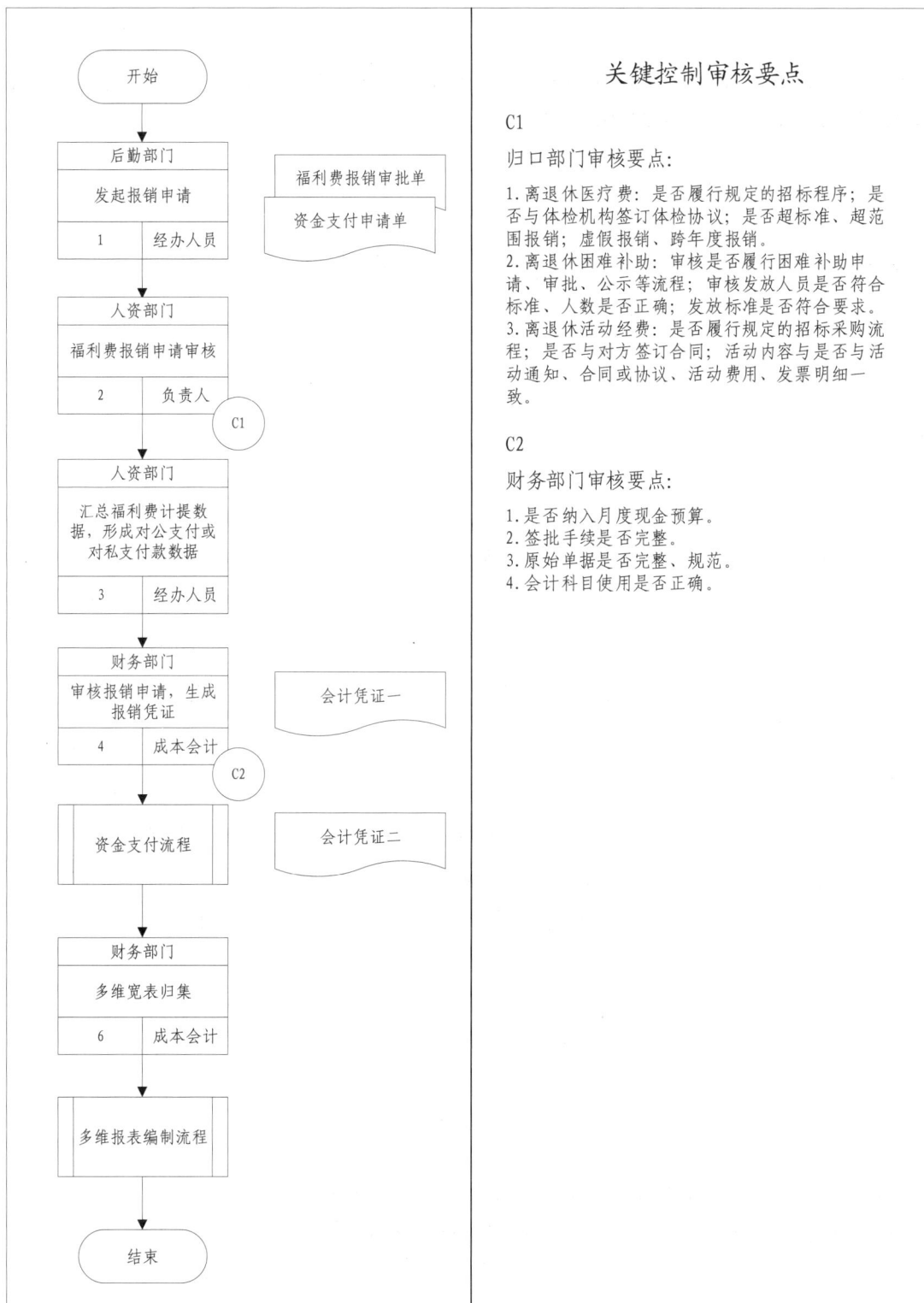

	关键控制审核要点
开始	**C1**
后勤部门 发起报销申请 1　经办人员 福利费报销审批单 资金支付申请单	归口部门审核要点： 1.离退休医疗费：是否履行规定的招标程序；是否与体检机构签订体检协议；是否超标准、超范围报销；虚假报销、跨年度报销。 2.离退休困难补助：审核是否履行困难补助申请、审批、公示等流程；审核发放人员是否符合标准、人数是否正确；发放标准是否符合要求。 3.离退休活动经费：是否履行规定的招标采购流程；是否与对方签订合同；活动内容与是否与活动通知、合同或协议、活动费用、发票明细一致。
人资部门 福利费报销申请审核 2　负责人　C1	
人资部门 汇总福利费计提数据，形成对公支付或对私支付款数据 3　经办人员	**C2** 财务部门审核要点： 1.是否纳入月度现金预算。 2.签批手续是否完整。 3.原始单据是否完整、规范。 4.会计科目使用是否正确。
财务部门 审核报销申请，生成报销凭证 4　成本会计　C2 会计凭证一	
资金支付流程 会计凭证二	
财务部门 多维宽表归集 6　成本会计	
多维报表编制流程	
结束	

审核：离退休生活补贴、住房补贴

1. 业务概述

离退休生活补贴、住房补贴是指公司按一定计算标准，按月支付给离退休人员，对其生活和住房进行补贴的一类费用，属于离退休统筹外费用范畴。

2. 风险分析

风险分类	风险描述
运营风险	1. 超范围、超标准发放离退休生活补贴、住房补贴 2. 签批手续不完整，存在合规风险
财务风险	原始单据未经有效审核，存在单据不完整、汇总数据与明细数据不一致等情况

3. 权责划分

涉及岗位	关键控制点	权限划分
后勤部门经办人员	生活补贴、住房补贴明细计算	执行权
	填报福利费支付申请单	提报权
	填报资金支付申请表	提报权
后勤部门负责人	审核福利费报销申请	审核权、审批权
人资部负责人	审核福利费报销申请	审核权、审批权
成本管理会计	审核福利费报销申请	审核权
	审核资金支付申请表	审核权
	生成报销凭证	执行权

4. 制度依据

（1）相关业务制度

无。

（2）相关财务制度

《国家电网有限公司会计基础管理办法》（国网（财/2）350-2018）

《国家电网公司会计核算办法》（国网（财/2）469-2014）

5. 审核指引

（1）业务流程图

通过流程简图反映办理离退休生活补贴、住房补贴业务工作流程，明确对应岗位，确定关键控制点、原始单据等。

（2）关键控制审核要点

针对办理离退休生活补贴、住房补贴业务过程中业务经办部门（后勤部门）、归口管理部门（人资部门）、财务部门权责划分，确定重点审核要点，指导业财人员协同审核、规范办理此类业务，防范与应对相关风险。

通过 ERP 福利系统办理离退休生活补贴、住房补贴业务

离退休生活补贴、住房补贴	业务经办部门：后勤部门	流程编号：SG-SD0302-11
	归口管理部门：人资部门	编制单位：国网山东省电力公司

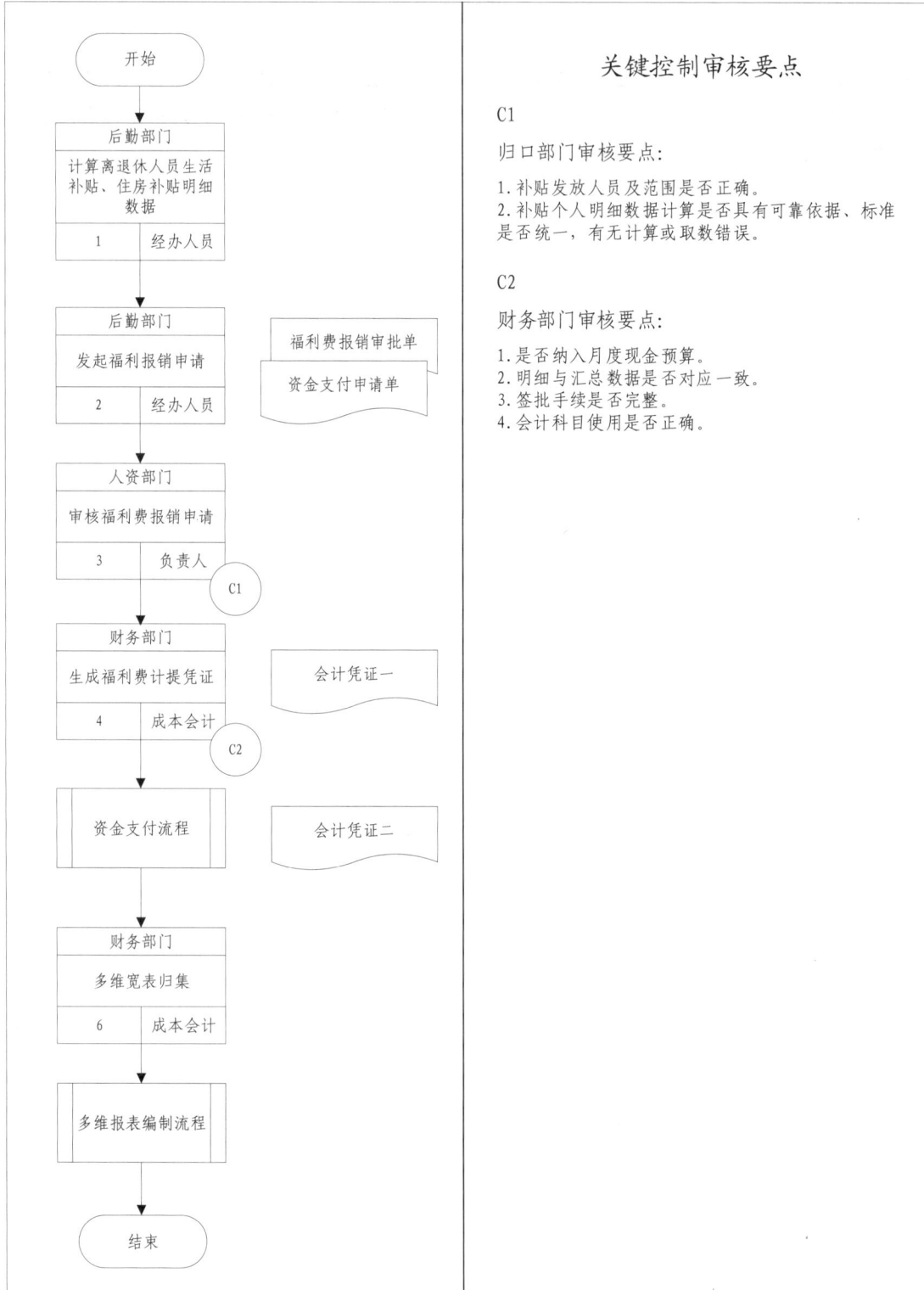

关键控制审核要点

C1

归口部门审核要点：

1. 补贴发放人员及范围是否正确。
2. 补贴个人明细数据计算是否具有可靠依据、标准是否统一，有无计算或取数错误。

C2

财务部门审核要点：

1. 是否纳入月度现金预算。
2. 明细与汇总数据是否对应一致。
3. 签批手续是否完整。
4. 会计科目使用是否正确。

流程图：

开始
↓
后勤部门
计算离退休人员生活补贴、住房补贴明细数据
| 1 | 经办人员 |
↓
后勤部门
发起福利费报销申请
| 2 | 经办人员 |
（福利费报销审批单／资金支付申请单）
↓
人资部门
审核福利费报销申请
| 3 | 负责人 |　C1
↓
财务部门
生成福利费计提凭证
| 4 | 成本会计 |　C2
（会计凭证一）
↓
资金支付流程
（会计凭证二）
↓
财务部门
多维宽表归集
| 6 | 成本会计 |
↓
多维报表编制流程
↓
结束

审核：社会保险费

1.业务概述

社会保险是指企业按照国务院、各地方政府规定的基准和比例向社会保险经办机构缴纳的社会保险费用，以及向单独主体缴存的补充医疗保险费用。包括基本医疗保险费、工伤保险费、生育保险费、补充医疗保险等，不包括应归属于离职后福利的养老保险和失业保险。

2.风险分析

风险分类	风险描述
运营风险	1.承担本单位以外人员社保，存在社保超范围计提的风险 2.计提依据或标准不统一，可能存在社保错提的风险 3 签批手续不完整，存在合规风险
财务风险	原始单据未经有效审核，存在单据不完整、汇总数据与明细数据不一致等情况

3.权责划分

涉及岗位	关键控制点	权限划分
人资部门经办人员	社会保险费明细数据计算、汇总	执行权
	提交报销申请	提报权
人资部门负责人	审核报销单据	审核权、审批权
成本管理会计	审核报销单据	审核权
	生成报销凭证	执行权

4.制度依据

（1）相关业务制度

地方各级政府社保部门规章制度

《国家电网公司社会保险管理办法》（国网（人资/4）844-2017）

（2）相关财务制度

《国家电网有限公司会计基础管理办法》（国网（财/2）350-2018）

《国家电网公司会计核算办法》（国网（财/2）469-2014）

5. 审核指引

（1）业务流程图

通过流程简图反映社会保险费业务工作流程，明确对应岗位，确定关键控制点、原始单据等。

（2）关键控制审核要点

针对社会保险费业务过程中人资部门、财务部门权责划分，确定重点审核要点，指导业财人员协同审核、规范办理此类业务，防范与应对相关风险。

通过 SAP 薪资系统办理社会保险费计提业务

<table>
<tr><td rowspan="2">社会保险费</td><td>业务经办部门: 人资部门</td><td>流程编号: SG-SD0303</td></tr>
<tr><td>归口管理部门: 人资部门</td><td>编制单位: 国网山东省电力公司</td></tr>
</table>

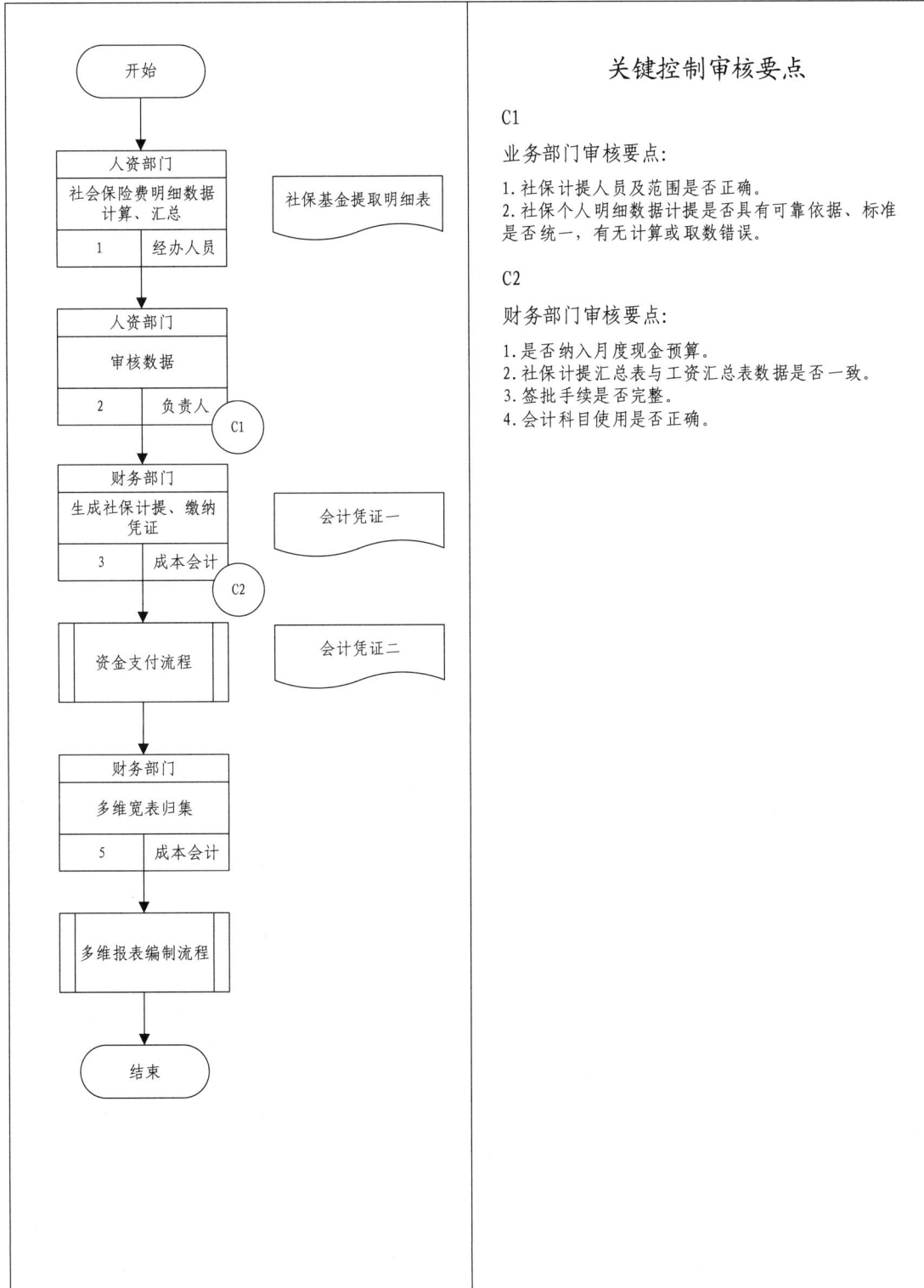

开始

| 人资部门 |
| 社会保险费明细数据计算、汇总 |
| 1 | 经办人员 |

社保基金提取明细表

| 人资部门 |
| 审核数据 |
| 2 | 负责人 |

C1

| 财务部门 |
| 生成社保计提、缴纳凭证 |
| 3 | 成本会计 |

C2

会计凭证一

| 资金支付流程 |

会计凭证二

| 财务部门 |
| 多维宽表归集 |
| 5 | 成本会计 |

| 多维报表编制流程 |

结束

关键控制审核要点

C1

业务部门审核要点:

1. 社保计提人员及范围是否正确。
2. 社保个人明细数据计提是否具有可靠依据、标准是否统一, 有无计算或取数错误。

C2

财务部门审核要点:

1. 是否纳入月度现金预算。
2. 社保计提汇总表与工资汇总表数据是否一致。
3. 签批手续是否完整。
4. 会计科目使用是否正确。

四、营销管理业务

审核：实收电费资金到账

1. 业务概述

实收电费是指市、县公司按照国家、山东省价格主管部门规定的销售电价政策，销售电力产生的资金。

2. 风险分析

风险分类	风险描述
运营风险	1. 数据未经有效核实，存在电费空销问题 2. 政策执行不规范，存在 A 销 B 账问题
财务风险	财务、营销实收电费月度科目汇总表数据不一致，导致营财银数据不符，财务数据不准确

3. 权责划分

涉及岗位	关键控制点	权限划分
营销电费账务	完成电费收费	执行权
	生成营销实收电费凭证	执行权
	生成营销实收电费多维凭证	执行权
营销电费账务审核	审核营销实收电费凭证	审核权、审批权
	审核营销多维凭证	审核权、审批权
价格管理会计	自动生成财务管控凭证并复核	审核权
财务部门负责人	审核财务管控凭证	审核权、审批权

4. 制度依据

（1）相关业务制度

《国网营销部关于印发加强电费回收管控八项措施的通知》（营销营业〔2018〕52 号）

《国家电网有限公司电费抄核收管理办法》（国网（营销 /3）273-2019）

（2）相关财务制度

《国家电网有限公司会计基础管理办法》（国网（财 /2）350-2018）

《国家电网有限公司资金管理办法》（国家电网企管〔2019〕427 号）

5. 审核指引

（1）业务流程图

通过流程简图反映实收电费资金到账工作流程，明确对应岗位，确定关键控制点、原始单据等。

（2）关键控制审核要点

针对实收电费资金到账过程中营销部门、财务部门权责划分，确定重点审核要点，指导业财人员协同审核、规范办理此类业务，防范与应对相关风险。

实收电费资金到账	业务经办部门：营销部门	流程编号：SG-SD0401
	归口管理部门：营销部门	编制单位：国网山东省电力公司

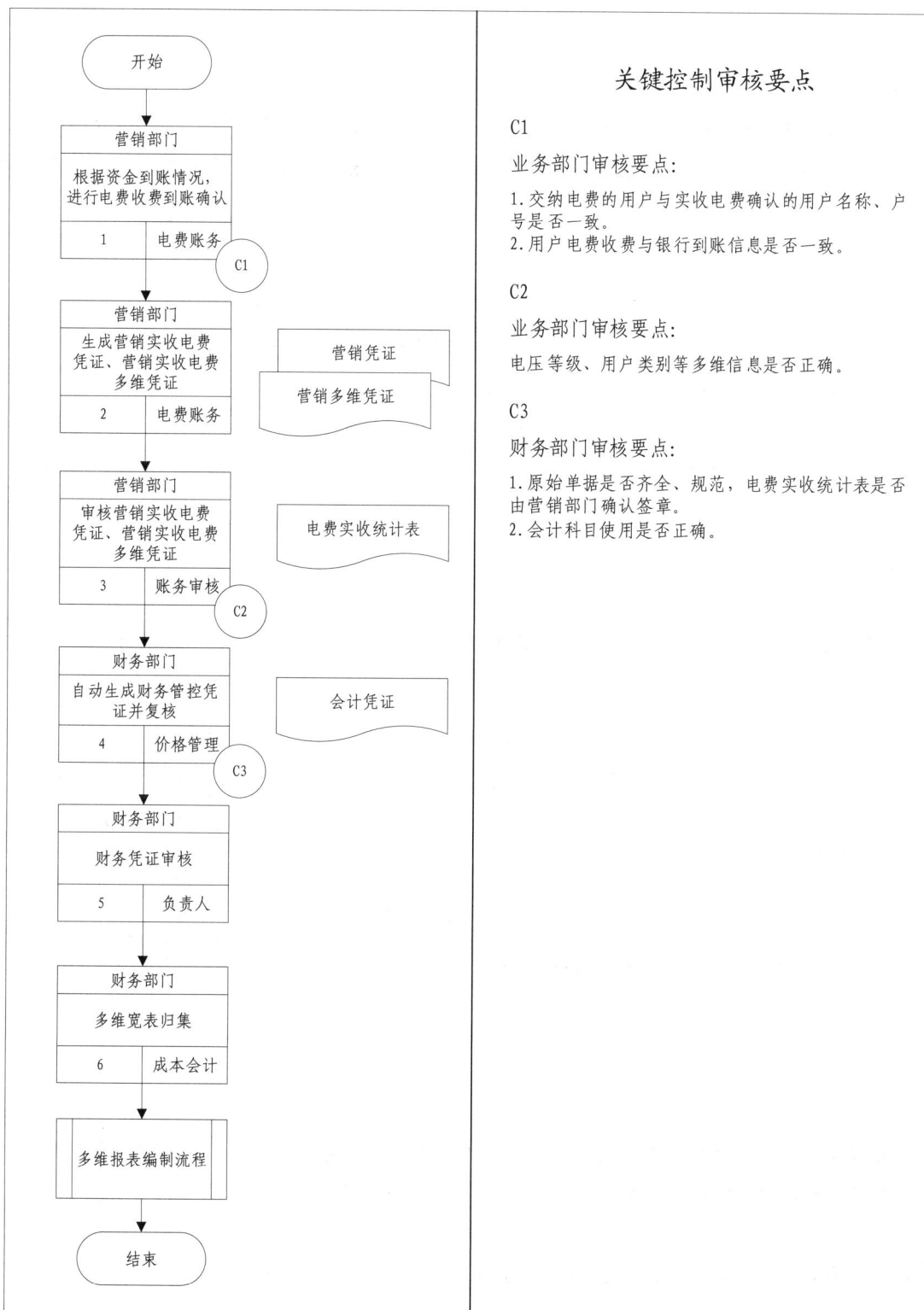

关键控制审核要点

```
开始
  │
  ▼
营销部门
根据资金到账情况，
进行电费收费到账确认
┌──┬──────────┐
│ 1│  电费账务 │  ──C1
└──┴──────────┘
  │
  ▼
营销部门
生成营销实收电费
凭证、营销实收电费      营销凭证
多维凭证                营销多维凭证
┌──┬──────────┐
│ 2│  电费账务 │
└──┴──────────┘
  │
  ▼
营销部门
审核营销实收电费
凭证、营销实收电费      电费实收统计表
多维凭证
┌──┬──────────┐
│ 3│  账务审核 │  ──C2
└──┴──────────┘
  │
  ▼
财务部门
自动生成财务管控凭          会计凭证
证并复核
┌──┬──────────┐
│ 4│  价格管理 │  ──C3
└──┴──────────┘
  │
  ▼
财务部门
财务凭证审核
┌──┬──────────┐
│ 5│   负责人  │
└──┴──────────┘
  │
  ▼
财务部门
多维宽表归集
┌──┬──────────┐
│ 6│  成本会计 │
└──┴──────────┘
  │
  ▼
多维报表编制流程
  │
  ▼
结束
```

C1

业务部门审核要点：

1.交纳电费的用户与实收电费确认的用户名称、户号是否一致。

2.用户电费收费与银行到账信息是否一致。

C2

业务部门审核要点：

电压等级、用户类别等多维信息是否正确。

C3

财务部门审核要点：

1.原始单据是否齐全、规范，电费实收统计表是否由营销部门确认签章。

2.会计科目使用是否正确。

审核：预收电费

1. 业务概述

预收电费是指电力用户以现金或者非现金形式交纳到供电公司的预付电费，包括分次划拨、终端预购电、远程费控充值、充值卡充值等多种形式。预收电费结转是指用户电费发行后，由预收电费冲抵应收电费的行为。

2. 风险分析

风险分类	风险描述
运营风险	1. 政策执行不到位，记账操作不准确，存在预收互转情况 2. 存在汇总数据与明细数据不一致等情况
财务风险	财务、营销预收电费月度科目汇总表数据不一致，导致营财银数据不符，财务数据不准确

3. 权责划分

涉及岗位	关键控制点	权限划分
营销电费账务	预收电费结转	执行权
	生成营销预收结转凭证	执行权
	生成营销预收结转多维凭证	执行权
营销账务审核	审核营销预收结转凭证	审核权、审批权
	审核营销预收结转多维凭证	审核权、审批权
价格管理会计	自动生成财务管控凭证并复核	审核权
财务部门负责人	审核财务管控凭证	审核权

4. 制度依据

（1）相关业务制度

《国网营销部关于印发加强电费回收管控八项措施的通知》（营销营业〔2018〕52号）

《国家电网有限公司电费抄核收管理办法》（国网（营销/3）273-2019）

（2）相关财务制度

《国家电网有限公司会计基础管理办法》（国网（财/2）350-2018）

5. 审核指引

（1）业务流程图

通过流程简图反映预收电费业务工作流程，明确对应岗位，确定关键控制点、原始单据等。

（2）关键控制审核要点

针对预收电费过程中营销部门、财务部门权责划分，确定重点审核要点，指导业财人员协同审核、规范办理此类业务，防范与应对相关风险。

预收电费	业务经办部门：营销部门	流程编号：SG-SD0402
	归口管理部门：营销部门	编制单位：国网山东省电力公司

开始

营销部门
预收电费结转操作
| 1 | 电费账务 | C1 |

营销部门
生成营销预收结转凭证、营销预收结转多维凭证
| 2 | 电费账务 | C2 |

营销凭证
营销多维凭证

营销部门
审核营销预收结转凭证、营销预收结转多维凭证
| 3 | 账务审核 |

预收电费滚存统计表

财务部门
自动生成财务管控凭证并复核
| 4 | 价格管理 | C3 |

会计凭证

财务部门
审核财务凭证
| 5 | 负责人 |

财务部门
多维宽表归集
| 6 | 成本会计 |

多维报表编制流程

结束

关键控制审核要点

C1

业务部门审核要点：

1. 预收电费滚存统计表中期初结余、本期预收、本期实际抵扣、本期结余等数据是否准确。
2. 结转用户信息与银行到账信息是否一致。

C2

业务部门审核要点：

电压等级、用户类别等多维信息是否正确。

C3

财务部门审核要点：

1. 预收电费滚存统计表是否有营销部门签章。
2. 会计科目使用是否正确。

审核：省内售电收入

1. 业务概述

省内售电收入指公司市、县供电单位按照省价格主管部门规定的销售电价政策产生的销售电量收入，包括电费及随电量收取的各项基金。

2. 风险分析

风险分类	风险描述
运营风险	1. 电价执行不规范，电费计算不准确 2. 存在汇总数据与明细数据不一致等情况
财务风险	财务、营销应收电费月度科目汇总表数据不一致，导致营财银数据不符，财务数据不准确

3. 权责划分

涉及岗位	关键控制点	权限划分
营销电费核算	进行应收电费发行	执行权
	生成营销应收电费凭证	执行权
	生成营销应收电费多维凭证	执行权
营销电费核算审核	审核营销应收电费凭证	审核权、审批权
	审核营销应收电费多维凭证	审核权、审批权
价格管理会计	自动生成财务管控凭证并复核	审核权
财务部门负责人	审核财务管控凭证	审核权、审批权

4. 制度依据

（1）相关业务制度

《国家电网有限公司电费抄核收管理办法》（国网（营销/3）273-2019）

（2）相关财务制度

《国家电网有限公司会计基础管理办法》（国网（财/2）350-2018)

5. 审核指引

（1）业务流程图

通过流程简图反映省内售电收入业务工作流程，明确对应岗位，确定关键控制点、原始单据等。

（2）关键控制审核要点

针对省内售电收入业务过程中营销部门、财务部门权责划分，确定重点审核要点，指导业财人员协同审核、规范办理此类业务，防范与应对相关风险。

省内售电收入	业务经办部门：营销部门	流程编号：SG-SD0403
	归口管理部门：营销部门	编制单位：国网山东省电力公司

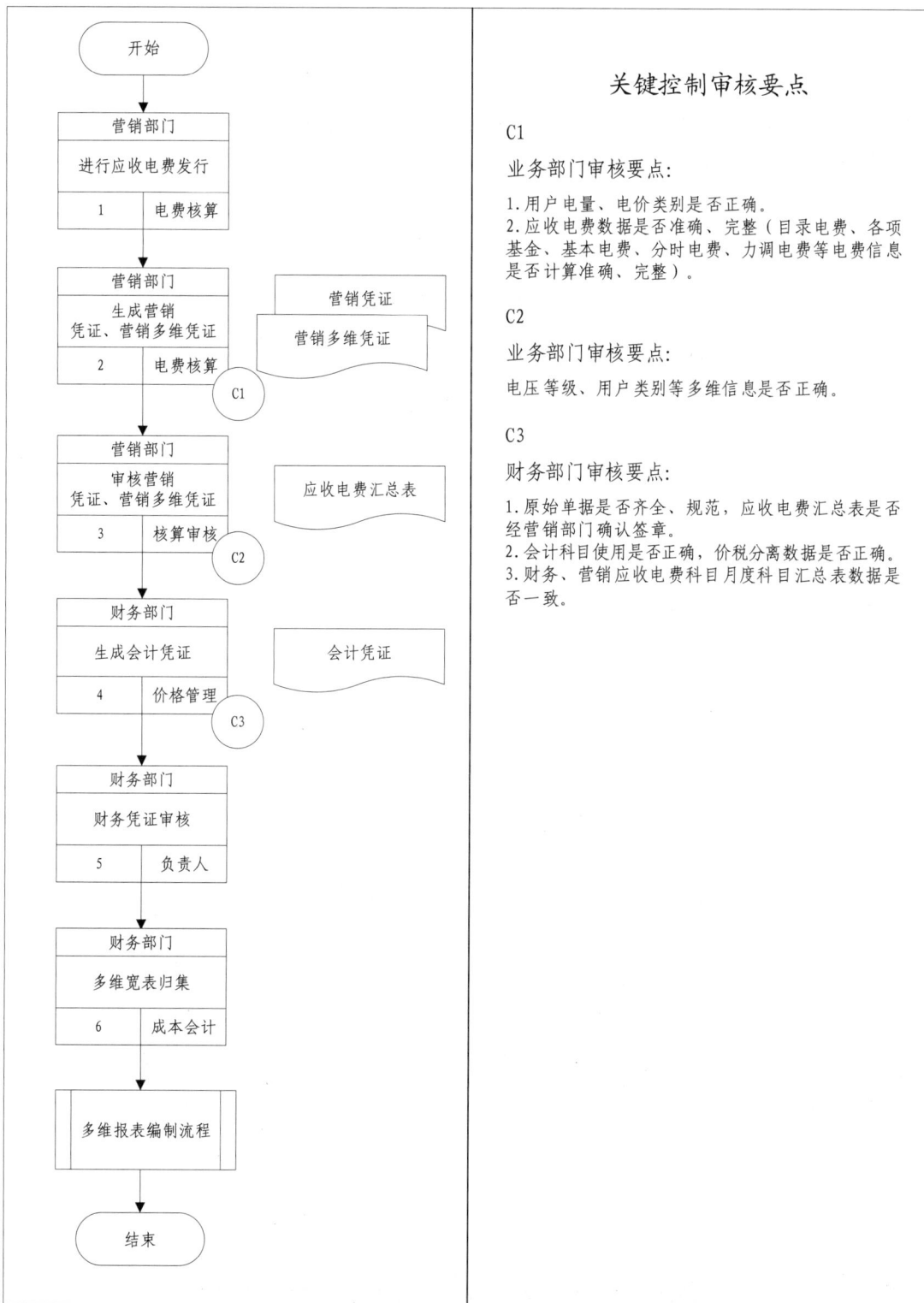

开始

营销部门
进行应收电费发行
1　电费核算

营销部门
生成营销
凭证、营销多维凭证
2　电费核算

营销凭证
营销多维凭证

C1

营销部门
审核营销
凭证、营销多维凭证
3　核算审核

应收电费汇总表

C2

财务部门
生成会计凭证
4　价格管理

会计凭证

C3

财务部门
财务凭证审核
5　负责人

财务部门
多维宽表归集
6　成本会计

多维报表编制流程

结束

关键控制审核要点

C1

业务部门审核要点：

1.用户电量、电价类别是否正确。

2.应收电费数据是否准确、完整（目录电费、各项基金、基本电费、分时电费、力调电费等电费信息是否计算准确、完整）。

C2

业务部门审核要点：

电压等级、用户类别等多维信息是否正确。

C3

财务部门审核要点：

1.原始单据是否齐全、规范，应收电费汇总表是否经营销部门确认签章。

2.会计科目使用是否正确，价税分离数据是否正确。

3.财务、营销应收电费科目月度科目汇总表数据是否一致。

审核：违约使用电费

1. 业务概述

违约使用电费是指市、县公司按照山东省价格主管部门规定的电价政策，对用户收取的用户违反合同的用电进行补偿的电费。

2. 风险分析

风险分类	风险描述
运营风险	1. 政策执行不到位，违约使用电费数据不准确 2. 违约使用电费未及时足额收取
财务风险	原始单据未经有效审核，存在单据不完整、营财银数据不一致等情况

3. 权责划分

涉及岗位	关键控制点	权限划分
营销电费账务	发起营业收费单据	提报权
	生成营销业务费收费凭证	执行权
	生成营销业务费收费多维凭证	执行权
营销账务审核	审核营销业务费收费凭证	审核权、审批权
	审核营销业务费收费多维凭证	审核权、审批权
	审核传递收费单据	审核权
出纳	确认资金到账	执行权
	审核并传递收费单据	审核权
价格管理会计	审核并确认收费单据	审核权
	自动生成财务管控凭证并进行复核	审核权
财务部门负责人	审核财务管控凭证	审核权、审批权

4. 制度依据

（1）相关业务制度

《国家电网有限公司电费抄核收管理办法》（国网（营销/3）273-2019）

（2）相关财务制度

《国家电网有限公司会计基础管理办法》（国网（财/2）350-2018）

5. 审核指引

（1）业务流程图

通过流程简图反映违约使用电费业务工作流程，明确对应岗位，确定关键控制点、原始单据等。

（2）关键控制审核要点

针对违约使用电费业务过程中营销部门、财务部门权责划分，确定重点审核要点，指导业财人员协同审核、规范办理此类业务，防范与应对相关风险。

	违约使用电费	业务经办部门：营销部门	流程编号：SG-SD0404
		归口管理部门：营销部门	编制单位：国网山东省电力公司

开始

营销部门
发起营业收费单据
| 1 | 电费账务 |

营业收费单据
业务费用明细表

C1

营销部门
生成营销凭证、营销多维凭证
| 2 | 电费账务 |

营销凭证
营销多维凭证

营销部门
审核传递营业收费单据、审核营业收费凭证
| 3 | 账务审核 |

财务部门
确认资金到账，传递营业收费单据
| 4 | 出纳 |

财务部门
审核单据生成业务收费凭证
| 5 | 价格管理 |

会计凭证

C2

财务部门
审核凭证并向营销系统反馈数据
| 6 | 负责人 |

财务部门
多维宽表归集
| 7 | 成本会计 |

多维报表编制流程

结束

关键控制审核要点

C1

业务部门审核要点：

1. 业务费明细表中用户名称、电量、执行电价、金额等信息填写是否正确、完整。
2. 到账资金与应收违约金收入是否一致。
3. 电费违约金实际支付单位（或人）与实际用电违约单位（或人）是否一致。

C2

财务部门审核要点：

1. 原始单据是否齐全、规范，业务费明细表是否有营销部门确认签章。
2. 到账金额与业务费明细表金额是否一致。
3. 会计科目使用是否正确，价税分离是否正确。

审核：高可靠性供电收入

1. 业务概述

高可靠性供电收入是指市、县公司收取的双电源电力用户备用电源额外的线路、电气设备和变压器容量以及人工成本等费用。

2. 风险分析

风险分类	风险描述
运营风险	1. 政策执行不到位，高可靠性供电收入收费标准不正确 2. 高可靠性供电收入未及时足额收取
财务风险	原始单据未经有效审核，存在单据不完整、营财数据不一致等情况

3. 权责划分

涉及岗位	关键控制点	权限划分
营销部门业扩报装	发起营业收费单据	提报权
	生成营销实收电费凭证	执行权
	生成营销实收电费多维凭证	执行权
营销部门业扩专责	审核营销实收电费凭证	审核权、审批权
	审核营销多维凭证	审核权、审批权
	审核传递收费单据	审核权
出纳	确认资金到账	执行权
	审核并传递收费单据	审核权
价格管理会计	审核并确认收费单据	审核权
	自动生成财务管控凭证并进行复核	审核权
财务部门负责人	审核财务管控凭证	审核权、审批权

4. 制度依据

（1）相关业务制度

《国家电网有限公司电费抄核收管理办法》（国网（营销/3）273-2019）

（2）相关财务制度

《国家电网有限公司会计基础管理办法》（国网（财/2）350-2018）

5. 审核指引

（1）业务流程图

通过流程简图反映高可靠性供电收入业务主要工作流程，明确对应岗位，确定关键控制点、原始单据等。

（2）关键控制审核要点

针对高可靠性供电收入业务过程中营销部门、财务部门权责划分，确定重点审核要点，指导业财人员协同审核、规范办理此类业务，防范与应对相关风险。

通过营财一体化协同处理高可靠性供电收入业务

高可靠性供电收入	业务经办部门：营销部门		流程编号：SG-SD0405
	归口管理部门：营销部门		编制单位：国网山东省电力公司

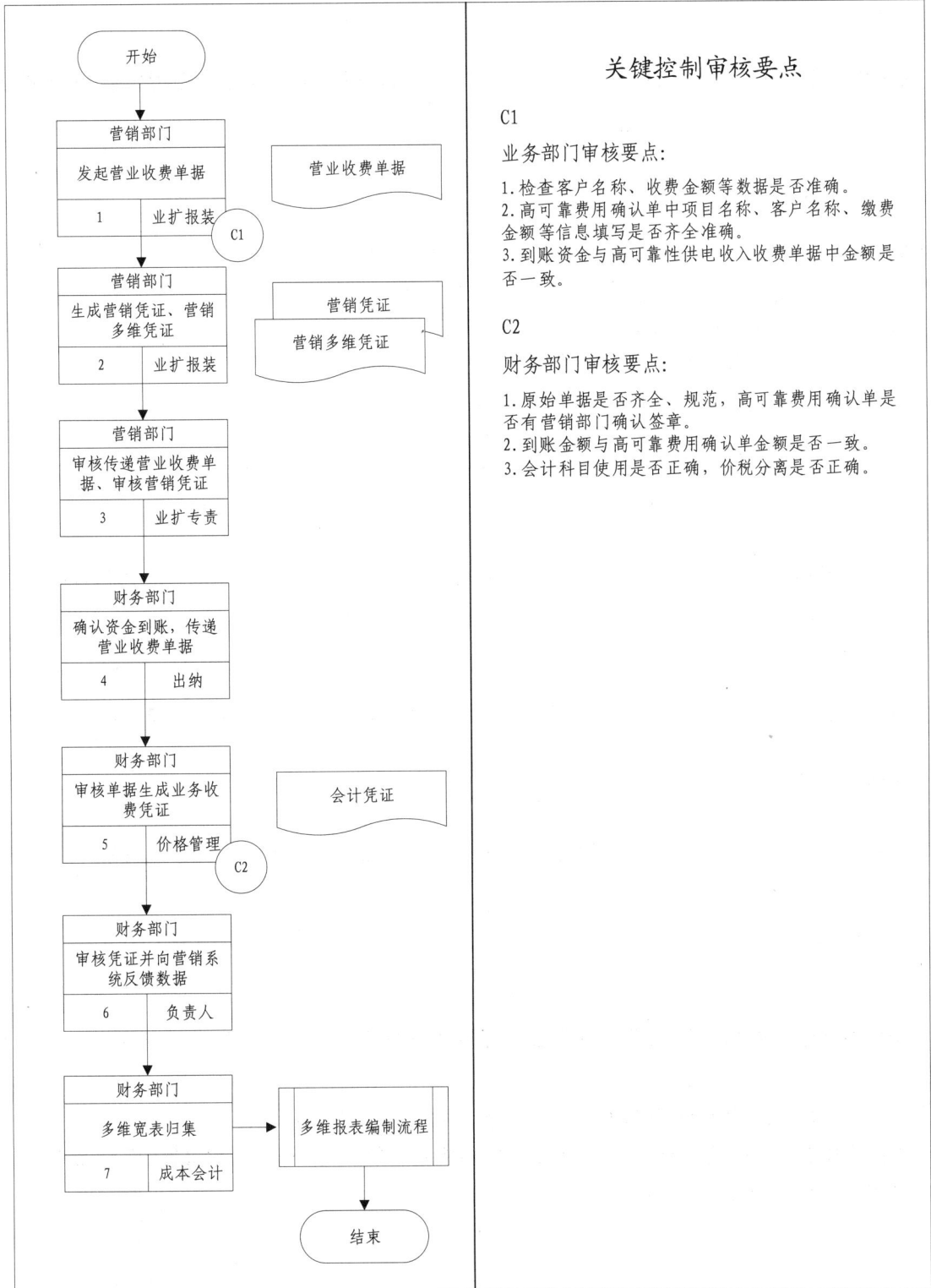

关键控制审核要点

C1

业务部门审核要点：

1. 检查客户名称、收费金额等数据是否准确。
2. 高可靠费用确认单中项目名称、客户名称、缴费金额等信息填写是否齐全准确。
3. 到账资金与高可靠性供电收入收费单据中金额是否一致。

C2

财务部门审核要点：

1. 原始单据是否齐全、规范，高可靠费用确认单是否有营销部门确认签章。
2. 到账金额与高可靠费用确认单金额是否一致。
3. 会计科目使用是否正确，价税分离是否正确。

审核：退还电费

1. 业务概述

退还电费是指市、县公司客户销户退费、退预收电费、多交误交退费或其他原因等需要退还的电费。

2. 风险分析

风险分类	风险描述
运营风险	1. 退费数据未经有效核实，存在虚假退费风险 2. 客户退费手续不完整，存在退费业务合规风险 3. 营业厅现金退费，存在坐支风险
财务风险	原始单据未经有效审核，存在单据不完整、营财银数据不一致等情况

3. 权责划分

涉及岗位	关键控制点	权限划分
营业厅经办人员	审核客户退费资料，发起退费申请	执行权
营销部门电价管理	审核客户退费资料，审核退费申请	审核权、审批权
营销部门负责人	审核客户退费资料，审核退费申请	审核权、审批权
价格管理会计	审核客户退费资料，审核退费申请	审核权、审批权
	生成退费凭证	执行权
财务部门负责人	审核客户退费资料、退费凭证	审核权、审批权

4. 制度依据

（1）相关业务制度

《国家电网有限公司电费抄核收管理办法》（国网（营销/3）273-2019）

（2）相关财务业务制度

《国家电网有限公司会计基础管理办法》（国网（财/2）350-2018)

《国家电网有限公司关于全面推广现金流"按日排程"和扩大收付款"省级集中"试点工作的通知》（国家电网财〔2019〕287号）

5. 审核指引

（1）业务流程图

通过流程简图反映退还电费业务工作流程，明确对应岗位，确定关键控制点、原始单据等。

（2）关键控制审核要点

针对退还电费业务过程中营销部门、财务部门权责划分，确定重点审核要点，指导业财人员协同审核、规范办理此类业务，防范与应对相关风险。

	退还电费	业务经办部门：营销部门	流程编号：SG-SD0406
		归口管理部门：营销部门	编制单位：国网山东省电力公司

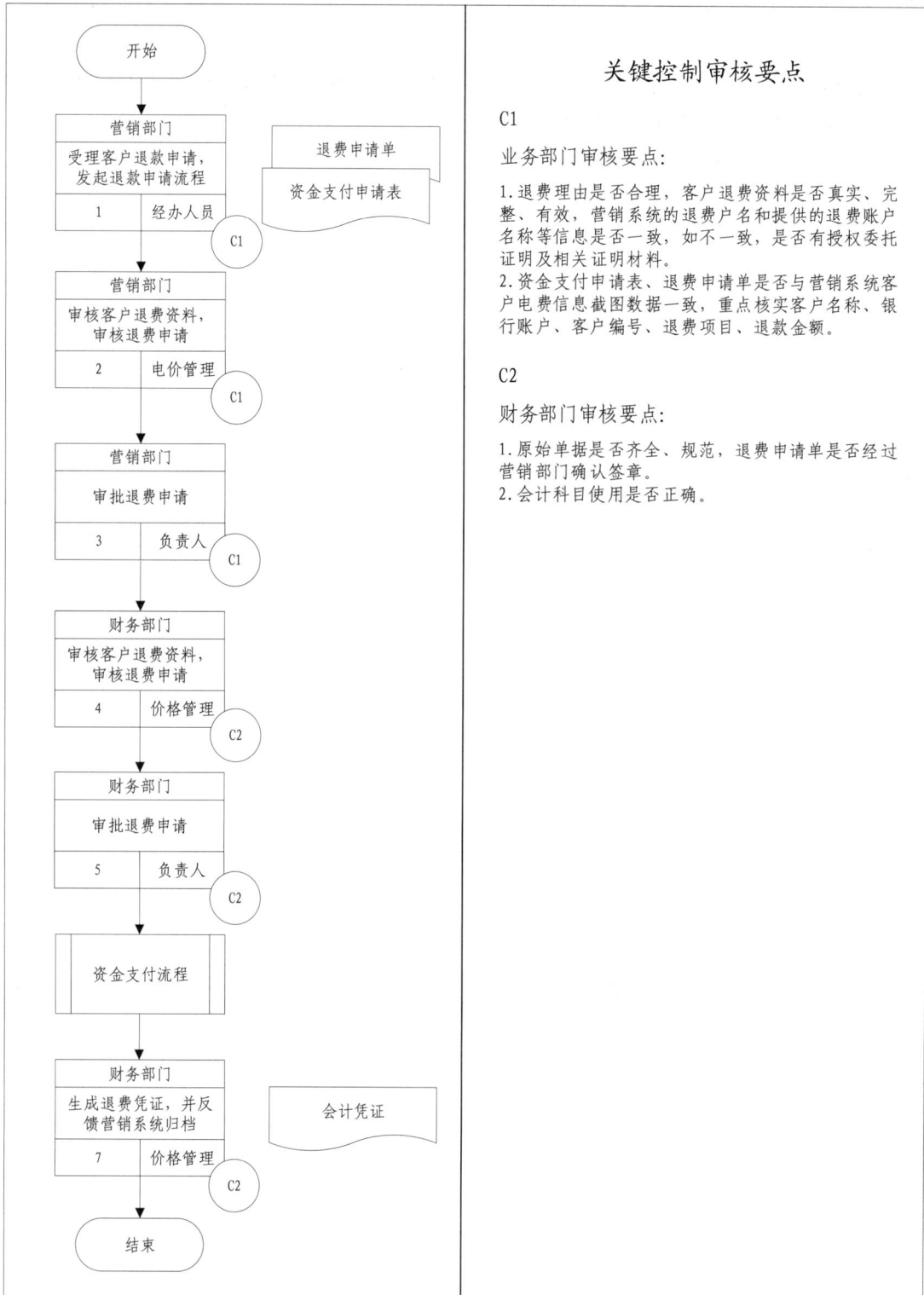

开始

营销部门
受理客户退款申请，发起退款申请流程
1　经办人员　C1

退费申请单
资金支付申请表

营销部门
审核客户退费资料，审核退费申请
2　电价管理　C1

营销部门
审批退费申请
3　负责人　C1

财务部门
审核客户退费资料，审核退费申请
4　价格管理　C2

财务部门
审批退费申请
5　负责人　C2

资金支付流程

财务部门
生成退费凭证，并反馈营销系统归档
7　价格管理　C2

会计凭证

结束

关键控制审核要点

C1

业务部门审核要点：

1.退费理由是否合理，客户退费资料是否真实、完整、有效，营销系统的退费户名和提供的退费账户名称等信息是否一致，如不一致，是否有授权委托证明及相关证明材料。

2.资金支付申请表、退费申请单是否与营销系统客户电费信息截图数据一致，重点核实客户名称、银行账户、客户编号、退费项目、退款金额。

C2

财务部门审核要点：

1.原始单据是否齐全、规范，退费申请单是否经过营销部门确认签章。

2.会计科目使用是否正确。

审核：委托运行维护费

1. 业务概述

委托运行维护费是指核算供电企业委托其他单位进行电网运行维护、设备设施运行、电动汽车充电设施运行维护而支付的费用。

2. 风险分析

风险分类	风险描述
运营风险	1. 存在超范围、虚假列支风险 2. 未按合同要求取得增值税专用发票，造成公司经济损失 3. 签批手续不完整，存在合规风险
财务风险	1. 原始单据未经有效审核，存在单据不完整情况 2. 支出超年度预算安排
法律风险	合同未经有效审核，合同条款约定不明确，合同执行不到位，可能引起法律纠纷

3. 权责划分

涉及岗位	关键控制点	权限划分
业务经办人员	提交需求申请	提报权
	创建采购订单	执行权
	发起合同会签	执行权
经办部门负责人	审核采购需求	审核权、审批权
	审核采购订单	审核权、审批权
	合同会签	审核权、审批权
归口管理部门负责人	审核采购需求	审核权、审批权
成本管理会计	审核采购需求	审核权
	发票校验	执行权
	生成报销凭证	执行权

4. 制度依据

（1）相关业务制度

《国家电网公司供电企业业务外包管理办法》（国家电网企管〔2015〕626号）

（2）相关财务制度

《国家电网公司会计核算办法》（国网（财/2）469-2014）

《国家电网有限公司会计基础管理办法》（国网（财/2）350-2018）

5. 审核指引

（1）业务流程图

通过流程简图反映委托运行维护费业务工作流程，明确对应岗位，确定关键控制点、原始单据等。

（2）关键控制审核要点

针对委托运行维护费业务过程中相关业务经办部门、归口管理部门、财务部门权责划分，确定重点审核要点，指导业财人员协同审核、规范办理此类业务，防范与应对相关风险。

通过 ERP 系统服务采购流程办理委托运行维护费业务

委托运行维护费	业务经办部门：营销部门	流程编号：SG-SD0407
	归口管理部门：营销部门	编制单位：国网山东省电力公司

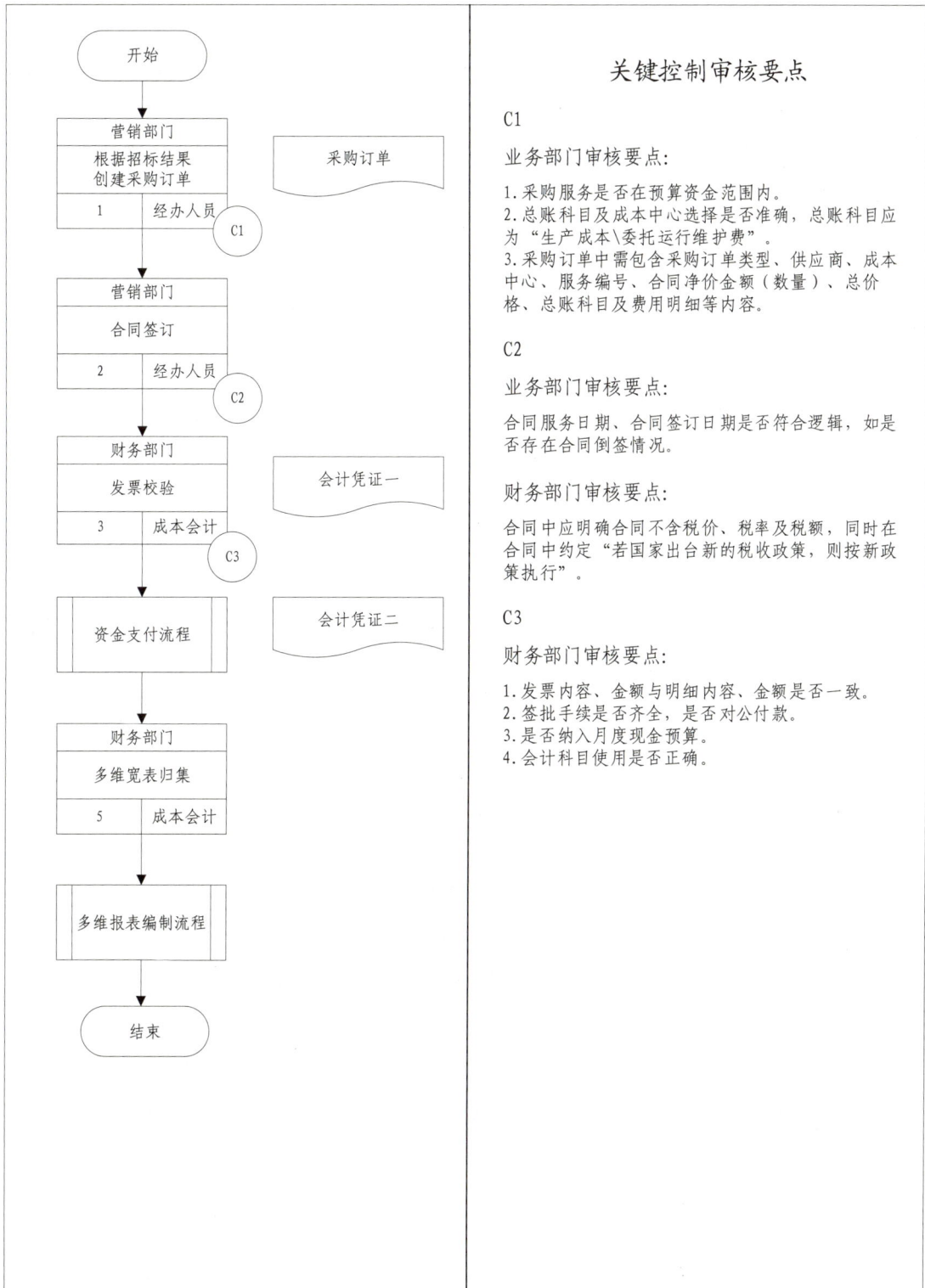

关键控制审核要点

C1

业务部门审核要点：

1. 采购服务是否在预算资金范围内。
2. 总账科目及成本中心选择是否准确，总账科目应为"生产成本\委托运行维护费"。
3. 采购订单中需包含采购订单类型、供应商、成本中心、服务编号、合同净价金额（数量）、总价格、总账科目及费用明细等内容。

C2

业务部门审核要点：

合同服务日期、合同签订日期是否符合逻辑，如是否存在合同倒签情况。

财务部门审核要点：

合同中应明确合同不含税价、税率及税额，同时在合同中约定"若国家出台新的税收政策，则按新政策执行"。

C3

财务部门审核要点：

1. 发票内容、金额与明细内容、金额是否一致。
2. 签批手续是否齐全，是否对公付款。
3. 是否纳入月度现金预算。
4. 会计科目使用是否正确。

流程图：

开始 →

营销部门　根据招标结果创建采购订单　1　经办人员　C1　（采购订单）→

营销部门　合同签订　2　经办人员　C2　→

财务部门　发票校验　3　成本会计　C3　（会计凭证一）→

资金支付流程　（会计凭证二）→

财务部门　多维宽表归集　5　成本会计　→

多维报表编制流程 →

结束

审核：业务费

1. 业务概述

业务费是指支付供电企业停电通知费、代收代扣电费手续费、电费充值卡制作费、电费发票印制费、窃电举报奖励费、POS 机收据购置费、POS 机等自助充值终端通讯费。

业务费涉及两项流程，一是通过员工报销系统办理业务费报销业务（合同签订限额标准以下），二是通过 ERP 服务采购流程办理服务采购业务（合同签订限额标准以上）。

2. 风险分析

风险分类	风险描述
运营风险	1. 存在超范围、虚假列支业务费的风险 2. 签批手续不完整，存在合规风险
财务风险	1. 原始单据未经有效审核，存在单据不完整情况 2. 支出超年度预算安排
法律风险	合同未经有效审核，合同条款约定不明确，合同执行不到位，可能引起法律纠纷

3. 权责划分

涉及岗位	关键控制点	权限划分
业务经办人员	提交需求申请	提报权
	创建采购订单	执行权
	发起合同会签	执行权
经办部门负责人	审核采购需求	审核权、审批权
	审核采购订单	审核权、审批权
	合同会签	审核权、审批权
归口管理部门负责人	审核采购需求	审核权、审批权
成本管理会计	审核采购需求	审核权
	发票校验	执行权
	生成报销凭证	执行权

4. 制度依据

（1）相关业务制度

《国网山东省电力公司违约用电及窃电举报奖励办法》（山东（营销）A236-2016）

（2）相关财务制度

《国家电网公司会计核算办法》（国网（财/2）469-2014）

《国家电网有限公司会计基础管理办法》（国网（财/2）350-2018）

《国家电网公司财务管理通则》（国网（财/1）97-2014）

5. 审核指引

（1）业务流程图

通过流程简图反映业务费报销业务工作流程，明确对应岗位，确定关键控制点、原始单据等。

（2）关键控制审核要点

针对业务费服务采购、日常报销过程中业务经办部门、归口管理部门、财务部门权责划分，确定重点审核要点，指导业财人员协同审核、规范办理此类业务，防范与应对相关风险。

① 通过员工报销系统办理业务费业务（合同签订限额标准以下）

	业务费	业务经办部门：营销部门	流程编号：SG-SD0409
		归口管理部门：营销部门	编制单位：国网山东省电力公司

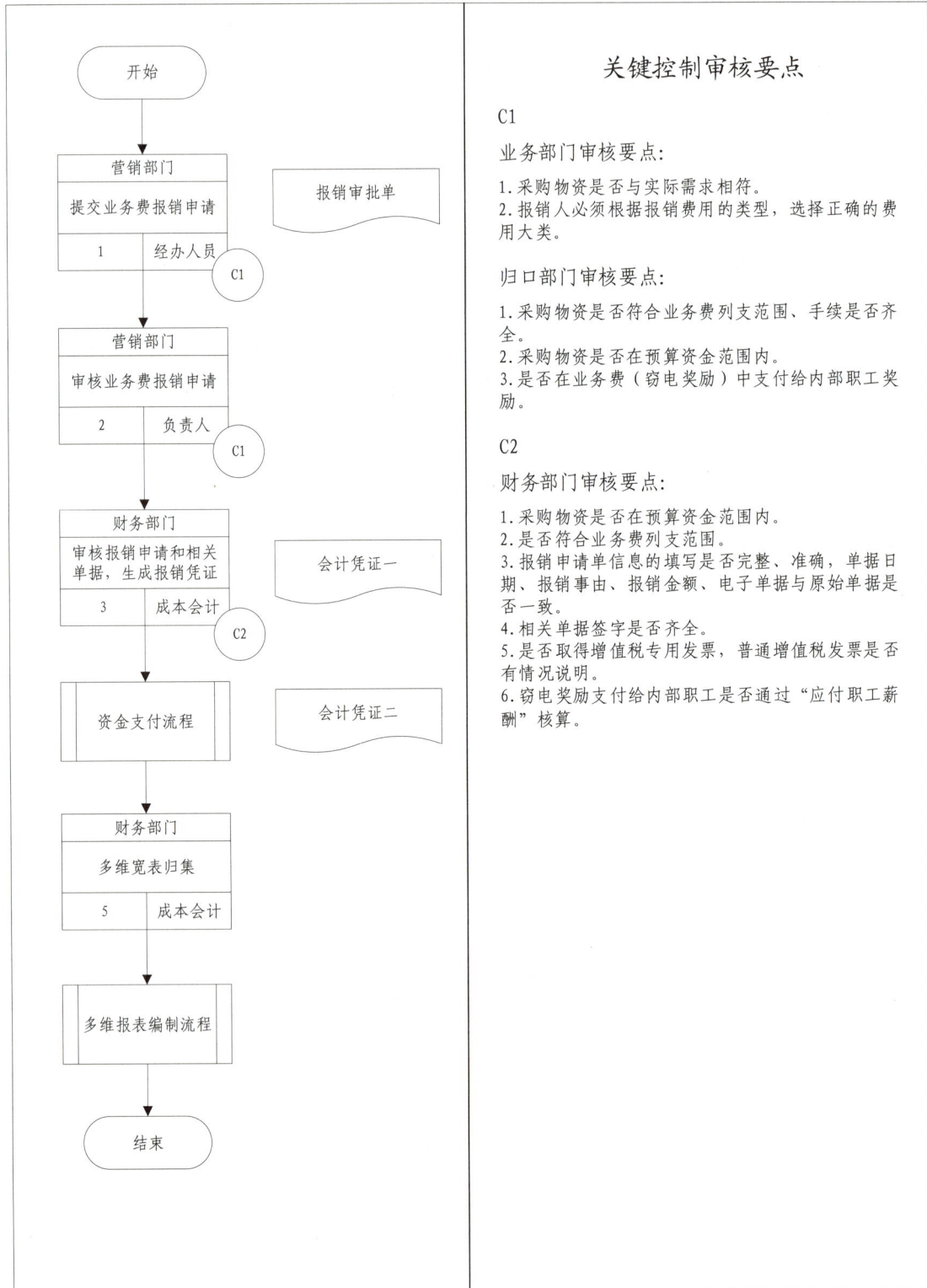

关键控制审核要点

C1

业务部门审核要点：

1. 采购物资是否与实际需求相符。
2. 报销人必须根据报销费用的类型，选择正确的费用大类。

归口部门审核要点：

1. 采购物资是否符合业务费列支范围、手续是否齐全。
2. 采购物资是否在预算资金范围内。
3. 是否在业务费（窃电奖励）中支付给内部职工奖励。

C2

财务部门审核要点：

1. 采购物资是否在预算资金范围内。
2. 是否符合业务费列支范围。
3. 报销申请单信息的填写是否完整、准确，单据日期、报销事由、报销金额、电子单据与原始单据是否一致。
4. 相关单据签字是否齐全。
5. 是否取得增值税专用发票，普通增值税发票是否有情况说明。
6. 窃电奖励支付给内部职工是否通过"应付职工薪酬"核算。

流程图

- 开始
- 营销部门：提交业务费报销申请 — 1 — 经办人员 — C1
  - 报销审批单
- 营销部门：审核业务费报销申请 — 2 — 负责人 — C1
- 财务部门：审核报销申请和相关单据，生成报销凭证 — 3 — 成本会计 — C2
  - 会计凭证一
- 资金支付流程
  - 会计凭证二
- 财务部门：多维宽表归集 — 5 — 成本会计
- 多维报表编制流程
- 结束

②通过 ERP 服务采购流程办理服务采购业务（合同签订限额标准以上）

业务费	业务经办部门：营销部门	流程编号：SG-SD0409
	归口管理部门：营销部门	编制单位：国网山东省电力公司

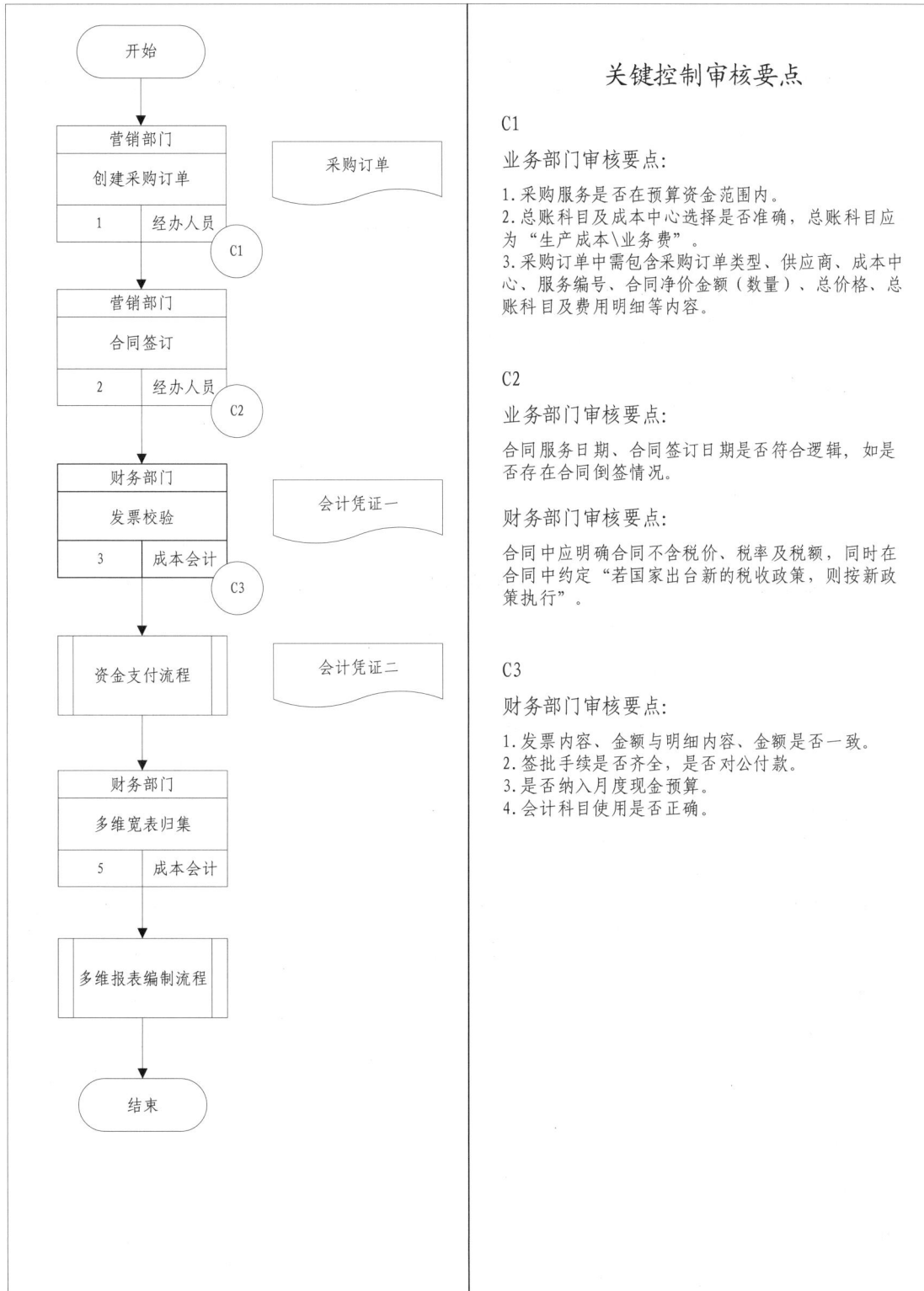

关键控制审核要点

C1

业务部门审核要点：

1.采购服务是否在预算资金范围内。
2.总账科目及成本中心选择是否准确，总账科目应为"生产成本\业务费"。
3.采购订单中需包含采购订单类型、供应商、成本中心、服务编号、合同净价金额（数量）、总价格、总账科目及费用明细等内容。

C2

业务部门审核要点：

合同服务日期、合同签订日期是否符合逻辑，如是否存在合同倒签情况。

财务部门审核要点：

合同中应明确合同不含税价、税率及税额，同时在合同中约定"若国家出台新的税收政策，则按新政策执行"。

C3

财务部门审核要点：

1.发票内容、金额与明细内容、金额是否一致。
2.签批手续是否齐全，是否对公付款。
3.是否纳入月度现金预算。
4.会计科目使用是否正确。

审核：节能服务费

1. 业务概述

节能服务费是指核算用能单位因接受节能服务公司提供的合同能源管理服务而支付的服务费用。

2. 风险分析

风险分类	风险描述
运营风险	1. 存在超范围、虚假列支服务费的风险 2. 签批手续不完整，存在合规风险
财务风险	1. 原始单据未经有效审核，存在单据不完整情况 2. 支出超年度预算安排
法律风险	合同未经有效审核，合同条款约定不明确，合同执行不到位，可能引起法律纠纷

3. 权责划分

涉及岗位	关键控制点	权限划分
业务经办人员	提交需求申请	提报权
	创建采购订单	执行权
	发起合同会签	执行权
经办部门负责人	审核采购需求	审核权、审批权
	审核采购订单	审核权、审批权
	合同会签	审核权、审批权
归口管理部门负责人	审核采购需求	审核权、审批权
成本管理会计	审核采购需求	审核权
	发票校验	执行权
	生成报销凭证	执行权

4. 制度依据

（1）相关业务制度

无。

（2）相关财务制度

《国家电网公司会计核算办法》（国网（财/2）469-2014）

《国家电网有限公司会计基础管理办法》（国网（财/2）350-2018）

5. 审核指引

（1）业务流程图

通过流程简图反映节能服务费业务工作流程，明确对应岗位，确定关键控制点、原始单据等。

（2）关键控制审核要点

针对节能服务费业务过程中相关业务经办部门、归口管理部门（营销部门）、财务部门权责划分，确定重点审核要点，指导业财人员协同审核、规范办理此类业务，防范与应对相关风险。

通过 ERP 系统服务采购流程办理节能服务费业务

节能服务费	业务经办部门：营销部门	流程编号：SG-SD0410
	归口管理部门：营销部门	编制单位：国网山东省电力公司

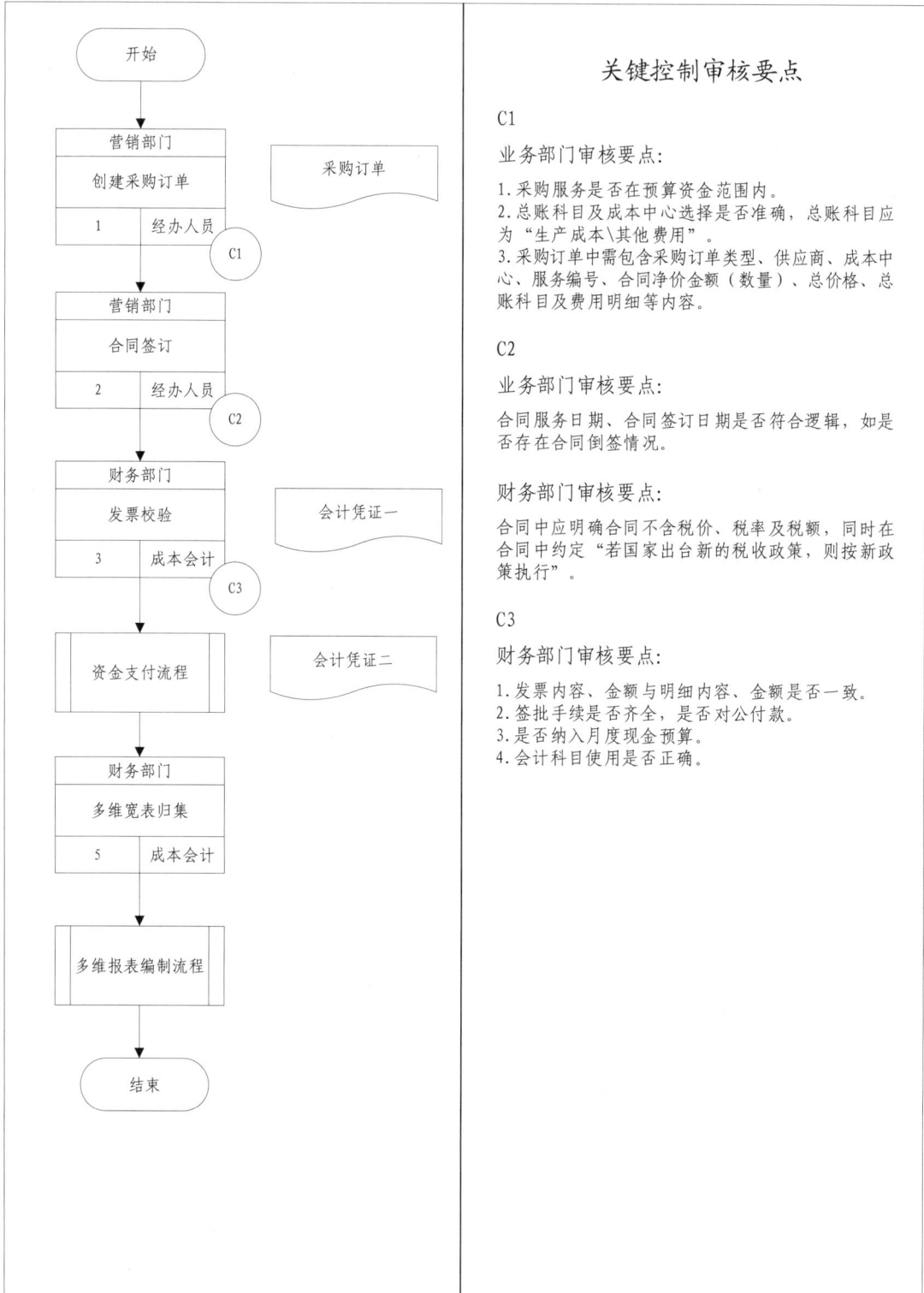

开始

营销部门
创建采购订单
| 1 | 经办人员 | C1 |

采购订单

营销部门
合同签订
| 2 | 经办人员 | C2 |

财务部门
发票校验
| 3 | 成本会计 | C3 |

会计凭证一

资金支付流程

会计凭证二

财务部门
多维宽表归集
| 5 | 成本会计 |

多维报表编制流程

结束

关键控制审核要点

C1

业务部门审核要点：

1.采购服务是否在预算资金范围内。
2.总账科目及成本中心选择是否准确，总账科目应为"生产成本\其他费用"。
3.采购订单中需包含采购订单类型、供应商、成本中心、服务编号、合同净价金额（数量）、总价格、总账科目及费用明细等内容。

C2

业务部门审核要点：

合同服务日期、合同签订日期是否符合逻辑，如是否存在合同倒签情况。

财务部门审核要点：

合同中应明确合同不含税价、税率及税额，同时在合同中约定"若国家出台新的税收政策，则按新政策执行"。

C3

财务部门审核要点：

1.发票内容、金额与明细内容、金额是否一致。
2.签批手续是否齐全，是否对公付款。
3.是否纳入月度现金预算。
4.会计科目使用是否正确。

审核：小区配套费

1. 业务概述

小区配套费是指住宅小区内供电分户计量装置或者入户端口以外设施设备的各类建设资金，统一并入城市基础设施配套费，交由专业经营单位专项用于住宅小区内专业经营设施设备的投资建设。

2. 风险分析

风险分类	风险描述
运营风险	1. 政策执行不到位，小区配套费收费标准不准确 2. 未签订资产无偿移交协议，导致资产权属纠纷 3. 未准确区分新旧项目，产生涉税风险 4. 小区配套费未及时足额收取，形成资金垫支
财务风险	1. 未对单据的完整性、一致性复核，可能导致财务数据失真 2. 会计凭证编制未经有效审核，可能导致凭证编制错误未及时被发现，出现会计核算差错问题

3. 权责划分

涉及岗位	关键控制点	权限划分
营销部门经办班组	发起收费单据	提报权
	生成收费凭证	执行权
	生成收费多维凭证	执行权
营销部门专责	审核传递收费单据	审核权
	审核营销实收电费凭证	审核权、审批权
	审核营销多维凭证	审核权、审批权
出纳	确认资金到账	执行权
	审核并传递收费单据	审核权
价格管理会计	审核并确认收费单据	审核权
	生成财务管控凭证并进行复核	审核权
财务部门负责人	审核财务管控凭证	审核权、审批权

4. 制度依据

（1）相关业务制度

依照当地政府部门相关政策执行。

（2）相关财务制度

《国家电网公司会计核算办法》（国网（财/2）469-2014）

《国家电网有限公司会计基础管理办法》（国网（财/2）350-2018）

5. 审核指引

（1）业务流程图

通过流程简图反映小区配套费业务工作流程，明确对应岗位，确定关键控制点、原始单据等。

（2）关键控制审核要点

针对小区配套费业务办理过程中相关业务经办部门（营销部门）、归口管理部门（营销部门）、财务部门权责划分，确定重点审核要点，指导业财人员协同审核、规范办理此类业务，防范与应对相关风险。

| 小区配套费 | 业务经办部门：营销部门 | 流程编号：SG-SD0411 |
| | 归口管理部门：营销部门 | 编制单位：国网山东省电力公司 |

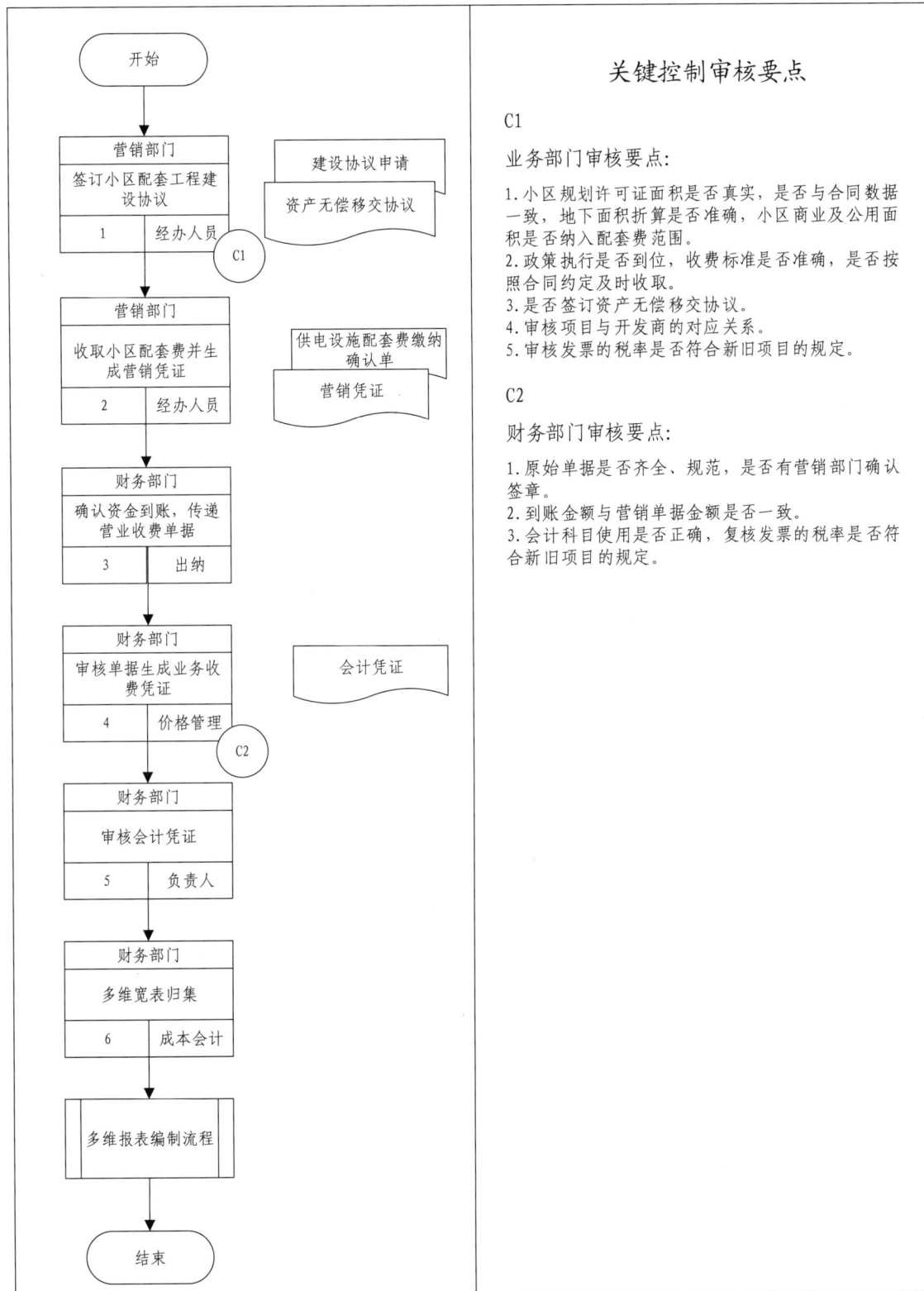

关键控制审核要点

C1

业务部门审核要点：

1. 小区规划许可证面积是否真实，是否与合同数据一致，地下面积折算是否准确，小区商业及公用面积是否纳入配套费范围。
2. 政策执行是否到位，收费标准是否准确，是否按照合同约定及时收取。
3. 是否签订资产无偿移交协议。
4. 审核项目与开发商的对应关系。
5. 审核发票的税率是否符合新旧项目的规定。

C2

财务部门审核要点：

1. 原始单据是否齐全、规范，是否有营销部门确认签章。
2. 到账金额与营销单据金额是否一致。
3. 会计科目使用是否正确，复核发票的税率是否符合新旧项目的规定。

流程图内容：

开始

营销部门
签订小区配套工程建设协议
1　经办人员　C1
（建设协议申请／资产无偿移交协议）

营销部门
收取小区配套费并生成营销凭证
2　经办人员
（供电设施配套费缴纳确认单／营销凭证）

财务部门
确认资金到账，传递营业收费单据
3　出纳

财务部门
审核单据生成业务收费凭证
4　价格管理　C2
（会计凭证）

财务部门
审核会计凭证
5　负责人

财务部门
多维宽表归集
6　成本会计

多维报表编制流程

结束

五、电力交易业务

审核：统调电厂购电

1. 业务概述

统调电厂购电业务是指市公司向统调电厂（省调度中心管辖电厂）购买上网电量入账，完成购电费列转，省公司完成购电费支付。

2. 风险分析

风险分类	风险描述
运营风险	1.电价政策执行不规范，电价信息不准确 2.抄表行为不规范，抄表数据不准确 3.客户信息维护不规范，结算信息不准确
财务风险	1.原始单据未经有效审核，存在单据不完整、入账数据错误等情况 2.会计凭证编制未经有效审核，可能导致凭证编制错误未及时被发现，出现会计核算差错问题
法律风险	合同未经有效审核，合同条款约定不明确，合同执行不到位，可能引起法律纠纷

3. 权责划分

涉及岗位	关键控制点	权限划分
省电力交易中心	维护上网电厂、机组信息	执行权
	计算电费并提交结算通知单	执行权
营销部经办人员	抄表提报电量	执行权
价格管理会计	审核购电结算通知单	审核权
	匹配购电发票与购电发票信息单	审核权
	生成购电成本凭证	执行权
	往来款列转省公司	执行权
财务部门负责人	审核购电成本凭证	审核权
省公司财务部门	完成付款结算并生成凭证	执行权

4. 制度依据

（1）相关业务制度

《国家电网有限公司电费抄核收管理办法》（国网（营销/3）273-2019）

（2）相关财务制度

《国家电网有限公司会计基础管理办法》（国网（财/2）350-2018）

5. 审核指引

（1）业务流程图

通过流程简图反映统调电厂购电业务工作流程，明确对应岗位，确定关键控制点、原始单据等。

（2）关键控制审核要点

针对统调电厂购电业务过程中相关业务经办部门（省电力交易中心、营销部门）、财务部门权责划分，确定重点审核要点，指导业财人员协同审核、规范办理此类业务，防范与应对相关风险。

通过交易系统、营财协同处理统调电厂购电业务

统调电厂购电	业务经办部门：省电力交易中心、营销部门	流程编号：SG-SD0501
	归口管理部门：省电力交易中心、营销部门	编制单位：国网山东省电力公司

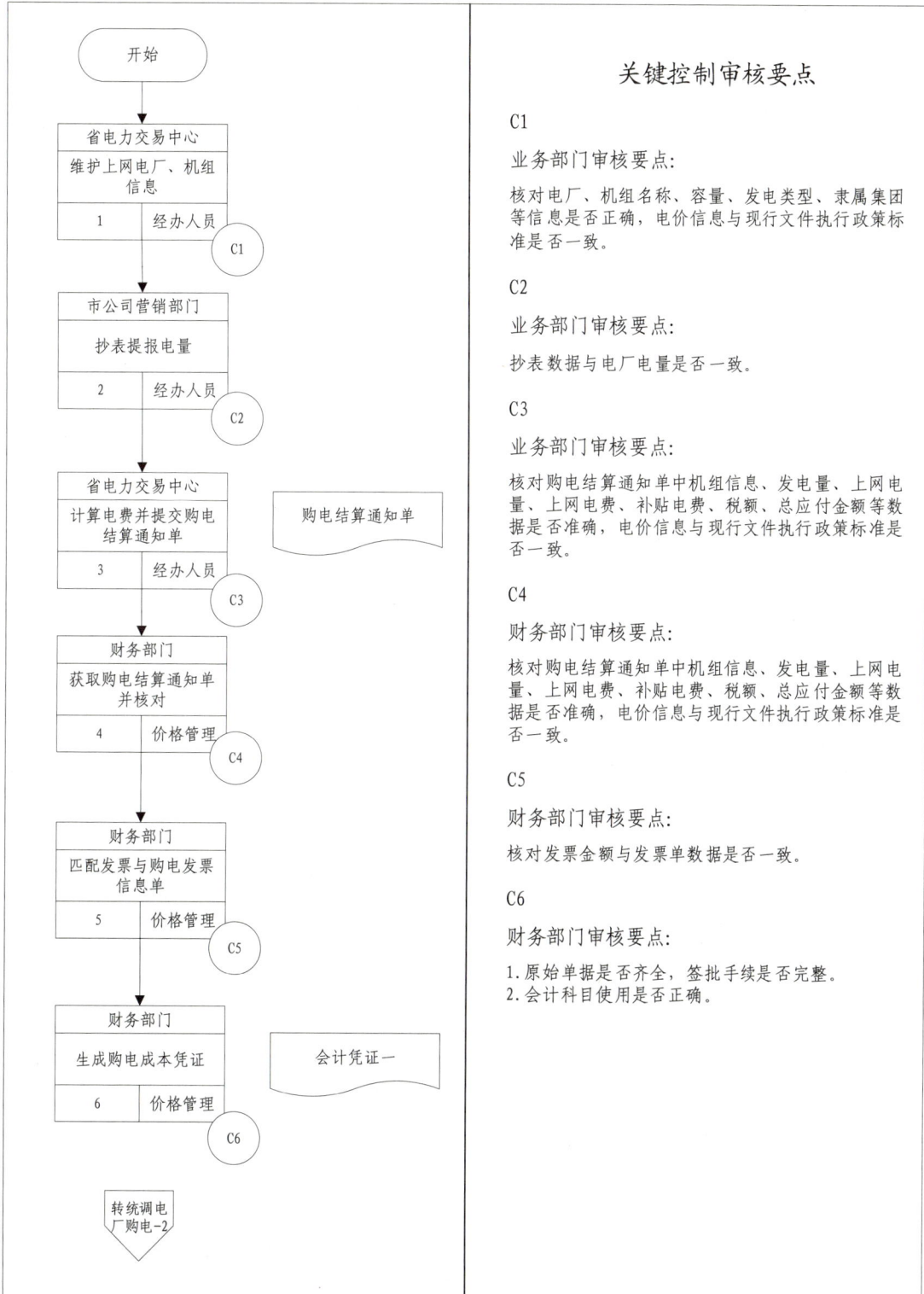

关键控制审核要点

开始

省电力交易中心
维护上网电厂、机组信息
| 1 | 经办人员 | C1 |

市公司营销部门
抄表提报电量
| 2 | 经办人员 | C2 |

省电力交易中心
计算电费并提交购电结算通知单
| 3 | 经办人员 | C3 |

购电结算通知单

财务部门
获取购电结算通知单并核对
| 4 | 价格管理 | C4 |

财务部门
匹配发票与购电发票信息单
| 5 | 价格管理 | C5 |

财务部门
生成购电成本凭证
| 6 | 价格管理 | C6 |

会计凭证一

转统调电厂购电-2

C1

业务部门审核要点：

核对电厂、机组名称、容量、发电类型、隶属集团等信息是否正确，电价信息与现行文件执行政策标准是否一致。

C2

业务部门审核要点：

抄表数据与电厂电量是否一致。

C3

业务部门审核要点：

核对购电结算通知单中机组信息、发电量、上网电量、上网电费、补贴电费、税额、总应付金额等数据是否准确，电价信息与现行文件执行政策标准是否一致。

C4

财务部门审核要点：

核对购电结算通知单中机组信息、发电量、上网电量、上网电费、补贴电费、税额、总应付金额等数据是否准确，电价信息与现行文件执行政策标准是否一致。

C5

财务部门审核要点：

核对发票金额与发票单数据是否一致。

C6

财务部门审核要点：

1.原始单据是否齐全，签批手续是否完整。
2.会计科目使用是否正确。

| 统调电厂购电 | 业务经办部门：省电力交易中心、营销部门 | 流程编号：SG-SD0501 |
| | 归口管理部门：省电力交易中心、营销部门 | 编制单位：国网山东省电力公司 |

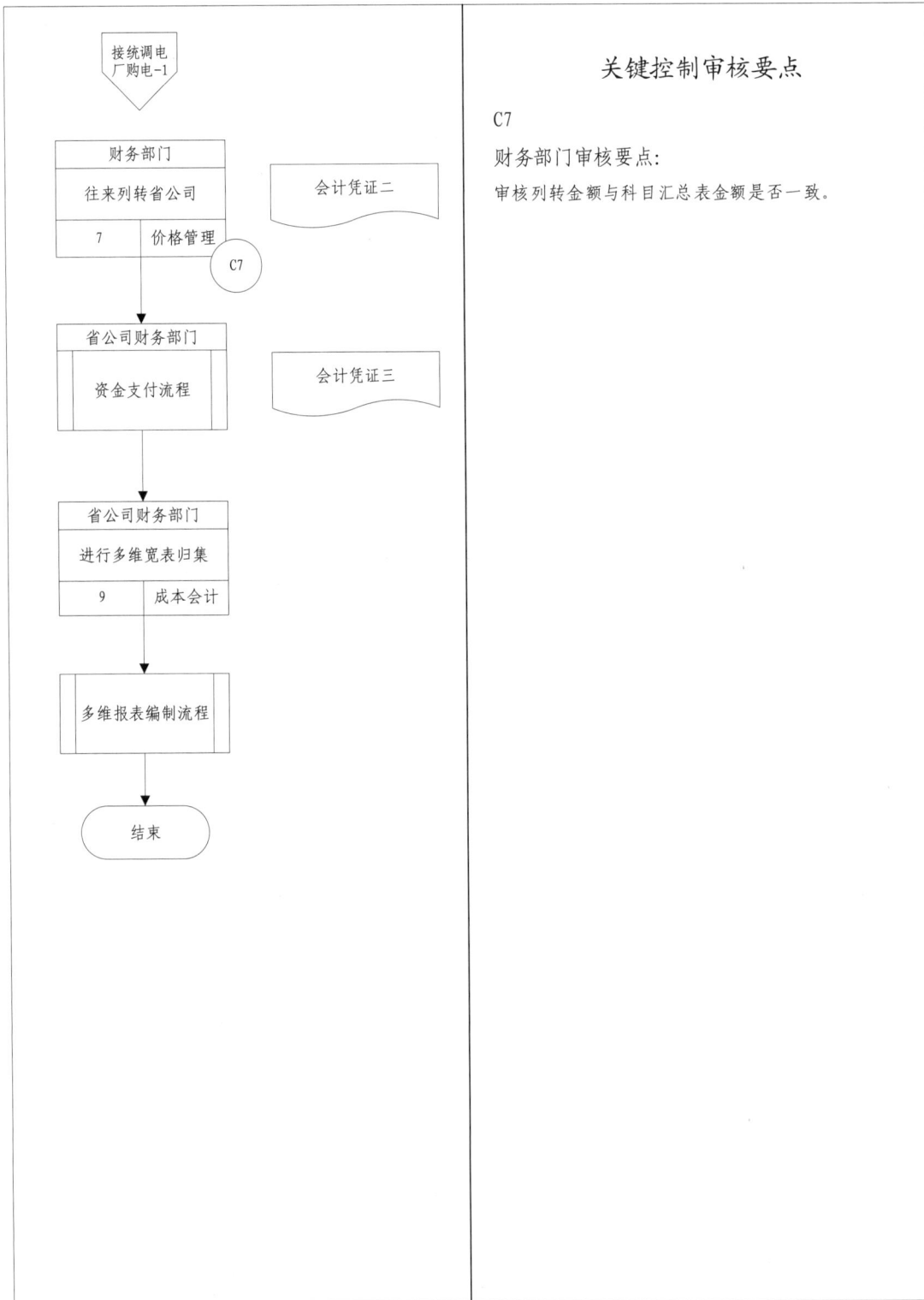

接统调电厂购电-1

财务部门

往来列转省公司

| 7 | 价格管理 |

C7

会计凭证二

省公司财务部门

资金支付流程

会计凭证三

省公司财务部门

进行多维宽表归集

| 9 | 成本会计 |

多维报表编制流程

结束

关键控制审核要点

C7

财务部门审核要点：

审核列转金额与科目汇总表金额是否一致。

审核：非统调电厂购电

1. 业务概述

非统调电厂购电业务是指市、县公司向非统调电厂购买上网电量进行结算，并完成购电费支付。

2. 风险分析

风险分类	风险描述
运营风险	1. 电价政策执行不规范，电价信息不准确 2. 抄表行为不规范，抄表数据不准确 3. 供应商信息维护不规范，结算信息不准确
财务风险	1. 原始单据未经有效审核，存在单据不完整、入账数据错误等情况 2. 会计凭证编制未经有效审核，可能导致凭证编制错误未及时被发现，出现会计核算差错问题
法律风险	合同未经有效审核，合同条款约定不明确，合同执行不到位，可能引起法律纠纷

3. 权责划分

涉及岗位	关键控制点	权限划分
营销部门经办人员	维护上网电厂、机组信息	执行权
	抄表核算	执行权
	提交结算通知单	提报权
	提交报销申请单、资金支付申请单	提报权
省电力交易中心经办人员	下达细则考核	执行权
营销部门负责人	审核结算通知单、报销申请单、资金支付申请单	审核权、审批权
价格管理会计	获取购电结算通知单并核对	审核权
	匹配发票与购电发票信息单	执行权
	生成会计凭证	执行权

4. 制度依据

（1）相关业务制度

《国家电网有限公司电费抄核收管理办法》（国网（营销/3）273-2019）

（2）相关财务制度

《国家电网有限公司会计基础管理办法》（国网（财/2）350-2018）

《国家电网公司关于全面推进营财一体化建设工作的通知》（国网（财）696-2015）

5. 审核指引

（1）业务流程图

通过流程简图反映非统调电厂购电业务工作流程，明确对应岗位，确定关键控制点、原始单据等。

（2）关键控制审核要点

针对非统调电厂购电过程中营销部门、财务部门权责划分，确定重点审核要点，指导业财人员协同审核、规范办理此类业务，防范与应对相关风险。

通过营财系统协同处理非统调电厂购电业务

	非统调电厂购电	业务经办部门：营销部门	流程编号：SG-SD0502
		归口管理部门：营销部门	编制单位：国网山东省电力公司

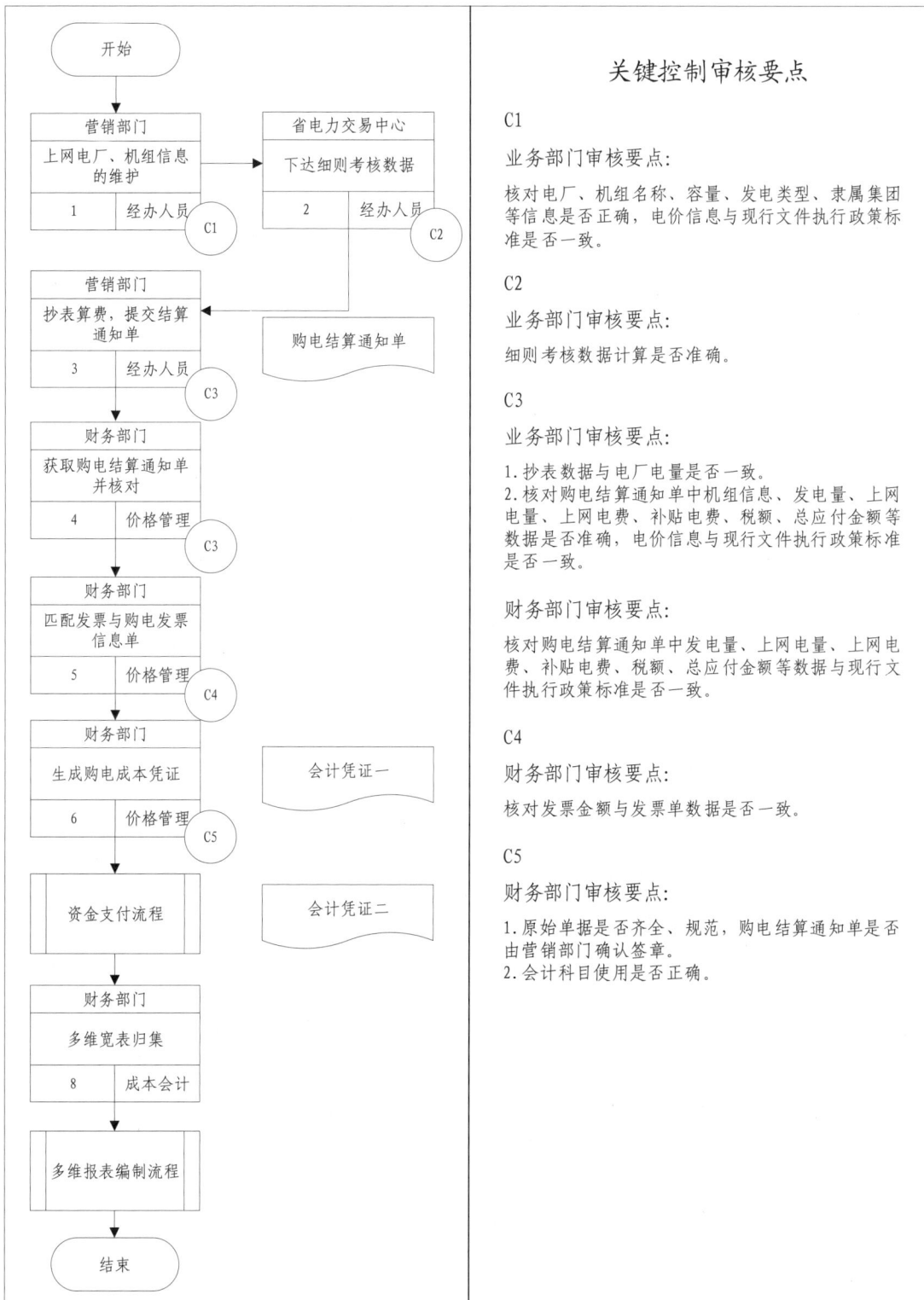

关键控制审核要点

```
开始
  │
营销部门
上网电厂、机组信息     省电力交易中心
的维护        ──→   下达细则考核数据
  1      经办人员  C1    2      经办人员  C2
  │
营销部门
抄表算费，提交结算          购电结算通知单
通知单
  3      经办人员  C3
  │
财务部门
获取购电结算通知单
并核对
  4      价格管理  C3
  │
财务部门
匹配发票与购电发票
信息单
  5      价格管理  C4
  │
财务部门
生成购电成本凭证          会计凭证一
  6      价格管理  C5
  │
资金支付流程            会计凭证二
  │
财务部门
多维宽表归集
  8      成本会计
  │
多维报表编制流程
  │
结束
```

C1

业务部门审核要点：

核对电厂、机组名称、容量、发电类型、隶属集团等信息是否正确，电价信息与现行文件执行政策标准是否一致。

C2

业务部门审核要点：

细则考核数据计算是否准确。

C3

业务部门审核要点：

1.抄表数据与电厂电量是否一致。
2.核对购电结算通知单中机组信息、发电量、上网电量、上网电费、补贴电费、税额、总应付金额等数据是否准确，电价信息与现行文件执行政策标准是否一致。

财务部门审核要点：

核对购电结算通知单中发电量、上网电量、上网电费、补贴电费、税额、总应付金额等数据与现行文件执行政策标准是否一致。

C4

财务部门审核要点：

核对发票金额与发票单数据是否一致。

C5

财务部门审核要点：

1.原始单据是否齐全、规范，购电结算通知单是否由营销部门确认签章。
2.会计科目使用是否正确。

六、基建工程业务

审核：建设项目前期费

1. 业务概述

建设项目前期费是指在项目可行性研究评价阶段至项目核准批复之前，与项目前期工作有直接关系的专题报告编制、评审等相关工作环节所发生的可行性研究费、地质条件调查评估费、勘察设计费、研究试验费、前期工作的标底编制及招标管理费、概算审查费、咨询评审费、技术图书资料费等。

2. 风险分析

风险分类	风险描述
运营风险	1. 合同要素约定不明确，未按照合同约定付款，导致合同难以有效执行，可能产生纠纷 2. 项目的前期费用长期挂账（超过两年），影响工程资金使用效率，可能导致项目失败 3. 项目建设前期费支出计划未纳入公司年度预算，签批手续不完整，存在合规风险
财务风险	1. 未按服务完成进度进行服务确认，提前或滞后确认服务，导致工程成本核算不及时、不准确，影响财务报告的可靠性、准确性 2. 报销审批单填写有误，与发票、合同信息不一致，可能导致挂账供应商、金额出现错误等，影响财务报告的准确性 3. 财务人员未对转销证明材料进行有效的复核，影响财务报告的准确性

3. 权责划分

涉及岗位	关键控制点	权限划分
业务经办人员	创建项目、提报服务采购申请	提报权
	创建合同及采购订单	执行权
	提交发票校验及付款结算的原始单据	执行权
经办部门负责人	审核合同	审核权、审批权
	审核发票校验及付款结算	审核权、审批权
归口管理部门负责人	审核发票校验及付款结算	审核权、审批权
工程会计	审核合同	审核权
	复核发票校验及付款结算与辅助单据	审核权
	生成凭证	执行权

4. 制度依据

（1）相关业务制度

《国家电网有限公司输变电工程业主项目部管理办法》（国网（企管）296-2019）

《国家电网有限公司输变电工程进度计划管理办法》（国网（企管）426-2019）

（2）相关财务制度

《国家电网公司工程财务管理办法》（国网（财/2）351-2018）

《国家电网有限公司会计基础管理办法》（国网（财/2）350-2018）

《国家电网有限公司资金管理办法》（国网（财/2）345-2019）

《国家电网公司会计核算办法》（国网（财/2）469-2014）

5. 审核指引

（1）业务流程图

通过流程简图反映建设项目前期费业务工作流程，明确对应岗位，确定关键控制点、原始单据等。

（2）关键控制审核要点

针对建设项目前期费业务过程中相关业务经办部门、归口管理部门、财务部门权责划分，确定重点审核要点，指导业财人员协同审核、规范办理此类支出业务，防范与应对相关风险。

通过 ERP 服务采购流程办理建设项目前期费用结算业务

	建设项目前期费	业务部门：发策部门	流程编号：SG-SD0601
		归口管理部门：项目管理部门	编制单位：国网山东省电力公司

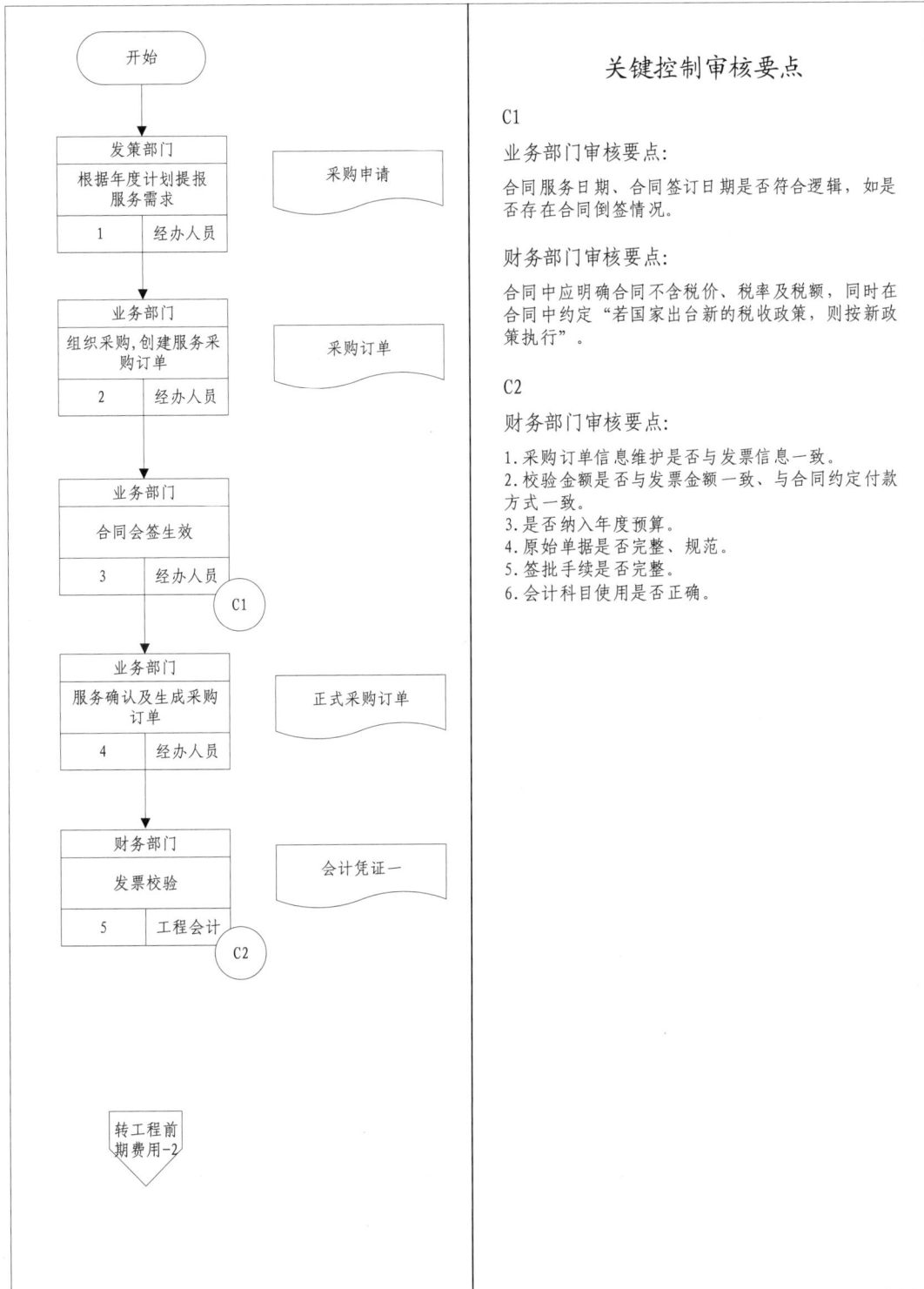

```
                                          关键控制审核要点
        开始
                                   C1
                                   业务部门审核要点：
      发策部门
   根据年度计划提报      采购申请        合同服务日期、合同签订日期是否符合逻辑，如是
    服务需求                           否存在合同倒签情况。
  1        经办人员
                                   财务部门审核要点：
                                   合同中应明确合同不含税价、税率及税额，同时在
      业务部门                         合同中约定"若国家出台新的税收政策，则按新政
  组织采购，创建服务采      采购订单        策执行"。
    购订单
  2        经办人员
                                   C2
                                   财务部门审核要点：
      业务部门
                                   1.采购订单信息维护是否与发票信息一致。
   合同会签生效                          2.校验金额是否与发票金额一致、与合同约定付款
                                   方式一致。
  3        经办人员                     3.是否纳入年度预算。
                    C1             4.原始单据是否完整、规范。
                                   5.签批手续是否完整。
      业务部门                         6.会计科目使用是否正确。
   服务确认及生成采购      正式采购订单
    订单
  4        经办人员


      财务部门
    发票校验          会计凭证一
  5        工程会计
                    C2



    转工程前
    期费用-2
```

建设项目前期费	业务部门：发策部门	流程编号：SG-SD0601
	归口管理部门：项目管理部门	编制单位：国网山东省电力公司

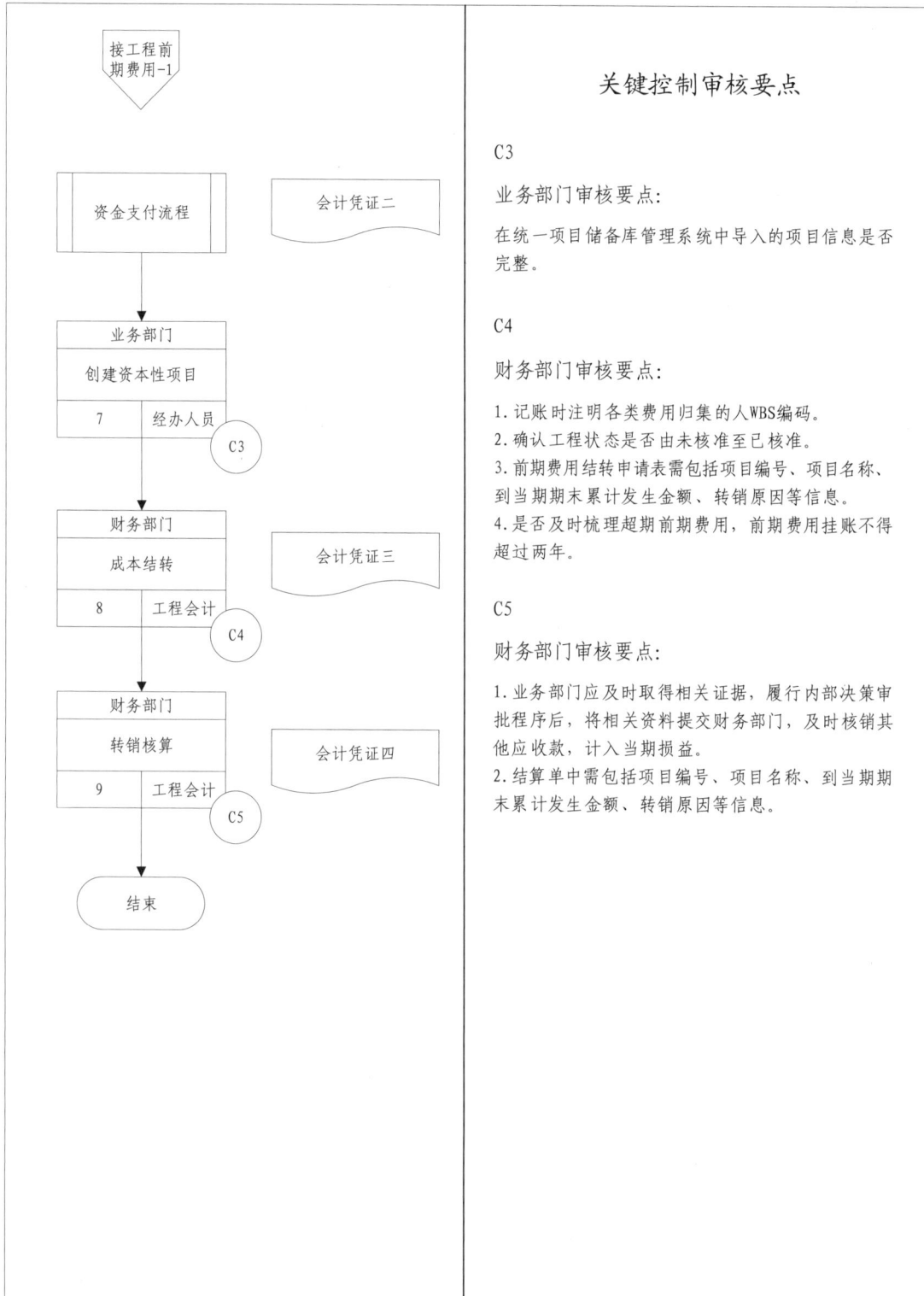

接工程前
期费用-1

资金支付流程

会计凭证二

业务部门

创建资本性项目

| 7 | 经办人员 | C3 |

财务部门

成本结转

会计凭证三

| 8 | 工程会计 | C4 |

财务部门

转销核算

会计凭证四

| 9 | 工程会计 | C5 |

结束

关键控制审核要点

C3

业务部门审核要点：

在统一项目储备库管理系统中导入的项目信息是否完整。

C4

财务部门审核要点：

1. 记账时注明各类费用归集的人WBS编码。
2. 确认工程状态是否由未核准至已核准。
3. 前期费用结转申请表需包括项目编号、项目名称、到期期末累计发生金额、转销原因等信息。
4. 是否及时梳理超期前期费用，前期费用挂账不得超过两年。

C5

财务部门审核要点：

1. 业务部门应及时取得相关证据，履行内部决策审批程序后，将相关资料提交财务部门，及时核销其他应收款，计入当期损益。
2. 结算单中需包括项目编号、项目名称、到当期期末累计发生金额、转销原因等信息。

审核：工程款结算

1. 业务概述

工程款是指输变电工程项目的建筑、安装类施工合同成本，按照《国家电网公司工程财务管理办法》及《国家电网公司会计核算办法》规定核算分为建筑工程支出和安装工程支出。

2. 风险分析

风险分类	风险描述
运营风险	1. 合同要素约定不明确，未按照合同约定付款，导致合同难以有效执行，容易产生纠纷 2. 工程完成结算审价后，剩余工程款未考虑中标通知书折扣率开具发票 3. 未按期支付质保金，导致对方出现违约行为，增加索赔的程序和成本
财务风险	1. 未对报销单据的完整性及报销事项与报销单据的一致性复核，可能导致财务数据失真 2. 会计凭证编制未经有效审核，可能导致凭证编制错误未及时被发现，出现会计核算差错问题 3. 对工程建设专项资金支出审核不严，可能出现挪用专项资金的情况 4. 对资金支付审核不严，可能出现将支付给政府、企事业单位的工程资金汇入个人账户的情况
法律风险	未采用统一的合同文本，在招投标手续不规范、不完整情况下签订合同，导致合同条款不完善，存在法律风险

3. 权责划分

涉及岗位	关键控制点	权限划分
业务经办人员	提报服务采购申请	提报权
	创建服务采购订单	执行权
	合同会签生效	执行权
经办部门负责人	审批服务采购申请	审核权、审批权
	合同会签生效	审核权、审批权
归口管理部门负责人	审核发票校验及付款结算	审核权、审批权
工程会计	复核报销申请与辅助单据	审核权
	发票校验	执行权
	生成报销凭证	执行权

4. 制度依据

（1）相关业务制度

《国家电网有限公司基建项目管理规定》（国网（企管）426-2019）

《国家电网有限公司输变电工程结算管理办法》（国网（企管）426-2019）

（2）相关财务制度

《国家电网公司工程财务管理办法》（国网（财/2）351-2018）

《国家电网公司会计核算办法》（国网（财/2）469-2014）

《国家电网有限公司会计基础管理办法》（国网（财/2）350-2018）

《国家电网有限公司资金管理办法》（国网（财/2）345-2019）

5. 审核指引

（1）业务流程图

通过流程简图反映工程款结算业务工作流程，明确对应岗位，确定关键控制点、原始单据等。

（2）关键控制审核要点

针对工程款结算业务过程中相关业务经办部门、归口管理部门、财务部门权责划分，确定重点审核要点，指导业财人员协同审核、规范办理此类业务，防范与应对相关风险。

通过 ERP 服务采购流程办理工程款结算业务

	工程款结算	业务经办部门：项目实施部门	流程编号：SG-SD0602
		归口管理部门：项目管理部门	编制单位：国网山东省电力公司

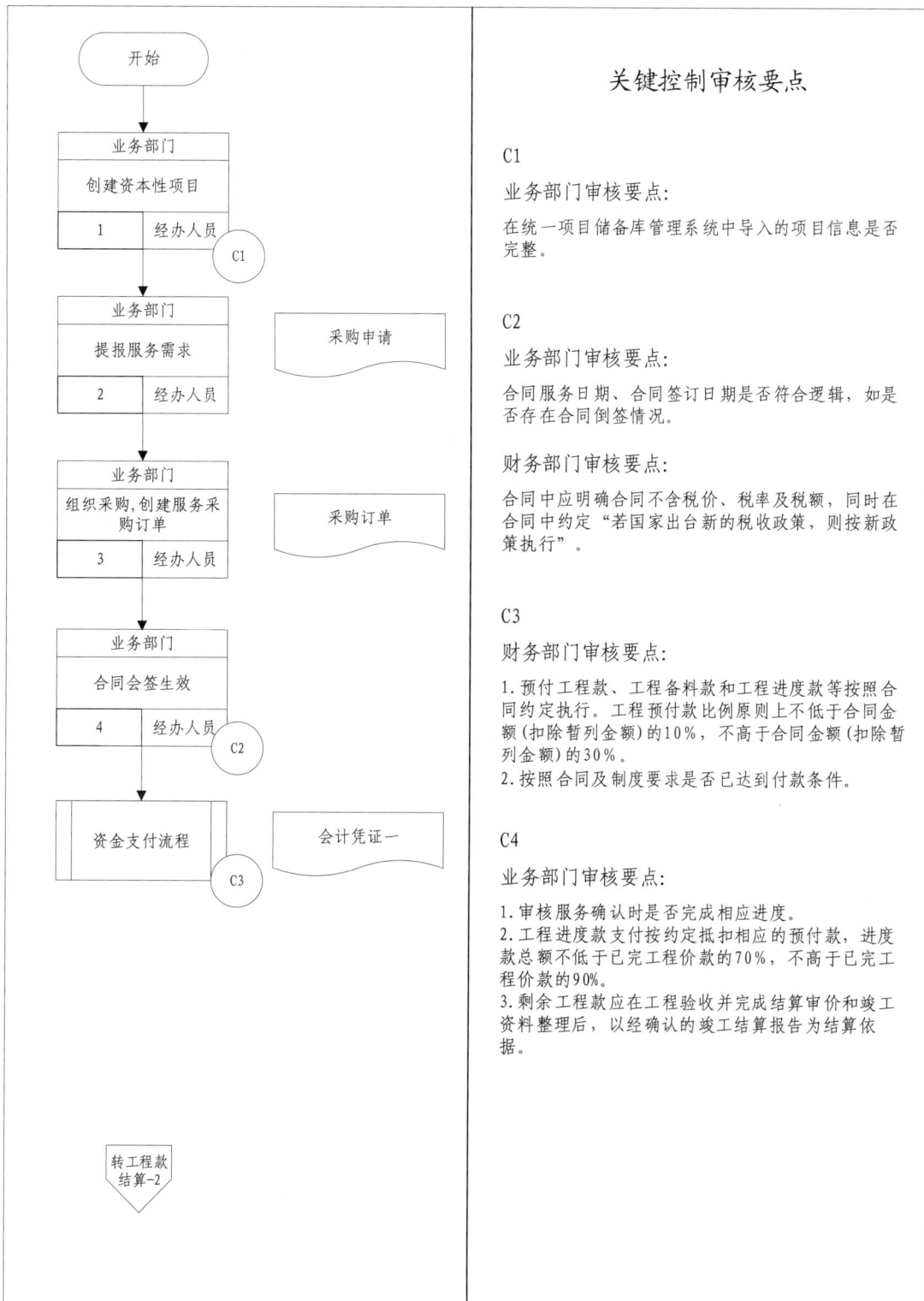

关键控制审核要点

C1

业务部门审核要点：

在统一项目储备库管理系统中导入的项目信息是否完整。

C2

业务部门审核要点：

合同服务日期、合同签订日期是否符合逻辑，如是否存在合同倒签情况。

财务部门审核要点：

合同中应明确合同不含税价、税率及税额，同时在合同中约定"若国家出台新的税收政策，则按新政策执行"。

C3

财务部门审核要点：

1. 预付工程款、工程备料款和工程进度款等按照合同约定执行。工程预付款比例原则上不低于合同金额（扣除暂列金额）的10%，不高于合同金额（扣除暂列金额）的30%。
2. 按照合同及制度要求是否已达到付款条件。

C4

业务部门审核要点：

1. 审核服务确认时是否完成相应进度。
2. 工程进度款支付按约定抵扣相应的预付款，进度款总额不低于已完工程价款的70%，不高于已完工程价款的90%。
3. 剩余工程款应在工程验收并完成结算审价和竣工资料整理后，以经确认的竣工结算报告为结算依据。

流程图：

开始
↓
业务部门 — 创建资本性项目 — 1 经办人员 — C1
↓
业务部门 — 提报服务需求 — 2 经办人员 （采购申请）
↓
业务部门 — 组织采购，创建服务采购订单 — 3 经办人员 （采购订单）
↓
业务部门 — 合同会签生效 — 4 经办人员 — C2
↓
资金支付流程 — C3 （会计凭证一）
↓
转工程款结算-2

	工程款结算	业务经办部门：项目实施部门	流程编号：SG-SD0602
		归口管理部门：项目管理部门	编制单位：国网山东省电力公司

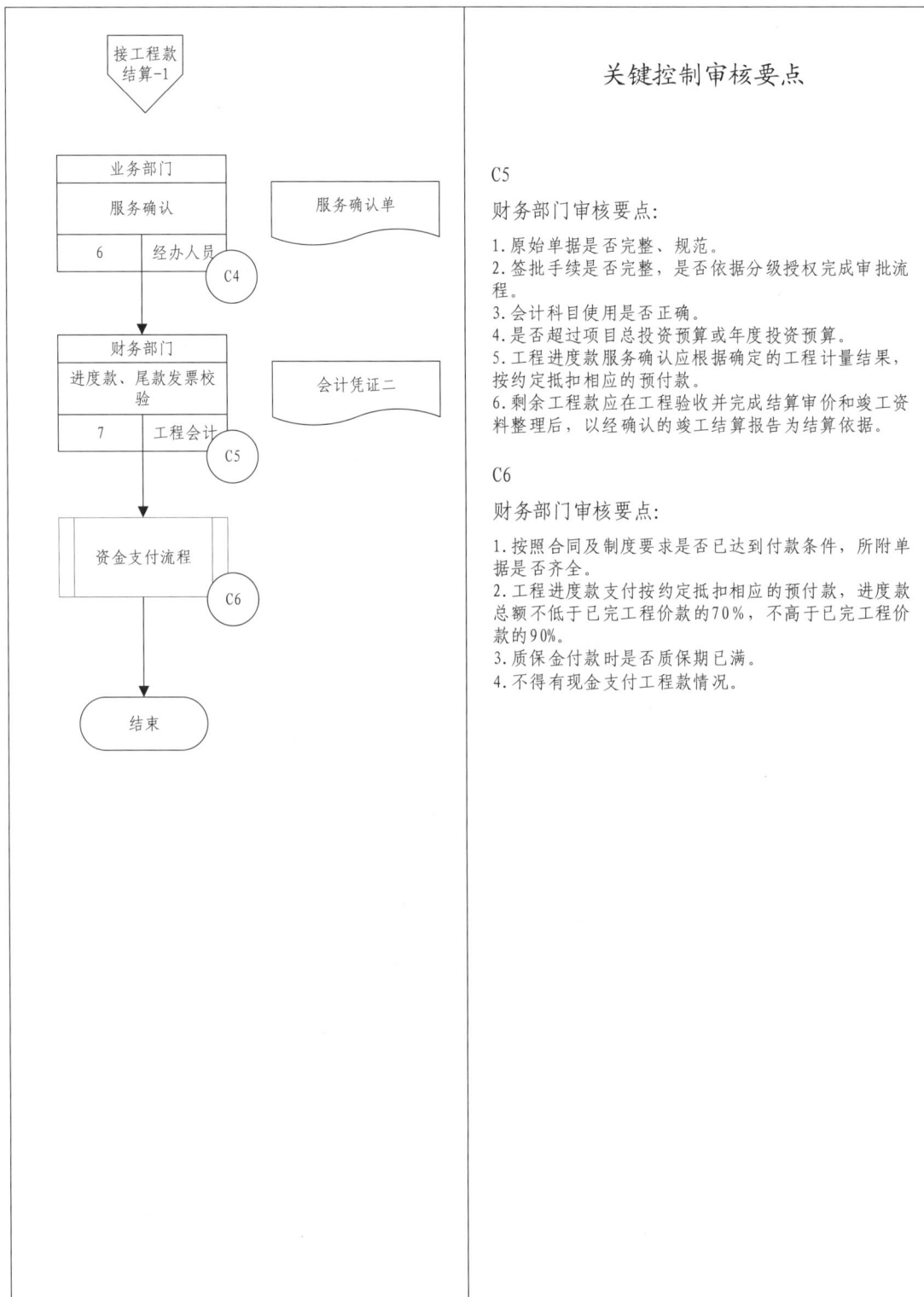

接工程款
结算-1

业务部门

服务确认

| 6 | 经办人员 | C4 |

服务确认单

财务部门

进度款、尾款发票校验

| 7 | 工程会计 | C5 |

会计凭证二

资金支付流程

C6

结束

关键控制审核要点

C5

财务部门审核要点：

1.原始单据是否完整、规范。

2.签批手续是否完整，是否依据分级授权完成审批流程。

3.会计科目使用是否正确。

4.是否超过项目总投资预算或年度投资预算。

5.工程进度款服务确认应根据确定的工程计量结果，按约定抵扣相应的预付款。

6.剩余工程款应在工程验收并完成结算审价和竣工资料整理后，以经确认的竣工结算报告为结算依据。

C6

财务部门审核要点：

1.按照合同及制度要求是否已达到付款条件，所附单据是否齐全。

2.工程进度款支付按约定抵扣相应的预付款，进度款总额不低于已完工程价款的70%，不高于已完工程价款的90%。

3.质保金付款时是否质保期已满。

4.不得有现金支付工程款情况。

审核：工程物资结算

1. 业务概述

工程物资指为基建工程、技改工程及其他工程准备的各种物资，包括为工程准备的材料、基本建设期间根据项目概算购入为生产准备的工具及器具等。

2. 风险分析

风险分类	风险描述
运营风险	1. 货物交接单未签字盖章，导致账实不符、资产流失 2. 实际收到的货物与货物交接单不一致，导致虚假收货现象，造成损失 3. 到货验收单、采购订单上物资的名称、金额、数量等不一致，导致虚假物资入库，造成损失 4. 未按期支付质保金，导致对方出现违约行为，增加索赔的程序和成本

3. 权责划分

涉及岗位	关键控制点	权限划分
业务经办人员	提报物资采购申请	提报权
	创建物资采购订单	执行权
	合同会签生效	执行权
经办部门负责人	审核物资采购申请	审核权、审批权
	合同会签生效	审核权、审批权
归口管理部门负责人	审核发票校验及付款结算	审核权、审批权
工程会计	复核报销申请与辅助单据	审核权
	发票校验	执行权
	生成报销凭证	执行权

4. 制度依据

（1）相关业务制度

《国家电网有限公司物资计划管理办法》（国网（物资 /2）123-2019）

《国家电网公司实物库存管理办法》（国网（物资 /2）237-2018）

（2）相关财务制度

《国家电网公司会计核算办法》（国网（财/2）469-2014）

《国家电网有限公司会计基础管理办法》（国网（财/2）350-2018）

《国家电网有限公司资金管理办法》（国网（财/2）345-2019）

5. 审核指引

（1）业务流程图

通过流程简图反映工程物资结算业务工作流程，明确对应岗位，确定关键控制点、原始单据等。

（2）关键控制审核要点

针对工程物资结算业务过程中相关业务经办部门、归口管理部门、财务部门权责划分，确定重点审核要点，指导业财人员协同审核、规范办理此类业务，防范与应对相关风险。

通过 ERP 物资采购流程办理工程物资采购业务

	工程物资结算	业务经办部门：运检部门、物资部门等项目实施部门	流程编号：SG-SD0603
		归口管理部门：项目管理部门	编制单位：国网山东省电力公司

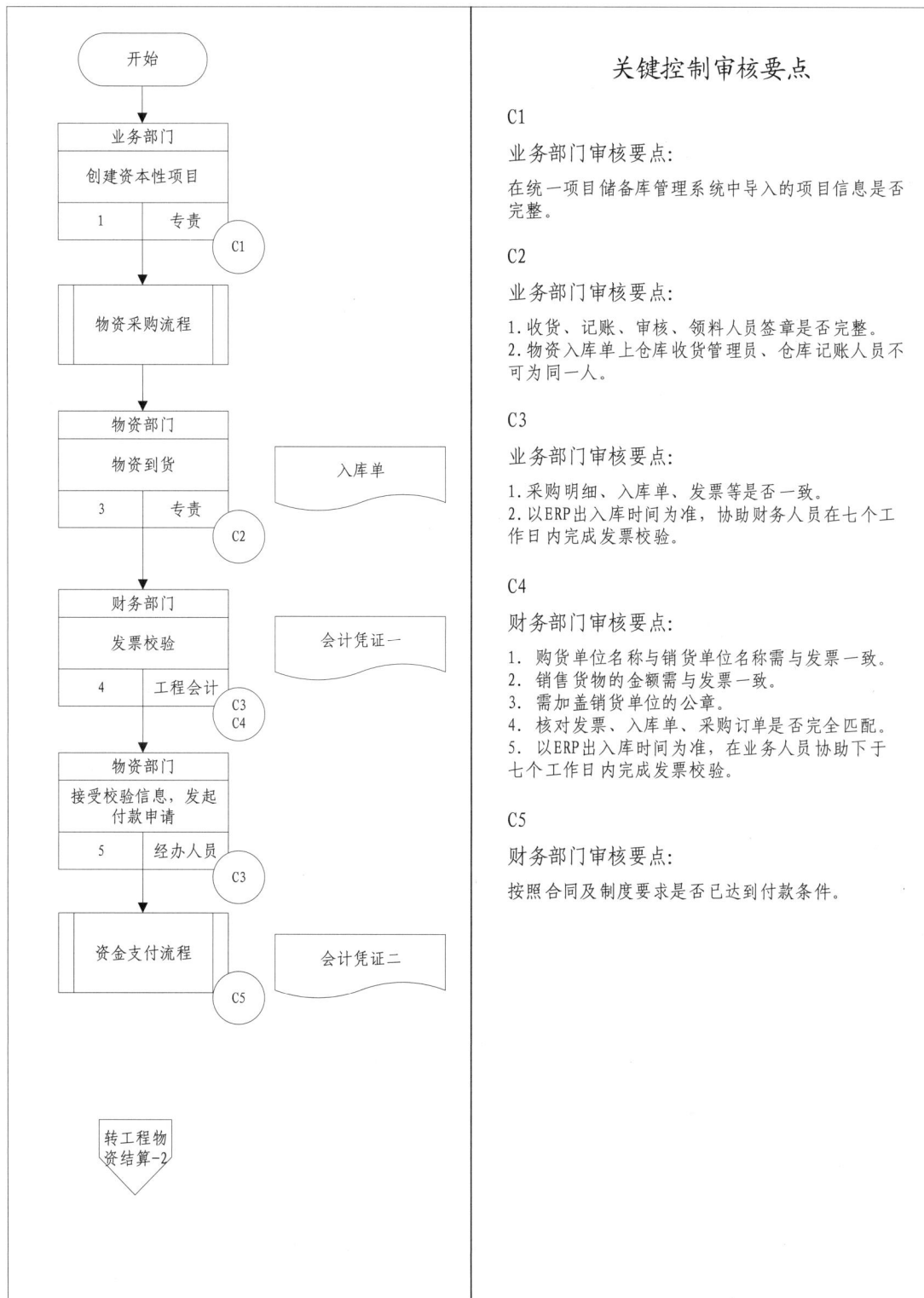

关键控制审核要点

C1

业务部门审核要点：

在统一项目储备库管理系统中导入的项目信息是否完整。

C2

业务部门审核要点：

1. 收货、记账、审核、领料人员签章是否完整。
2. 物资入库单上仓库收货管理员、仓库记账人员不可为同一人。

C3

业务部门审核要点：

1. 采购明细、入库单、发票等是否一致。
2. 以 ERP 出入库时间为准，协助财务人员在七个工作日内完成发票校验。

C4

财务部门审核要点：

1. 购货单位名称与销货单位名称需与发票一致。
2. 销售货物的金额需与发票一致。
3. 需加盖销货单位的公章。
4. 核对发票、入库单、采购订单是否完全匹配。
5. 以 ERP 出入库时间为准，在业务人员协助下于七个工作日内完成发票校验。

C5

财务部门审核要点：

按照合同及制度要求是否已达到付款条件。

	工程物资结算	业务经办部门：运检部门、物资部门等项目实施部门	流程编号：SG-SD0603
		归口管理部门：项目管理部门	编制单位：国网山东省电力公司

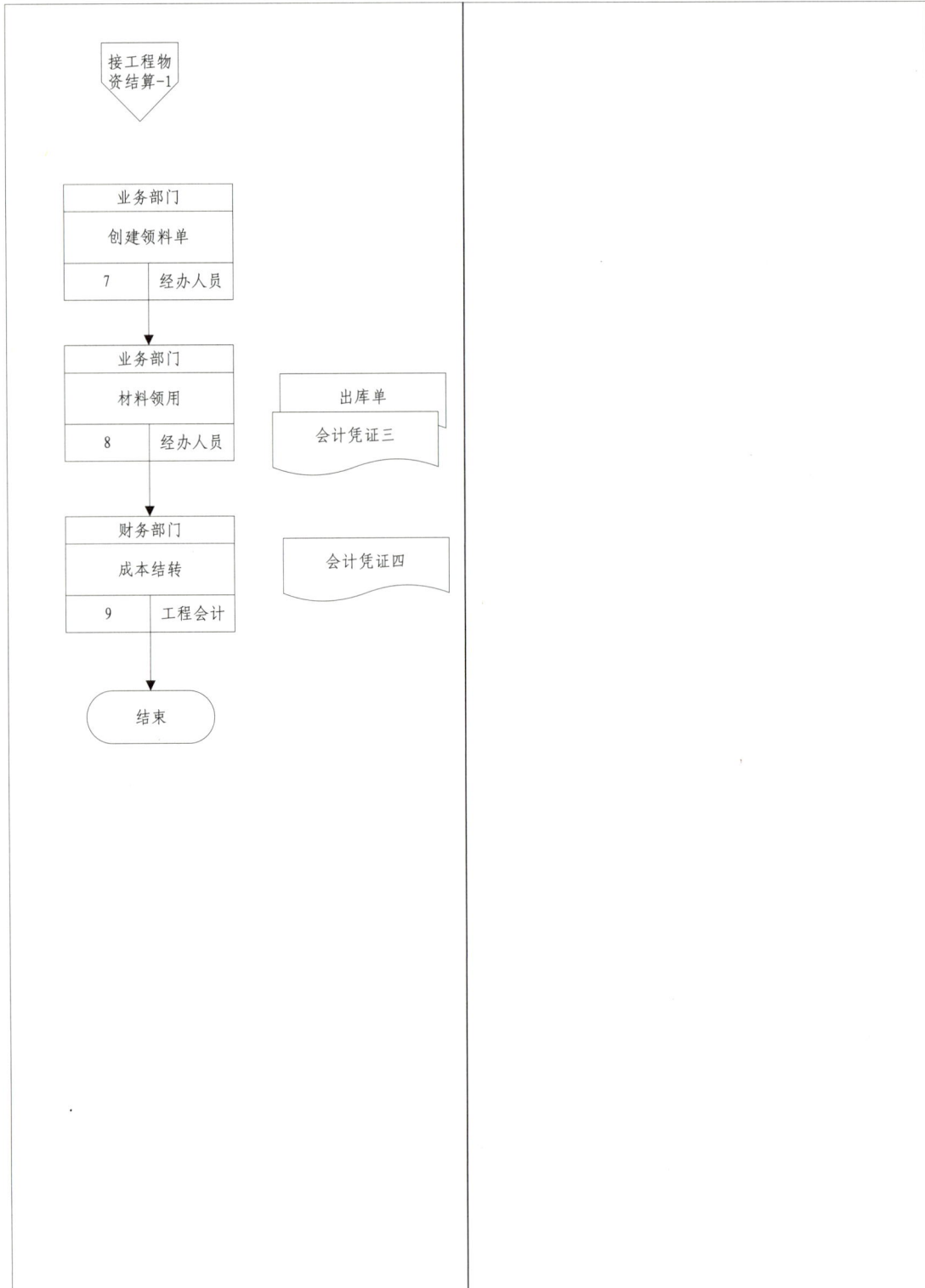

接工程物资结算-1

业务部门
创建领料单

7	经办人员

业务部门
材料领用

8	经办人员

出库单

会计凭证三

财务部门
成本结转

9	工程会计

会计凭证四

结束

审核：工程其他费用

1. 业务概述

工程其他费用是指为完成工程项目建设所必须的不属于建筑工程费、安装工程费、设备购置费的其他相关费用，主要包括建设场地征用及清理费、项目建设管理费、项目建设技术服务费、分系统调试及整套启动试运费、生产准备费、大件运输措施费、基本预备费、动态费用等。

2. 风险分析

风险分类	风险描述
运营风险	1. 将用于项目建设管理费—项目法人管理费中的董事会经费、工资、奖金等职工薪酬支出，列入工程项目成本报销 2. 在项目法人管理费用和生产准备费中违规列支车辆购置费 3. 报销与工程无关的培训费用，为无人值守变电站、通信站列支购置工器具及办公家具费用，在变电站扩建工程、电缆线路工程、系统通信工程中报销生产职工培训及提前进场费 4. 将不适于该项目发生的建设场地征用及清理费、项目建设管理费、项目建设技术服务费、生产准备费等计入项目报销 5. 将工程完工后尚不能确定和发生的项目后评价费、工程建设检测费中的环境监测验收费、水土保持项目验收及补偿费计入工程成本，未纳入当年的生产成本预算管理
财务风险	1. 概算审核把关不严，可能出现超概算支付的情况，如未按规定使用项目法人管理费、列支批准概算外项目费用、在工程其他费用中超预算列支工程单项费用，且未履行预算调整程序等 2. 其他费用列支标准、范围审核不严，可能出现超标准支付其他费用、违规列支其他费用的情况 3. 报销审批单填写有误，与发票、合同信息不一致，可能导致挂账供应商出现金额错误等现象，影响财务报告的准确性
法律风险	未采用统一的合同文本，在招投标手续不规范、不完整情况下签订合同，导致合同条款不完善，存在法律风险

3. 权责划分

涉及岗位	关键控制点	权限划分
业务经办人员	创建项目、提报服务采购申请	提报权
	创建合同及采购订单	执行权
	提交发票校验及付款结算的原始单据	执行权
经办部门负责人	审核合同完整性、有效性	审核权、审批权
	审核发票校验及付款结算	审核权、审批权
归口管理部门负责人	审核发票校验及付款结算	审核权、审批权

涉及岗位	关键控制点	权限划分
工程会计	审核合同	审核权
	复核发票校验及付款结算与辅助单据	审核权
	生成凭证	执行权

4. 制度依据

（1）相关业务制度

《国家电网有限公司输变电工程设计施工监理招标集中管理办法》（国网（企管）426-2019）

（2）相关财务制度

《国家电网公司工程财务管理办法》（国网（财/2）351-2018）

《国家电网有限公司会计基础管理办法》（国网（财/2）350-2018）

《国家电网有限公司资金管理办法》（国网（财/2）345-2019）

《国家电网有限公司成本管理办法》（国网（财/2）347-2019）

5. 审核指引

（1）业务流程图

通过流程简图反映工程其他费用业务工作流程，明确对应岗位，确定关键控制点、原始单据等。

（2）关键控制审核要点

针对工程其他费用业务中相关业务经办部门、归口管理部门、财务部门权责划分，确定重点审核要点，指导业财人员协同审核、规范办理此类业务，防范与应对相关风险。

通过 ERP 服务采购流程办理工程其他费用结算业务

工程其他费用	业务经办部门：项目实施部门	流程编号：SG-SD0604
	归口管理部门：项目管理部门	编制单位：国网山东省电力公司

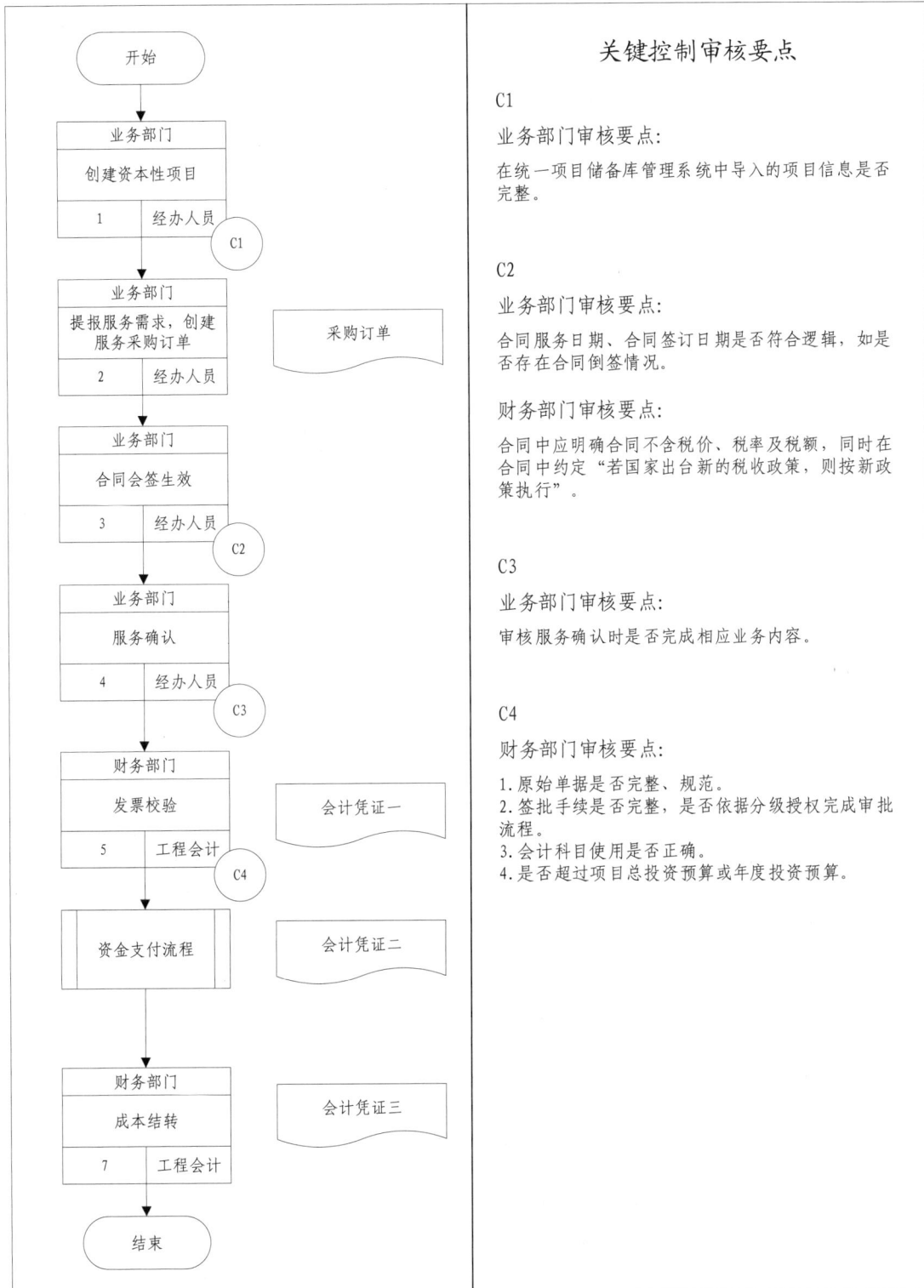

关键控制审核要点

```
开始
  │
  ▼
┌─────────────────┐
│ 业务部门         │
│ 创建资本性项目    │
│ 1      经办人员   │──C1
└─────────────────┘
  │
  ▼
┌─────────────────┐        ┌──────────┐
│ 业务部门         │        │ 采购订单  │
│ 提报服务需求，创建 │        └──────────┘
│ 服务采购订单      │
│ 2      经办人员   │
└─────────────────┘
  │
  ▼
┌─────────────────┐
│ 业务部门         │
│ 合同会签生效      │
│ 3      经办人员   │──C2
└─────────────────┘
  │
  ▼
┌─────────────────┐
│ 业务部门         │
│ 服务确认         │
│ 4      经办人员   │──C3
└─────────────────┘
  │
  ▼
┌─────────────────┐        ┌──────────┐
│ 财务部门         │        │ 会计凭证一 │
│ 发票校验         │        └──────────┘
│ 5      工程会计   │──C4
└─────────────────┘
  │
  ▼
┌─────────────────┐        ┌──────────┐
│ 资金支付流程      │        │ 会计凭证二 │
└─────────────────┘        └──────────┘
  │
  ▼
┌─────────────────┐        ┌──────────┐
│ 财务部门         │        │ 会计凭证三 │
│ 成本结转         │        └──────────┘
│ 7      工程会计   │
└─────────────────┘
  │
  ▼
结束
```

C1

业务部门审核要点：

在统一项目储备库管理系统中导入的项目信息是否完整。

C2

业务部门审核要点：

合同服务日期、合同签订日期是否符合逻辑，如是否存在合同倒签情况。

财务部门审核要点：

合同中应明确合同不含税价、税率及税额，同时在合同中约定"若国家出台新的税收政策，则按新政策执行"。

C3

业务部门审核要点：

审核服务确认时是否完成相应业务内容。

C4

财务部门审核要点：

1. 原始单据是否完整、规范。
2. 签批手续是否完整，是否依据分级授权完成审批流程。
3. 会计科目使用是否正确。
4. 是否超过项目总投资预算或年度投资预算。

审核：工程投产转资

1. 业务概述

工程投产转资的核算工作是工程管理等相关部门根据项目概算、施工合同、施工图、设计变更、施工进度月报表、数量验收结果、核定的移交工程清册等有关估价资料，按单项工程编制暂估工程费用明细表、暂估应付工程款明细表。财务部门从项目工程费用实际支出出发，结合其他资料，对上述明细表进行复核，判断各单位工程暂估数据的合理性、真实性。

2. 风险分析

风险分类	风险描述
运营风险	1. 未履行合同约定的价款结算方式，如合同约定为总价包干，实际据实结算，或合同约定为可调单价，实际按固定总价结算等情况，导致合同履行不合规，增加工程成本，影响工程竣工验收 2. 未及时提供竣工验收相关资料导致转资时间滞后，影响财务报告的准确性 3. 工程结算超概未履行决策审批程序，导致工程超概结算缺乏依据，造成工程管理失控 4. 竣工结算费用中存在虚列内容、虚报工程量或不合理费用，造成工程管理混乱
财务风险	1. 系统联动产生的固定资产卡片内容不正确，与台账内容不一致，可能影响固定资产明细账的准确性，进而影响财务报告的准确性，造成财务报告错报、漏报 2. 竣工验收投运当月暂估工程成本不合理，导致工程成本不准确，影响财务报告真实性 3. 在建工程的投产转资不及时、不准确，造成公司资产价值确认不及时不准确、资产折旧的计提不准确、不及时，从而影响财务报告的准确性，造成财务报告错报、漏报

3. 权责划分

涉及岗位	关键控制点	权限划分
工程管理部门专责	提交工程竣工资料	提报权
工程管理部门负责人	审核暂估费用资料	审核权、审批权
生产管理部门专责	创建设备台账和资产卡片	执行权
工程会计	审核竣工相关资料	审核权
	进行财务核算、分摊	执行权

4. 制度依据

（1）相关业务制度

《国家电网有限公司基建项目管理规定》（国网（企管）426-2019）

《国家电网有限公司输变电工程验收管理办法》（国网（企管）296-2019）

（2）相关财务制度

《国家电网公司工程财务管理办法》（国网（财/2）351-2018）

《国家电网有限公司会计基础管理办法》（国网（财/2）350-2018）

《国家电网公司会计核算办法》（国网（财/2）469-2014）

5. 审核指引

（1）业务流程图

通过流程简图反映工程投产转资业务工作流程，明确对应岗位，确定关键控制点、原始单据等。

（2）关键控制审核要点

针对工程投产转资业务过程中相关业务经办部门、归口管理部门、财务部门权责划分，确定重点审核要点，指导业财人员协同审核、规范办理此类业务，防范与应对相关风险。

| 工程投产转资 | 业务经办部门：工程管理部门 | 流程编号：SG-SD0605 |
| | 归口管理部门：财务部门 | 编制单位：国网山东省电力公司 |

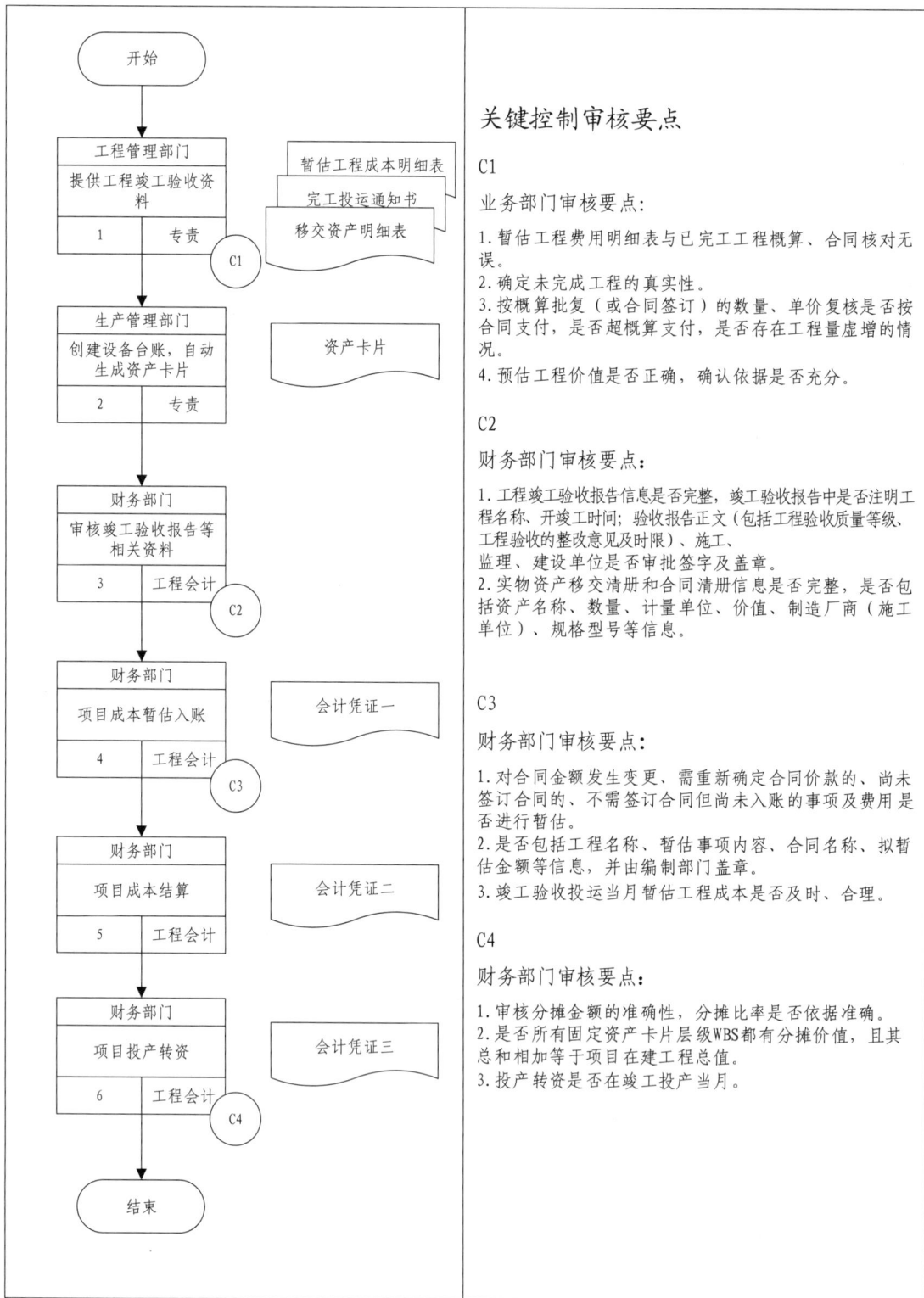

开始

工程管理部门
提供工程竣工验收资料
| 1 | 专责 |
C1

暂估工程成本明细表
完工投运通知书
移交资产明细表

生产管理部门
创建设备台账，自动生成资产卡片
| 2 | 专责 |

资产卡片

财务部门
审核竣工验收报告等相关资料
| 3 | 工程会计 |
C2

财务部门
项目成本暂估入账
| 4 | 工程会计 |
C3

会计凭证一

财务部门
项目成本结算
| 5 | 工程会计 |

会计凭证二

财务部门
项目投产转资
| 6 | 工程会计 |
C4

会计凭证三

结束

关键控制审核要点

C1

业务部门审核要点：

1. 暂估工程费用明细表与已完工工程概算、合同核对无误。
2. 确定未完成工程的真实性。
3. 按概算批复（或合同签订）的数量、单价复核是否按合同支付，是否超概算支付，是否存在工程量虚增的情况。
4. 预估工程价值是否正确，确认依据是否充分。

C2

财务部门审核要点：

1. 工程竣工验收报告信息是否完整，竣工验收报告中是否注明工程名称、开竣工时间；验收报告正文（包括工程验收质量等级、工程验收的整改意见及时限）、施工、
监理、建设单位是否审批签字及盖章。
2. 实物资产移交清册和合同清册信息是否完整，是否包括资产名称、数量、计量单位、价值、制造厂商（施工单位）、规格型号等信息。

C3

财务部门审核要点：

1. 对合同金额发生变更、需重新确定合同价款的、尚未签订合同的、不需签订合同但尚未入账的事项及费用是否进行暂估。
2. 是否包括工程名称、暂估事项内容、合同名称、拟暂估金额等信息，并由编制部门盖章。
3. 竣工验收投运当月暂估工程成本是否及时、合理。

C4

财务部门审核要点：

1. 审核分摊金额的准确性，分摊比率是否依据准确。
2. 是否所有固定资产卡片层级WBS都有分摊价值，且其总和相加等于项目在建工程总值。
3. 投产转资是否在竣工投产当月。

审核：工程决算转资

1. 业务概述

工程决算转资是在建工程正式转资，财务部门依据审核通过的工程结算资料，依托 ERP，按竣工决算报表及资产清单调整预估转资的资产卡片价值的过程。由于工程决算转资要求的时效性较强，财务部门作为工程决算转资的归口管理部门，应及时组织、协调基建、物资、计划、生产等部门共同配合，完成资料收集和竣工决算编制。通过工程竣工决算报表编制，一方面正确反映建设工程的实际造价和投资效果；另一方面通过工程竣工决算与概预算的对比分析，考核投资控制的工作成效，总结经验教训，积累技术经济方面的基础资料，提高未来建设工程的投资效益。

2. 风险分析

风险分类	风险描述
运营风险	1. 工程所有合同执行情况统计不完整，可能导致工程项目成本确认不准确 2. 工程剩余物资退库手续未及时办理，或未进行物资退库，导致工程物资流失 3.ERP 物料账与物资实际耗用表金额、数量不一致，导致工程成本确认不准确，或虚列工程成本
财务风险	1. 预计未完收尾工程预留不合规，导致项目成本核算不准确，影响财务报告的准确性，造成财务报告错报、漏报 2. 未按期编制决算资料并转资，导致转资滞后，造成公司资产价值确认不及时不准确、资产折旧的计提不准确、不及时，从而影响财务报告的准确性，造成错报、漏报 3. 决算报告数据不准确，编制内容不规范，导致工程转资资产价值确认不准确，影响财务报告的准确性

3. 权责划分

涉及岗位	关键控制点	权限划分
发策部门专责	提交工程核准、可研及概算等资料	提报权
工程管理部门专责	提交结算资料	执行权
工程管理部门负责人	审核结算资料	审核权、审批权
物资部门专责	办理物资入、出、退库等工作	执行权
	提供相关凭证，办理物资结算支付手续	执行权
实物资产管理部门专责	配合财务部门开展工程财务管理相关工作	执行权
工程会计	审核结算资料	审核权
	执行在建工程转资	执行权

4. 制度依据

（1）相关业务制度

《国家电网有限公司基建项目管理规定》（国网（企管）426-2019）

《国家电网有限公司输变电工程验收管理办法》（国网（企管）296-2019）

（2）相关财务制度

《国家电网公司工程财务管理办法》（国网（财 /2）351-2018）

《国家电网有限公司会计基础管理办法》（国网（财 /2）350-2018）

5. 审核指引

（1）业务流程图

通过流程简图反映工程决算转资业务工作流程，明确对应岗位，确定关键控制点、原始单据等。

（2）关键控制审核要点

针对工程决算转资业务过程中相关业务经办部门、归口管理部门、财务部门权责划分，确定重点审核要点，指导业财人员协同审核、规范办理此类业务，防范与应对相关风险。

工程决算转资

业务经办部门：物资部门、运检部门等工程管理部门	流程编号：SG-SD0606
归口管理部门：财务部门	编制单位：国网山东省电力公司

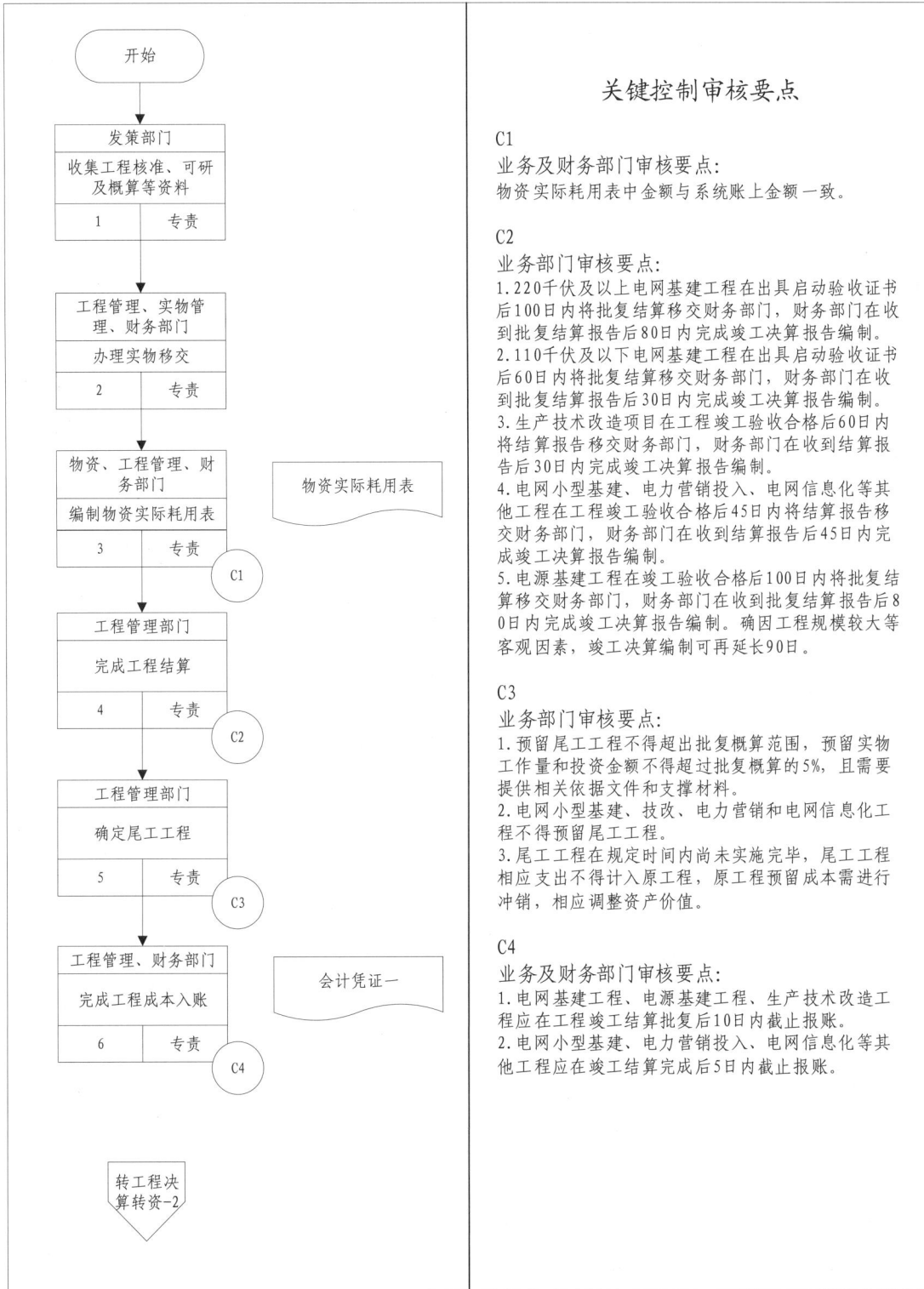

关键控制审核要点

C1
业务及财务部门审核要点：
物资实际耗用表中金额与系统账上金额一致。

C2
业务部门审核要点：
1. 220千伏及以上电网基建工程在出具启动验收证书后100日内将批复结算移交财务部门，财务部门在收到批复结算报告后80日内完成竣工决算报告编制。
2. 110千伏及以下电网基建工程在出具启动验收证书后60日内将批复结算移交财务部门，财务部门在收到批复结算报告后30日内完成竣工决算报告编制。
3. 生产技术改造项目在工程竣工验收合格后60日内将结算报告移交财务部门，财务部门在收到结算报告后30日内完成竣工决算报告编制。
4. 电网小型基建、电力营销投入、电网信息化等其他工程在工程竣工验收合格后45日内将结算报告移交财务部门，财务部门在收到结算报告后45日内完成竣工决算报告编制。
5. 电源基建工程在竣工验收合格后100日内将批复结算移交财务部门，财务部门在收到批复结算报告后80日内完成竣工决算报告编制。确因工程规模较大等客观因素，竣工决算编制可再延长90日。

C3
业务部门审核要点：
1. 预留尾工工程不得超出批复概算范围，预留实物工作量和投资金额不得超过批复概算的5%，且需要提供相关依据文件和支撑材料。
2. 电网小型基建、技改、电力营销和电网信息化工程不得预留尾工工程。
3. 尾工工程在规定时间内尚未实施完毕，尾工工程相应支出不得计入原工程，原工程预留成本需进行冲销，相应调整资产价值。

C4
业务及财务部门审核要点：
1. 电网基建工程、电源基建工程、生产技术改造工程应在工程竣工结算批复后10日内截止报账。
2. 电网小型基建、电力营销投入、电网信息化等其他工程应在竣工结算完成后5日内截止报账。

	工程决算转资	业务经办部门：物资部门、运检部门等工程管理部门	流程编号：SG-SD0606
		归口管理部门：财务部门	编制单位：国网山东省电力公司

```
    ┌──────────┐
    │ 接工程决 │
    │ 算转资-1 │
    └────┬─────┘
         ▼

  ┌─────────────┐        ┌──────────────┐
  │  财务部门   │        │  会计凭证二  │
  ├─────────────┤        └──────────────┘
  │ 清理工程资金 │
  ├──────┬──────┤
  │  7   │工程会计│
  └──────┴──────┘
         │
         ▼
  ┌─────────────┐        ┌──────────────┐
  │  财务部门   │        │  会计凭证三  │
  ├─────────────┤        └──────────────┘
  │编制竣工决算报│
  │告并转资     │
  ├──────┬──────┤
  │  8   │工程会计│      (C5)
  └──────┴──────┘
         │
         ▼
  ┌─────────────┐
  │  财务部门   │
  ├─────────────┤
  │审核和上报竣工│
  │决算         │
  ├──────┬──────┤
  │  9   │工程会计│      (C6)
  └──────┴──────┘
         │
         ▼
  ┌─────────────┐
  │  财务部门   │
  ├─────────────┤
  │竣工决算档案 │
  │管理         │
  ├──────┬──────┤
  │  10  │工程会计│
  └──────┴──────┘
         │
         ▼
     ┌────────┐
     │  结束  │
     └────────┘
```

关键控制审核要点

C5

财务部门审核要点：

1. 220千伏及以上电网基建工程在出具启动验收证书后100日内将批复结算移交财务部门，财务部门在收到批复结算报告后80日内完成竣工决算报告编制。

2. 110千伏及以下电网基建工程在出具启动验收证书后60日内将批复结算移交财务部门，财务部门在收到批复结算报告后30日内完成竣工决算报告编制。

3. 生产技术改造项目在工程竣工验收合格后60日内将结算报告移交财务部门，财务部门在收到结算报告后30日内完成竣工决算报告编制。

4. 电网小型基建、电力营销投入、电网信息化等其他工程在工程竣工验收合格后45日内将结算报告移交财务部门，财务部门在收到结算报告后45日内完成竣工决算报告编制。

5. 电源基建工程在竣工验收合格后100日内将批复结算移交财务部门，财务部门在收到批复结算报告后80日内完成竣工决算报告编制。确因工程规模较大等客观因素，竣工决算编制可再延长90日。

6. 生产运行部门、使用部门、财务部门是否共同参与竣工验收并签章确认。

7. 工程名称、投产时间等要素是否齐全，决算金额是否准确，转固金额与在建工程金额是否一致。

C6

财务部门审核要点：

1. 竣工决算审核报告是否由具有资质的事务所出具，并签字盖章。

2. 决算金额是否与实际核销金额一致。

审核：500 千伏及以上工程委托属地报销业务

1. 业务概述

500 千伏及以上工程委托属地报销业务是指建设公司委托市、县公司负责 500 千伏及以上工程的属地业务办理及资金垫付。建设公司委托垫付资金包括但不限于发生的与属地业务相关的协调费，与送电通道有关的林木砍伐、青苗补偿等费用，与变电站建设相关的征地及权证办理款、迁移补偿费等费用。

500 千伏及以上工程委托属地业务通过财务管控完成受托垫付资金的申请和支付业务，通过 BPM 工作流完成受托垫付资金的列转。

2. 风险分析

风险分类	风险描述
运营风险	1. 在项目过程中铺张浪费、虚报、假报等以谋取私利的行为 2. 存在合同或协议签订不合理，合同要素签订不齐全现象 3. 支付当地政府并由政府转付补偿费无当地政府签章的收据以及支付明细清单 4. 赔偿个人无收款人有效身份证明复印件和收款人签章的收据、赔偿明细 5. 清理、迁移涉及施工工程费的无工程结算资料 6. 房屋拆除等需要评估的事项无资产评估报告
财务风险	1. 由于前端业务部门资料不齐全或未到付款条件，导致已提报的现金预算无法支付，形成现金流量预算偏差，影响财务报告准确性 2. 未通过 BPM 工作流进行列转，会计凭证生成有误，账务处理不规范，影响财务报告准确性

3. 权责划分

涉及岗位	关键控制点	权限划分
业务经办人员	提报资金申请	提报权
	提交报销申请及原始单据	提报权
业务经办部门负责人	审核报销单据	审核权、审批权
归口管理部门负责人	审核报销单据	审核权、审批权
工程会计	复核报销申请与单据	审核权
	生成报销凭证	执行权

4. 制度依据

（1）相关业务制度

《国家电网有限公司基建项目管理规定》（国网（企管）426-2019）

（2）相关财务制度

《国家电网公司工程财务管理办法》（国网（财/2）351-2018）

《国家电网有限公司会计基础管理办法》（国网（财/2）350-2018）

《国家电网公司资金管理办法》（国网（财/2）345-2019）

5. 审核指引

（1）业务流程图

通过流程简图反映 500 千伏及以上工程委托属地报销业务工作流程，明确对应岗位，确定关键控制点、原始单据等。

（2）关键控制审核要点

针对 500 千伏及以上工程委托属地报销业务过程中相关业务经办部门、归口管理部门、财务部门权责划分，确定重点审核要点，指导业财人员协同审核、规范办理此类业务，防范与应对相关风险。

	500千伏及以上工程委托属地报销业务	业务经办部门：属地化业务管理部门	流程编号：SG-SD0607
		归口管理部门：建设公司管理部门、财务部门	编制单位：国网山东省电力公司

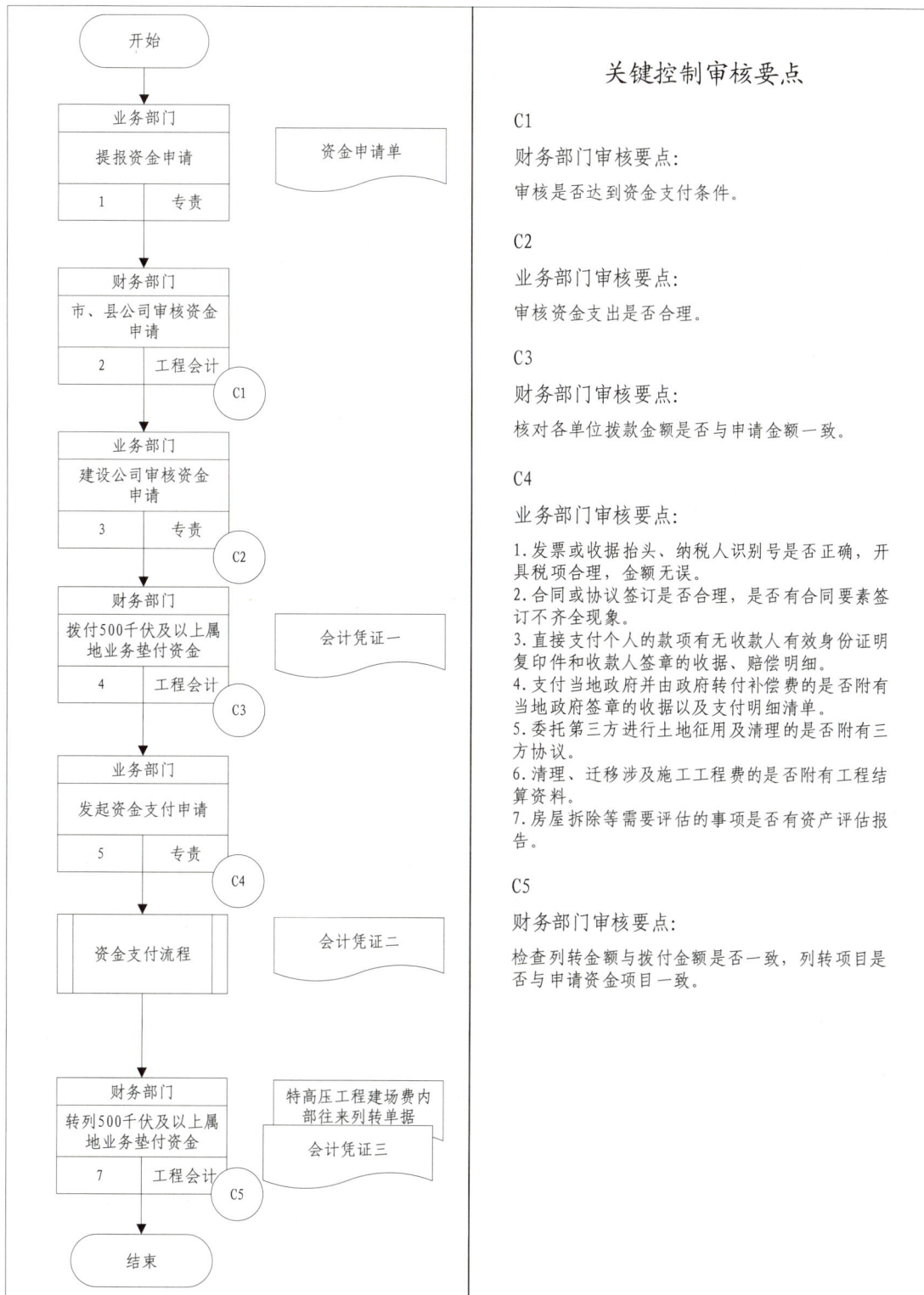

关键控制审核要点

C1

财务部门审核要点：

审核是否达到资金支付条件。

C2

业务部门审核要点：

审核资金支出是否合理。

C3

财务部门审核要点：

核对各单位拨款金额是否与申请金额一致。

C4

业务部门审核要点：

1. 发票或收据抬头、纳税人识别号是否正确，开具税项合理，金额无误。
2. 合同或协议签订是否合理，是否有合同要素签订不齐全现象。
3. 直接支付个人的款项有无收款人有效身份证明复印件和收款人签章的收据、赔偿明细。
4. 支付当地政府并由政府转付补偿费的是否附有当地政府签章的收据以及支付明细清单。
5. 委托第三方进行土地征用及清理的是否附有三方协议。
6. 清理、迁移涉及施工工程费的是否附有工程结算资料。
7. 房屋拆除等需要评估的事项是否有资产评估报告。

C5

财务部门审核要点：

检查列转金额与拨付金额是否一致，列转项目是否与申请资金项目一致。

流程图（左栏）：

- 开始
- 业务部门 — 提报资金申请 — 1 专责 〔资金申请单〕
- 财务部门 — 市、县公司审核资金申请 — 2 工程会计 — C1
- 业务部门 — 建设公司审核资金申请 — 3 专责 — C2
- 财务部门 — 拨付500千伏及以上属地业务垫付资金 — 4 工程会计 — C3 〔会计凭证一〕
- 业务部门 — 发起资金支付申请 — 5 专责 — C4
- 资金支付流程 〔会计凭证二〕
- 财务部门 — 转列500千伏及以上属地业务垫付资金 — 7 工程会计 — C5 〔特高压工程建场费内部往来列转单据 会计凭证三〕
- 结束

七、运维检修业务

审核：检修运维费

1. 业务概述

检修运维费包含自营（外包）材料费和外包检修费。材料费是指供电企业生产经营过程中因自行组织设备大修、抢修和日常检修发生的材料消耗，包括装置性材料费用和消耗性材料费用。外包检修费是核算供电企业因受人员、技术和机械装备等原因限制，企业自身无法自行开展检修工作，而将检修项目外包给社会单位而发生的材料、人工、机械台班费用、措施费、间接费、利润及税金等全部支出。该类业务通过 ERP 系统办理自营（外包）材料费、外包检修费入账流程。

检修运维费业务涉及两项流程：一是通过 ERP 物资采购流程办理消耗性物资采购业务；二是通过 ERP 服务采购流程办理检修运维费服务采购业务。

2. 风险分析

风险分类	风险描述
运营风险	1. 验收单、入库单未按照要求进行签字确认，可能导致账实不符，影响真实性 2. 提交报销单据与采购申请不一致，可能导致虚列成本，造成损失 3. 采购服务超预算资金，可能导致无法报销入账或超预算支出，影响预算目标的实现 4. 未按合同要求取得增值税专用发票，造成公司经济损失
财务风险	1. 未对报销单据的完整性及报销事项与报销单据的一致性复核，可能导致财务数据失真 2. 会计凭证编制未经有效审核，可能导致凭证编制错误未及时被发现，出现会计核算差错问题
法律风险	合同未经有效审核，合同条款约定不明确，合同执行不到位，可能引起法律纠纷

3. 权责划分

涉及岗位	关键控制点	权限划分
业务经办人员	提交报销单据	提报权
	创建采购订单	执行权
	发起合同会签	执行权
业务经办部门负责人	审核报销单据	审核权、审批权
	审核采购申请	审核权、审批权
	合同会签	审核权、审批权
归口管理部门负责人	审核报销单据	审核权、审批权
	审核采购申请	审核权、审批权

续 表

涉及岗位	关键控制点	权限划分
归口管理部门负责人	合同会签	审核权、审批权
成本会计	审核报销单据	审核权
	发票校验	执行权
	生成报销凭证	执行权

4. 制度依据

（1）相关业务制度

《国家电网公司变电运维检修管理办法》（国网（运检 /2）826-2017）

《国家电网公司非生产性技改、大修项目管理办法》（国网（后勤 /3)442-2014）

《国家电网公司营销项目管理办法》（国网（营销 /3）381-2019）

（2）相关财务制度

《国家电网公司会计核算办法》（国网（财 /2）469-2014）

《国家电网有限公司会计基础管理办法》（国网（财 /2）350-2018）

5. 审核指引

（1）业务流程图

通过流程简图反映检修运维费业务工作流程，明确对应岗位，确定关键控制点、原始单据等。

（2）关键控制审核要点

针对检修运维费业务过程中相关业务经办部门、归口管理部门、财务部门权责划分，确定重点审核要点，指导业财人员协同审核、规范办理此类业务，防范与应对相关风险。

①通过 ERP 物资采购流程办理消耗性物资采购业务

检修运维费	业务经办部门：运检、营销、安质、后勤等项目管理部门	流程编号：SG-SD0701
	归口管理部门：运检、营销、安质、后勤等项目管理部门	编制单位：国网山东省电力公司

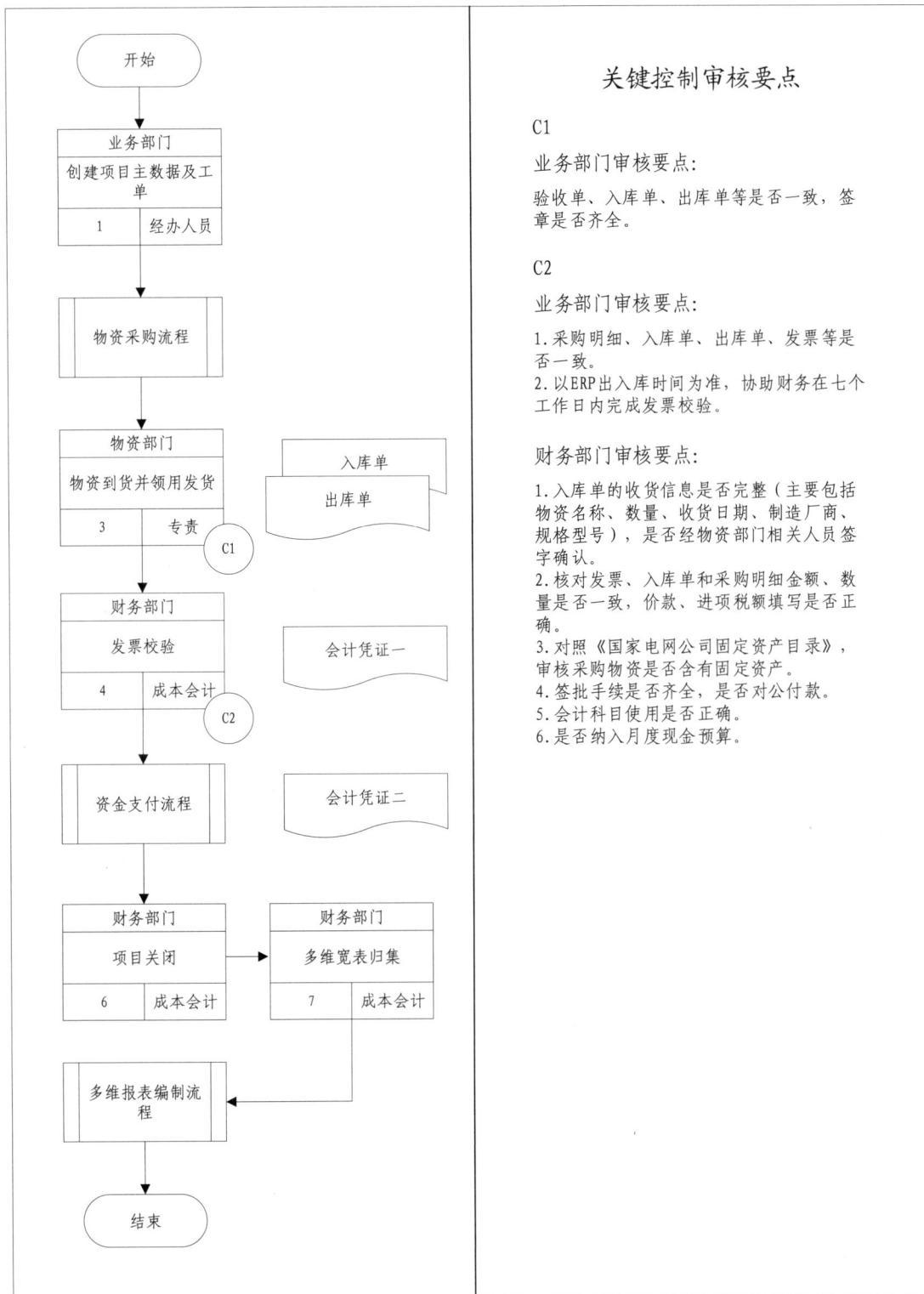

关键控制审核要点

C1

业务部门审核要点：

验收单、入库单、出库单等是否一致，签章是否齐全。

C2

业务部门审核要点：

1.采购明细、入库单、出库单、发票等是否一致。

2.以ERP出入库时间为准，协助财务在七个工作日内完成发票校验。

财务部门审核要点：

1.入库单的收货信息是否完整（主要包括物资名称、数量、收货日期、制造厂商、规格型号），是否经物资部门相关人员签字确认。

2.核对发票、入库单和采购明细金额、数量是否一致，价款、进项税额填写是否正确。

3.对照《国家电网公司固定资产目录》，审核采购物资是否含有固定资产。

4.签批手续是否齐全，是否对公付款。

5.会计科目使用是否正确。

6.是否纳入月度现金预算。

②通过 ERP 服务采购流程办理检修运维费服务采购业务

	检修运维费	业务经办部门：运检、营销、安质、后勤等项目管理部门	流程编号：SG-SD0701
		归口管理部门：运检、营销、安质、后勤等项目管理部门	编制单位：国网山东省电力公司

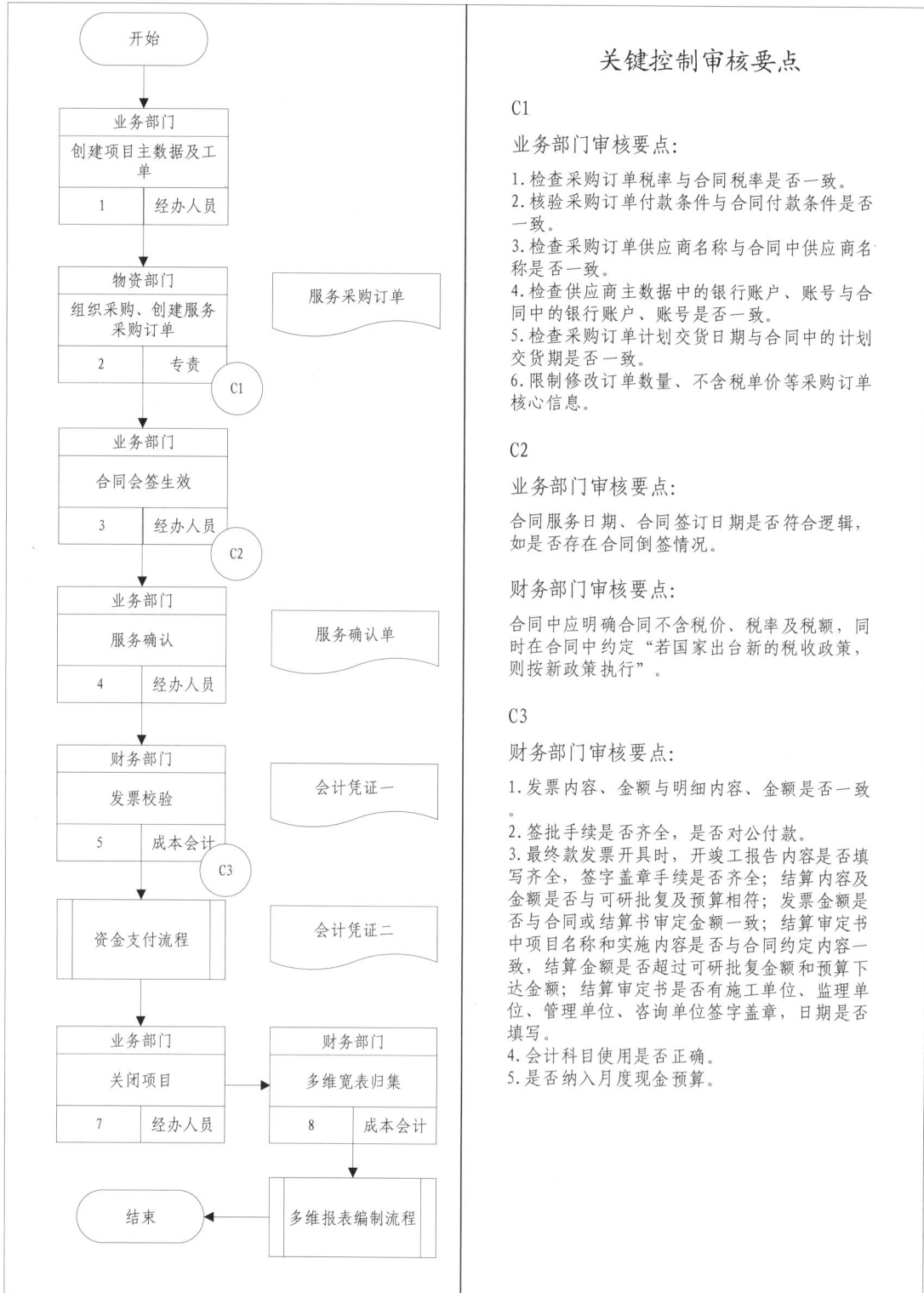

关键控制审核要点

C1

业务部门审核要点：

1. 检查采购订单税率与合同税率是否一致。
2. 核验采购订单付款条件与合同付款条件是否一致。
3. 检查采购订单供应商名称与合同中供应商名称是否一致。
4. 检查供应商主数据中的银行账户、账号与合同中的银行账户、账号是否一致。
5. 检查采购订单计划交货日期与合同中的计划交货期是否一致。
6. 限制修改订单数量、不含税单价等采购订单核心信息。

C2

业务部门审核要点：

合同服务日期、合同签订日期是否符合逻辑，如是否存在合同倒签情况。

财务部门审核要点：

合同中应明确合同不含税价、税率及税额，同时在合同中约定"若国家出台新的税收政策，则按新政策执行"。

C3

财务部门审核要点：

1. 发票内容、金额与明细内容、金额是否一致。

2. 签批手续是否齐全，是否对公付款。
3. 最终款发票开具时，开竣工报告内容是否填写齐全，签字盖章手续是否齐全；结算内容及金额是否与可研批复及预算相符；发票金额是否与合同或结算书审定金额一致；结算审定书中项目名称和实施内容是否与合同约定内容一致，结算金额是否超过可研批复金额和预算下达金额；结算审定书是否有施工单位、监理单位、管理单位、咨询单位签字盖章，日期是否填写。
4. 会计科目使用是否正确。
5. 是否纳入月度现金预算。

审核：设备检测费

1. 业务概述

设备检测费是核算供电企业根据法律法规和生产经营需要，对各类精密设备、仪器仪表等进行检测、检定的费用，不包括营销设备的检测费。

2. 风险分析

风险分类	风险描述
运营风险	1. 采购服务超预算资金，可能导致无法报销入账或超预算支出，影响预算目标的实现 2. 报销单据与采购申请不一致，可能导致虚列成本，造成损失 3. 未按合同要求取得增值税专用发票，造成公司经济损失 4. 签批手续不完整，存在合规风险
财务风险	1. 未对报销单据的完整性及报销事项与报销单据的一致性复核，可能导致财务数据失真 2. 会计凭证编制未经有效审核，可能导致凭证编制错误未及时被发现，出现会计核算差错问题
法律风险	合同未经有效审核，合同条款约定不明确，合同执行不到位，可能引起法律纠纷

3. 权责划分

涉及岗位	关键控制点	权限划分
业务经办人员	提交报销单据	提报权
	创建采购订单	执行权
	发起合同会签	执行权
经办部门负责人	审核报销单据	审核权、审批权
	审核采购订单	审核权、审批权
	合同会签	审核权、审批权
归口管理部门负责人	审核报销单据	审核权、审批权
成本管理会计	复核报销单据	审核权
	发票校验	执行权
	生成报销凭证	执行权

4. 制度依据

（1）相关业务制度

《国家电网公司变电检测管理规定（试行）》（国网（运检/3）829-2017）

《国家电网公司安全稳定控制系统检测工作管理办法》（国网（调/4）810-2016）

《国家电网公司继电保护和安全自动装置专业检测工作管理办法》（国网（调/4）224-2014）

（2）相关财务制度

《国家电网公司会计核算办法》（国网（财/2）469-2014）

《国家电网有限公司会计基础管理办法》（国网（财/2）350-2018）

5. 审核指引

（1）业务流程图

通过流程简图反映设备检测费业务工作流程，明确对应岗位，确定关键控制点、原始单据等。

（2）关键控制审核要点

针对设备检测费业务过程中相关业务经办部门、财务部门权责划分，确定重点审核要点，指导业财人员协同审核、规范办理此类业务，防范与应对相关风险。

通过 ERP 系统服务采购流程办理设备检测费业务

设备检测费	业务经办部门：运检部门	流程编号：SG-SD0702
	归口管理部门：运检部门	编制单位：国网山东省电力公司

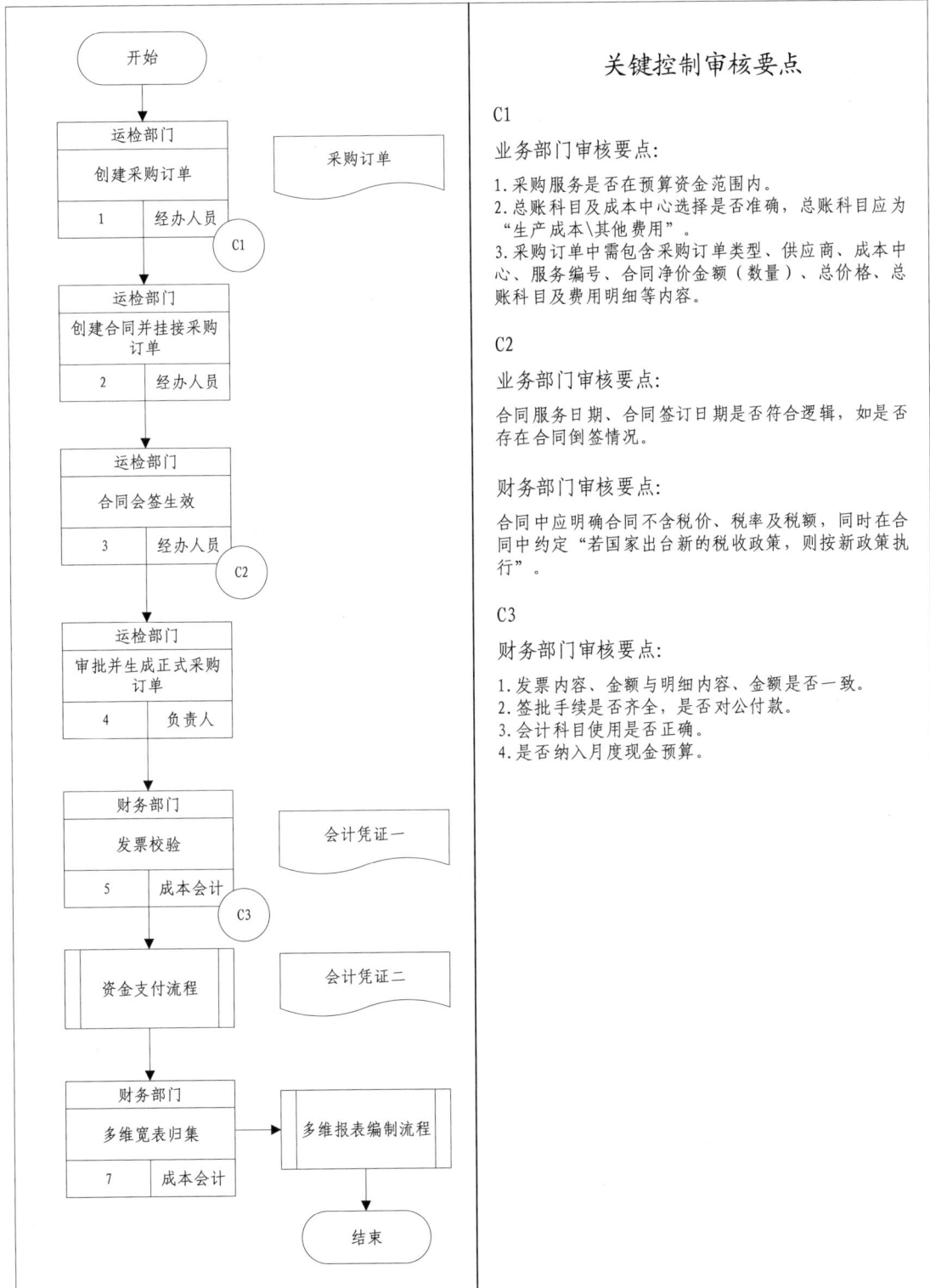

<table>
<tr><td>

开始

↓

运检部门
创建采购订单
| 1 | 经办人员 |
C1

↓

运检部门
创建合同并挂接采购订单
| 2 | 经办人员 |

↓

运检部门
合同会签生效
| 3 | 经办人员 |
C2

↓

运检部门
审批并生成正式采购订单
| 4 | 负责人 |

↓

财务部门
发票校验
| 5 | 成本会计 |
C3

↓

资金支付流程

↓

财务部门
多维宽表归集
| 7 | 成本会计 | → **多维报表编制流程**

↓

结束

采购订单

会计凭证一

会计凭证二

</td><td>

关键控制审核要点

C1

业务部门审核要点：

1.采购服务是否在预算资金范围内。
2.总账科目及成本中心选择是否准确，总账科目应为"生产成本\其他费用"。
3.采购订单中需包含采购订单类型、供应商、成本中心、服务编号、合同净价金额（数量）、总价格、总账科目及费用明细等内容。

C2

业务部门审核要点：

合同服务日期、合同签订日期是否符合逻辑，如是否存在合同倒签情况。

财务部门审核要点：

合同中应明确合同不含税价、税率及税额，同时在合同中约定"若国家出台新的税收政策，则按新政策执行"。

C3

财务部门审核要点：

1.发票内容、金额与明细内容、金额是否一致。
2.签批手续是否齐全，是否对公付款。
3.会计科目使用是否正确。
4.是否纳入月度现金预算。

</td></tr>
</table>

审核：节能服务费

1. 业务概述

节能服务费是用能单位因接受节能服务公司提供的能源管理服务而支付的服务费用。

2. 风险分析

风险分类	风险描述
运营风险	1. 采购服务超预算资金，可能导致无法报销入账或超预算支出，影响预算目标的实现 2. 报销单据与采购申请不一致，可能导致虚列成本，造成损失 3. 未按合同要求取得增值税专用发票，造成公司经济损失 4. 签批手续不完整，存在合规风险
财务风险	1. 未对报销单据的完整性及报销事项与报销单据的一致性复核，可能导致财务数据失真 2. 会计凭证编制未经有效审核，可能导致凭证编制错误未及时被发现，出现会计核算差错问题
法律风险	合同未经过有效审核，可能导致合同条款含糊不清，出现合同纠纷，造成法律风险及经济损失

3. 权责划分

涉及岗位	关键控制点	权限划分
业务经办人员	提交报销单据	提报权
	创建采购订单	执行权
	发起合同会签	执行权
经办部门负责人	审核报销单据	审核权、审批权
	审核采购订单	审核权、审批权
	合同会签	审核权、审批权
归口管理部门负责人	审核报销单据	审核权、审批权
成本管理会计	审核报销单据	审核权
	发票校验	执行权
	生成报销凭证	执行权

4. 制度依据

（1）相关业务制度

无。

（2）相关财务制度

《国家电网公司会计核算办法》（国网（财/2）469-2014）

《国家电网有限公司会计基础管理办法》（国网（财/2）350-2018）

5. 审核指引

（1）业务流程图

通过流程简图反映节能服务费业务工作流程，明确对应岗位，确定关键控制点、原始单据等。

（2）关键控制审核要点

针对节能服务费业务过程中相关业务经办部门、财务部门权责划分，确定重点审核要点，指导业财人员协同审核、规范办理此类业务，防范与应对相关风险。

通过 ERP 系统服务采购流程办理节能服务费业务

节能服务费	业务经办部门：运检部门	流程编号：SG-SD0703
	归口管理部门：运检部门	编制单位：国网山东省电力公司

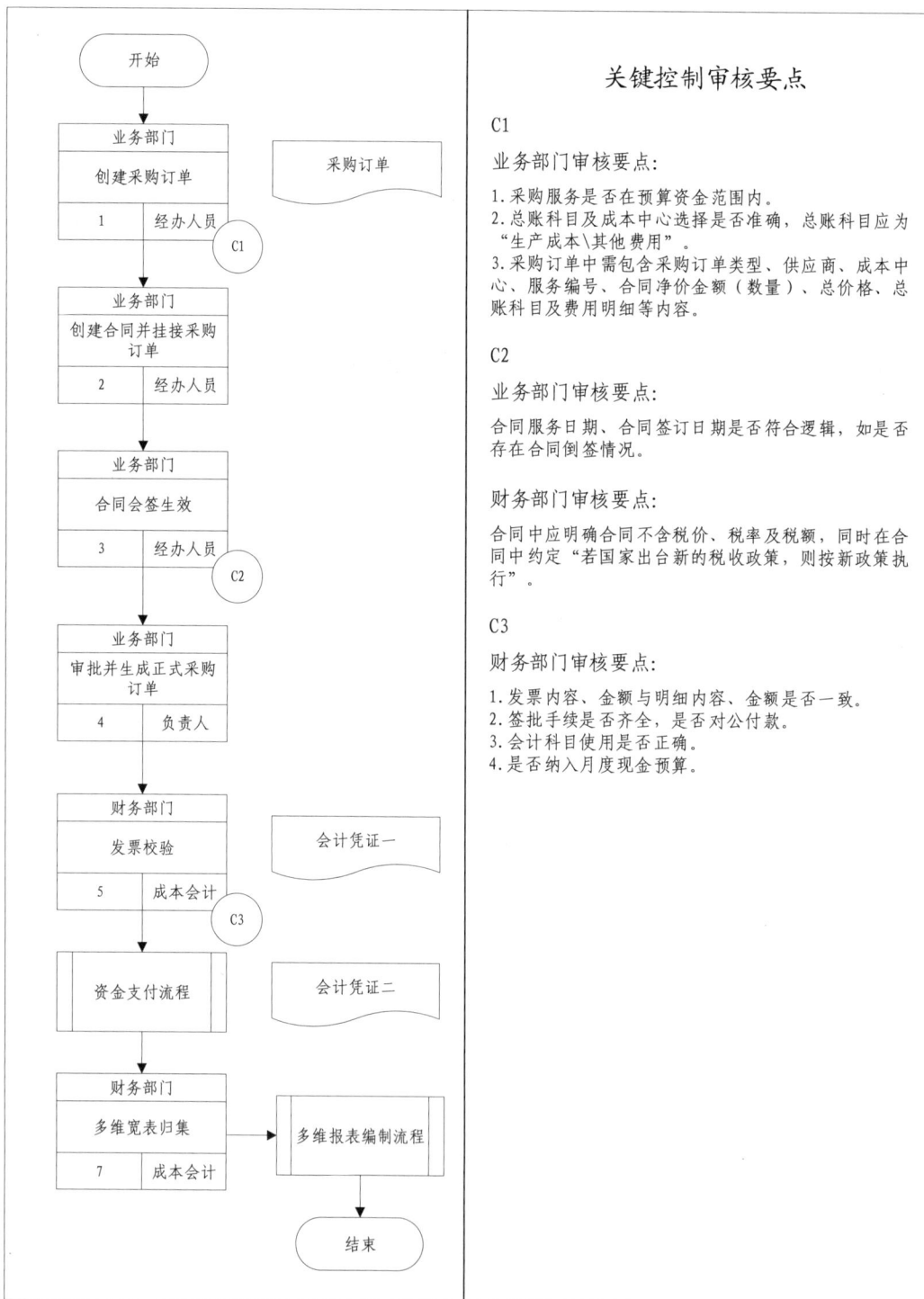

关键控制审核要点

C1

业务部门审核要点：

1. 采购服务是否在预算资金范围内。
2. 总账科目及成本中心选择是否准确，总账科目应为"生产成本\其他费用"。
3. 采购订单中需包含采购订单类型、供应商、成本中心、服务编号、合同净价金额（数量）、总价格、总账科目及费用明细等内容。

C2

业务部门审核要点：

合同服务日期、合同签订日期是否符合逻辑，如是否存在合同倒签情况。

财务部门审核要点：

合同中应明确合同不含税价、税率及税额，同时在合同中约定"若国家出台新的税收政策，则按新政策执行"。

C3

财务部门审核要点：

1. 发票内容、金额与明细内容、金额是否一致。
2. 签批手续是否齐全，是否对公付款。
3. 会计科目使用是否正确。
4. 是否纳入月度现金预算。

审核：护线费

1. 业务概述

护线费是供电公司委托外部单位对输电线路进行维护巡检产生的费用。

2. 风险分析

风险分类	风险描述
运营风险	1. 采购服务超预算资金，可能导致无法报销入账或超预算支出，影响预算目标的实现 2. 报销单据与采购申请不一致，可能导致虚列成本，造成损失 3. 未按合同要求取得增值税专用发票，造成公司经济损失 4. 签批手续不完整，存在合规风险
财务风险	1. 未对报销单据的完整性及报销事项与报销单据的一致性复核，可能导致财务数据失真 2. 会计凭证编制未经有效审核，可能导致凭证编制错误未及时被发现，出现会计核算差错问题
法律风险	合同未经有效审核，合同条款约定不明确，合同执行不到位，可能引起法律纠纷

3. 权责划分

涉及岗位	关键控制点	权限划分
业务经办人员	提交报销申请	提报权
	创建采购订单	提报权
	发起合同会签	执行权
经办部门负责人	审核报销单据	审批权
	审核采购订单	审核权、审批权
	合同会签	审核权、审批权
归口管理部门负责人	审核报销单据	审核权、审批权
成本管理会计	审核报销单据	审核权
	发票校验	执行权
	生成报销凭证	执行权

4. 制度依据

（1）相关业务制度

《国家电网公司架空输电线路检修管理规定》（国网（运检/4）310-2014）

《国家电网公司架空输电线路运维管理规定》（国网（运检/4）305-2014）

（2）相关财务制度

《国家电网公司会计核算办法》（国网（财/2）469-2014）

《国家电网有限公司会计基础管理办法》（国网（财/2）350-2018）

5. 审核指引

（1）业务流程图

通过流程简图反映护线费业务工作流程，明确对应岗位，确定关键控制点、原始单据等。

（2）关键控制审核要点

针对护线费业务过程中业务经办部门、财务部门权责划分，确定重点审核要点，指导业财人员协同审核、规范办理此类业务，防范与应对相关风险。

通过 ERP 服务采购流程办理护线费业务

护线费	业务经办部门：运检部门	流程编号：SG-SD0704
	归口管理部门：运检部门	编制单位：国网山东省电力公司

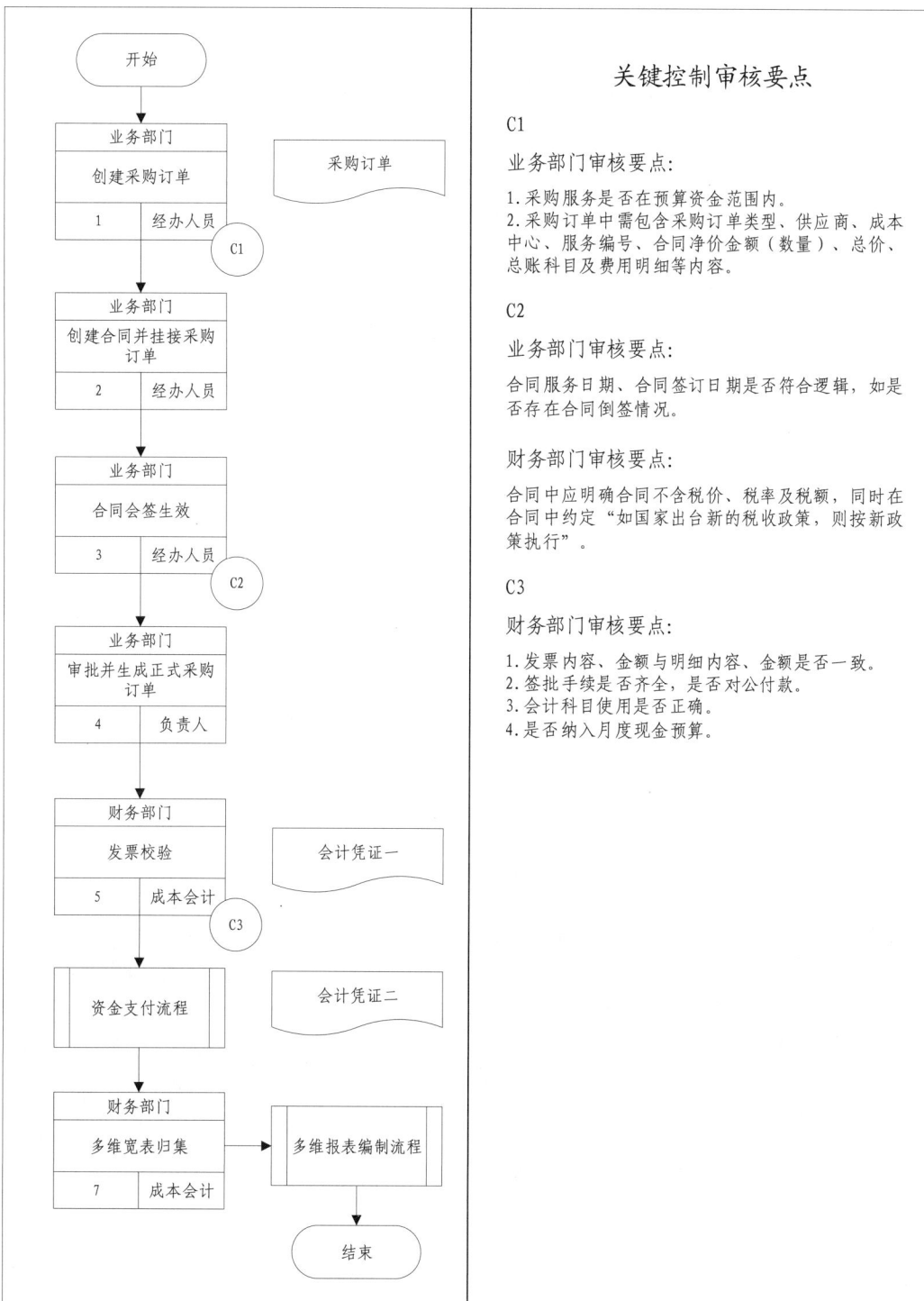

关键控制审核要点

C1

业务部门审核要点：

1. 采购服务是否在预算资金范围内。
2. 采购订单中需包含采购订单类型、供应商、成本中心、服务编号、合同净价金额（数量）、总价、总账科目及费用明细等内容。

C2

业务部门审核要点：

合同服务日期、合同签订日期是否符合逻辑，如是否存在合同倒签情况。

财务部门审核要点：

合同中应明确合同不含税价、税率及税额，同时在合同中约定"如国家出台新的税收政策，则按新政策执行"。

C3

财务部门审核要点：

1. 发票内容、金额与明细内容、金额是否一致。
2. 签批手续是否齐全，是否对公付款。
3. 会计科目使用是否正确。
4. 是否纳入月度现金预算。

审核：技术使用费

1. 业务概述

技术使用费是核算供电企业使用非专利技术而支付的费用。

2. 风险分析

风险分类	风险描述
运营风险	1. 采购服务超预算资金，可能导致无法报销入账或超预算支出，影响预算目标的实现 2. 报销单据与采购申请不一致，可能导致虚列成本，造成损失 3. 未按合同要求取得增值税专用发票，造成公司经济损失 4. 签批手续不完整，存在合规风险
财务风险	1. 未对报销单据的完整性及报销事项与报销单据的一致性复核，可能导致财务数据失真 2. 会计凭证编制未经有效审核，可能导致凭证编制错误未及时被发现，出现会计核算差错问题
法律风险	合同未经有效审核，合同条款约定不明确，合同执行不到位，可能引起法律纠纷

3. 权责划分

涉及岗位	关键控制点	权限划分
业务经办人员	提交报销单据	提报权
	创建采购订单	提报权
	发起合同会签	执行权
经办部门负责人	审核报销单据	审核权、审批权
	审核采购订单	审核权、审批权
	合同会签	审核权、审批权
归口管理部门负责人	审核报销单据	审核权、审批权
成本管理会计	审核报销单据	审核权
	发票校验	执行权
	生成报销凭证	执行权

4. 制度依据

（1）相关业务制度

无。

（2）相关财务制度

《国家电网公司会计核算办法》（国网（财/2）469-2014）

《国家电网有限公司会计基础管理办法》（国网（财/2）350-2018）

5. 审核指引

（1）业务流程图

通过流程简图反映技术使用费销业务工作流程，明确对应岗位，确定关键控制点、原始单据等。

（2）关键控制审核要点

针对技术使用费业务过程中业务经办部门、财务部门权责划分，确定重点审核要点，指导业财人员协同审核、规范办理此类业务，防范与应对相关风险。

通过 ERP 服务采购流程办理技术使用费业务

技术使用费	业务经办部门：运检部门	流程编号：SG-SD0705
	归口管理部门：运检部门	编制单位：国网山东省电力公司

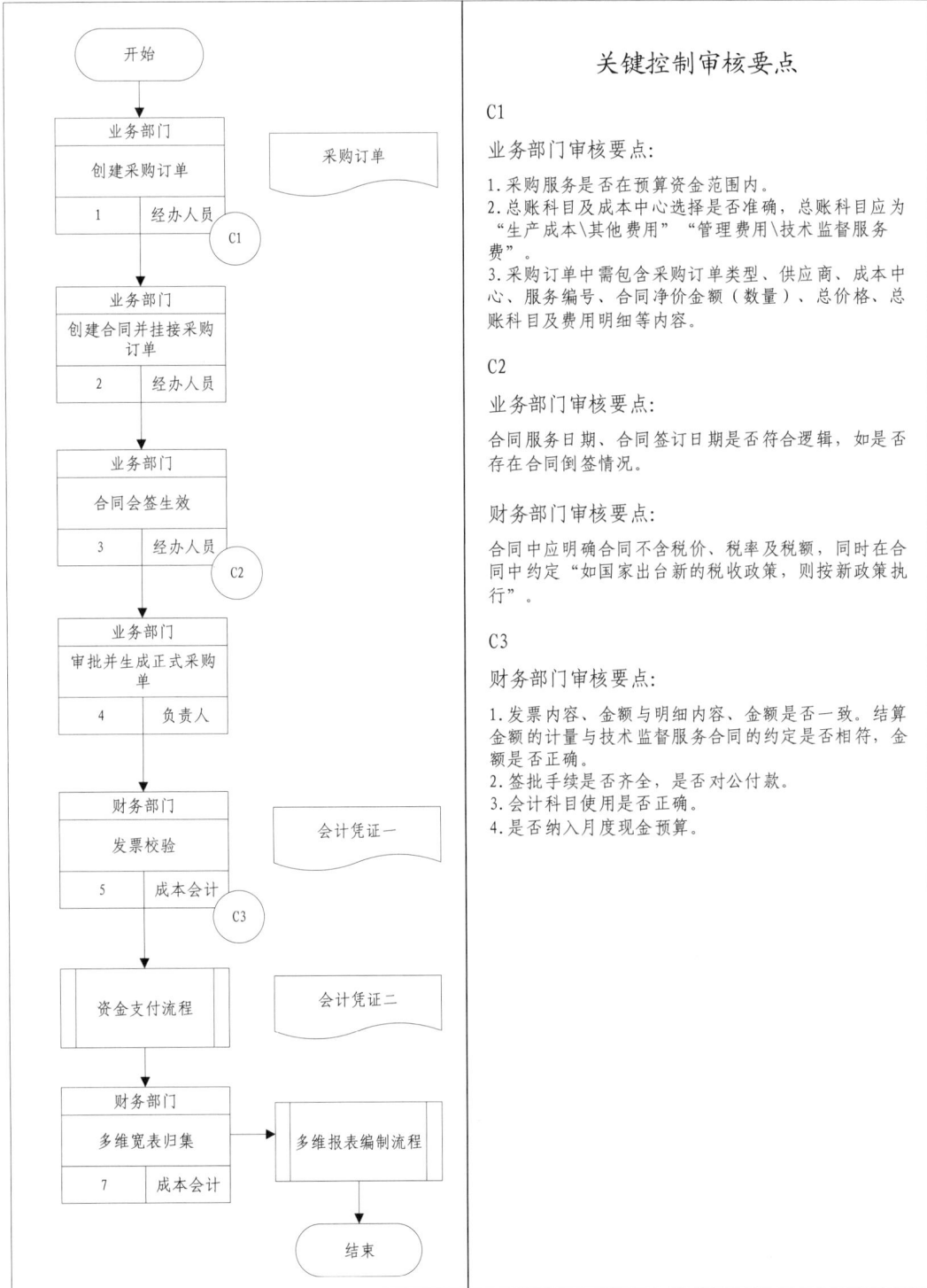

关键控制审核要点

开始

业务部门
创建采购订单
| 1 | 经办人员 |

C1

业务部门
创建合同并挂接采购订单
| 2 | 经办人员 |

业务部门
合同会签生效
| 3 | 经办人员 |

C2

业务部门
审批并生成正式采购单
| 4 | 负责人 |

财务部门
发票校验
| 5 | 成本会计 |

C3

资金支付流程

财务部门
多维宽表归集
| 7 | 成本会计 |

多维报表编制流程

结束

采购订单

会计凭证一

会计凭证二

C1

业务部门审核要点：

1. 采购服务是否在预算资金范围内。

2. 总账科目及成本中心选择是否准确，总账科目应为"生产成本\其他费用""管理费用\技术监督服务费"。

3. 采购订单中需包含采购订单类型、供应商、成本中心、服务编号、合同净价金额（数量）、总价格、总账科目及费用明细等内容。

C2

业务部门审核要点：

合同服务日期、合同签订日期是否符合逻辑，如是否存在合同倒签情况。

财务部门审核要点：

合同中应明确合同不含税价、税率及税额，同时在合同中约定"如国家出台新的税收政策，则按新政策执行"。

C3

财务部门审核要点：

1. 发票内容、金额与明细内容、金额是否一致。结算金额的计量与技术监督服务合同的约定是否相符，金额是否正确。

2. 签批手续是否齐全，是否对公付款。

3. 会计科目使用是否正确。

4. 是否纳入月度现金预算。

八、设备资产管理

审核：固定资产零购

1. 业务概述

固定资产零购业务是指对外购置（包括零星购置固定资产的确认和无须安装可直接使用）的固定资产确认。资产会计根据物资部门采购人员提交的发票和入库单，在系统中进行资产价值新增确认。固定资产的零购业务必须经过物资采购流程，不允许以手工报销方式处理。

2. 风险分析

风险分类	风险描述
运营风险	1. 资产卡片创建不准确，不利于资产管理；资产盘点时出现账实不符，可能导致资产遗失、挪用等情况 2. 购买资产不在公司的年度综合计划及财务预算内
财务风险	1. 资产分类错误，将导致折旧计提不准确，直接影响利润等情况，存在税务风险 2. 采购订单、发票、入库单不一致，影响资产价值与应付款项准确性，存在财务报表错报风险

3. 权责划分

涉及岗位	关键控制点	权限划分
使用保管部门经办人员	根据有关批复，提报购置申请	提报权
实物管理部门经办人员	审核购置申请	审核权、审批权
	创建设备卡片，联动资产卡片	执行权
物资管理部门经办人员	执行采购流程	执行权
	会同实物管理部门，完成收货流程	执行权
资产会计	审核采购资料，完成发票校验	审核权
	核对卡片信息和入账信息	审核权

4. 制度依据

（1）相关业务制度

《固定资产零星购置管理规定》（国网（发展/3）364—2019）

（2）相关财务制度

《国家电网公司固定资产管理办法》（国网（财/2）593—2018）

《国家电网公司会计核算管理办法》（国网（财/2）469—2014）

5. 审核指引

（1）业务流程图

通过流程简图反映固定资产零购业务工作流程，明确对应岗位，确定关键控制点、原始单据等。

（2）关键控制审核要点

针对固定资产零购过程中资产使用管理部门、实物管理部门、物资管理部门、财务部门权责划分，确定重点审核要点，指导业财人员协同审核、规范办理此类业务，防范与应对相关风险。

	业务经办部门：相关部门	流程编号：SG-SD0801-01
固定资产零购	归口管理部门：发策部门	编制单位：国网山东省电力公司

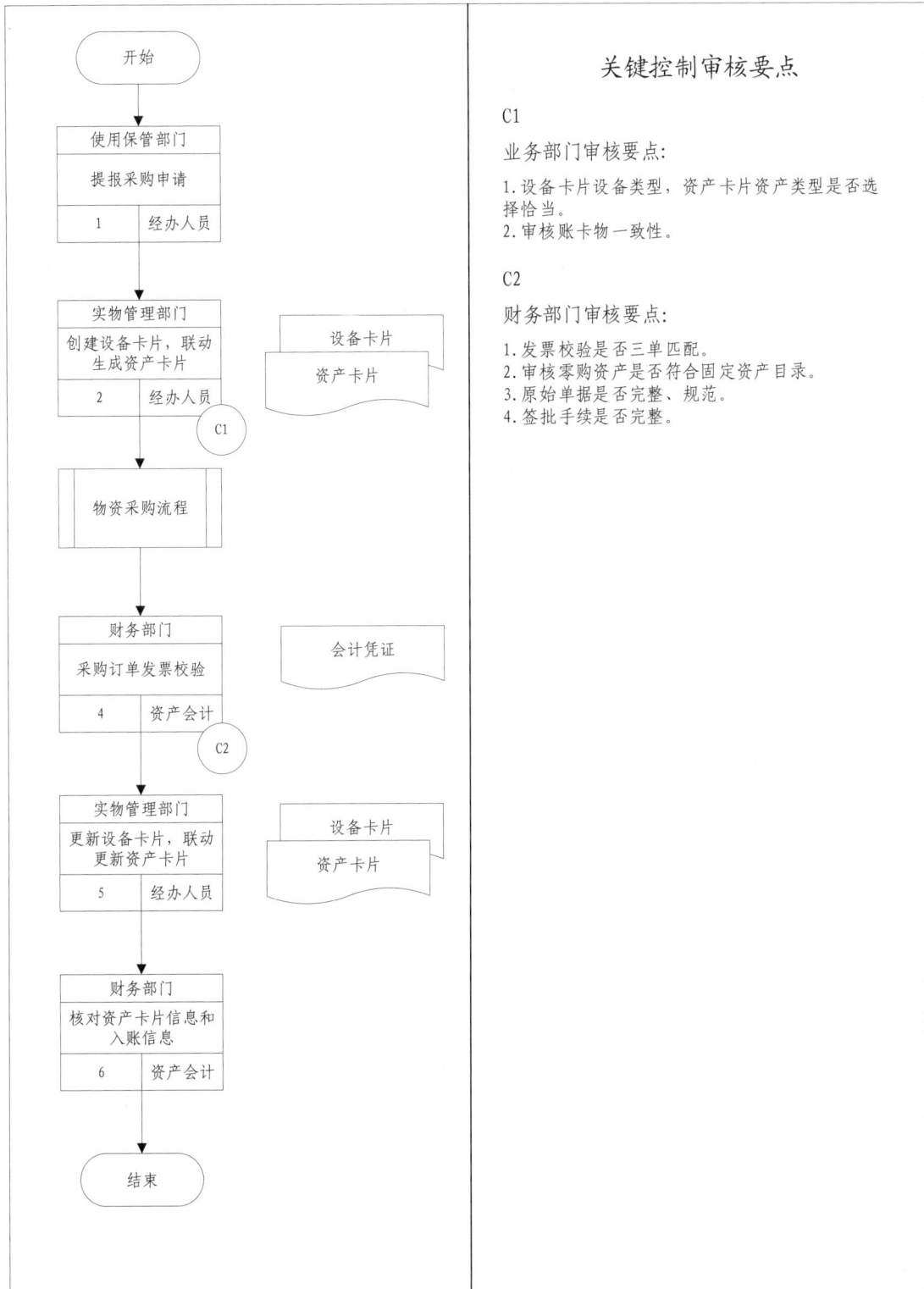

关键控制审核要点

C1

业务部门审核要点：

1. 设备卡片设备类型，资产卡片资产类型是否选择恰当。
2. 审核账卡物一致性。

C2

财务部门审核要点：

1. 发票校验是否三单匹配。
2. 审核零购资产是否符合固定资产目录。
3. 原始单据是否完整、规范。
4. 签批手续是否完整。

开始

使用保管部门
提报采购申请
| 1 | 经办人员 |

实物管理部门
创建设备卡片，联动生成资产卡片
| 2 | 经办人员 |
C1

设备卡片
资产卡片

物资采购流程

财务部门
采购订单发票校验
| 4 | 资产会计 |
C2

会计凭证

实物管理部门
更新设备卡片，联动更新资产卡片
| 5 | 经办人员 |

设备卡片
资产卡片

财务部门
核对资产卡片信息和入账信息
| 6 | 资产会计 |

结束

审核：无偿接收用户资产

1. 业务概述

固定资产新增来源主要包括基本建设、技术改造、零星购置、融资租入、接受捐赠、债务重组、投资转入、无偿调入、盘盈等。

无偿接收用户资产业务，用户资产是除电网公司外（包括政府、机关、军队、企事业单位、社会团体、居民等电力用户、发电企业）出资建设的、专门用于电力接入服务的专用网架及其附属设备、设施等供电配套资产，包括：用户出资建设的城市电缆下地等工程形成的资产；用户出资建设的居民小区配电设施（包括供电企业根据地方政府有关政策统一收费、统一组织建设的新建住宅供配电设施）形成的资产；用户为满足自身需要，出资建设的专用输变电、配电及计量资产；用户出资建设的电源接入系统工程形成的资产；等等。

2. 风险分析

风险分类	风险描述
运营风险	1.资产产权归属不明确，接收后存在后续资产流失风险 2.设备信息不准确，移交范围不明确，直接影响设备价值评估准确性 3.未签订移交协议或移交协议流于形式，移交清单空白或填写随意，导致产权模糊； 4.固定资产实物与卡片不一致，可能造成资产遗失、挪用等 5.资产分类错误，导致折旧计提不准确，存在税务风险
财务风险	1.设备信息不准确，造成资产价值确认与入账不准确 2.资产评估的价值确认不公允，导致企业经济利益受损
法律风险	产权归属不明，存在权属争议、纠纷或涉诉的用户资产，存在法律风险

3. 权责划分

涉及岗位	关键控制点	权限划分
业务经办人员	提报移交申请	提报权
业务经办部门、实物管理部门、经法部门经办人员	审核是否符合接收条件	审核权
	收集设备信息，有关技术经济资料	执行权
	按规定签订移交协议	执行权
资产会计	组织资产评估，合理确定价值	执行权
业务经办部门、实物管理部门经办人员	创建设备卡片，联动生成资产卡片	执行权
实物管理部门经办人员	发起工作流	执行权
资产会计	录入价值信息	执行权

涉及岗位	关键控制点	权限划分
财务部门负责人	审核价值信息	审核权、审批权
省公司财务部资产会计	审批价值信息	审核权、审批权
省公司财务部资产主管	审批价值信息	审核权、审批权

4. 制度依据

（1）相关业务制度

《国家电网有限公司电网实物资产管理规定》（国网（运检/2）408-2019）

（2）相关财务制度

《国家电网公司固定资产管理办法》（国网（财/2）593-2018）

《国家电网公司会计核算办法》（国网（财/2）469-2014）

《国家电网公司资产评估工作管理办法》（国网（财/2)470-2014）

《国家电网有限公司会计基础管理办法》（国网（财/2）350-2018）

5. 审核指引

（1）业务流程图

通过流程简图反映无偿接收用户资产业务工作流程，明确对应岗位，确定关键控制点、原始单据等。

（2）关键控制审核要点

针对无偿接收用户资产业务过程中营销部门、资产使用管理部门、实物管理部门、财务部门权责划分，确定重点审核要点，指导业财人员协同审核、规范办理此类业务，防范与应对相关风险。

无偿接收用户资产	业务经办部门：业务部门	流程编号：SG-SD0801-02
	归口管理部门：相关部门	编制单位：国网山东省电力公司

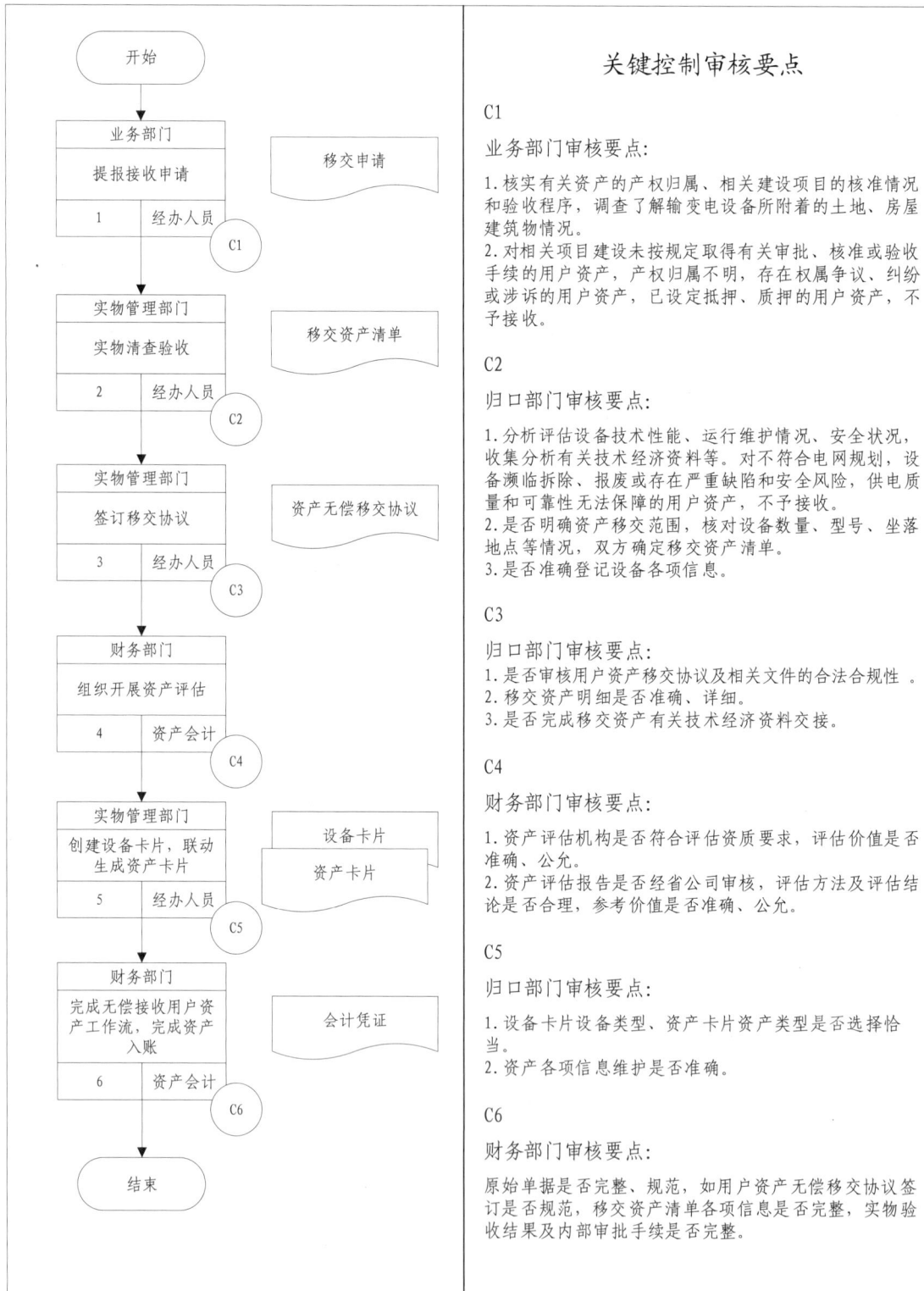

关键控制审核要点

C1

业务部门审核要点：

1.核实有关资产的产权归属、相关建设项目的核准情况和验收程序，调查了解输变电设备所附着的土地、房屋建筑物情况。

2.对相关项目建设未按规定取得有关审批、核准或验收手续的用户资产，产权归属不明，存在权属争议、纠纷或涉诉的用户资产，已设定抵押、质押的用户资产，不予接收。

C2

归口部门审核要点：

1.分析评估设备技术性能、运行维护情况、安全状况，收集分析有关技术经济资料等。对不符合电网规划，设备濒临拆除、报废或存在严重缺陷和安全风险，供电质量和可靠性无法保障的用户资产，不予接收。

2.是否明确资产移交范围，核对设备数量、型号、坐落地点等情况，双方确定移交资产清单。

3.是否准确登记设备各项信息。

C3

归口部门审核要点：

1.是否审核用户资产移交协议及相关文件的合法合规性。

2.移交资产明细是否准确、详细。

3.是否完成移交资产有关技术经济资料交接。

C4

财务部门审核要点：

1.资产评估机构是否符合评估资质要求，评估价值是否准确、公允。

2.资产评估报告是否经省公司审核，评估方法及评估结论是否合理，参考价值是否准确、公允。

C5

归口部门审核要点：

1.设备卡片设备类型、资产卡片资产类型是否选择恰当。

2.资产各项信息维护是否准确。

C6

财务部门审核要点：

原始单据是否完整、规范，如用户资产无偿移交协议签订是否规范，移交资产清单各项信息是否完整，实物验收结果及内部审批手续是否完整。

流程图：

开始
↓
业务部门
提报接收申请
1 经办人员 C1
（移交申请）
↓
实物管理部门
实物清查验收
2 经办人员 C2
（移交资产清单）
↓
实物管理部门
签订移交协议
3 经办人员 C3
（资产无偿移交协议）
↓
财务部门
组织开展资产评估
4 资产会计 C4
↓
实物管理部门
创建设备卡片，联动生成资产卡片
5 经办人员 C5
（设备卡片 资产卡片）
↓
财务部门
完成无偿接收用户资产工作流，完成资产入账
6 资产会计 C6
（会计凭证）
↓
结束

审核：车辆报废业务

1. 业务概述

固定资产报废是生产运行中的固定资产由于资产性能、技术、经济性等原因不能满足正常生产运行需求，且不具备修理后再利用的条件，经专业技术鉴定及审批程序后进行报废处理。固定资产报废业务包括电网设备报废、房屋土地报废、运输设备报废等。

车辆报废业务：车辆达到国网公司规定的更新年限或行驶里程，经地方车管部门环保检测和年检合格，车辆安全状况仍能满足行驶要求的，应当继续使用；车辆安全状况无法满足行驶要求的，通过ERP、财务管控、BPM 工作流、协同办公系统进行报废处置。

2. 风险分析

风险分类	风险描述
运营风险	1. 因处置理由不充分或未经过技术鉴定，导致尚可利用的资产被处置 2. 报废事项未按要求履行签批程序，无法保证资产处置的合理性、合规性 3. 报废事项未上报省市公司审批，私自处置资产，可能导致尚可利用的资产被处置 4. 车辆未按照国家规定流程拆解报废，导致合规风险 5. 资金未回收入账，且无合理证明材料或追责证明，造成国有资产流失
财务风险	报废回收款入账不及时导致资金安全风险

3. 权责划分

涉及岗位	关键控制点	权限划分
使用保管部门经办人员	提交报废申请	提报权
使用保管部门负责人	审核报废申请	审核权、审批权
实物管理部门经办人员	审核报废申请	审核权
	审核报废资料	审核权
实物管理部门负责人	审核报废申请	审核权、审批权
	审核报废资料	审核权、审批权
资产会计	审核报废资料	审核权
	生成报废凭证	执行权
	完成收款结算	执行权

4. 制度依据

（1）相关业务制度

《国网山东省电力公司车辆资产管理规定》（山东（后勤）724-2019（F））

（2）相关财务制度

《国家电网公司固定资产管理办法》（国网（财/2）593-2018）

《国网山东省电力公司关于规范资产处置管理的指导意见》（鲁电财〔2015〕418号）

《资产退役拆除及废旧物资移交处置业务规范》（鲁电财〔2017〕605号）

《国家电网有限公司会计基础管理办法》（国网（财/2）350-2018）

5. 审核指引

（1）业务流程图

通过流程简图反映车辆报废业务工作流程，明确对应岗位，确定关键控制点、原始单据等。

（2）关键控制审核要点

针对车辆报废业务过程中资产使用管理部门、实物管理部门、财务部门权责划分，确定重点审核要点，指导业财人员协同审核、规范办理此类业务，防范与应对相关风险。

车辆报废业务

| 业务经办部门：使用保管部门 | 流程编号：SG-SD0802-01 |
| 归口管理部门：后勤部门 | 编制单位：国网山东省电力公司 |

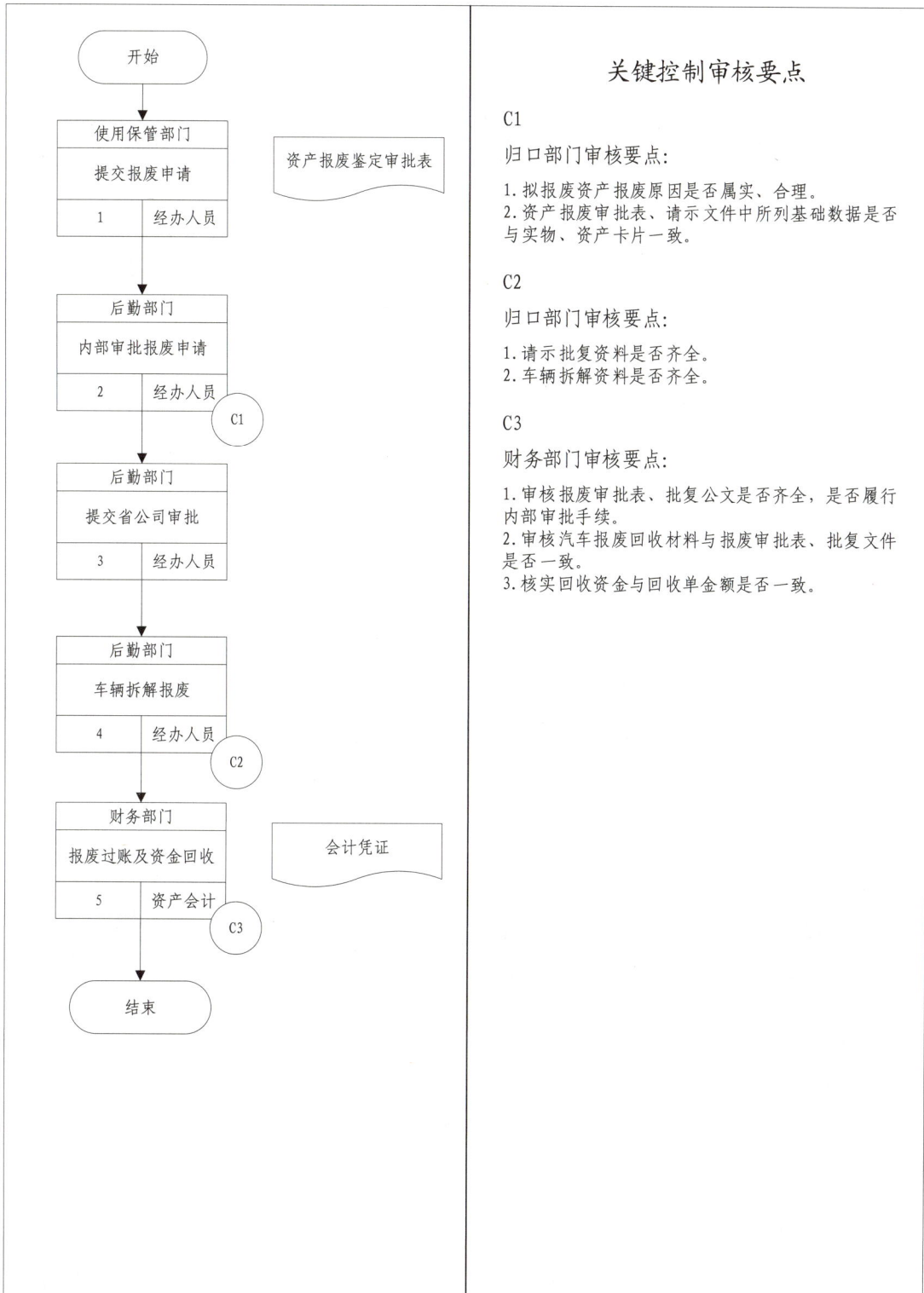

开始

使用保管部门
提交报废申请
1　经办人员

资产报废鉴定审批表

后勤部门
内部审批报废申请
2　经办人员
C1

后勤部门
提交省公司审批
3　经办人员

后勤部门
车辆拆解报废
4　经办人员
C2

财务部门
报废过账及资金回收
5　资产会计
C3

会计凭证

结束

关键控制审核要点

C1

归口部门审核要点：

1.拟报废资产报废原因是否属实、合理。
2.资产报废审批表、请示文件中所列基础数据是否与实物、资产卡片一致。

C2

归口部门审核要点：

1.请示批复资料是否齐全。
2.车辆拆解资料是否齐全。

C3

财务部门审核要点：

1.审核报废审批表、批复公文是否齐全，是否履行内部审批手续。
2.审核汽车报废回收材料与报废审批表、批复文件是否一致。
3.核实回收资金与回收单金额是否一致。

审核：房屋土地报废

1. 业务概述

固定资产报废是生产运行中的固定资产由于资产性能、技术、经济性等原因不能满足正常生产运行需求，且不具备修理后再利用的条件，经专业技术鉴定及审批程序后进行报废处理。固定资产报废业务包括电网设备报废、房屋土地报废、运输设备报废等。

房屋土地报废：房屋土地资产因政府拆迁、规划或者原值拆除重建等原因需要拆除地上建筑物，或者同时回收土地使用权，通过 ERP、财务管控、BPM 工作流、协同办公系统、经法系统等，按照资产处置相关规定履行报废审批流程，完成资产报废业务账务处理。

2. 风险分析

风险分类	风险描述
运营风险	1. 处置理由不充分，政府行为导致报废事项无政府拆迁文件、补偿方式不公允，造成资产处置不合规 2. 报废事项未按要求履行内部决策及签批程序，无法保证资产处置的合理性、合规性 3. 实际拆除、回收资产与审批、批复资产面积、位置不符，未按约定及时回收赔偿款项，资产私自处置、房屋超范围拆除
财务风险	1. 报废事项未报省公司审批，审批流程失效 2. 资产评估机构不符合评估资质要求，评估价值不准确、不公允，无法为协商赔偿金额提供合理参考
法律风险	合同未经有效审核，合同条款约定不明确，合同执行不到位，可能引起法律纠纷

3. 权责划分

涉及岗位	关键控制点	权限划分
使用保管部门经办人员	提交报废申请	提报权
使用保管部门负责人	审核报废申请	审核权、审批权
实物管理部门经办人员	审核报废申请	审核权
	审核报废资料	审核权
实物管理部门负责人	审核报废申请	审核权、审批权
	审核报废资料	审核权、审批权
资产会计	审核报废资料	审核权
	生成报废凭证	执行权
	完成收、付款结算	执行权

涉及岗位	关键控制点	权限划分
财务部门负责人	审核报废申请	审核权、审批权
	审核报废资料	审核权、审批权

4. 制度依据

（1）相关业务制度

《国家电网公司办公用房管理办法》（国网（后勤 /2）233-2014）

《国家电网有限公司电网实物资产管理规定》（国网（运检 /2）408-2019）

（2）相关财务制度

《国家电网公司固定资产管理办法》（国网（财 /2）593-2018）

《国网山东省电力公司关于规范土地、房屋处置流程的通知》（鲁电财〔2014〕334 号）

《国网山东省电力公司关于规范资产处置管理的指导意见》（鲁电财〔2015〕418 号）

5. 审核指引

（1）业务流程图

通过流程简图反映房屋土地报废业务工作流程，明确对应岗位，确定关键控制点、原始单据等。

（2）关键控制审核要点

针对房屋土地报废业务过程中资产使用管理部门、实物管理部门、财务部门权责划分，确定重点审核要点，指导业财人员协同审核、规范办理此类业务，防范与应对相关风险。

| 房屋土地报废 | 业务经办部门：使用保管部门 | 流程编号：SG-SD0802-01 |
| | 归口管理部门：后勤部门 | 编制单位：国网山东省电力公司 |

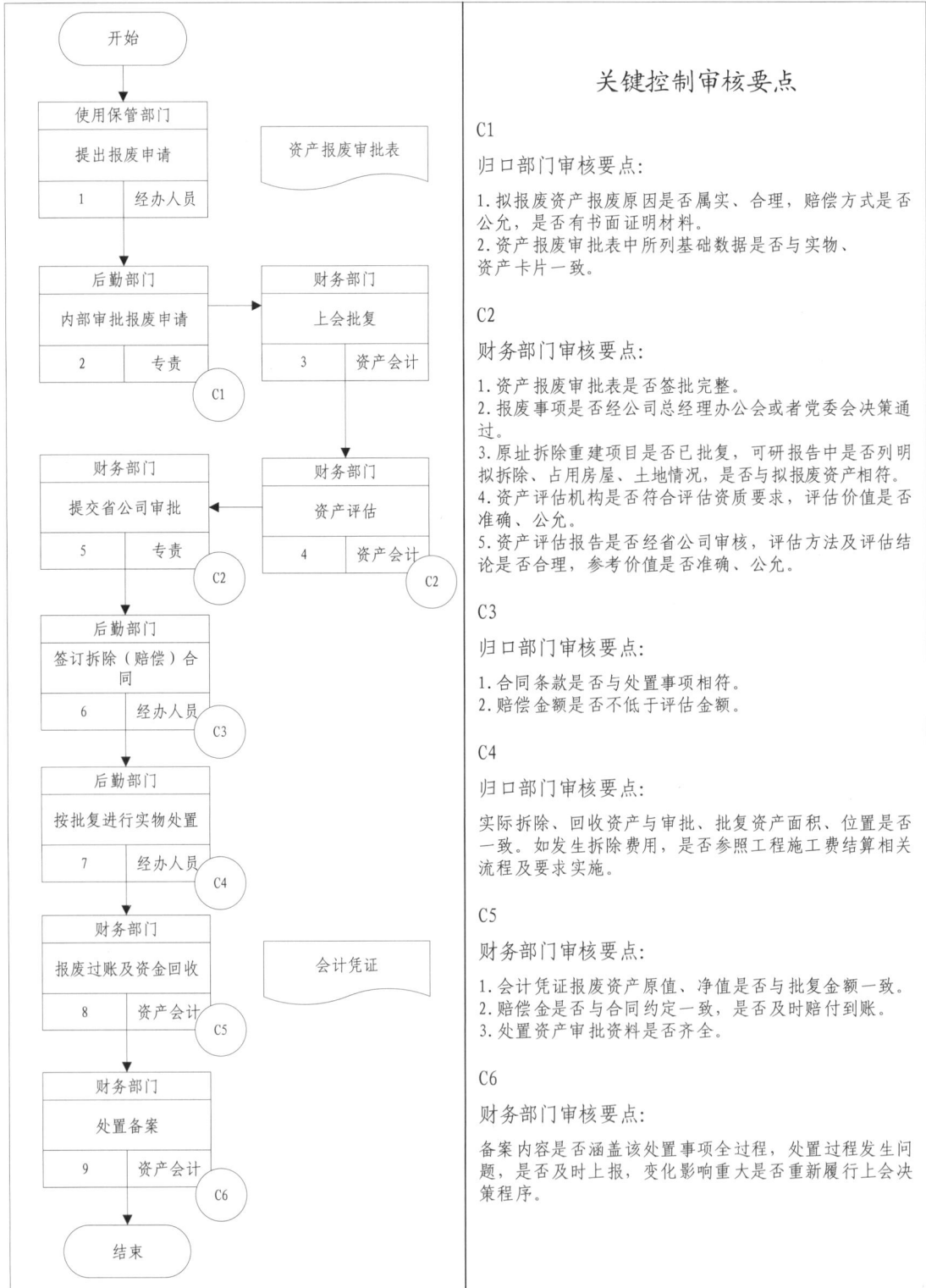

开始

使用保管部门
提出报废申请
| 1 | 经办人员 |

资产报废审批表

后勤部门
内部审批报废申请
| 2 | 专责 |
C1

财务部门
上会批复
| 3 | 资产会计 |

财务部门
提交省公司审批
| 5 | 专责 |
C2

财务部门
资产评估
| 4 | 资产会计 |
C2

后勤部门
签订拆除（赔偿）合同
| 6 | 经办人员 |
C3

后勤部门
按批复进行实物处置
| 7 | 经办人员 |
C4

财务部门
报废过账及资金回收
| 8 | 资产会计 |
C5

会计凭证

财务部门
处置备案
| 9 | 资产会计 |
C6

结束

关键控制审核要点

C1

归口部门审核要点：

1.拟报废资产报废原因是否属实、合理，赔偿方式是否公允，是否有书面证明材料。
2.资产报废审批表中所列基础数据是否与实物、资产卡片一致。

C2

财务部门审核要点：

1.资产报废审批表是否签批完整。
2.报废事项是否经公司总经理办公会或者党委会决策通过。
3.原址拆除重建项目是否已批复，可研报告中是否列明拟拆除、占用房屋、土地情况，是否与拟报废资产相符。
4.资产评估机构是否符合评估资质要求，评估价值是否准确、公允。
5.资产评估报告是否经省公司审核，评估方法及评估结论是否合理，参考价值是否准确、公允。

C3

归口部门审核要点：

1.合同条款是否与处置事项相符。
2.赔偿金额是否不低于评估金额。

C4

归口部门审核要点：

实际拆除、回收资产与审批、批复资产面积、位置是否一致。如发生拆除费用，是否参照工程施工费结算相关流程及要求实施。

C5

财务部门审核要点：

1.会计凭证报废资产原值、净值是否与批复金额一致。
2.赔偿金是否与合同约定一致，是否及时赔付到账。
3.处置资产审批资料是否齐全。

C6

财务部门审核要点：

备案内容是否涵盖该处置事项全过程，处置过程发生问题，是否及时上报，变化影响重大是否重新履行上会决策程序。

审核：设备报废业务

1. 业务概述

固定资产报废是生产运行中的固定资产由于资产性能、技术、经济性等原因不能满足正常生产运行需求，且不具备修理后再利用的条件，经专业技术鉴定及审批程序后进行的报废处理。固定资产报废业务包括电网设备报废、房屋土地报废、运输设备报废等。

电网设备资产在满足下列情况下，可作报废处理：

（1）运行日久，其主要结构、机件陈旧，损坏严重，经鉴定再给予大修也不能符合生产要求；或虽然能修复但费用太大，修复后可使用的年限不长，效率不高，在经济上不可行。

（2）腐蚀严重，继续使用将会发生事故，又无法修复。

（3）严重污染环境，无法修治。

（4）淘汰产品，无零配件供应，不能利用和修复；国家规定强制淘汰报废；技术落后不能满足生产需要。

（5）存在严重质量问题或其他原因，不能继续运行。

（6）进口设备不能国产化，无零配件供应，不能修复，无法使用。

（7）因运营方式改变全部或部分拆除，且无法再安装使用。

（8）遭受自然灾害或突发意外事故，导致毁损，无法修复。

在满足上述有关条件基础上，电网输变（配）电资产的报废还应符合公司制定的相关设备报废技术标准。

2. 风险分析

风险分类	风险描述
运营风险	1. 因处置理由不充分或未经技术鉴定，导致尚可利用的资产被处置 2. 报废事项未按要求履行签批程序，无法保证资产处置的合理性、合规性 3. 报废事项未上报省市公司审批，私自处置资产，可能导致尚可利用的资产被处置 4. 未仔细甄别作为物料报废的物资中是否含有应为资产类的物资，导致实物资产已报废，但账面未反映，形成资产盘亏 5. 应拆除回收的实物或资金未足额回收入账，且无合理证明材料或追责证明，造成国有资产流失
财务风险	1. 资产评估机构不符合评估资质要求，评估价值不准确、不公允，无法为协商赔偿金额提供合理参考； 2. 处置收入分摊不合理、不准确，可能导致财务信息失真
法律风险	合同未经有效审核，合同条款约定不明确，合同执行不到位，可能引起法律纠纷

3. 权责划分

涉及岗位	关键控制点	权限划分
使用保管部门经办人员	提交报废申请	提报权
使用保管部门负责人	审核报废申请	审核权、审批权
实物管理部门负责人	审核报废申请	审核权、审批权
	审核报废资料	审核权、审批权
物资管理部门经办人员	审核移交清单	执行权
	完成废旧物资处置	执行权
物资管理部门负责人	审核移交清单	审核权、审批权
	审核废旧物资处置	审核权、审批权
资产会计	审核报废资料、审核资产价值	审核权
	生成减资凭证	执行权
	完成收、付款结算及收入分摊	执行权

4. 制度依据

（1）相关业务制度

《国家电网有限公司电网实物资产管理规定》（国网（运检/2）408-2019）

（2）相关财务制度

《国家电网公司固定资产管理办法》（国网（财/2）593-2018）

《国网山东省电力公司关于规范资产处置管理的指导意见》（鲁电财〔2015〕418号）

《资产退役拆除及废旧物资移交处置业务规范》（鲁电财〔2017〕605号）

《国家电网有限公司会计基础管理办法》（国网（财/2）350-2018）

5. 审核指引

（1）业务流程图

通过流程简图反映设备报废业务工作流程，明确对应岗位，确定关键控制点、原始单据等。

（2）关键控制审核要点

针对设备报废业务过程中资产使用保管部门、实物管理部门、财务部门权责划分，确定重点审核要点，指导业财人员协同审核、规范办理此类业务，防范与应对相关风险。

		业务经办部门：使用保管部门、物资部门	流程编号：SG-SD0802-01
	设备报废业务	归口管理部门：实物管理部门	编制单位：国网山东省电力公司

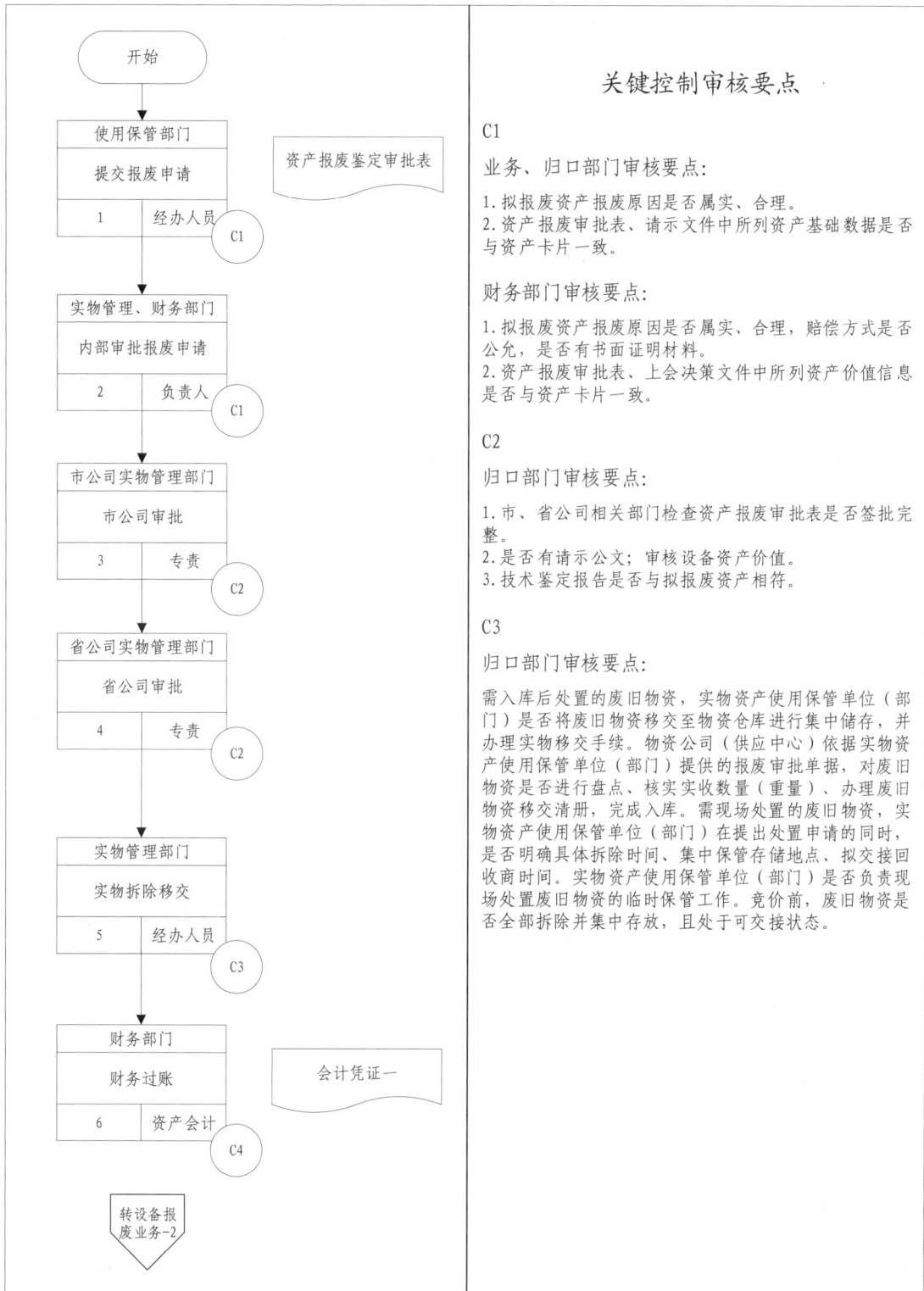

关键控制审核要点

开始

↓

使用保管部门

提交报废申请

| 1 | 经办人员 | C1 |

→ 资产报废鉴定审批表

↓

实物管理、财务部门

内部审批报废申请

| 2 | 负责人 | C1 |

↓

市公司实物管理部门

市公司审批

| 3 | 专责 | C2 |

↓

省公司实物管理部门

省公司审批

| 4 | 专责 | C2 |

↓

实物管理部门

实物拆除移交

| 5 | 经办人员 | C3 |

↓

财务部门

财务过账

| 6 | 资产会计 | C4 |

→ 会计凭证一

↓

转设备报废业务-2

C1

业务、归口部门审核要点：

1. 拟报废资产报废原因是否属实、合理。
2. 资产报废审批表、请示文件中所列资产基础数据是否与资产卡片一致。

财务部门审核要点：

1. 拟报废资产报废原因是否属实、合理，赔偿方式是否公允，是否有书面证明材料。
2. 资产报废审批表、上会决策文件中所列资产价值信息是否与资产卡片一致。

C2

归口部门审核要点：

1. 市、省公司相关部门检查资产报废审批表是否签批完整。
2. 是否有请示公文；审核设备资产价值。
3. 技术鉴定报告是否与拟报废资产相符。

C3

归口部门审核要点：

需入库后处置的废旧物资，实物资产使用保管单位（部门）是否将废旧物资移交至物资仓库进行集中储存，并办理实物移交手续。物资公司（供应中心）依据实物资产使用保管单位（部门）提供的报废审批单据，对废旧物资是否进行盘点、核实实收数量（重量）、办理废旧物资移交清册，完成入库。需现场处置的废旧物资，实物资产使用保管单位（部门）在提出处置申请的同时，是否明确具体拆除时间、集中保管存储地点、拟交接回收商时间。实物资产使用保管单位（部门）是否负责现场处置废旧物资的临时保管工作。竞价前，废旧物资是否全部拆除并集中存放，且处于可交接状态。

设备报废业务	业务经办部门：使用保管部门、物资部门	流程编号：SG-SD0802-01
	归口管理部门：实物管理部门	编制单位：国网山东省电力公司

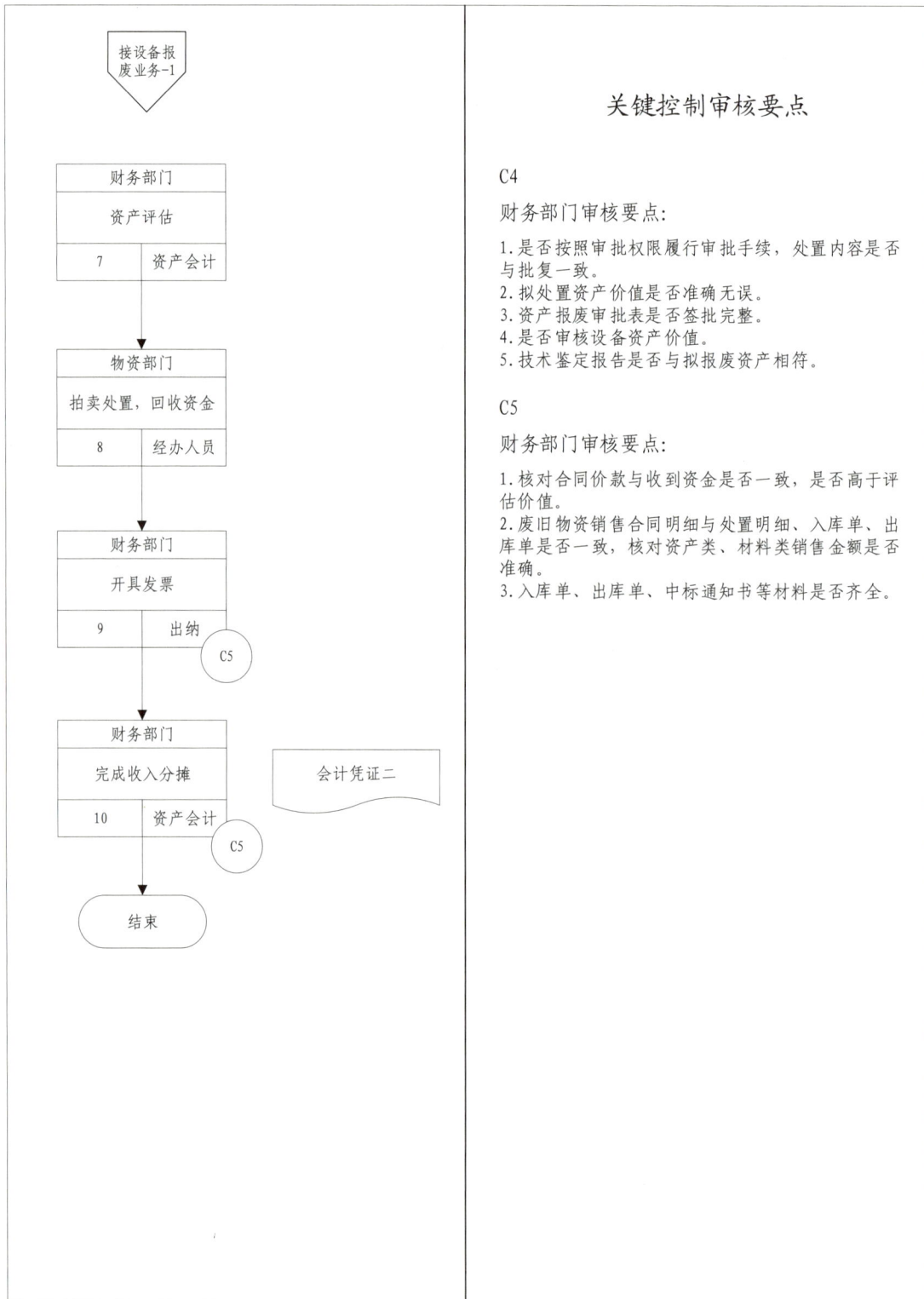

接设备报
废业务-1

财务部门

资产评估

| 7 | 资产会计 |

物资部门

拍卖处置，回收资金

| 8 | 经办人员 |

财务部门

开具发票

| 9 | 出纳 |

C5

财务部门

完成收入分摊

| 10 | 资产会计 |

会计凭证二

C5

结束

关键控制审核要点

C4

财务部门审核要点：

1.是否按照审批权限履行审批手续，处置内容是否与批复一致。

2.拟处置资产价值是否准确无误。

3.资产报废审批表是否签批完整。

4.是否审核设备资产价值。

5.技术鉴定报告是否与拟报废资产相符。

C5

财务部门审核要点：

1.核对合同价款与收到资金是否一致，是否高于评估价值。

2.废旧物资销售合同明细与处置明细、入库单、出库单是否一致，核对资产类、材料类销售金额是否准确。

3.入库单、出库单、中标通知书等材料是否齐全。

审核：固定资产转让

1. 业务概述

固定资产转让由实物管理等相关部门根据本单位内部决策或批准文件组织实施，填制固定资产转让审批单，办理审批手续后，连同有关决策材料、合同、协议、单证等，报送财务部门办理固定资产清理手续。

2. 风险分析

风险分类	风险描述
运营风险	1. 转让原因不属实，转让实物与设备资产台账不符，存在资产损失风险 2. 因拍卖机构不具备相关资质，拍卖程序不符合相关法规，导致转让价格不公允，成交价格低于评估价，存在合规风险； 3. 转让事项未按要求履行内部决策及签批程序，无法保证资产转让的合理性、合规性 4. 因未按照合同约定及时收回转让款，造成资金入账不及时，存在资金安全风险
财务风险	资产评估机构不符合评估资质要求，评估价值不准确、不公允，无法为协商赔偿金额提供合理参考
法律风险	合同未经有效审核，合同条款约定不明确，合同执行不到位，可能引起法律纠纷

3. 权责划分

涉及岗位	关键控制点	权限划分
使用保管部门经办人员	提交转让申请、转让资料	提报权
实物管理部门经办人员	审核转让申请、转让资料	审核权
实物管理部门负责人	审核转让申请、转让资料	审核权、审批权
专业管理部门经办人员	审核转让申请、转让材料	审核权
	组织拍卖	执行权
专业管理部门负责人	审核转让资料	审核权、审批权
财务部门负责人	审核转让资料	审核权、审批权
资产会计	审核转让资料	审核权
	生成会计凭证	执行权
	完成收款结算	执行权

4. 制度依据

（1）相关业务制度

《国家电网有限公司电网实物资产管理规定》（国网（运检/2）408-2019）

（2）相关财务制度

《国家电网公司固定资产管理办法》（国网（财/2）593-2018）

《国网山东省电力公司关于规范资产处置管理的指导意见》（鲁电财〔2015〕418号）

5. 审核指引

（1）业务流程图

通过流程简图反映固定资产转让业务工作流程，明确对应岗位，确定关键控制点、原始单据等。

（2）关键控制审核要点

针对固定资产转让过程中资产使用保管部门、实物管理部门、财务部门权责划分，确定重点审核要点，指导业财人员协同审核、规范办理此类业务，防范与应对相关风险。

固定资产转让

业务经办部门：使用保管部门	流程编号：SG-SD0802-02
归口管理部门：实物管理部门	编制单位：国网山东省电力公司

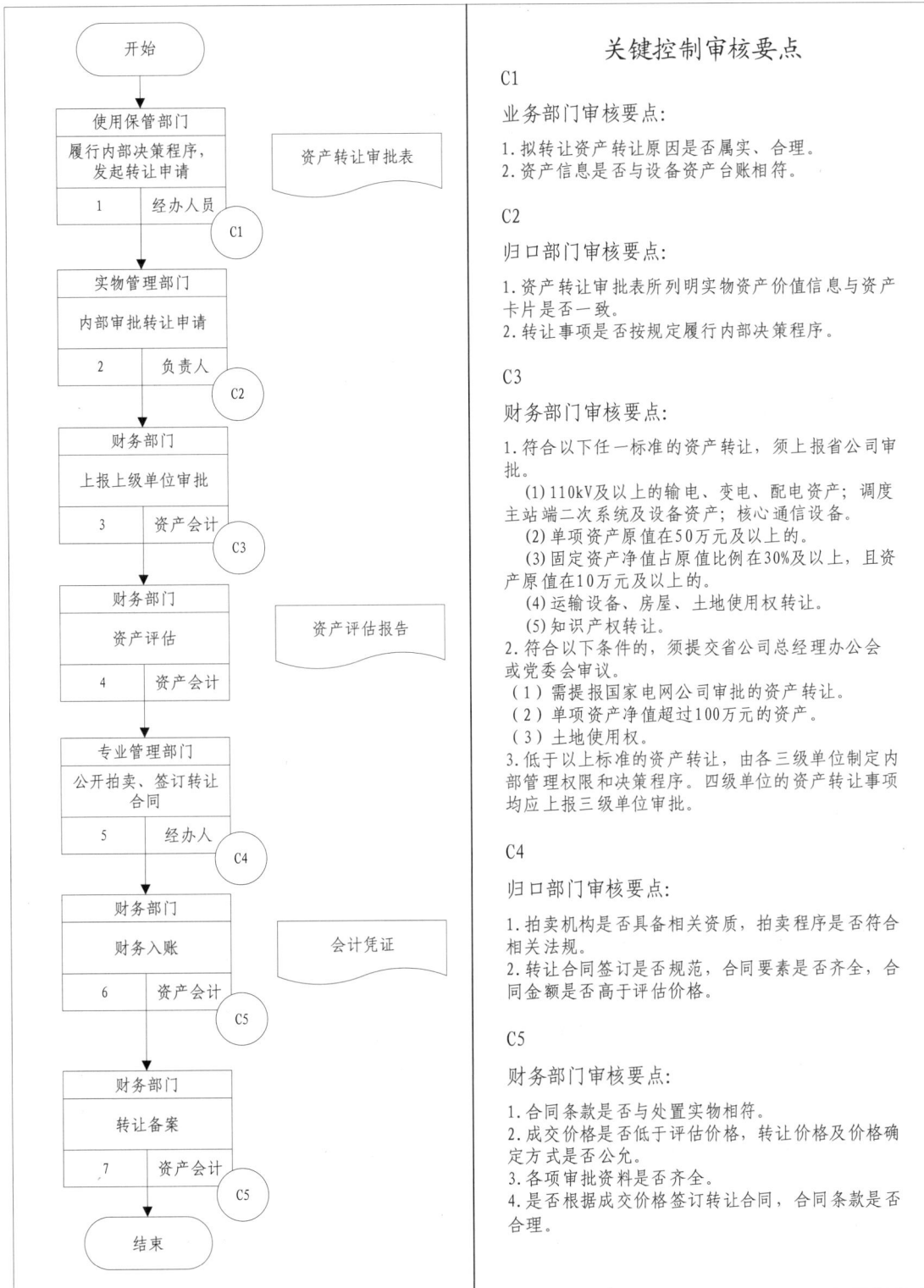

关键控制审核要点

C1

业务部门审核要点：

1. 拟转让资产转让原因是否属实、合理。
2. 资产信息是否与设备资产台账相符。

C2

归口部门审核要点：

1. 资产转让审批表所列明实物资产价值信息与资产卡片是否一致。
2. 转让事项是否按规定履行内部决策程序。

C3

财务部门审核要点：

1. 符合以下任一标准的资产转让，须上报省公司审批。

　　(1) 110kV及以上的输电、变电、配电资产；调度主站端二次系统及设备资产；核心通信设备。

　　(2) 单项资产原值在50万元及以上的。

　　(3) 固定资产净值占原值比例在30%及以上，且资产原值在10万元及以上的。

　　(4) 运输设备、房屋、土地使用权转让。

　　(5) 知识产权转让。

2. 符合以下条件的，须提交省公司总经理办公会或党委会审议。

　　(1) 需提报国家电网公司审批的资产转让。

　　(2) 单项资产净值超过100万元的资产。

　　(3) 土地使用权。

3. 低于以上标准的资产转让，由各三级单位制定内部管理权限和决策程序。四级单位的资产转让事项均应上报三级单位审批。

C4

归口部门审核要点：

1. 拍卖机构是否具备相关资质，拍卖程序是否符合相关法规。
2. 转让合同签订是否规范，合同要素是否齐全，合同金额是否高于评估价格。

C5

财务部门审核要点：

1. 合同条款是否与处置实物相符。
2. 成交价格是否低于评估价格，转让价格及价格确定方式是否公允。
3. 各项审批资料是否齐全。
4. 是否根据成交价格签订转让合同，合同条款是否合理。

流程图：

开始
↓
使用保管部门
履行内部决策程序，发起转让申请
1　经办人员　C1　——　资产转让审批表
↓
实物管理部门
内部审批转让申请
2　负责人　C2
↓
财务部门
上报上级单位审批
3　资产会计　C3
↓
财务部门
资产评估
4　资产会计　——　资产评估报告
↓
专业管理部门
公开拍卖、签订转让合同
5　经办人　C4
↓
财务部门
财务入账
6　资产会计　C5　——　会计凭证
↓
财务部门
转让备案
7　资产会计　C5
↓
结束

审核：固定资产调拨

1. 业务概述

固定资产调拨由专业管理等相关部门根据本单位内部决策或批准文件组织实施，填制固定资产调拨审批单，办理审批手续后，报送财务部门办理固定资产调拨手续。

固定资产调拨涉及两项业务，一是省公司组织的固定资产调拨业务，二是单位自行协商的固定资产调拨业务。

2. 风险分析

风险分类	风险描述
运营风险	1. 调拨事项未经调出、调入单位相关部门、省公司相关部门及公司领导签批，存在合规风险 2. 未严格履行实物资产交接验收手续，将导致调拨资产账卡物不一致

3. 权责划分

涉及岗位	关键控制点	权限划分
专业管理部门经办人员	发起调拨申请	执行权
专业管理部门负责人	审核调拨申请	审核权、审批权
	审核调拨资料	审核权、审批权
资产会计	审核调拨资料	审核权
	生成调拨凭证	执行权

4. 制度依据

（1）相关业务制度

《国家电网有限公司电网实物资产管理规定》（国网（运检/2）408-2019）

（2）相关财务制度

《国家电网公司固定资产管理办法》（国网（财/2）593-2018）

《国网山东省电力公司关于规范资产处置管理的指导意见》（鲁电财〔2015〕418号）

5. 审核指引

（1）业务流程图

通过流程简图反映固定资产调拨业务工作流程，明确对应岗位，确定关键控制点、原始单据等。

（2）关键控制审核要点

　　针对固定资产调拨业务过程中资产使用保管部门、专业管理部门、财务部门权责划分，确定重点审核要点，指导业财人员协同审核、规范办理此类业务，防范与应对相关风险。

①省公司组织的固定资产调拨业务

	固定资产调拨	业务经办部门：实物管理部门	流程编号：SG-SD0802-03
		归口管理部门：实物管理部门、财务部门	编制单位：国网山东省电力公司

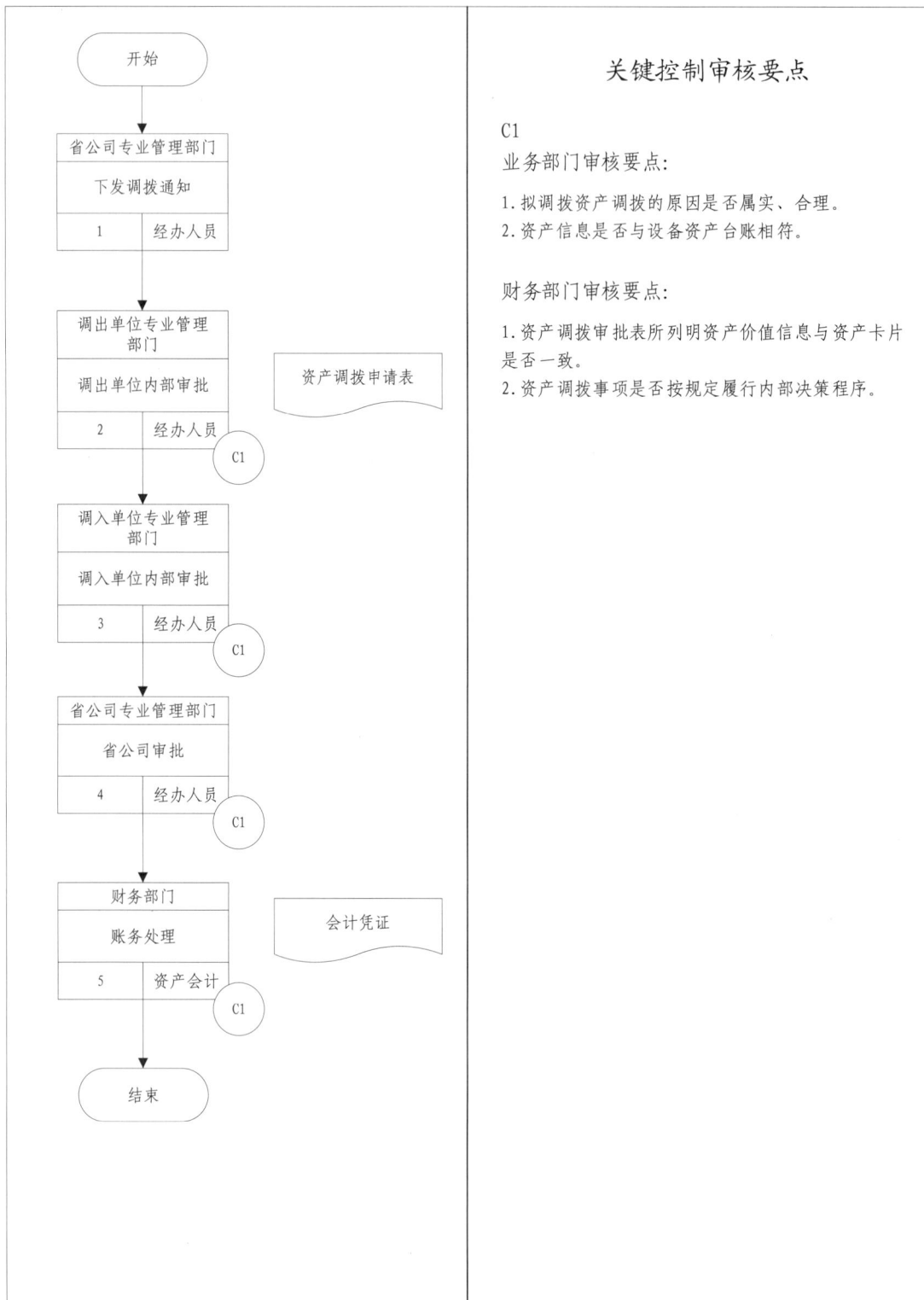

开始

省公司专业管理部门

下发调拨通知

| 1 | 经办人员 |

调出单位专业管理部门

调出单位内部审批

| 2 | 经办人员 | C1

资产调拨申请表

调入单位专业管理部门

调入单位内部审批

| 3 | 经办人员 | C1

省公司专业管理部门

省公司审批

| 4 | 经办人员 | C1

财务部门

账务处理

| 5 | 资产会计 | C1

会计凭证

结束

关键控制审核要点

C1

业务部门审核要点：

1.拟调拨资产调拨的原因是否属实、合理。
2.资产信息是否与设备资产台账相符。

财务部门审核要点：

1.资产调拨审批表所列明资产价值信息与资产卡片是否一致。
2.资产调拨事项是否按规定履行内部决策程序。

②单位自行协商的资产调拨业务

![国家电网公司 STATE GRID CORPORATION OF CHINA] 固定资产调拨	业务经办部门：实物管理部门	流程编号：SG-SD0802-03
	归口管理部门：实物管理部门、财务部门	编制单位：国网山东省电力公司

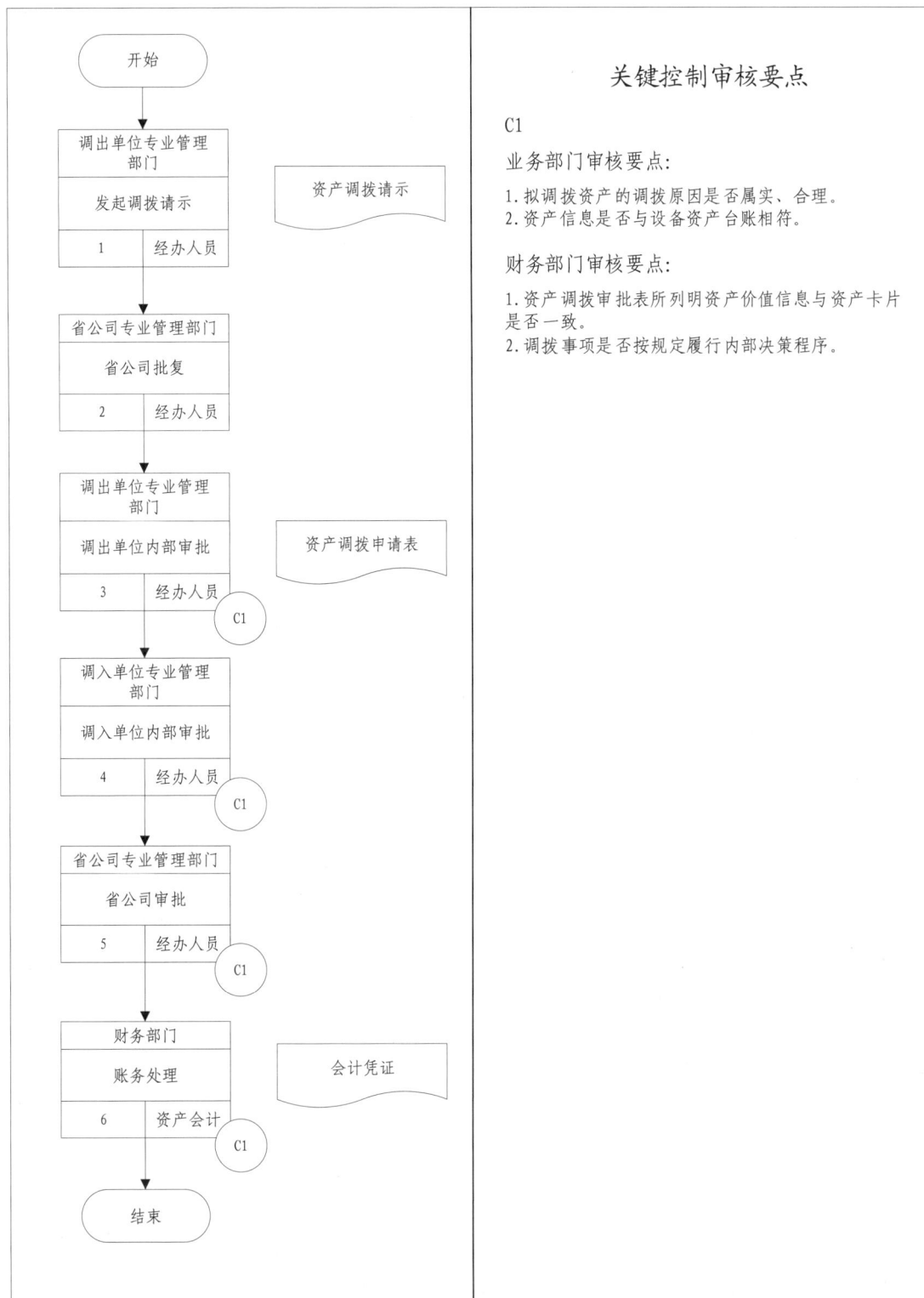

关键控制审核要点

C1

业务部门审核要点：

1.拟调拨资产的调拨原因是否属实、合理。

2.资产信息是否与设备资产台账相符。

财务部门审核要点：

1.资产调拨审批表所列明资产价值信息与资产卡片是否一致。

2.调拨事项是否按规定履行内部决策程序。

审核：固定资产盘盈收入

1. 业务概述

固定资产盘盈收入是指固定资产在盘点清查过程中发现未入账或超过账面数量的固定资产形成的收入。

固定资产盘盈收入业务：由使用保管部门查明情况，填制固定资产盘盈报告单，经实物管理部门鉴定、财务部门估价，并由实物管理部门履行企业内部审批程序后，报财务部门入账。

2. 风险分析

风险分类	风险描述
运营风险	1. 固定资产盘盈报告单未完成公司内部审批及上会审批流程，存在合规风险 2. 清查盘点不准确，误将账面资产确认为盘盈资产，导致资产账实不符 3. 盘盈资产数量、型号与实际不符，导致资产账实不符
财务风险	1. 盘盈事项未报省公司审批，导致审批流程失效 2. 资产评估机构不符合评估资质要求，评估价值不准确、不公允，无法提供合理参考

3. 权责划分

涉及岗位	关键控制点	权限划分
使用保管部门经办人员	编制、提交盘盈报告	提报权
使用保管部门负责人	审核盘盈报告	审核权、审批权
实物管理部门专责	查明盘亏原因	审核权
	履行上会审批手续	执行权
	创建固定资产卡片	执行权
实物管理部门负责人	审核盘盈报告	审核权、审批权
资产会计	上报省公司批复盘盈申请	提报权
	审核盘盈报告的完整性，账、卡、物一致性	审核权
	生成会计凭证	执行权

4. 制度依据

（1）相关业务制度

《国家电网有限公司电网实物资产管理规定》（国网（运检/2）408-2019）

（2）相关财务制度

《国家电网公司会计核算办法》（国网（财/2）350-2014）

《国家电网公司固定资产管理办法》（国网（财/2）593-2018）

5. 审核指引

（1）业务流程图

通过流程简图反映固定资产盘盈收入业务工作流程，明确对应岗位，确定关键控制点、原始单据等。

（2）关键控制审核要点

针对固定资产盘盈收入业务过程中使用保管部门、实物管理部门、审计部门、财务部门权责划分，确定重点审核要点，指导业财人员协同审核、规范办理此类业务，防范与应对相关风险。

固定资产盘盈收入	业务经办部门：使用保管部门	流程编号：SG-SD0803-01
	归口管理部门：实物管理部门	编制单位：国网山东省电力公司

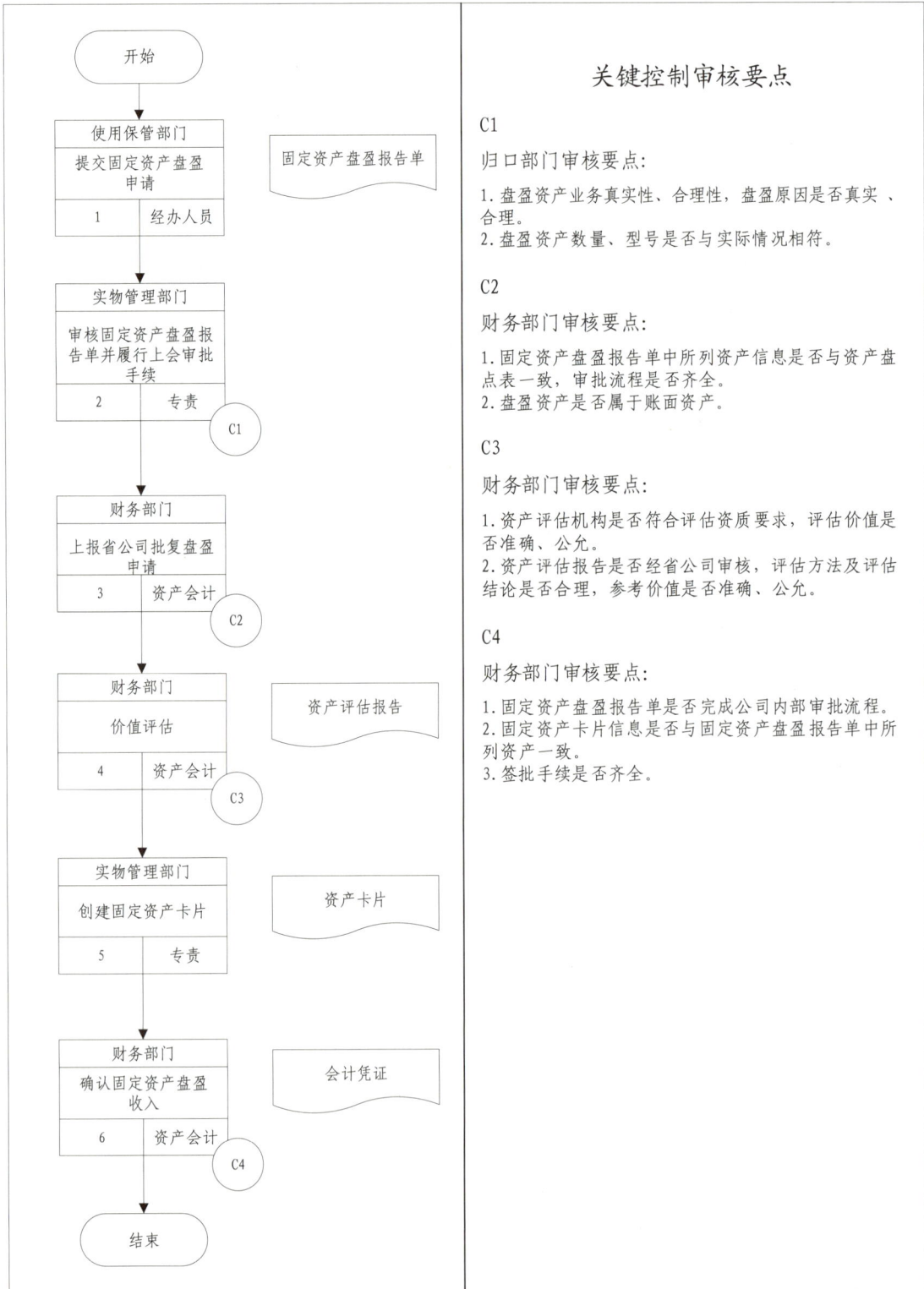

开始

使用保管部门
提交固定资产盘盈申请
| 1 | 经办人员 |

固定资产盘盈报告单

实物管理部门
审核固定资产盘盈报告单并履行上会审批手续
| 2 | 专责 | C1 |

财务部门
上报省公司批复盘盈申请
| 3 | 资产会计 | C2 |

财务部门
价值评估
| 4 | 资产会计 | C3 |

资产评估报告

实物管理部门
创建固定资产卡片
| 5 | 专责 |

资产卡片

财务部门
确认固定资产盘盈收入
| 6 | 资产会计 | C4 |

会计凭证

结束

关键控制审核要点

C1

归口部门审核要点：

1. 盘盈资产业务真实性、合理性，盘盈原因是否真实、合理。
2. 盘盈资产数量、型号是否与实际情况相符。

C2

财务部门审核要点：

1. 固定资产盘盈报告单中所列资产信息是否与资产盘点表一致，审批流程是否齐全。
2. 盘盈资产是否属于账面资产。

C3

财务部门审核要点：

1. 资产评估机构是否符合评估资质要求，评估价值是否准确、公允。
2. 资产评估报告是否经省公司审核，评估方法及评估结论是否合理，参考价值是否准确、公允。

C4

财务部门审核要点：

1. 固定资产盘盈报告单是否完成公司内部审批流程。
2. 固定资产卡片信息是否与固定资产盘盈报告单中所列资产一致。
3. 签批手续是否齐全。

审核：固定资产盘亏

1. 业务概述

固定资产盘亏是指在固定资产清查盘点过程中，实际固定资产梳理或价值低于固定资产账面数量或账面净值而发生的固定资产损失。若发生固定资产盘亏，要查明原因，确定责任，按有关规定履行决策程序后，调整账面记录，保证账实相符。

2. 风险分析

风险分类	风险描述
运营风险	1. 清查原因未准确核实，责任认定不正确，导致无法追究相关人员责任，企业损失无法弥补 2. 盘亏资产数量、型号与实际不符，造成账实不符，存在合规风险
财务风险	盘亏事项未报省公司审批，审批流程失效

3. 权责划分

涉及岗位	关键控制点	权限划分
使用保管部门经办人员	编制、提交盘亏审批单	提报权
使用保管部门负责人	审核盘亏审批单的真实性、完整性、有效性	审核权、审批权
实物管理部门专责	审核固定资产盘亏报告单	审核权
	履行上会审批手续	执行权
实物管理部门负责人	审核盘亏审批单的真实性、完整性、有效性	审核权、审批权
资产会计	提交省公司批复盘亏申请	提报权
	审核盘亏审批单的完整性，账、卡、物一致性	审核权
	生成会计凭证	执行权

4. 制度依据

（1）相关业务制度

《国家电网有限公司电网实物资产管理规定》（国网（运检/2）408-2019）

（2）相关财务制度

《国家电网公司会计核算办法》（国网（财/2）350-2014）

《国家电网公司固定资产管理办法》（国网（财/2）593-2018）

5. 审核指引

（1）业务流程图

通过流程简图反映固定资产盘亏业务工作流程，明确对应岗位，确定关键控制点、原始单据等。

（2）关键控制审核要点

针对固定资产盘亏过程中使用保管部门、实物管理部门、财务部门权责划分，确定重点审核要点，指导业财人员协同审核、规范办理此类业务，防范与应对相关风险。

固定资产盘亏	业务经办部门：使用保管部门	流程编号：SG-SD0803-02
	归口管理部门：实物管理部门、财务部门	编制单位：国网山东省电力公司

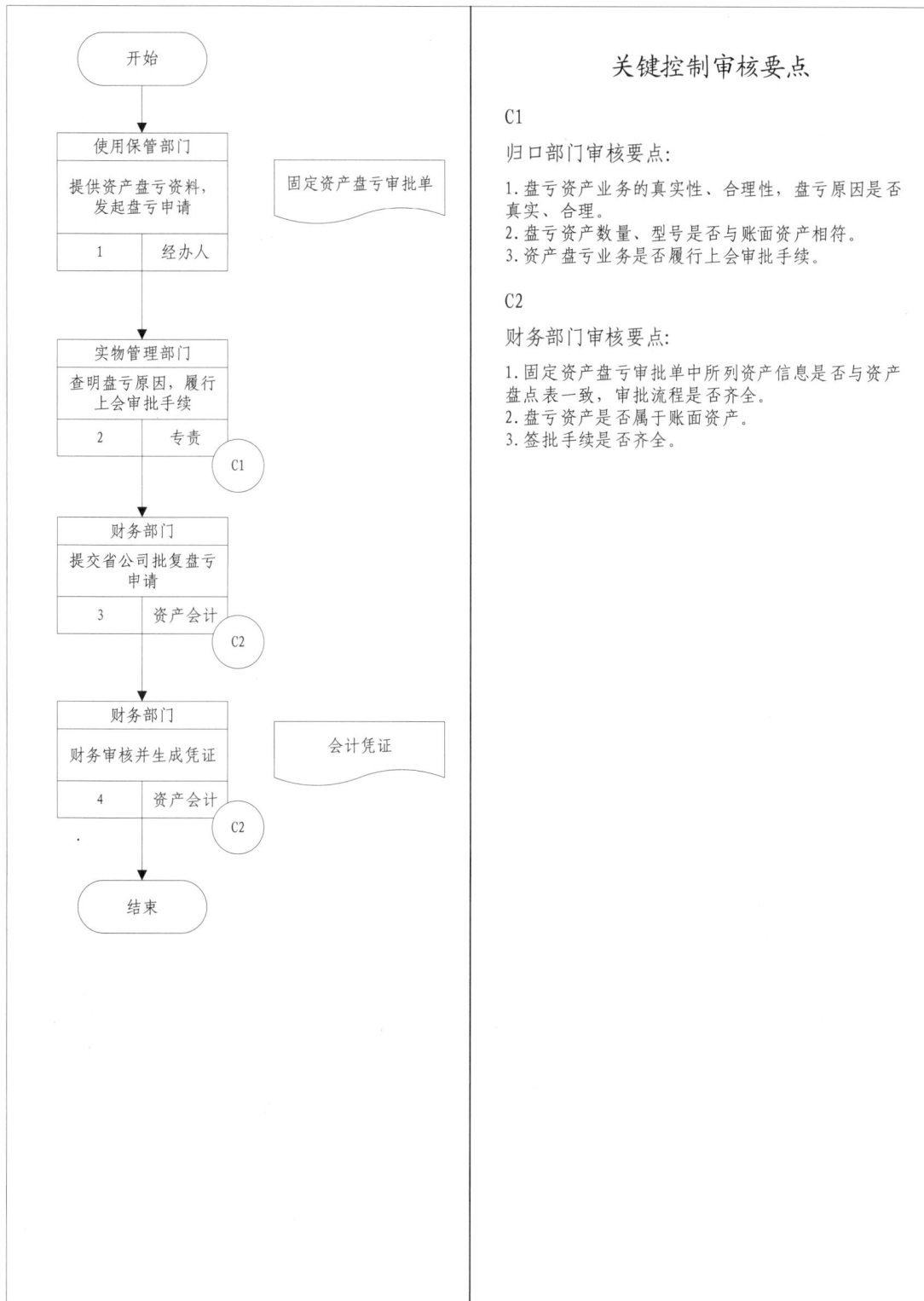

关键控制审核要点

C1

归口部门审核要点：

1. 盘亏资产业务的真实性、合理性，盘亏原因是否真实、合理。
2. 盘亏资产数量、型号是否与账面资产相符。
3. 资产盘亏业务是否履行上会审批手续。

C2

财务部门审核要点：

1. 固定资产盘亏审批单中所列资产信息是否与资产盘点表一致，审批流程是否齐全。
2. 盘亏资产是否属于账面资产。
3. 签批手续是否齐全。

流程图：

开始
↓
使用保管部门
提供资产盘亏资料，发起盘亏申请
1　经办人
（固定资产盘亏审批单）
↓
实物管理部门
查明盘亏原因，履行上会审批手续
2　专责　C1
↓
财务部门
提交省公司批复盘亏申请
3　资产会计　C2
↓
财务部门
财务审核并生成凭证
4　资产会计　C2
（会计凭证）
↓
结束

审核：资产处置结转

1. 业务概述

资产处置结转主要指企业出售固定资产或无形资产所取得价款或报废固定资产的材料价值和变价收入等，扣除处置固定资产或无形资产的账面价值、清理费用、处置相关税费后的相关损益结转。

资产处置结转流程主要指完成资产处置后，与资产处置业务相关的收款、付款流程以及损益结转等记账流程，通过 ERP、财务管控、BPM 工作流系统完成非流动资产处置损失核算流程。

2. 风险分析

风险分类	风险描述
运营风险	1.因处置理由不充分或未经过技术鉴定，导致尚可利用的资产被处置 2.报废事项未按要求履行签批程序，无法保证资产处置的合理性、合规性 3.未仔细甄别作为物料报废的物资中是否含有应为资产类的物资，导致实物资产已报废，但账面未反映，形成资产盘亏 4.应拆除回收的实物或资金未足额回收入账，且无合理证明材料或追责证明，造成国有资产流失
财务风险	1.资产评估机构不符合评估资质要求，评估价值不准确、不公允，无法为协商赔偿金额提供合理参考 2.收到款项与处置资产业务不相关，或者收款金额与相关合同或结算单据不一致，导致资金风险
法律风险	合同未经有效审核，合同条款约定不明确，合同执行不到位，可能引起法律纠纷

3. 权责划分

涉及岗位	关键控制点	权限划分
实物管理部门专责	提交处置费用报销申请	提报权
实物管理部门负责人	审核处置费用报销申请	审核权、审批权
	审核处置费用报销资料	审核权、审批权
资产会计	审核处置费用报销资料	审核权
	生成报销凭证	执行权
	完成收、付款结算	执行权
	结转固定资产清理	执行权
财务部门负责人	审核处置费用报销资料	审核权、审批权

4. 制度依据

（1）相关业务制度

《国家电网有限公司电网实物资产管理规定》（国网（运检/2）408-2019）

（2）相关财务制度

《国家电网公司会计核算办法》（国网（财/2）469-2014）

5. 审核指引

（1）业务流程图

通过流程简图反映资产处置结转业务流程，明确对应岗位，确定关键控制点、原始单据等。

（2）关键控制审核要点

针对资产处置结转业务过程中资产使用管理部门、实物管理部门、财务部门权责划分，确定重点审核要点，指导业财人员协同审核、规范办理此类业务，防范与应对相关风险。

资产处置结转	业务经办部门: 相关部门	流程编号: SG-SD0804
	归口管理部门:	编制单位: 国网山东省电力公司

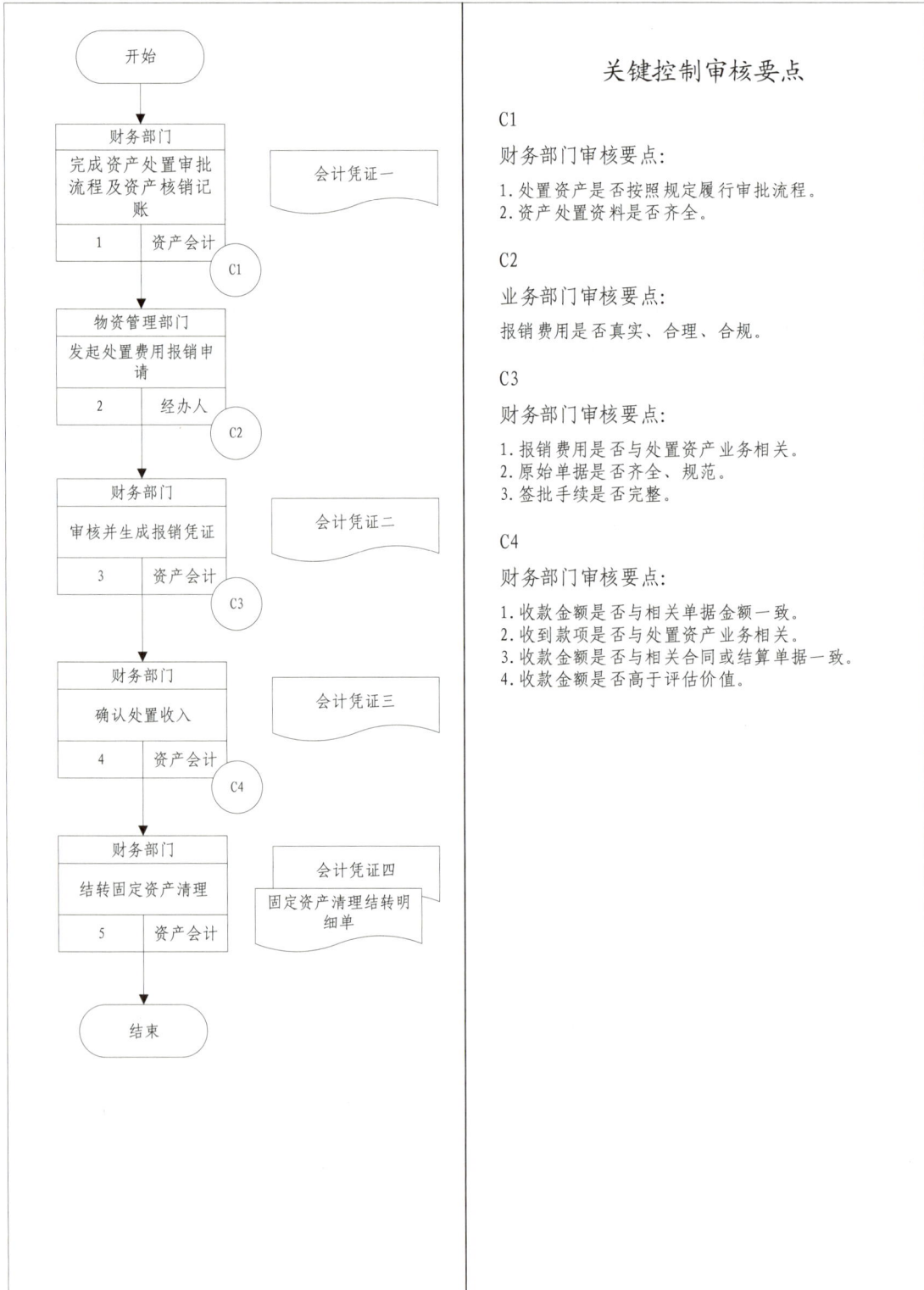

开始

财务部门
完成资产处置审批流程及资产核销记账
| 1 | 资产会计 |

C1

会计凭证一

物资管理部门
发起处置费用报销申请
| 2 | 经办人 |

C2

财务部门
审核并生成报销凭证
| 3 | 资产会计 |

C3

会计凭证二

财务部门
确认处置收入
| 4 | 资产会计 |

C4

会计凭证三

财务部门
结转固定资产清理
| 5 | 资产会计 |

会计凭证四
固定资产清理结转明细单

结束

关键控制审核要点

C1

财务部门审核要点:

1.处置资产是否按照规定履行审批流程。
2.资产处置资料是否齐全。

C2

业务部门审核要点:

报销费用是否真实、合理、合规。

C3

财务部门审核要点:

1.报销费用是否与处置资产业务相关。
2.原始单据是否齐全、规范。
3.签批手续是否完整。

C4

财务部门审核要点:

1.收款金额是否与相关单据金额一致。
2.收到款项是否与处置资产业务相关。
3.收款金额是否与相关合同或结算单据一致。
4.收款金额是否高于评估价值。

九、后勤管理业务

审核：物业管理费

1. 业务概述

物业管理费是指供电企业应支付给物业管理单位的生产和办公使用的房屋、设施、设备等的管理维护费用、环境卫生费用及停车场管理费用等。

2. 风险分析

风险分类	风险描述
运营风险	1. 采购服务未经有效审核，造成超范围、超标准列支物业管理费 2. 未按合同要求取得增值税专用发票，造成公司经济损失 3. 签批手续不完整，存在合规风险
财务风险	1. 未对报销单据的完整性、一致性复核，可能导致财务数据失真 2. 会计凭证编制未经有效审核，可能导致凭证编制错误未及时被发现，出现会计核算差错问题
法律风险	合同未经过有效审核，合同条款约定不明确，合同执行不到位，可能引起法律纠纷

3. 权责划分

涉及岗位	关键控制点	权限划分
业务经办人员	创建采购订单	执行权
	发起合同会签	执行权
	提交报销单据	提报权
经办部门负责人	审核采购订单	审核权、审批权
	合同会签	审核权、审批权
	审核报销单据	审核权、审批权
归口管理部门负责人	审核报销单据	审核权、审批权
成本管理会计	审核报销单据	审核权
	发票校验	执行权
	生成报销凭证	执行权

4. 制度依据

（1）相关业务制度

《山东省物业服务收费管理办法》（省政府令第 317 号）

（2）相关财务制度

《国家电网公司会计核算办法》（国网（财/2）469-2014）

《国家电网有限公司会计基础管理办法》（国网（财/2）350-2018）

5. 审核指引

（1）业务流程图

通过流程简图反映物业管理费业务工作流程，明确对应岗位，确定关键控制点、原始单据等。

（2）关键控制审核要点

针对物业管理费业务过程中相关业务经办部门（后勤部门）、归口管理部门（后勤部门）、财务部门权责划分，确定重点审核要点，指导业财人员协同审核、规范办理此类业务，防范与应对相关风险。

通过 ERP 系统服务采购流程办理物业管理费业务

	业务经办部门：后勤部门	流程编号：SG-SD0901
物业管理费	归口管理部门：后勤部门	编制单位：国网山东省电力公司

关键控制审核要点

C1

业务部门审核要点：

1. 采购服务是否符合物业管理费列支范围，是否在预算资金范围内。
2. 收费标准是否超出当地核准的收取标准。
3. 采购订单内容的准确性（包括部门、总账科目、成本中心、金额、供应商等信息，总账科目应为"生产成本\其他费用"）。

C2

业务部门审核要点：

1. 合同或协议是否与业务内容相匹配。
2. 合同金额是否与中标金额一致。
3. 合同约定的付款条件是否合理合规。
4. 选用税率是否与业务实质相匹配。
5. 合同签署时间是否及时。
6. 合同签署页信息是否合理、完整、准确。

财务部门审核要点：

1. 合同中应明确合同不含税价、税率及税额，同时在合同中约定"若国家出台新的税收政策，则按新政策执行"。
2. 审核合同约定的付款条件、结算方式、开票信息是否合理。

C3

财务部门审核要点：

1. 是否纳入月度现金预算。
2. 原始单据是否完整、规范。
3. 费用审批单信息的填写是否完整、准确。
4. 签批手续是否完整。
5. 会计科目使用是否正确。

流程图：

- 开始
- 后勤部门 — 创建采购订单 — 1 经办人员 — C1 （采购订单）
- 后勤部门 — 创建合同并挂接采购订单 — 2 经办人员
- 后勤部门 — 合同会签生效 — 3 经办人员 — C2
- 后勤部门 — 审批并生成正式采购订单 — 4 负责人
- 财务部门 — 发票校验 — 5 成本会计 — C3 （会计凭证一）
- 资金支付流程 （会计凭证二）
- 财务部门 — 多维宽表归集 — 7 成本会计
- 多维报表编制流程
- 结束

审核：清洁卫生费

1. 业务概述

清洁卫生费是供电企业发生的垃圾清运及处置、水池清洁等与环卫清洁相关的费用。

2. 风险分析

风险分类	风险描述
运营风险	1. 采购服务未经有效审核，造成超范围、超标准列支清洁卫生费 2. 未按合同要求取得增值税专用发票，造成公司经济损失 3. 签批手续不完整，存在合规风险
财务风险	1. 未对报销单据的完整性、一致性复核，可能导致财务数据失真 2. 会计凭证编制未经有效审核，可能导致凭证编制错误未及时被发现，出现会计核算差错问题
法律风险	合同未经过有效审核，合同条款约定不明确，合同执行不到位，可能引起法律纠纷

3. 权责划分

涉及岗位	关键控制点	权限划分
业务经办人员	创建采购订单	执行权
	发起合同会签	执行权
	提交报销单据	提报权
经办部门负责人	审核采购订单	审核权、审批权
	合同会签	审核权、审批权
	审核报销单据	审核权、审批权
归口管理部门负责人	审核报销单据	审核权、审批权
成本管理会计	审核报销单据	审核权
	发票校验	执行权
	生成报销凭证	执行权

4. 制度依据

（1）相关业务制度

无。

（2）相关财务制度

《国家电网公司会计核算办法》（国网（财/2）469-2014）

《国家电网有限公司会计基础管理办法》（国网（财/2）350-2018）

5. 审核指引

（1）业务流程图

通过流程简图反映清洁卫生费业务工作流程，明确对应岗位，确定关键控制点、原始单据等。

（2）关键控制审核要点

针对清洁卫生费业务过程中相关业务经办部门（后勤部门）、归口管理部门（后勤部门）、财务部门权责划分，确定重点审核要点，指导业财人员协同审核、规范办理此类业务，防范与应对相关风险。

通过 ERP 系统服务采购流程办理清洁卫生费业务

清洁卫生费	业务经办部门：后勤部门	流程编号：SG-SD0902
	归口管理部门：后勤部门	编制单位：国网山东省电力公司

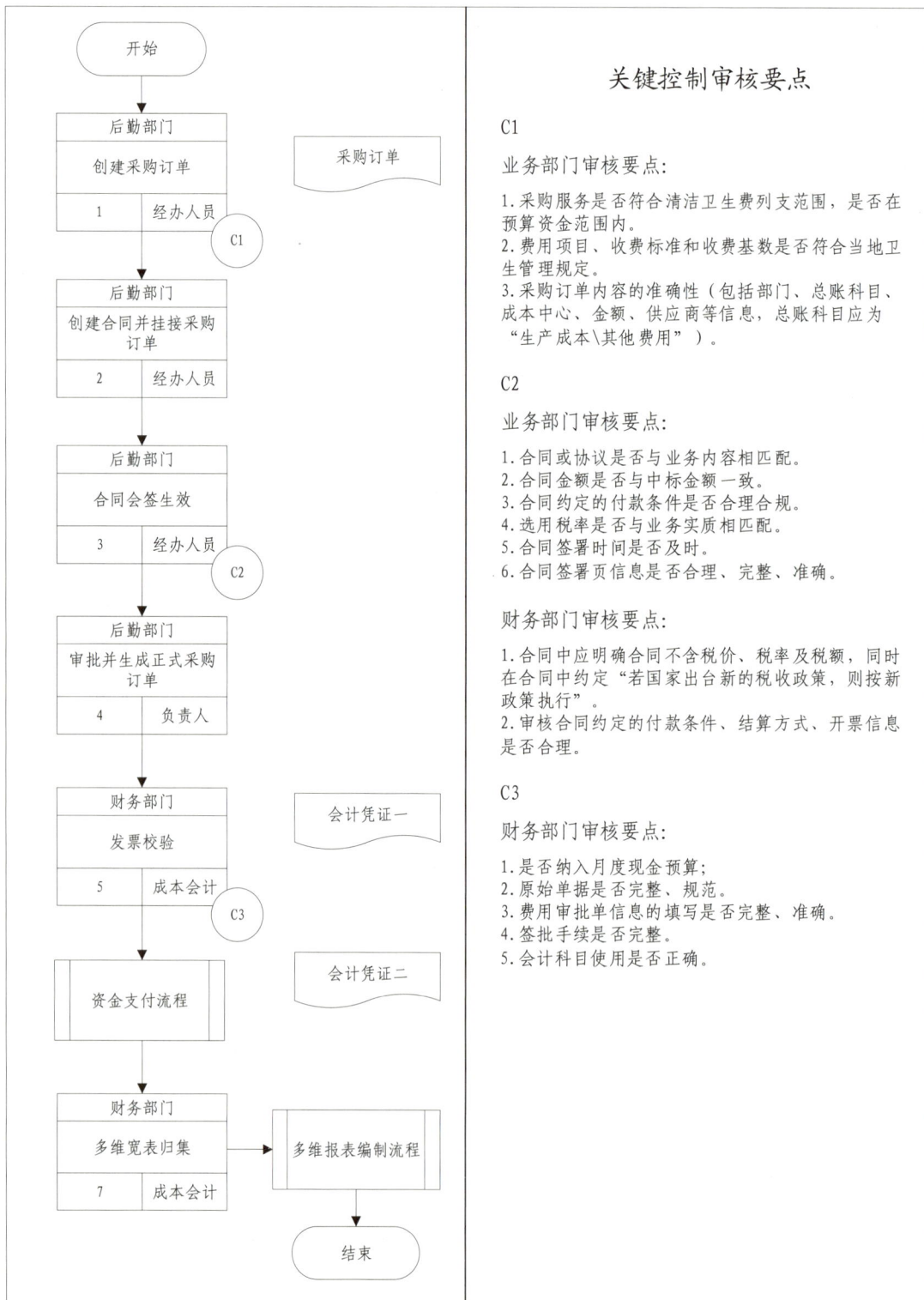

开始

后勤部门
创建采购订单
| 1 | 经办人员 |

C1

采购订单

后勤部门
创建合同并挂接采购订单
| 2 | 经办人员 |

后勤部门
合同会签生效
| 3 | 经办人员 |

C2

后勤部门
审批并生成正式采购订单
| 4 | 负责人 |

财务部门
发票校验
| 5 | 成本会计 |

C3

会计凭证一

资金支付流程

会计凭证二

财务部门
多维宽表归集
| 7 | 成本会计 |

多维报表编制流程

结束

关键控制审核要点

C1

业务部门审核要点：

1.采购服务是否符合清洁卫生费列支范围，是否在预算资金范围内。
2.费用项目、收费标准和收费基数是否符合当地卫生管理规定。
3.采购订单内容的准确性（包括部门、总账科目、成本中心、金额、供应商等信息，总账科目应为"生产成本\其他费用"）。

C2

业务部门审核要点：

1.合同或协议是否与业务内容相匹配。
2.合同金额是否与中标金额一致。
3.合同约定的付款条件是否合理合规。
4.选用税率是否与业务实质相匹配。
5.合同签署时间是否及时。
6.合同签署页信息是否合理、完整、准确。

财务部门审核要点：

1.合同中应明确合同不含税价、税率及税额，同时在合同中约定"若国家出台新的税收政策，则按新政策执行"。
2.审核合同约定的付款条件、结算方式、开票信息是否合理。

C3

财务部门审核要点：

1.是否纳入月度现金预算；
2.原始单据是否完整、规范。
3.费用审批单信息的填写是否完整、准确。
4.签批手续是否完整。
5.会计科目使用是否正确。

审核：绿化费

1.业务概述

绿化费是指供电企业生产和管理场区进行环境绿化等发生的费用。

2.风险分析

风险分类	风险描述
运营风险	1.采购服务未经有效审核，造成超范围、超标准列支绿化费 2.未按合同要求取得增值税专用发票，造成公司经济损失 3.签批手续不完整，存在合规风险
财务风险	1.未对报销单据的完整性、一致性复核，可能导致财务数据失真 2.会计凭证编制未经有效审核，可能导致凭证编制错误未及时被发现，出现会计核算差错问题
法律风险	合同未经有效审核，合同条款约定不明确，合同执行不到位，可能引起法律纠纷

3.权责划分

涉及岗位	关键控制点	权限划分
业务经办人员	创建采购订单	执行权
	发起合同会签	执行权
	提交报销单据	提报权
经办部门负责人	审核采购订单	审核权、审批权
	合同会签	审核权、审批权
	审核报销单据	审核权、审批权
归口管理部门负责人	审核报销单据	审核权、审批权
成本管理会计	审核报销单据	审核权
	发票校验	执行权
	生成报销凭证	执行权

4.制度依据

（1）相关业务制度

无。

（2）相关财务制度

《国家电网公司会计核算办法》（国网（财/2）469-2014）

《国家电网有限公司会计基础管理办法》（国网（财/2）350-2018）

5. 审核指引

（1）业务流程图

通过流程简图反映绿化费业务工作流程，明确对应岗位，确定关键控制点、原始单据等。

（2）关键控制审核要点

针对绿化费业务过程中业务经办部门（后勤部门）、归口管理部门（后勤部门）、财务部门权责划分，确定重点审核要点，指导业财人员协同审核、规范办理此类业务，防范与应对相关风险。

通过 ERP 系统服务采购流程办理绿化费业务

绿化费	业务经办部门：后勤部门	流程编号：SG-SD0903
	归口管理部门：后勤部门	编制单位：国网山东省电力公司

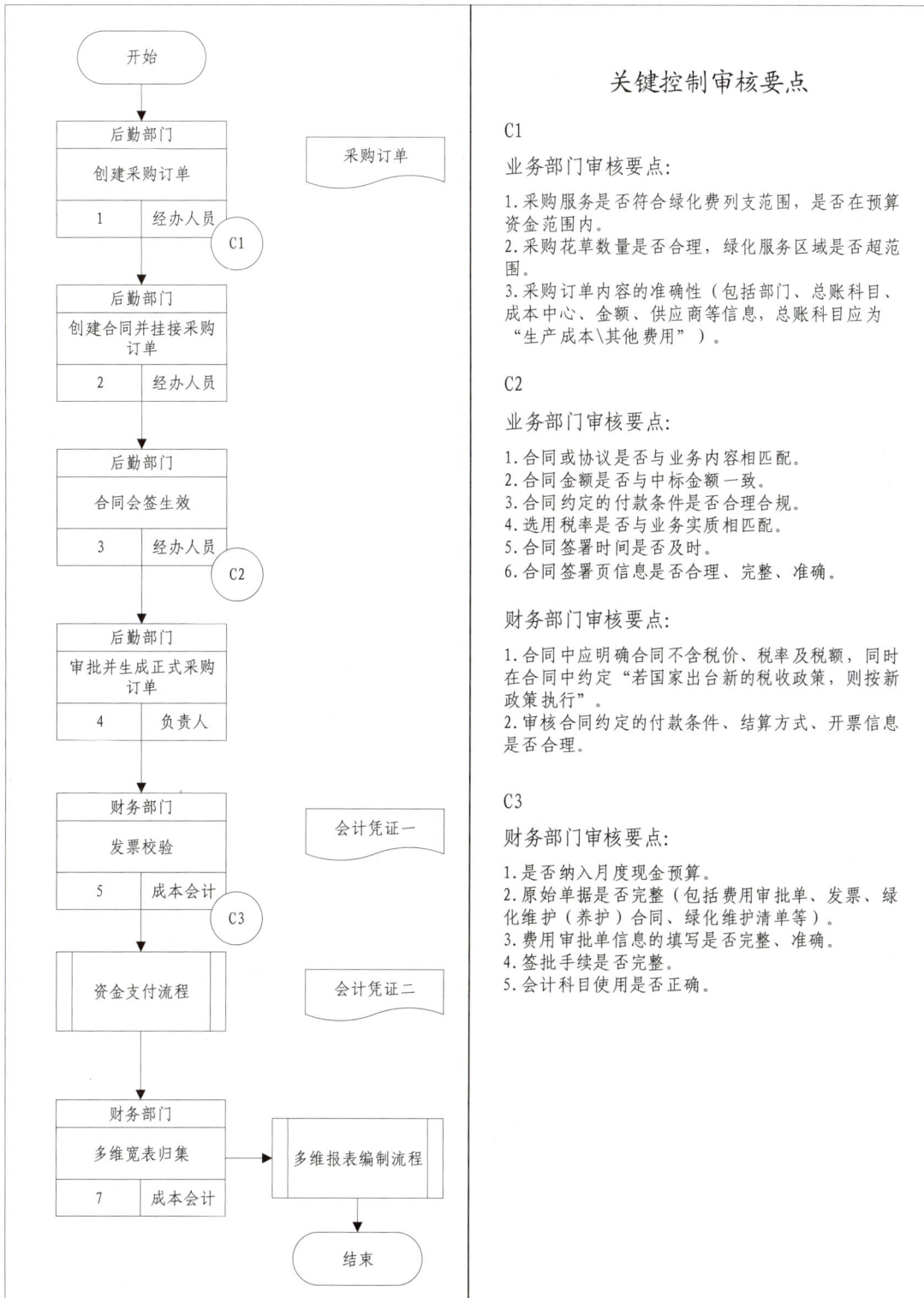

开始

后勤部门	
创建采购订单	
1	经办人员

C1

采购订单

后勤部门	
创建合同并挂接采购订单	
2	经办人员

后勤部门	
合同会签生效	
3	经办人员

C2

后勤部门	
审批并生成正式采购订单	
4	负责人

财务部门	
发票校验	
5	成本会计

C3

会计凭证一

资金支付流程

会计凭证二

财务部门	
多维宽表归集	
7	成本会计

多维报表编制流程

结束

关键控制审核要点

C1

业务部门审核要点：

1. 采购服务是否符合绿化费列支范围，是否在预算资金范围内。
2. 采购花草数量是否合理，绿化服务区域是否超范围。
3. 采购订单内容的准确性（包括部门、总账科目、成本中心、金额、供应商等信息，总账科目应为"生产成本\其他费用"）。

C2

业务部门审核要点：

1. 合同或协议是否与业务内容相匹配。
2. 合同金额是否与中标金额一致。
3. 合同约定的付款条件是否合理合规。
4. 选用税率是否与业务实质相匹配。
5. 合同签署时间是否及时。
6. 合同签署页信息是否合理、完整、准确。

财务部门审核要点：

1. 合同中应明确合同不含税价、税率及税额，同时在合同中约定"若国家出台新的税收政策，则按新政策执行"。
2. 审核合同约定的付款条件、结算方式、开票信息是否合理。

C3

财务部门审核要点：

1. 是否纳入月度现金预算。
2. 原始单据是否完整（包括费用审批单、发票、绿化维护（养护）合同、绿化维护清单等）。
3. 费用审批单信息的填写是否完整、准确。
4. 签批手续是否完整。
5. 会计科目使用是否正确。

审核：取暖费

1. 业务概述

取暖费是指公司生产和管理部门冬季取暖用煤、蒸汽和购置取暖用具所发生的费用。

取暖费业务涉及两项流程，一是通过 ERP 服务采购流程办理服务采购业务（合同签订限额标准以上），二是通过员工报销系统办理取暖费业务（合同签订限额标准以下）。

2. 风险分析

风险分类	风险描述
运营风险	1. 超范围、超标准列支取暖费 2. 未按合同要求取得增值税专用发票，造成公司经济损失 3. 合同约定的取暖面积超出实际面积，存在虚假列支成本风险 4. 签批手续不完整，存在合规风险
财务风险	1. 未对报销单据的完整性、一致性复核，可能导致财务数据失真 2. 会计凭证编制未经有效审核，可能导致凭证编制错误未及时被发现，出现会计核算差错问题
法律风险	合同未经有效审核，合同条款约定不明确，合同执行不到位，可能引起法律纠纷

3. 权责划分

涉及岗位	关键控制点	权限划分
业务经办人员	创建采购订单	执行权
	发起合同会签	执行权
	提交报销单据	提报权
经办部门负责人	审核采购订单	审核权、审批权
	合同会签	审核权、审批权
	审核报销单据	审核权、审批权
归口管理部门负责人	审核采购需求	审核权、审批权
成本管理会计	审核采购需求	审核权
	发票校验	执行权
	生成报销凭证	执行权

4. 制度依据

（1）相关业务制度

无。

（2）相关财务制度

《国家电网公司会计核算办法》（国网（财/2）469-2014）

《国家电网有限公司会计基础管理办法》（国网（财/2）350-2018）

5. 审核指引

（1）业务流程图

通过流程简图反映取暖费业务工作流程，明确对应岗位，确定关键控制点、原始单据等。

（2）关键控制审核要点

针对取暖费业务过程中业务经办部门（后勤部门）、归口管理部门（后勤部门）、财务部门权责划分，确定重点审核要点，指导业财人员协同审核、规范办理此类业务，防范与应对相关风险。

①通过 ERP 服务采购流程办理取暖费服务采购业务（合同签订限额标准以上）

取暖费	业务经办部门：后勤部门	流程编号：SG-SD0904
	归口管理部门：后勤部门	编制单位：国网山东省电力公司

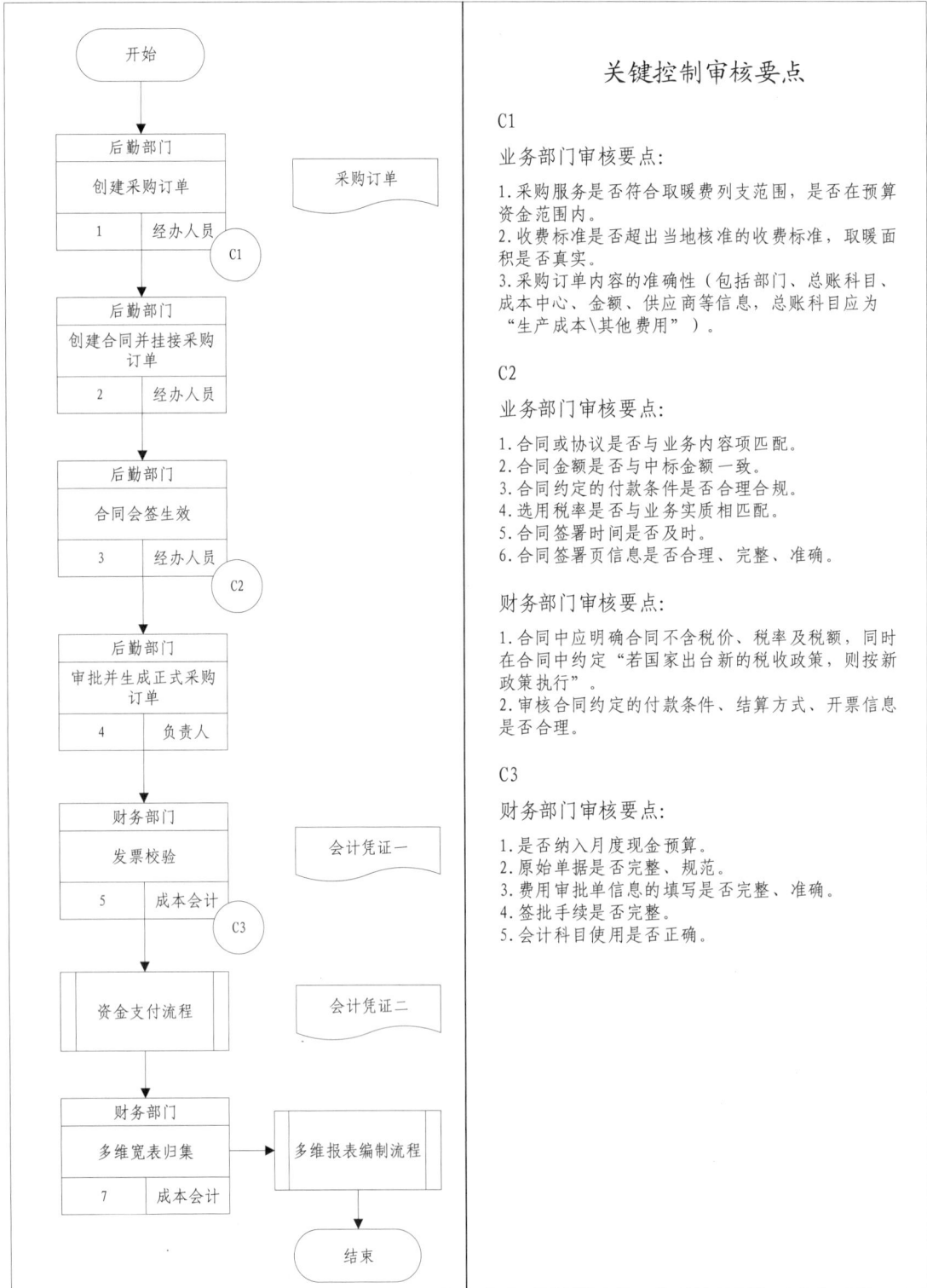

关键控制审核要点

C1

业务部门审核要点：

1. 采购服务是否符合取暖费列支范围，是否在预算资金范围内。
2. 收费标准是否超出当地核准的收费标准，取暖面积是否真实。
3. 采购订单内容的准确性（包括部门、总账科目、成本中心、金额、供应商等信息，总账科目应为"生产成本\其他费用"）。

C2

业务部门审核要点：

1. 合同或协议是否与业务内容项匹配。
2. 合同金额是否与中标金额一致。
3. 合同约定的付款条件是否合理合规。
4. 选用税率是否与业务实质相匹配。
5. 合同签署时间是否及时。
6. 合同签署页信息是否合理、完整、准确。

财务部门审核要点：

1. 合同中应明确合同不含税价、税率及税额，同时在合同中约定"若国家出台新的税收政策，则按新政策执行"。
2. 审核合同约定的付款条件、结算方式、开票信息是否合理。

C3

财务部门审核要点：

1. 是否纳入月度现金预算。
2. 原始单据是否完整、规范。
3. 费用审批单信息的填写是否完整、准确。
4. 签批手续是否完整。
5. 会计科目使用是否正确。

流程图：

- 开始
- 后勤部门｜创建采购订单｜1｜经办人员｜C1 → 采购订单
- 后勤部门｜创建合同并挂接采购订单｜2｜经办人员
- 后勤部门｜合同会签生效｜3｜经办人员｜C2
- 后勤部门｜审批并生成正式采购订单｜4｜负责人
- 财务部门｜发票校验｜5｜成本会计｜C3 → 会计凭证一
- 资金支付流程 → 会计凭证二
- 财务部门｜多维宽表归集｜7｜成本会计 → 多维报表编制流程
- 结束

②通过员工报销系统办理取暖费业务（合同签订限额标准以下）

取暖费	业务经办部门：后勤部门	流程编号：SG-SD0904
	归口管理部门：后勤部门	编制单位：国网山东省电力公司

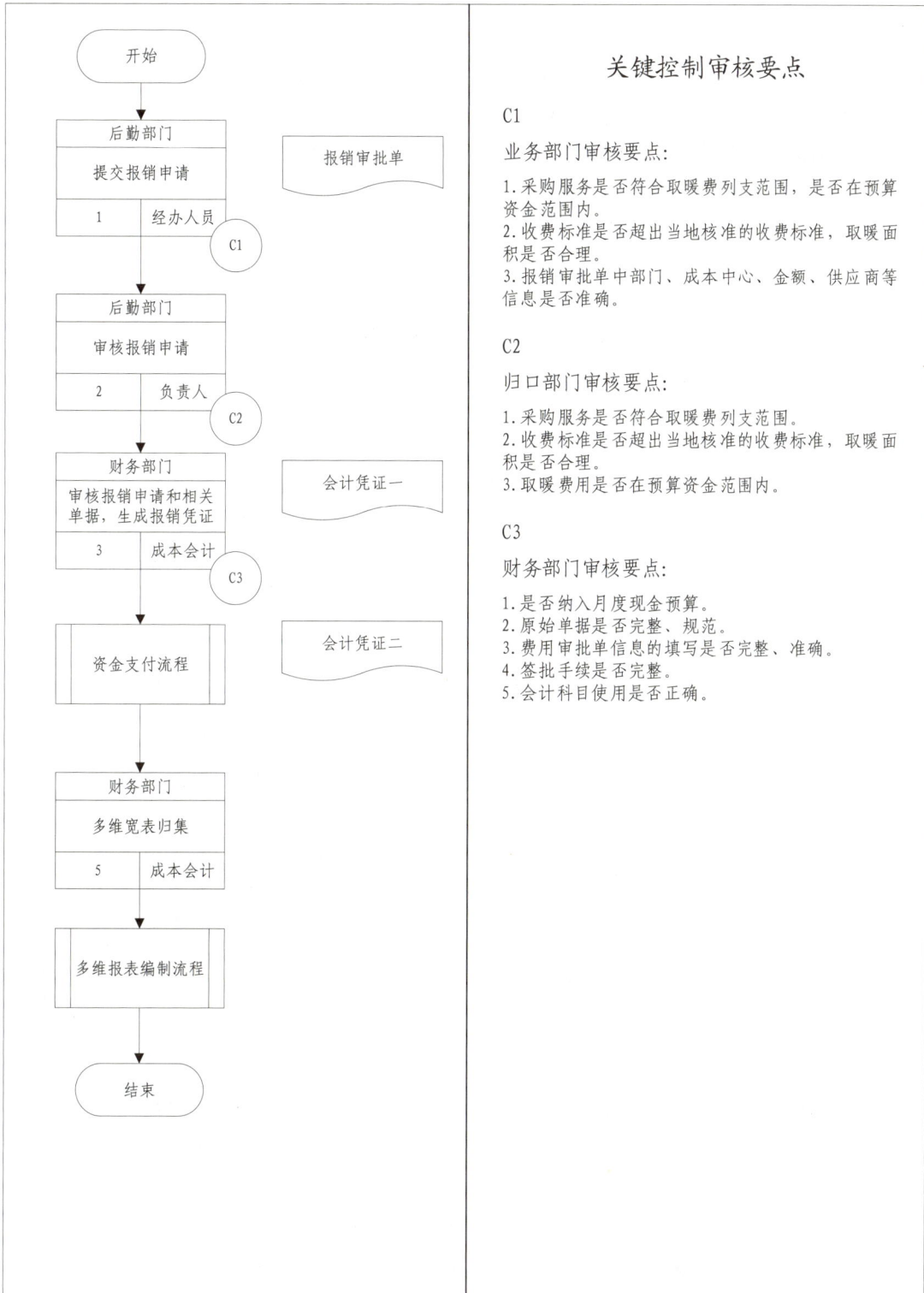

关键控制审核要点

开始

后勤部门　提交报销申请　1　经办人员　C1　——报销审批单

后勤部门　审核报销申请　2　负责人　C2

财务部门　审核报销申请和相关单据，生成报销凭证　3　成本会计　C3　——会计凭证一

资金支付流程　——会计凭证二

财务部门　多维宽表归集　5　成本会计

多维报表编制流程

结束

C1

业务部门审核要点：

1.采购服务是否符合取暖费列支范围，是否在预算资金范围内。
2.收费标准是否超出当地核准的收费标准，取暖面积是否合理。
3.报销审批单中部门、成本中心、金额、供应商等信息是否准确。

C2

归口部门审核要点：

1.采购服务是否符合取暖费列支范围。
2.收费标准是否超出当地核准的收费标准，取暖面积是否合理。
3.取暖费用是否在预算资金范围内。

C3

财务部门审核要点：

1.是否纳入月度现金预算。
2.原始单据是否完整、规范。
3.费用审批单信息的填写是否完整、准确。
4.签批手续是否完整。
5.会计科目使用是否正确。

审核：水电费

1. 业务概述

水电费是供电企业生产、办公等公共场所的水、电、煤气费，以及供电企业耗用不属于线损范围的自用电费等，不包括应计入办公费的饮用水。

水电费业务涉及两项流程，一是通过 ERP 系统服务采购流程办理水电费业务，二是通过员工报销系统办理水电费报销业务。

2. 风险分析

风险分类	风险描述
运营风险	1. 超范围、超标准列支水费 2. 未按合同要求取得增值税专用发票，造成公司经济损失 3. 签批手续不完整，存在合规风险
财务风险	1. 未对报销单据的完整性、一致性复核，可能导致财务数据失真 2. 会计凭证编制未经有效审核，可能导致凭证编制错误未及时被发现，出现会计核算差错问题

3. 权责划分

涉及岗位	关键控制点	权限划分
业务经办人员	创建采购订单	执行权
	发起合同会签	执行权
	提交报销单据	提报权
经办部门负责人	审核采购订单	审核权、审批权
	合同会签	审核权、审批权
	审核报销单据	审核权、审批权
归口管理部门负责人	审核报销单据	审核权、审批权
成本管理会计	审核报销单据	审核权
	发票校验	执行权
	生成报销凭证	执行权

4. 制度依据

（1）相关业务制度

无。

（2）相关财务制度

《国家电网公司会计核算办法》（国网（财/2）469-2014）

《国家电网有限公司会计基础管理办法》（国网（财/2）350-2018）

5. 审核指引

（1）业务流程图

通过流程简图反映水电费业务工作流程，明确对应岗位，确定关键控制点、原始单据等。

（2）关键控制审核要点

针对水电费业务过程中相关业务经办部门（后勤部门）、归口管理部门（后勤部门）、财务部门权责划分，确定重点审核要点，指导业财人员协同审核、规范办理此类业务，防范与应对相关风险。

①通过 ERP 系统服务采购流程办理水电费业务

	水电费	业务经办部门：后勤部门	流程编号：SG-SD0905
		归口管理部门：后勤部门	编制单位：国网山东省电力公司

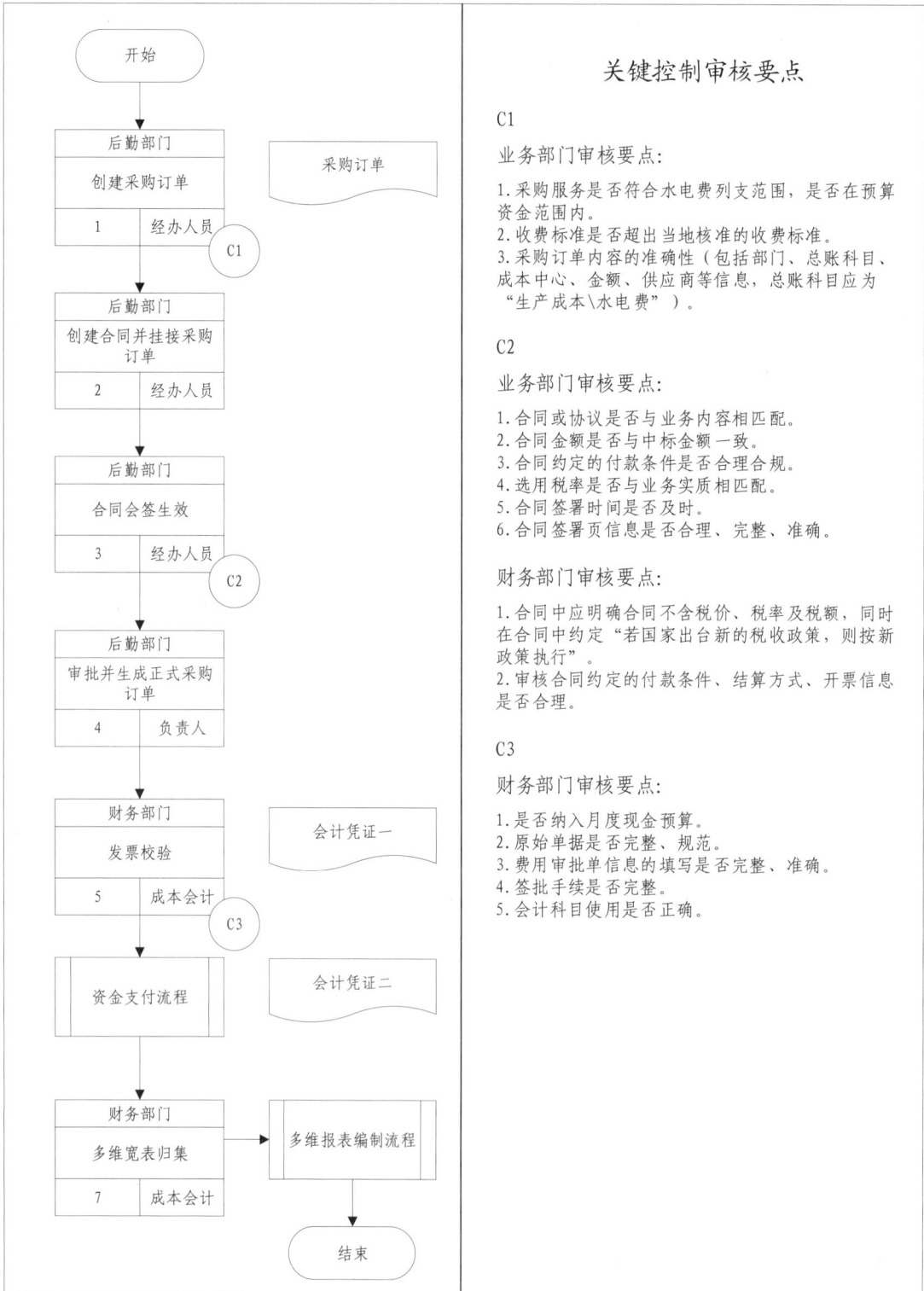

关键控制审核要点

开始

后勤部门
创建采购订单
1　经办人员　C1
采购订单

后勤部门
创建合同并挂接采购订单
2　经办人员

后勤部门
合同会签生效
3　经办人员　C2

后勤部门
审批并生成正式采购订单
4　负责人

财务部门
发票校验
5　成本会计
会计凭证一
C3

资金支付流程
会计凭证二

财务部门
多维宽表归集
7　成本会计
多维报表编制流程

结束

C1

业务部门审核要点：

1.采购服务是否符合水电费列支范围，是否在预算资金范围内。
2.收费标准是否超出当地核准的收费标准。
3.采购订单内容的准确性（包括部门、总账科目、成本中心、金额、供应商等信息，总账科目应为"生产成本\水电费"）。

C2

业务部门审核要点：

1.合同或协议是否与业务内容相匹配。
2.合同金额是否与中标金额一致。
3.合同约定的付款条件是否合理合规。
4.选用税率是否与业务实质相匹配。
5.合同签署时间是否及时。
6.合同签署页信息是否合理、完整、准确。

财务部门审核要点：

1.合同中应明确合同不含税价、税率及税额，同时在合同中约定"若国家出台新的税收政策，则按新政策执行"。
2.审核合同约定的付款条件、结算方式、开票信息是否合理。

C3

财务部门审核要点：

1.是否纳入月度现金预算。
2.原始单据是否完整、规范。
3.费用审批单信息的填写是否完整、准确。
4.签批手续是否完整。
5.会计科目使用是否正确。

②通过员工报销系统办理水电费报销业务

	水电费	业务经办部门：后勤部门	流程编号：SG-SD0905
		归口管理部门：后勤部门	编制单位：国网山东省电力公司

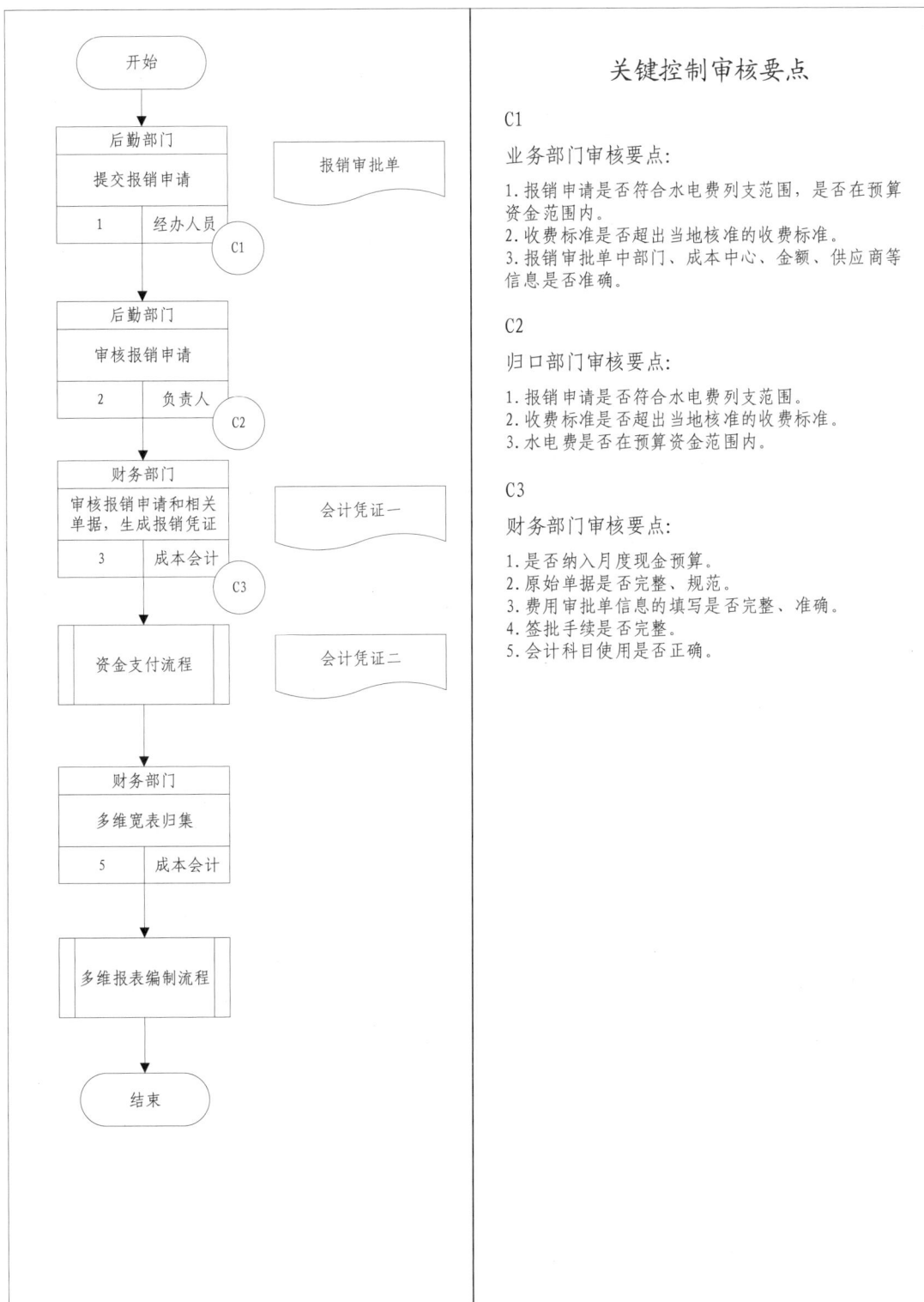

关键控制审核要点

开始

后勤部门
提交报销申请
| 1 | 经办人员 | C1 |

报销审批单

后勤部门
审核报销申请
| 2 | 负责人 | C2 |

财务部门
审核报销申请和相关
单据，生成报销凭证
| 3 | 成本会计 | C3 |

会计凭证一

资金支付流程

会计凭证二

财务部门
多维宽表归集
| 5 | 成本会计 |

多维报表编制流程

结束

C1

业务部门审核要点：

1.报销申请是否符合水电费列支范围，是否在预算资金范围内。
2.收费标准是否超出当地核准的收费标准。
3.报销审批单中部门、成本中心、金额、供应商等信息是否准确。

C2

归口部门审核要点：

1.报销申请是否符合水电费列支范围。
2.收费标准是否超出当地核准的收费标准。
3.水电费是否在预算资金范围内。

C3

财务部门审核要点：

1.是否纳入月度现金预算。
2.原始单据是否完整、规范。
3.费用审批单信息的填写是否完整、准确。
4.签批手续是否完整。
5.会计科目使用是否正确。

审核：管理用房屋维修费

1. 业务概述

管理用房屋维修费是指供电企业为非生产性房屋维修发生的费用支出。如房屋维修支出达到计税基础 50% 以上且使用寿命延长两年（含两年）以上，应予资本化。

2. 风险分析

风险分类	风险描述
运营风险	1. 超范围列支管理用房屋维修费 2. 未按合同要求取得增值税专用发票，造成公司经济损失 3. 签批手续不完整，存在合规风险
财务风险	1. 未对报销单据的完整性、一致性复核，可能导致财务数据失真 2. 会计凭证编制未经有效审核，可能导致凭证编制错误未及时被发现，出现会计核算差错问题
法律风险	合同未经有效审核，合同条款约定不明确，合同执行不到位，可能引起法律纠纷

3. 权责划分

涉及岗位	关键控制点	权限划分
业务经办人员	提报采购申请	提报权
	创建采购订单	执行权
	发起合同会签	执行权
	发起服务确认	执行权
	提交报销单据	提报权
经办部门负责人	审核采购申请	审核权、审批权
	审核采购订单	审核权、审批权
	合同会签	审核权、审批权
	服务确认	审核权、审批权
	审核报销单据	审核权、审批权
归口管理部门负责人	审核报销单据	审核权、审批权
成本管理会计	审核报销单据	审核权
	发票校验	执行权
	生成报销凭证	执行权

4. 制度依据

（1）相关业务制度

无。

（2）相关财务制度

《国家电网公司会计核算办法》（国网（财/2）469-2014）

《国家电网有限公司会计基础管理办法》（国网（财/2）350-2018）

5. 审核指引

（1）业务流程图

通过流程简图反映管理用房屋维修费业务工作流程，明确对应岗位，确定关键控制点、原始单据等。

（2）关键控制审核要点

针对管理用房屋维修费业务过程中相关业务经办部门（后勤部门）、归口管理部门（后勤部门）、财务部门权责划分，确定重点审核要点，指导业财人员协同审核、规范办理此类业务，防范与应对相关风险。

通过 ERP 系统办理管理用房屋维修费入账业务

管理用房屋维修费	业务经办部门：后勤部门	流程编号：SG-SD0906
	归口管理部门：后勤部门	编制单位：国网山东省电力公司

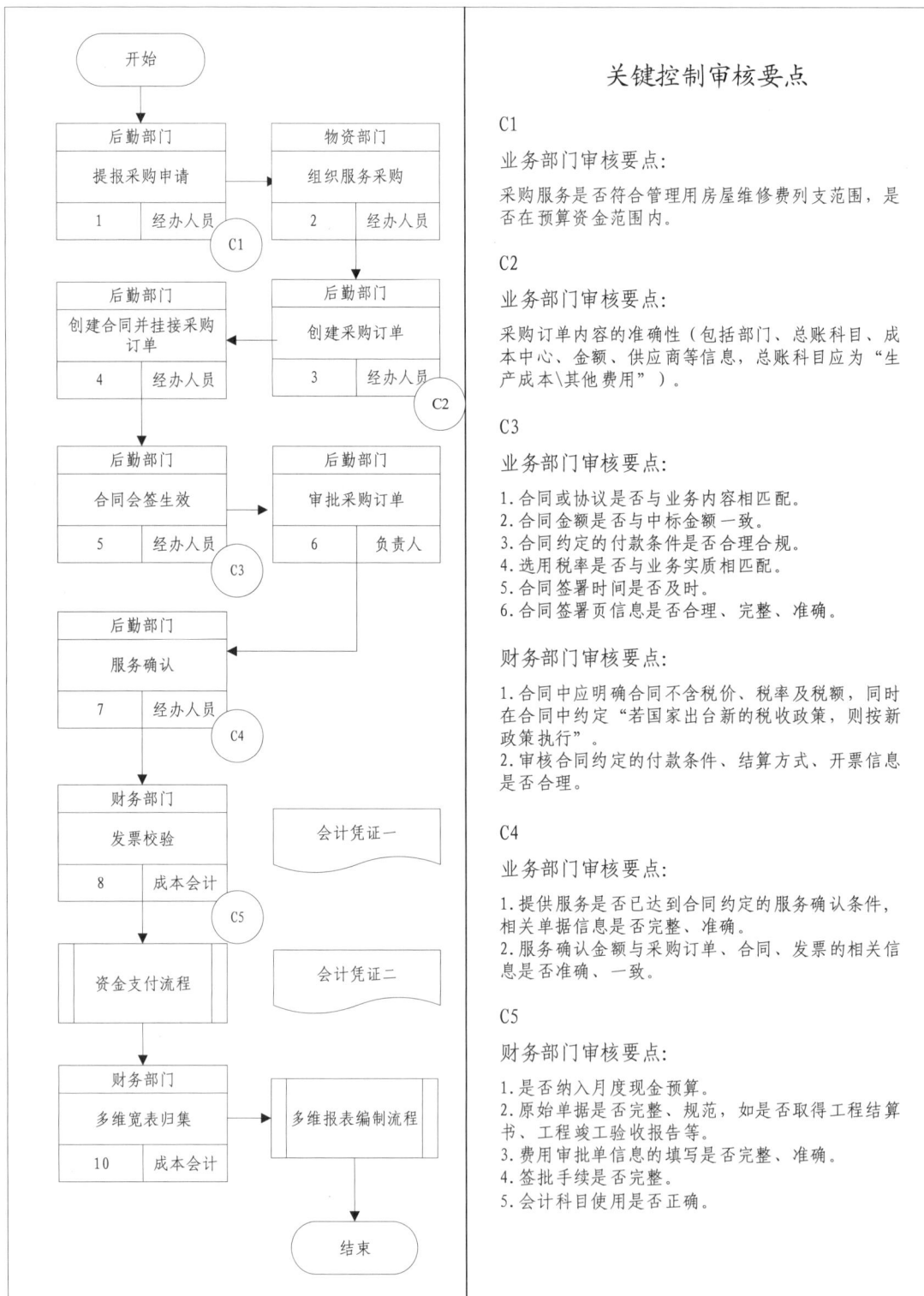

开始

后勤部门		物资部门	
提报采购申请		组织服务采购	
1	经办人员	2	经办人员

C1

后勤部门		后勤部门	
创建合同并挂接采购订单		创建采购订单	
4	经办人员	3	经办人员

C2

后勤部门		后勤部门	
合同会签生效		审批采购订单	
5	经办人员	6	负责人

C3

后勤部门	
服务确认	
7	经办人员

C4

财务部门	
发票校验	
8	成本会计

会计凭证一

C5

资金支付流程

会计凭证二

财务部门	
多维宽表归集	
10	成本会计

多维报表编制流程

结束

关键控制审核要点

C1

业务部门审核要点：

采购服务是否符合管理用房屋维修费列支范围，是否在预算资金范围内。

C2

业务部门审核要点：

采购订单内容的准确性（包括部门、总账科目、成本中心、金额、供应商等信息，总账科目应为"生产成本\其他费用"）。

C3

业务部门审核要点：

1.合同或协议是否与业务内容相匹配。
2.合同金额是否与中标金额一致。
3.合同约定的付款条件是否合理合规。
4.选用税率是否与业务实质相匹配。
5.合同签署时间是否及时。
6.合同签署页信息是否合理、完整、准确。

财务部门审核要点：

1.合同中应明确合同不含税价、税率及税额，同时在合同中约定"若国家出台新的税收政策，则按新政策执行"。
2.审核合同约定的付款条件、结算方式、开票信息是否合理。

C4

业务部门审核要点：

1.提供服务是否已达到合同约定的服务确认条件，相关单据信息是否完整、准确。
2.服务确认金额与采购订单、合同、发票的相关信息是否准确、一致。

C5

财务部门审核要点：

1.是否纳入月度现金预算。
2.原始单据是否完整、规范，如是否取得工程结算书、工程竣工验收报告等。
3.费用审批单信息的填写是否完整、准确。
4.签批手续是否完整。
5.会计科目使用是否正确。

审核：租赁费

1. 业务概述

租赁费是指因生产经营需要，采用租赁方式租入资产等支付的费用，主要包括房屋及建筑物租赁费、通信线路租赁费、无线电频率占用费、土地使用费、设备租赁费、车辆及车位租赁费、地下电缆通道有偿使用费、变压器租赁费、配电线路租赁费等。

租赁费业务涉及两项流程，一是通过 ERP 服务采购流程办理服务采购业务（合同签订限额标准以上），二是通过员工报销系统办理租赁费报销业务（合同签订限额标准以下）。

2. 风险分析

风险分类	风险描述
运营风险	1. 超范围、超标准列支租赁费 2. 未按合同要求取得增值税专用发票，造成公司经济损失 3. 未对承租资产的所有权进行确认，存在合规风险 4. 签批手续不完整，存在合规风险
财务风险	1. 未对报销单据的完整性、一致性复核，可能导致财务数据失真 2. 会计凭证编制未经有效审核，可能导致凭证编制错误未及时被发现，出现会计核算差错问题
法律风险	合同未经有效审核，合同条款约定不明确，合同执行不到位，可能引起法律纠纷

3. 权责划分

涉及岗位	关键控制点	权限划分
业务经办人员	提交报销申请	提报权
	创建采购订单	执行权
	发起合同会签	执行权
	提交报销单据	提报权
经办部门负责人	审核报销申请	审核权、审批权
	审核采购订单	审核权、审批权
	合同会签	审核权、审批权
	审核报销单据	审核权、审批权
归口管理部门负责人	审核报销单据	审核权、审批权
成本管理会计	审核报销单据	审核权
	发票校验	执行权

涉及岗位	关键控制点	权限划分
成本管理会计	生成报销凭证	执行权

4. 制度依据

（1）相关业务制度

无。

（2）相关财务制度

《国家电网公司会计核算办法》（国网（财/2）469-2014）

《国家电网有限公司会计基础管理办法》（国网（财/2）350-2018）

《国家电网公司财务管理通则》（国网（财/1）97-2014）

5. 审核指引

（1）业务流程图

通过流程简图反映租赁费业务工作流程，明确对应岗位，确定关键控制点、原始单据等。

（2）关键控制审核要点

针对租赁费业务过程中相关业务经办部门、归口管理部门（后勤部门、设备部门、营销部门等）、财务部门权责划分，确定重点审核要点，指导业财人员协同审核、规范办理此类业务，防范与应对相关风险。

①通过 ERP 服务采购流程办理服务采购业务（合同签订限额标准以上）

租赁费	业务经办部门：相关部门	流程编号：SG-SD0907
	归口管理部门：后勤部门、设备部门、营销部门等	编制单位：国网山东省电力公司

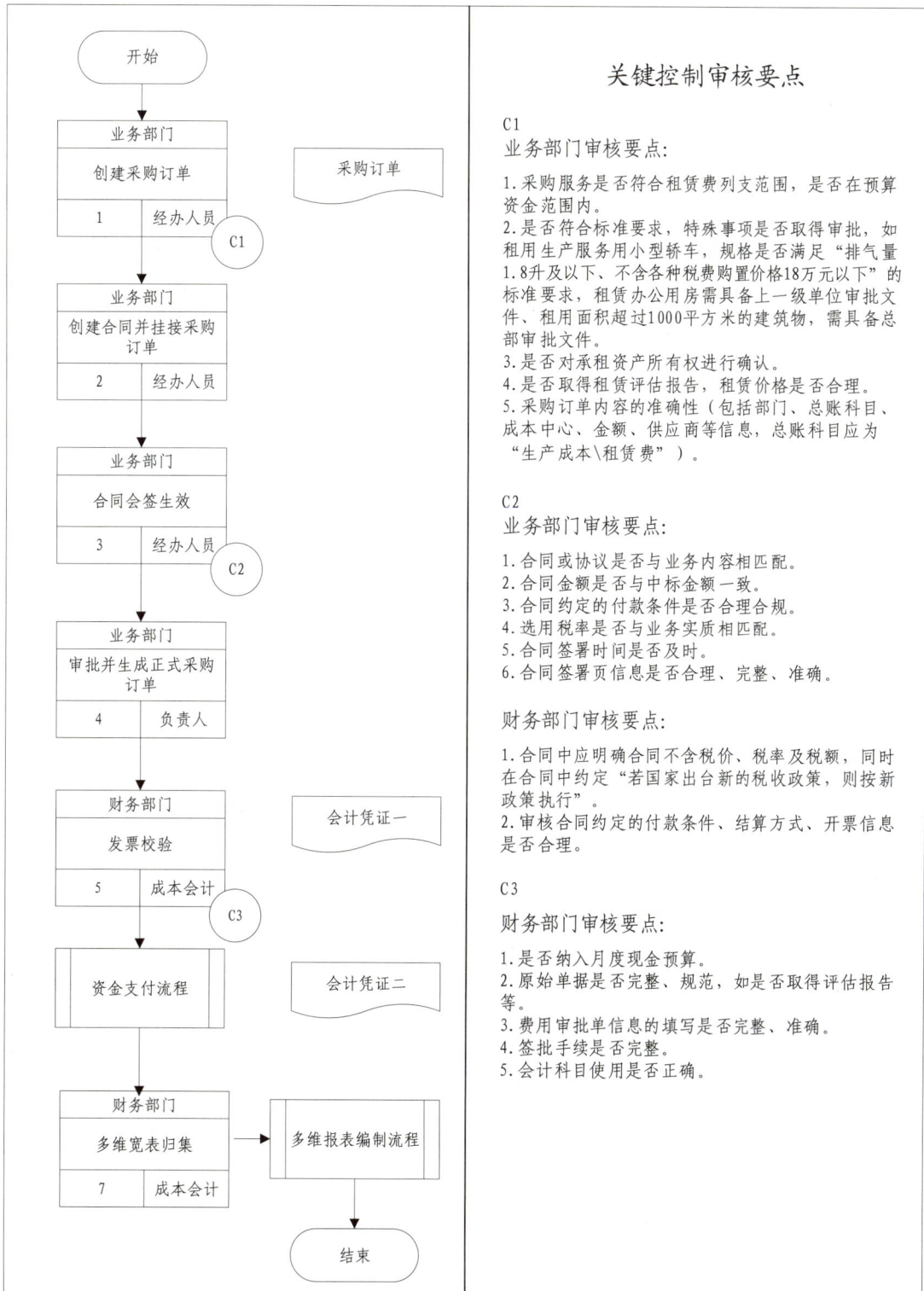

关键控制审核要点

C1

业务部门审核要点：

1. 采购服务是否符合租赁费列支范围，是否在预算资金范围内。
2. 是否符合标准要求，特殊事项是否取得审批，如租用生产服务用小型轿车，规格是否满足"排气量1.8升及以下、不含各种税费购置价格18万元以下"的标准要求，租赁办公用房需具备上一级单位审批文件、租用面积超过1000平方米的建筑物，需具备总部审批文件。
3. 是否对承租资产所有权进行确认。
4. 是否取得租赁评估报告，租赁价格是否合理。
5. 采购订单内容的准确性（包括部门、总账科目、成本中心、金额、供应商等信息，总账科目应为"生产成本\租赁费"）。

C2

业务部门审核要点：

1. 合同或协议是否与业务内容相匹配。
2. 合同金额是否与中标金额一致。
3. 合同约定的付款条件是否合理合规。
4. 选用税率是否与业务实质相匹配。
5. 合同签署时间是否及时。
6. 合同签署页信息是否合理、完整、准确。

财务部门审核要点：

1. 合同中应明确合同不含税价、税率及税额，同时在合同中约定"若国家出台新的税收政策，则按新政策执行"。
2. 审核合同约定的付款条件、结算方式、开票信息是否合理。

C3

财务部门审核要点：

1. 是否纳入月度现金预算。
2. 原始单据是否完整、规范，如是否取得评估报告等。
3. 费用审批单信息的填写是否完整、准确。
4. 签批手续是否完整。
5. 会计科目使用是否正确。

流程图

开始

业务部门
创建采购订单
1　　　经办人员

C1 — 采购订单

业务部门
创建合同并挂接采购订单
2　　　经办人员

业务部门
合同会签生效
3　　　经办人员

C2

业务部门
审批并生成正式采购订单
4　　　负责人

财务部门
发票校验
5　　　成本会计

C3 — 会计凭证一

资金支付流程 — 会计凭证二

财务部门
多维宽表归集
7　　　成本会计

多维报表编制流程

结束

②通过员工报销系统办理租赁费业务（合同签订限额标准以下）

	租赁费	业务经办部门：相关部门	流程编号：SG-SD0907
		归口管理部门：后勤部门、设备部门、营销部门等	编制单位：国网山东省电力公司

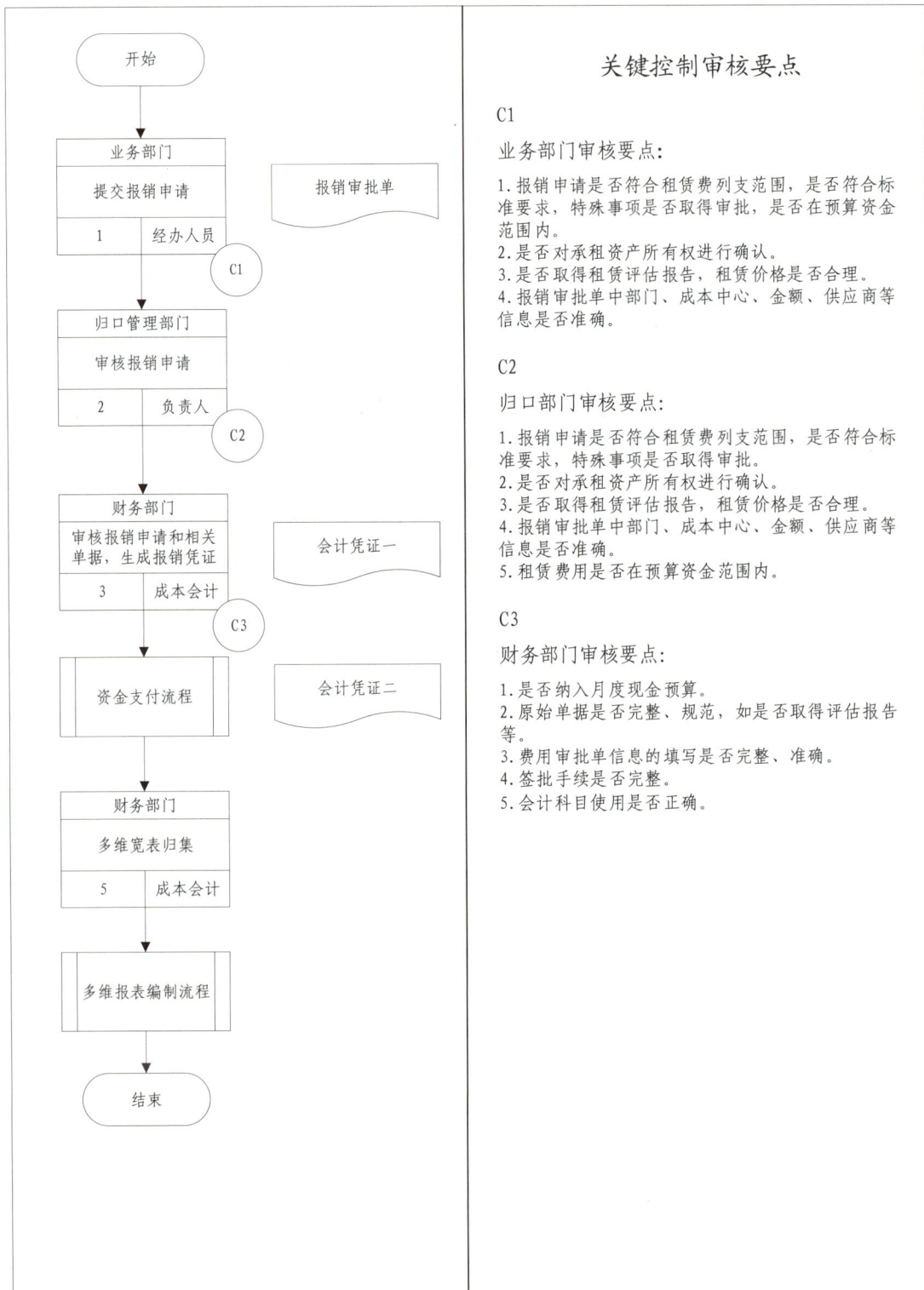

关键控制审核要点

开始

业务部门
提交报销申请
1　经办人员　C1

报销审批单

C1

业务部门审核要点：

1.报销申请是否符合租赁费列支范围，是否符合标准要求，特殊事项是否取得审批，是否在预算资金范围内。
2.是否对承租资产所有权进行确认。
3.是否取得租赁评估报告，租赁价格是否合理。
4.报销审批单中部门、成本中心、金额、供应商等信息是否准确。

归口管理部门
审核报销申请
2　负责人　C2

C2

归口部门审核要点：

1.报销申请是否符合租赁费列支范围，是否符合标准要求，特殊事项是否取得审批。
2.是否对承租资产所有权进行确认。
3.是否取得租赁评估报告，租赁价格是否合理。
4.报销审批单中部门、成本中心、金额、供应商等信息是否准确。
5.租赁费用是否在预算资金范围内。

财务部门
审核报销申请和相关单据，生成报销凭证
3　成本会计　C3

会计凭证一

C3

财务部门审核要点：

1.是否纳入月度现金预算。
2.原始单据是否完整、规范，如是否取得评估报告等。
3.费用审批单信息的填写是否完整、准确。
4.签批手续是否完整。
5.会计科目使用是否正确。

资金支付流程

会计凭证二

财务部门
多维宽表归集
5　成本会计

多维报表编制流程

结束

十、科技信息业务

审核：管理信息系统维护费

1. 业务概述

管理信息系统维护费是指供电企业管理信息系统运行维护发生的费用，主要包括网络、主机、安全系统、业务应用系统、机房环境等一、二线运行维护费用，三线技术支持和维保费用，以及信息系统资源费用等其他费用，包括增值税防伪税控服务费，但不包括调度、通信等生产自动化信息系统维护费。

管理信息系统维护费业务涉及两项流程：一是通过 ERP 物资采购流程办理物资采购业务；二是通过 ERP 服务采购流程办理服务采购业务。

2. 风险分析

风险分类	风险描述
运营风险	1. 超范围列支管理信息系统维护费 2. 未对项目实施的可行性、必要性进行严格审查，造成公司经济损失 3. 未按合同要求取得增值税专用发票，造成公司经济损失 4. 签批手续不完整，存在合规风险
财务风险	1. 未对报销单据的完整性、一致性复核，可能导致财务数据失真 2. 会计凭证编制未经有效审核，可能导致凭证编制错误未及时被发现，出现会计核算差错问题
法律风险	合同未经有效审核，合同条款约定不明确，合同执行不到位，可能引起法律纠纷

3. 权责划分

涉及岗位	关键控制点	权限划分
业务经办人员	创建项目	执行权
	提报采购申请	提报权
	发起合同会签	执行权
	提交报销单据	提报权
经办部门负责人	审核采购申请	审核权、审批权
	合同会签生效	审核权、审批权
	服务确认	审核权、审批权
	审核报销单据	审核权、审批权
归口管理部门负责人	项目审批	审批权
	审核报销单据	审核权、审批权

续　表

涉及岗位	关键控制点	权限划分
物资部门经办人员	物资入库	执行权
	物资发货	执行权
成本管理会计	审核报销单据	审核权
	发票校验	执行权
	生成报销凭证	执行权

4. 制度依据

（1）相关业务制度

无。

（2）相关财务制度

《国家电网公司会计核算办法》（国网（财 /2）469-2014）

《国家电网有限公司会计基础管理办法》（国网（财 /2）350-2018）

《国家电网公司财务管理通则》（国网（财 /1）97-2014）

5. 审核指引

（1）业务流程图

通过流程简图反映管理信息系统维护费业务工作流程，明确对应岗位，确定关键控制点、原始单据等。

（2）关键控制审核要点

针对管理信息系统维护费业务过程中相关业务经办部门、归口管理部门（信通部门）、财务部门权责划分，确定重点审核要点，指导业财人员协同审核、规范办理此类业务，防范与应对相关风险。

①通过 ERP 物资采购流程办理物资采购业务

管理信息系统维护费	业务经办部门：相关部门	流程编号：SG-SD1001
	归口管理部门：信通部门	编制单位：国网山东省电力公司

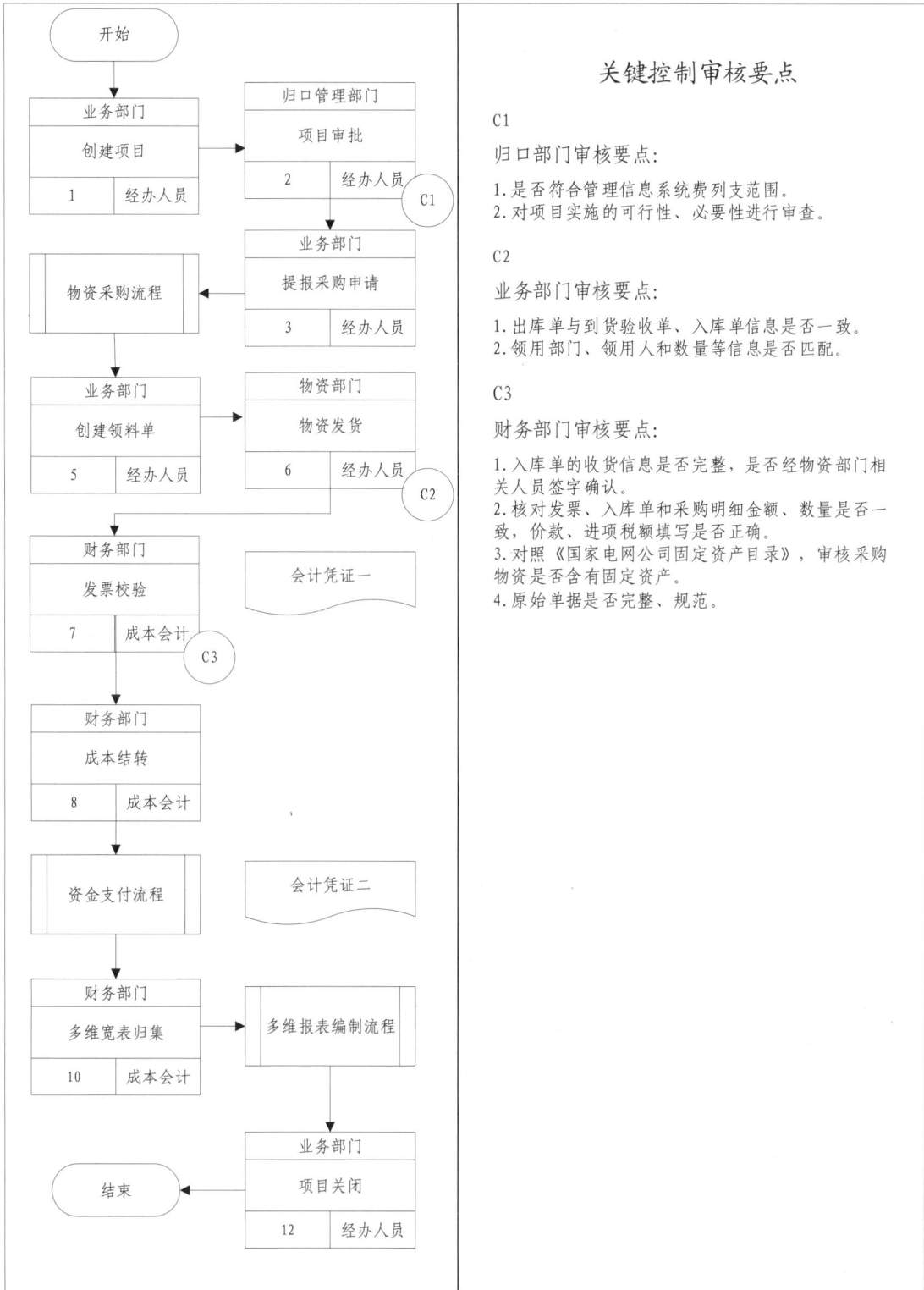

关键控制审核要点

C1

归口部门审核要点：

1.是否符合管理信息系统费列支范围。
2.对项目实施的可行性、必要性进行审查。

C2

业务部门审核要点：

1.出库单与到货验收单、入库单信息是否一致。
2.领用部门、领用人和数量等信息是否匹配。

C3

财务部门审核要点：

1.入库单的收货信息是否完整，是否经物资部门相关人员签字确认。
2.核对发票、入库单和采购明细金额、数量是否一致，价款、进项税额填写是否正确。
3.对照《国家电网公司固定资产目录》，审核采购物资是否含有固定资产。
4.原始单据是否完整、规范。

流程图：

开始 → 业务部门 创建项目 1 经办人员 → 归口管理部门 项目审批 2 经办人员 (C1) → 业务部门 提报采购申请 3 经办人员 → 物资采购流程 → 业务部门 创建领料单 5 经办人员 → 物资部门 物资发货 6 经办人员 (C2) → 财务部门 发票校验 7 成本会计 (C3) / 会计凭证一 → 财务部门 成本结转 8 成本会计 → 资金支付流程 / 会计凭证二 → 财务部门 多维宽表归集 10 成本会计 → 多维报表编制流程 → 业务部门 项目关闭 12 经办人员 → 结束

②通过 ERP 服务采购流程办理服务采购业务

管理信息系统维护费	业务经办部门：相关部门	流程编号：SG-SD1001
	归口管理部门：信通部门	编制单位：国网山东省电力公司

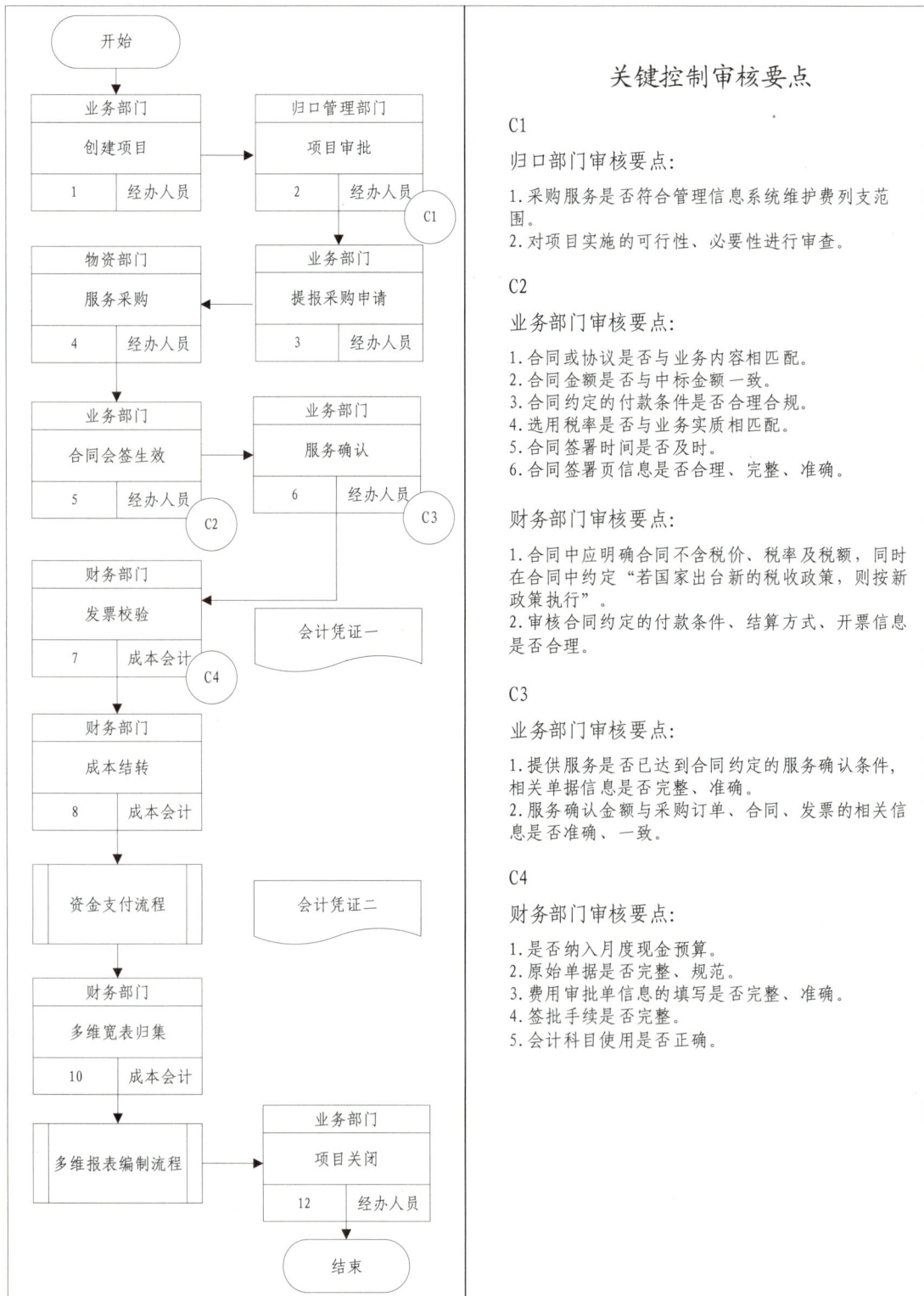

关键控制审核要点

C1

归口部门审核要点：

1.采购服务是否符合管理信息系统维护费列支范围。

2.对项目实施的可行性、必要性进行审查。

C2

业务部门审核要点：

1.合同或协议是否与业务内容相匹配。

2.合同金额是否与中标金额一致。

3.合同约定的付款条件是否合理合规。

4.选用税率是否与业务实质相匹配。

5.合同签署时间是否及时。

6.合同签署页信息是否合理、完整、准确。

财务部门审核要点：

1.合同中应明确合同不含税价、税率及税额，同时在合同中约定"若国家出台新的税收政策，则按新政策执行"。

2.审核合同约定的付款条件、结算方式、开票信息是否合理。

C3

业务部门审核要点：

1.提供服务是否已达到合同约定的服务确认条件，相关单据信息是否完整、准确。

2.服务确认金额与采购订单、合同、发票的相关信息是否准确、一致。

C4

财务部门审核要点：

1.是否纳入月度现金预算。

2.原始单据是否完整、规范。

3.费用审批单信息的填写是否完整、准确。

4.签批手续是否完整。

5.会计科目使用是否正确。

审核：服务类研发支出

1. 业务概述

研究开发费是指在产品、技术、材料、工艺、标准的研究、开发过程中发生的各项费用，以及为研究开发活动提供支撑服务的相关费用，主要用于支持科技项目、技术标准项目和技术服务项目等开展的工作。

2. 风险分析

风险分类	风险描述
运营风险	1. 超范围列支研究开发费 2. 未按合同要求取得增值税专用发票，造成公司经济损失 3. 签批手续不完整，存在合规风险
财务风险	1. 未对报销单据的完整性、一致性复核，可能导致财务数据失真 2. 会计凭证编制未经有效审核，可能导致凭证编制错误未及时被发现，出现会计核算差错问题
法律风险	合同未经有效审核，合同条款约定不明确，合同执行不到位，可能引起法律纠纷

3. 权责划分

涉及岗位	关键控制点	权限划分
业务经办人员	创建项目	执行权
	提报采购申请	提报权
	发起合同会签	执行权
	提交报销单据	提报权
经办部门负责人	审核采购申请	审核权、审批权
	合同会签生效	审核权、审批权
	服务确认	审核权、审批权
	审核报销单据	审核权、审批权
归口管理部门负责人	项目审批	审核权、审批权
	审核报销单据	审核权、审批权
成本管理会计	审核报销单据	审核权
	发票校验	执行权
	生成报销凭证	执行权

4. 制度依据

（1）相关业务制度

《国家电网公司科技项目预算编制实施细则》（国网（科 /3）264-2017）

（2）相关财务制度

《国家电网公司会计核算办法》（国网（财 /2）469-2014）

《国家电网公司研究开发费财务管理办法》（国网（财 /2)348-2014）

《财政部 国家税务总局 科技部关于完善研究开发费用税前加计扣除政策的通知》（财税〔2015〕119 号）

《国家税务总局关于企业研究开发费用税前加计扣除政策有关问题的公告》（国家税务总局公告 2015 年第 97 号）

5. 审核指引

（1）业务流程图

通过流程简图反映服务类研发支出业务工作流程，明确对应岗位，确定关键控制点、原始单据等。

（2）关键控制审核要点

针对服务类研发支出业务过程中业务经办部门、归口管理部门（发策部门）、财务部门权责划分，确定重点审核要点，指导业财人员协同审核、规范办理此类业务，防范与应对相关风险。

服务类研发支出

业务经办部门：相关部门	流程编号：SG-SD1002-01
归口管理部门：发策部门	编制单位：国网山东省电力公司

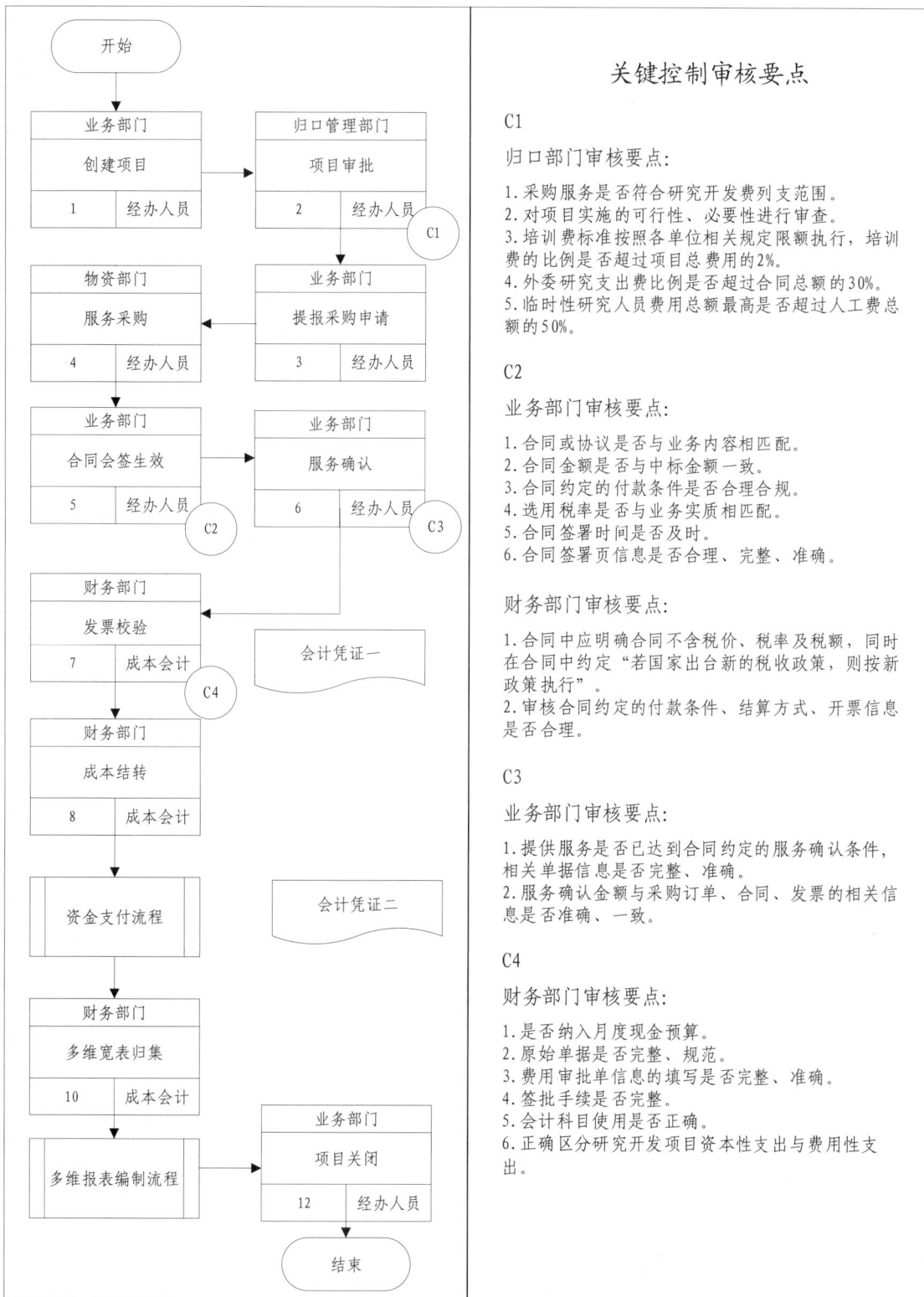

开始

业务部门		归口管理部门	
创建项目		项目审批	
1	经办人员	2	经办人员

C1

物资部门		业务部门	
服务采购		提报采购申请	
4	经办人员	3	经办人员

业务部门		业务部门	
合同会签生效		服务确认	
5	经办人员	6	经办人员

C2　　C3

财务部门	
发票校验	
7	成本会计

会计凭证一

C4

财务部门	
成本结转	
8	成本会计

资金支付流程

会计凭证二

财务部门	
多维宽表归集	
10	成本会计

多维报表编制流程

业务部门	
项目关闭	
12	经办人员

结束

关键控制审核要点

C1

归口部门审核要点：

1. 采购服务是否符合研究开发费列支范围。
2. 对项目实施的可行性、必要性进行审查。
3. 培训费标准按照各单位相关规定限额执行，培训费的比例是否超过项目总费用的2%。
4. 外委研究支出费比例是否超过合同总额的30%。
5. 临时性研究人员费用总额最高是否超过人工费总额的50%。

C2

业务部门审核要点：

1. 合同或协议是否与业务内容相匹配。
2. 合同金额是否与中标金额一致。
3. 合同约定的付款条件是否合理合规。
4. 选用税率是否与业务实质相匹配。
5. 合同签署时间是否及时。
6. 合同签署页信息是否合理、完整、准确。

财务部门审核要点：

1. 合同中应明确合同不含税价、税率及税额，同时在合同中约定"若国家出台新的税收政策，则按新政策执行"。
2. 审核合同约定的付款条件、结算方式、开票信息是否合理。

C3

业务部门审核要点：

1. 提供服务是否已达到合同约定的服务确认条件，相关单据信息是否完整、准确。
2. 服务确认金额与采购订单、合同、发票的相关信息是否准确、一致。

C4

财务部门审核要点：

1. 是否纳入月度现金预算。
2. 原始单据是否完整、规范。
3. 费用审批单信息的填写是否完整、准确。
4. 签批手续是否完整。
5. 会计科目使用是否正确。
6. 正确区分研究开发项目资本性支出与费用性支出。

审核：物资类研发支出

1. 业务概述

研究开发费是指在产品、技术、材料、工艺、标准的研究、开发过程中发生的各项费用，以及为研究开发活动提供支撑服务的相关费用，主要用于支持科技项目、技术标准项目和技术服务项目等开展的工作。

2. 风险分析

风险分类	风险描述
运营风险	1. 超范围列支研究开发费 2. 未按合同要求取得增值税专用发票，造成公司经济损失 3. 签批手续不完整，存在合规风险
财务风险	1. 未对报销单据的完整性、一致性复核，可能导致财务数据失真 2. 会计凭证编制未经有效审核，可能导致凭证编制错误未及时被发现，出现会计核算差错问题
法律风险	合同未经有效审核，合同条款约定不明确，合同执行不到位，可能引起法律纠纷

3. 权责划分

涉及岗位	关键控制点	权限划分
业务经办人员	创建项目	执行权
	提报采购申请	提报权
	提交报销单据	提报权
经办部门负责人	审核采购申请	审核权、审批权
	审核报销单据	审核权、审批权
归口管理部门负责人	项目审批	审核权、审批权
	审核报销单据	审核权、审批权
物资部门经办人员	物资入库	执行权
	物资发货	执行权
成本管理会计	审核报销单据	审核权
	发票校验	执行权
	生成报销凭证	执行权

4. 制度依据

（1）相关业务制度

《国家电网公司科技项目预算编制实施细则》（国网（科 /3）264-2017）

（2）相关财务制度

《国家电网公司会计核算办法》（国网（财 /2）469-2014）

《国家电网公司研究开发费财务管理办法》（国网（财 /2)348-2014）

《财政部 国家税务总局 科技部关于完善研究开发费用税前加计扣除政策的通知》（财税〔2015〕119 号）

《国家税务总局关于企业研究开发费用税前加计扣除政策有关问题的公告》（国家税务总局公告 2015 年第 97 号）

5. 审核指引

（1）业务流程图

通过流程简图反映物资类研发支出业务工作流程，明确对应岗位，确定关键控制点、原始单据等。

（2）关键控制审核要点

针对物资类研发支出业务过程中业务经办部门、归口管理部门（发策部门）、财务部门权责划分，确定重点审核要点，指导业财人员协同审核、规范办理此类业务，防范与应对相关风险。

物资类研发支出	业务经办部门：相关部门	流程编号：SG-SD1002-02
	归口管理部门：发策部门	编制单位：国网山东省电力公司

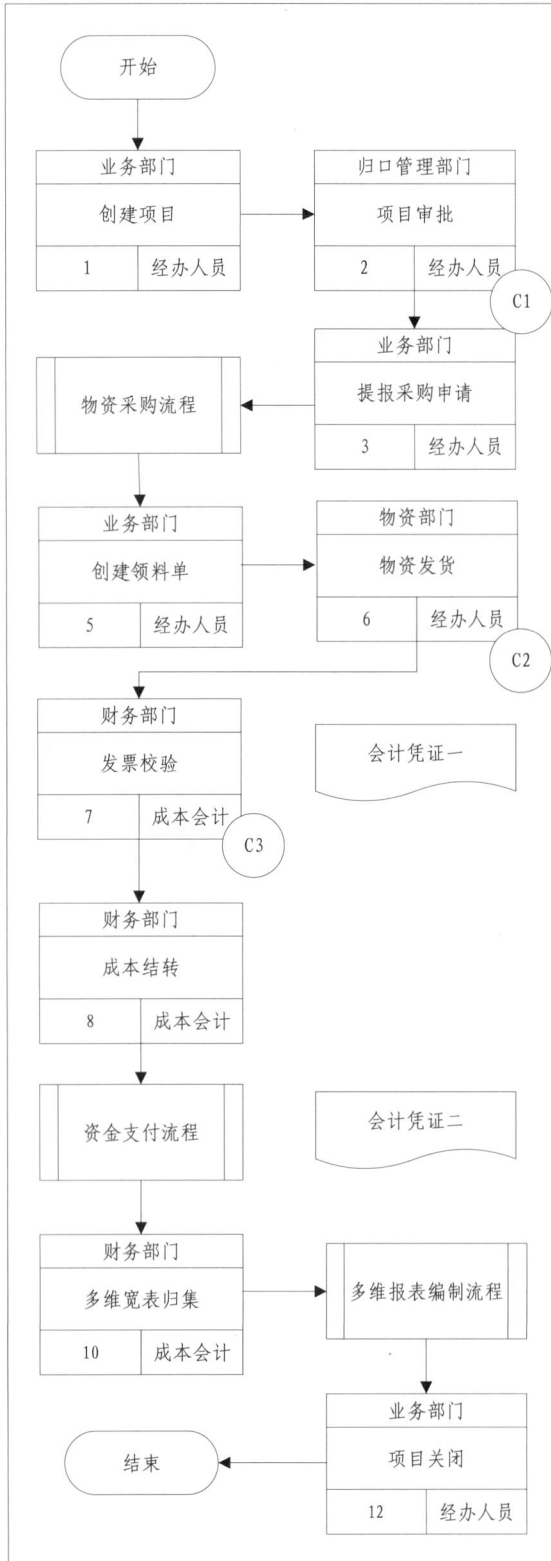

开始

业务部门	归口管理部门
创建项目	项目审批
1　经办人员	2　经办人员

C1

	业务部门
物资采购流程	提报采购申请
	3　经办人员

业务部门	物资部门
创建领料单	物资发货
5　经办人员	6　经办人员

C2

财务部门	
发票校验	会计凭证一
7　成本会计	

C3

财务部门
成本结转
8　成本会计

资金支付流程	会计凭证二

财务部门	
多维宽表归集	多维报表编制流程
10　成本会计	

	业务部门
结束	项目关闭
	12　经办人员

关键控制审核要点

C1

业务部门审核要点：

1. 是否符合研究开发费列支范围。
2. 对项目实施的可行性、必要性进行审查。
3. 培训费标准按照各单位相关规定限额执行，培训费的比例是否超过项目总费用的2%。
4. 外委研究支出费比例是否超过合同总额的30%。
5. 临时性研究人员费用总额最高是否超过人工费总额的50%。

C2

业务部门审核要点：

1. 出库单与到货验收单、入库单信息是否一致。
2. 领用部门、领用人和数量等信息是否匹配。

C3

财务部门审核要点：

1. 入库单的收货信息是否完整，是否经物资部门相关人员签字确认。
2. 核对发票、入库单和采购明细金额和数量是否一致，价款、进项税额填写是否正确。
3. 对照《国家电网公司固定资产目录》，审核成本性项目采购物资是否含有固定资产。
4. 原始单据是否完整、规范。

十一、安全管控业务

审核：电力设施保护费

1. 业务概述

电力设施保护费是指企业为保护供电设施而发生的供电设施标识费、补偿费、护线费等。

电力设施保护费业务涉及两项流程：一是通过 ERP 服务采购流程办理电力设施保护费等服务采购业务（合同签订限额标准以上）；二是通过员工报销系统办理电力设施保护费等日常报销业务（合同签订限额标准以下）。

2. 风险分析

风险分类	风险描述
运营风险	1. 存在超范围、虚假列支电力设施保护费的风险 2. 未按合同要求取得增值税专用发票，造成公司经济损失 3. 签批手续不完整，存在合规风险
财务风险	1. 未对报销单据的完整性及报销事项与报销单据的一致性复核，可能导致财务数据失真 2. 会计凭证编制未经有效审核，可能导致凭证编制错误未及时被发现，出现会计核算差错问题
法律风险	合同未经有效审核，合同条款约定不明确，合同执行不到位，可能引起法律纠纷

3. 权责划分

涉及岗位	关键控制点	权限划分
业务经办人员	提交电力设施保护费报销申请	提报权
	创建采购订单	执行权
	发起合同会签	执行权
经办部门负责人	审核电力设施保护费报销申请	审核权、审批权
	审核采购订单	审核权、审批权
	合同会签	审核权、审批权
归口管理部门负责人	审核报销申请	审核权、审批权
成本管理会计	审核报销申请	审核权
	发票校验	执行权
	生成报销凭证	执行权

4. 制度依据

（1）相关业务制度

无。

（2）相关财务制度

《国家电网公司会计核算办法》（国网（财/2）469-2014）

《国家电网有限公司会计基础管理办法》（国网（财/2）350-2018）

《国家电网公司财务管理通则》（国网（财/1）97-2014）

5. 审核指引

（1）业务流程图

通过流程简图反映电力设施保护费业务工作流程，明确对应岗位，确定关键控制点、原始单据等。

（2）关键控制审核要点

针对电力设施保护费业务过程中业务经办部门、归口管理部门（安质部门、运检部门）、财务部门权责划分，确定重点审核要点，指导业财人员协同审核、规范办理此类业务，防范与应对相关风险。

① 通过 ERP 服务采购流程办理电力设施保护费等服务采购业务（合同签订限额标准以上）

电力设施保护费	业务经办部门：相关部门	流程编号：SG-SD1101
	归口管理部门：安质部门、运检部门	编制单位：国网山东省电力公司

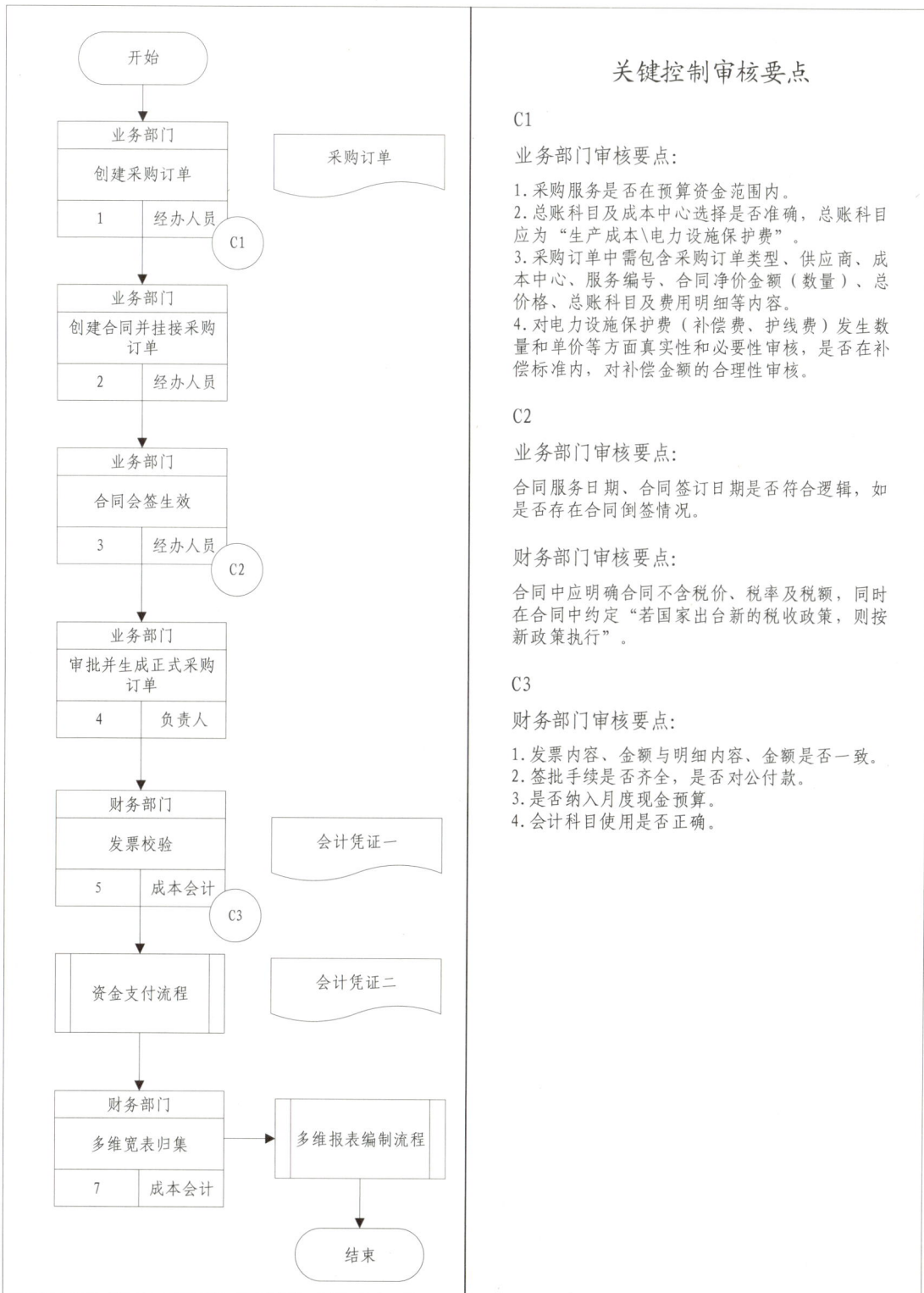

关键控制审核要点

开始

业务部门
创建采购订单
| 1 | 经办人员 | C1

采购订单

业务部门
创建合同并挂接采购订单
| 2 | 经办人员 |

业务部门
合同会签生效
| 3 | 经办人员 | C2

业务部门
审批并生成正式采购订单
| 4 | 负责人 |

财务部门
发票校验
| 5 | 成本会计 | C3

会计凭证一

资金支付流程

会计凭证二

财务部门
多维宽表归集
| 7 | 成本会计 |

多维报表编制流程

结束

C1

业务部门审核要点：

1. 采购服务是否在预算资金范围内。
2. 总账科目及成本中心选择是否准确，总账科目应为"生产成本\电力设施保护费"。
3. 采购订单中需包含采购订单类型、供应商、成本中心、服务编号、合同净价金额（数量）、总价格、总账科目及费用明细等内容。
4. 对电力设施保护费（补偿费、护线费）发生数量和单价等方面真实性和必要性审核，是否在补偿标准内，对补偿金额的合理性审核。

C2

业务部门审核要点：

合同服务日期、合同签订日期是否符合逻辑，如是否存在合同倒签情况。

财务部门审核要点：

合同中应明确合同不含税价、税率及税额，同时在合同中约定"若国家出台新的税收政策，则按新政策执行"。

C3

财务部门审核要点：

1. 发票内容、金额与明细内容、金额是否一致。
2. 签批手续是否齐全，是否对公付款。
3. 是否纳入月度现金预算。
4. 会计科目使用是否正确。

② 通过员工报销系统办理电力设施保护费等日常报销业务（合同签订限额标准以下）

电力设施保护费	业务经办部门：相关部门	流程编号：SG-SD1101
	归口管理部门：安质部门、运检部门	编制单位：国网山东省电力公司

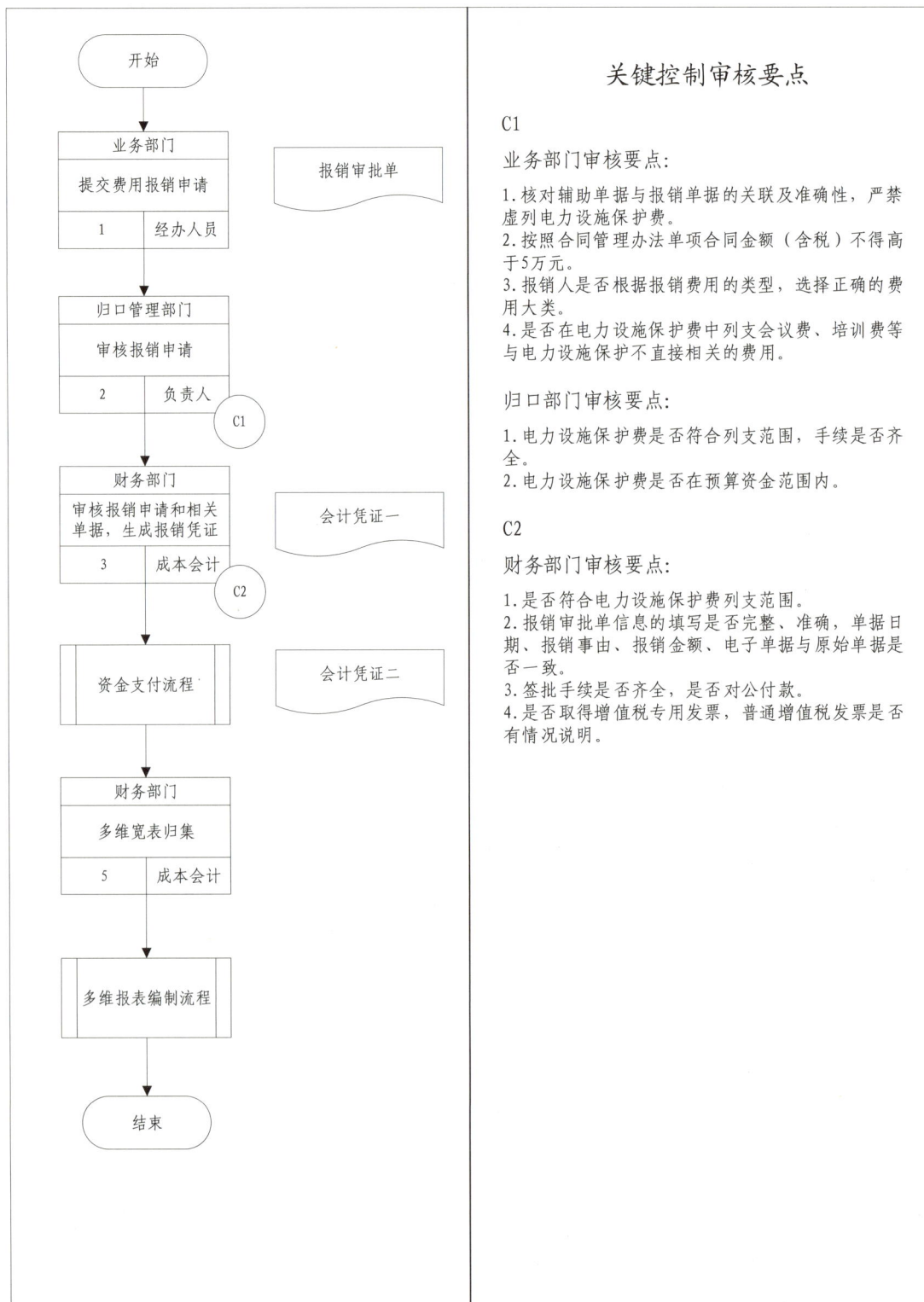

关键控制审核要点

C1

业务部门审核要点：

1.核对辅助单据与报销单据的关联及准确性，严禁虚列电力设施保护费。

2.按照合同管理办法单项合同金额（含税）不得高于5万元。

3.报销人是否根据报销费用的类型，选择正确的费用大类。

4.是否在电力设施保护费中列支会议费、培训费等与电力设施保护不直接相关的费用。

归口部门审核要点：

1.电力设施保护费是否符合列支范围，手续是否齐全。

2.电力设施保护费是否在预算资金范围内。

C2

财务部门审核要点：

1.是否符合电力设施保护费列支范围。

2.报销审批单信息的填写是否完整、准确，单据日期、报销事由、报销金额、电子单据与原始单据是否一致。

3.签批手续是否齐全，是否对公付款。

4.是否取得增值税专用发票，普通增值税发票是否有情况说明。

审核：劳动保护费

1. 业务概述

劳动保护费是按规定发放给职工的安全防护用品、清洁用品、防暑降温药品等。其中，安全防护用品包括工作服、工作帽、工作鞋、手套、防寒服、雨衣、安全帽、安全带等，不包括职工疗养费、职工体检费。

劳动保护费业务涉及两项流程：一是通过 ERP 物资采购流程办理劳动保护费物资采购业务；二是通过员工报销系统办理劳动保护费报销业务。

2. 风险分析

风险分类	风险描述
运营风险	1. 存在超范围、虚假列支风险 2. 未按合同要求取得增值税专用发票，造成公司经济损失 3. 签批手续不完整，存在合规风险
财务风险	1. 未对报销单据的完整性及报销事项与报销单据的一致性复核，可能导致财务数据失真 2. 会计凭证编制未经有效审核，可能导致凭证编制错误未及时被发现，出现会计核算差错问题

3. 权责划分

涉及岗位	关键控制点	权限划分
业务经办人员	提交报销申请	提报权
	提交采购需求	提报权
	物资到货并领用发货	执行权
经办部门负责人	审核报销申请	审核权、审批权
	审核采购需求	审核权、审批权
归口管理部门负责人	审核报销申请	审核权、审批权
	审核采购需求	审核权、审批权
成本管理会计	审核报销申请	审核权
	审核采购需求	审核权
	发票校验	执行权
	生成报销凭证	执行权

4. 制度依据

（1）相关业务制度

《国网山东省电力公司本部办公物资管理办法》（鲁电后勤〔2016〕740号）

（2）相关财务制度

《国家电网公司会计核算办法》（国网（财/2）469-2014）

《国家电网有限公司会计基础管理办法》（国网（财/2）350-2018）

《国家电网公司财务管理通则》（国网（财/1）97-2014）

5. 审核指引

（1）业务流程图

通过流程简图反映劳动保护费业务工作流程，明确对应岗位，确定关键控制点、原始单据等。

（2）关键控制审核要点

针对劳动保护费业务过程中业务经办部门、归口管理部门（安质部门）、财务部门权责划分，确定重点审核要点，指导业财人员协同审核、规范办理此类业务，防范与应对相关风险。

①通过 ERP 物资采购流程办理劳动保护费物资采购业务

劳动保护费	业务经办部门：相关部门	流程编号：SG-SD1102
	归口管理部门：安质部门	编制单位：国网山东省电力公司

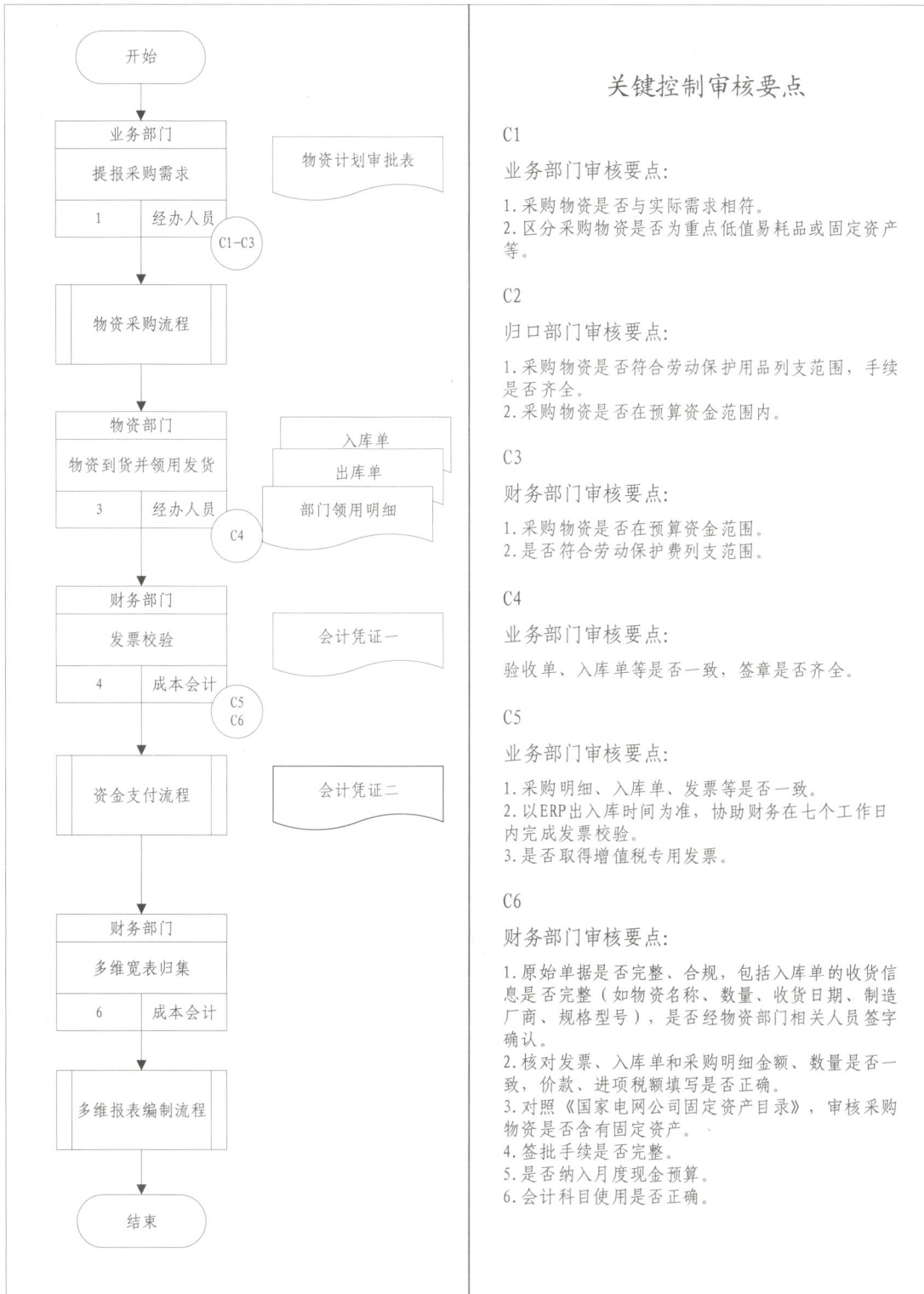

关键控制审核要点

C1

业务部门审核要点：

1.采购物资是否与实际需求相符。

2.区分采购物资是否为重点低值易耗品或固定资产等。

C2

归口部门审核要点：

1.采购物资是否符合劳动保护用品列支范围，手续是否齐全。

2.采购物资是否在预算资金范围内。

C3

财务部门审核要点：

1.采购物资是否在预算资金范围内。

2.是否符合劳动保护费列支范围。

C4

业务部门审核要点：

验收单、入库单等是否一致，签章是否齐全。

C5

业务部门审核要点：

1.采购明细、入库单、发票等是否一致。

2.以ERP出入库时间为准，协助财务在七个工作日内完成发票校验。

3.是否取得增值税专用发票。

C6

财务部门审核要点：

1.原始单据是否完整、合规，包括入库单的收货信息是否完整（如物资名称、数量、收货日期、制造厂商、规格型号），是否经物资部门相关人员签字确认。

2.核对发票、入库单和采购明细金额、数量是否一致，价款、进项税额填写是否正确。

3.对照《国家电网公司固定资产目录》，审核采购物资是否含有固定资产。

4.签批手续是否完整。

5.是否纳入月度现金预算。

6.会计科目使用是否正确。

②通过员工报销系统办理劳动保护费报销业务

劳动保护费	业务经办部门：相关部门	流程编号：SG-SD1102
	归口管理部门：安质部门	编制单位：国网山东省电力公司

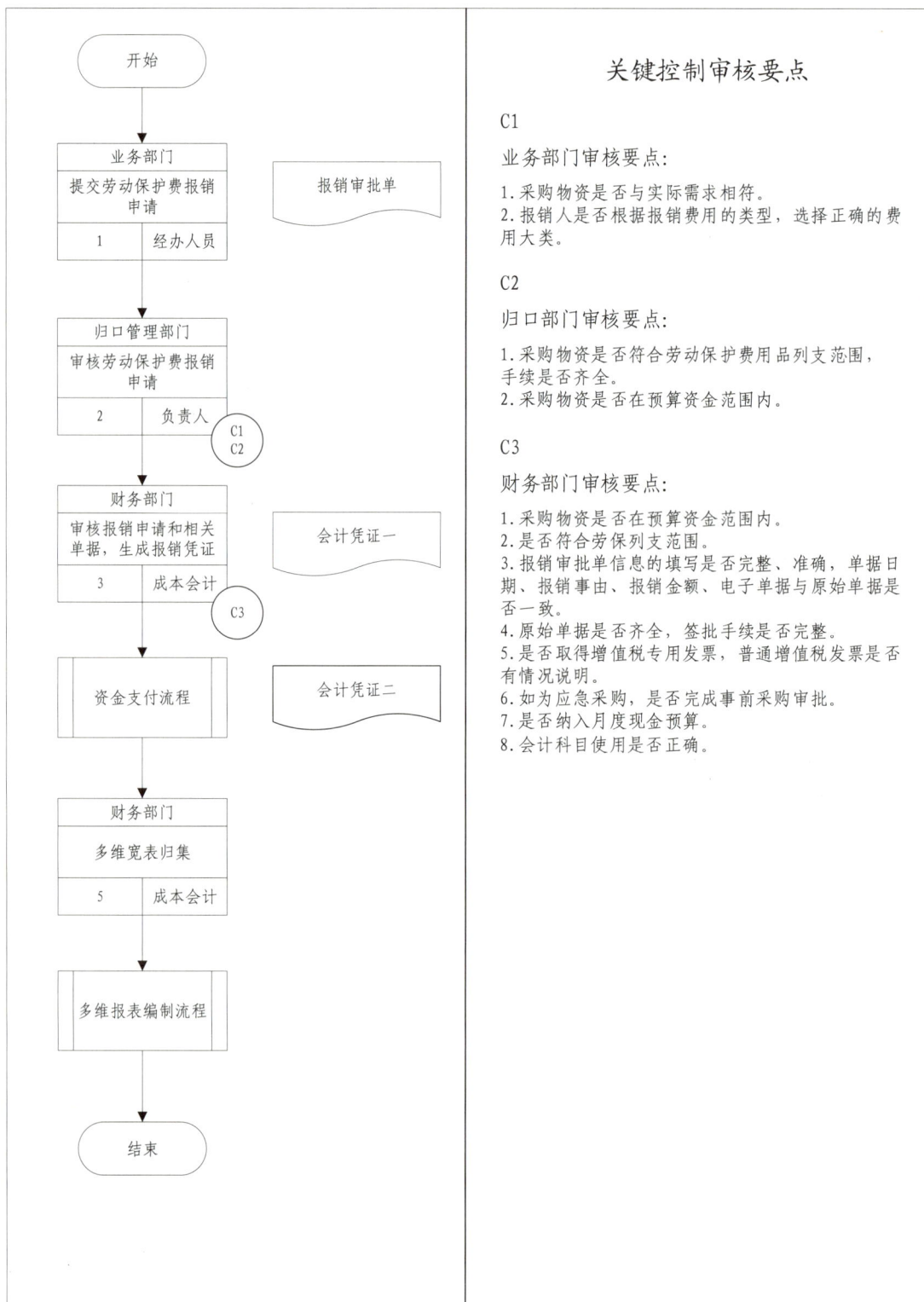

关键控制审核要点

C1

业务部门审核要点：

1. 采购物资是否与实际需求相符。
2. 报销人是否根据报销费用的类型，选择正确的费用大类。

C2

归口部门审核要点：

1. 采购物资是否符合劳动保护用品列支范围，手续是否齐全。
2. 采购物资是否在预算资金范围内。

C3

财务部门审核要点：

1. 采购物资是否在预算资金范围内。
2. 是否符合劳保列支范围。
3. 报销审批单信息的填写是否完整、准确，单据日期、报销事由、报销金额、电子单据与原始单据是否一致。
4. 原始单据是否齐全，签批手续是否完整。
5. 是否取得增值税专用发票，普通增值税发票是否有情况说明。
6. 如为应急采购，是否完成事前采购审批。
7. 是否纳入月度现金预算。
8. 会计科目使用是否正确。

流程图内容：

- 开始
- 业务部门 提交劳动保护费报销申请 1 经办人员 —— 报销审批单
- 归口管理部门 审核劳动保护费报销申请 2 负责人 C1 C2
- 财务部门 审核报销申请和相关单据，生成报销凭证 3 成本会计 —— 会计凭证一 C3
- 资金支付流程 —— 会计凭证二
- 财务部门 多维宽表归集 5 成本会计
- 多维报表编制流程
- 结束

审核：安全费

1. 业务概述

安全费是指完善、改造和维护安全防护设备、设施支出，配备必要的应急救援器材、设备和现场作业人员安全防护物品支出，安全生产检查与评价支出，重大危险源、重大事故隐患的评估、整改、监控支出，安全技能培训及进行应急救援演练支出，其他与安全生产直接相关的支出等。

安全费业务涉及两项流程：一是通过 ERP 物资采购流程办理安全工器具等物资采购业务；二是通过 ERP 服务采购流程办理安全费服务采购业务。

2. 风险分析

风险分类	风险描述
运营风险	1. 存在超范围、虚假列支风险 2. 未按合同要求取得增值税专用发票，造成公司经济损失 3. 签批手续不完整，存在合规风险
财务风险	1. 未对报销单据的完整性及报销事项与报销单据的一致性复核，可能导致财务数据失真 2. 会计凭证编制未经有效审核，可能导致凭证编制错误未及时被发现，出现会计核算差错问题
法律风险	合同未经有效审核，合同条款约定不明确，合同执行不到位，可能引起法律纠纷

3. 权责划分

涉及岗位	关键控制点	权限划分
业务经办人员	提报需求申请	提报权
	物资到货并领用发货	执行权
	创建采购订单	执行权
	发起合同会签	执行权
经办部门负责人	审核采购需求	审核权、审批权
	审核采购订单	审核权、审批权
	合同会签	审核权、审批权
归口管理部门负责人	审核采购需求	审核权、审批权
成本管理会计	审核采购需求	审核权
	发票校验	执行权
	生成报销凭证	执行权

4. 制度依据

（1）相关业务制度

《国网山东省电力公司本部办公物资管理办法》（鲁电后勤〔2016〕740号）

（2）相关财务制度

《国家电网公司会计核算办法》（国网（财/2）469-2014）

《国家电网有限公司会计基础管理办法》（国网（财/2）350-2018）

《国家电网公司财务管理通则》（国网（财/1）97-2014）

5. 审核指引

（1）业务流程图

通过流程简图反映安全费报销业务工作流程，明确对应岗位，确定关键控制点、原始单据等。

（2）关键控制审核要点

针对安全费业务过程中相关业务经办部门、归口管理部门（安质部门）、财务部门权责划分，确定重点审核要点，指导业财人员协同审核、规范办理此类业务，防范与应对相关风险。

① 通过 ERP 物资采购流程办理安全工器具等物资采购业务

	业务经办部门：相关部门	流程编号：SG-SD1103
安全费	归口管理部门：安质部门	编制单位：国网山东省电力公司

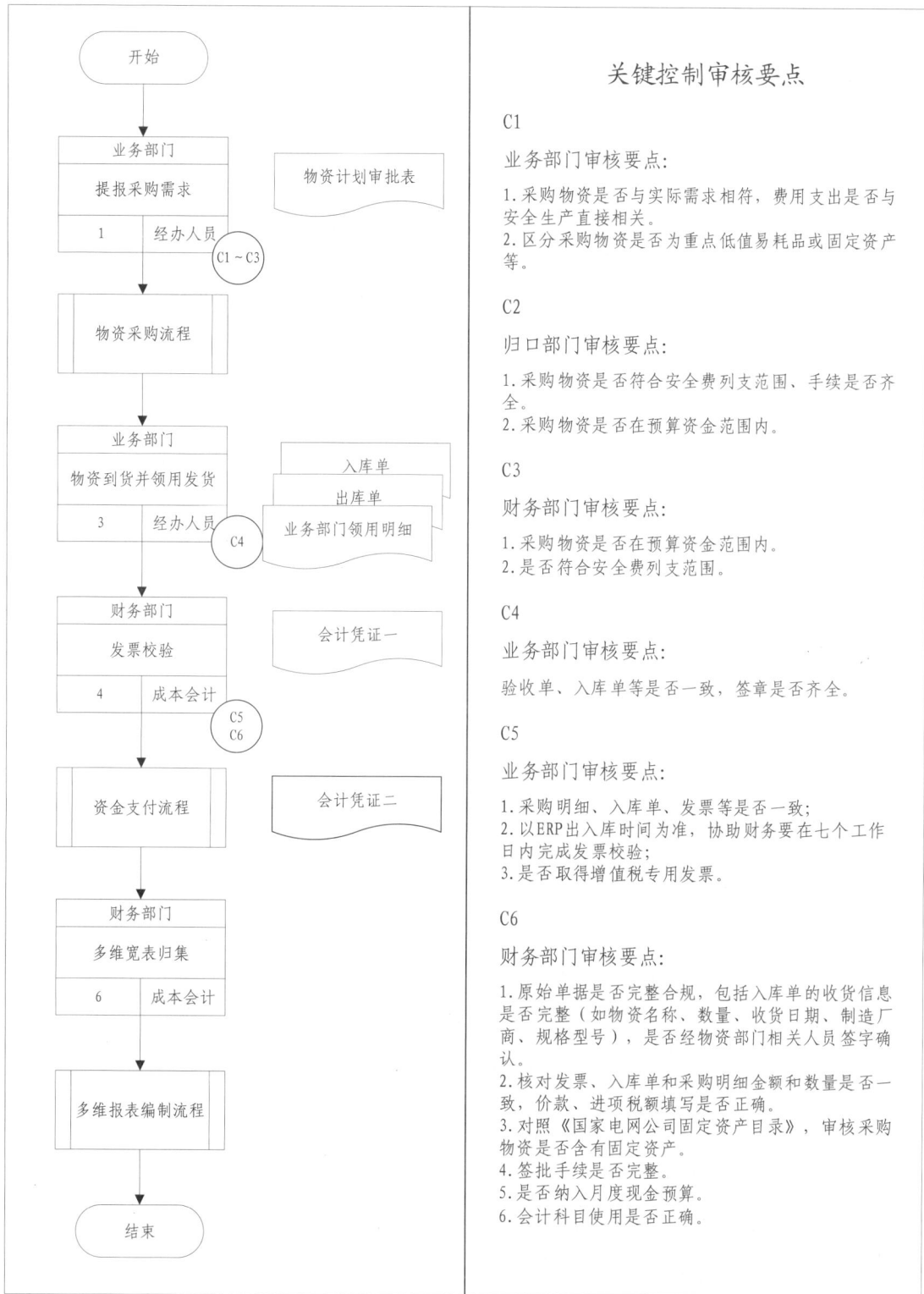

关键控制审核要点

C1

业务部门审核要点：

1. 采购物资是否与实际需求相符，费用支出是否与安全生产直接相关。
2. 区分采购物资是否为重点低值易耗品或固定资产等。

C2

归口部门审核要点：

1. 采购物资是否符合安全费列支范围、手续是否齐全。
2. 采购物资是否在预算资金范围内。

C3

财务部门审核要点：

1. 采购物资是否在预算资金范围内。
2. 是否符合安全费列支范围。

C4

业务部门审核要点：

验收单、入库单等是否一致，签章是否齐全。

C5

业务部门审核要点：

1. 采购明细、入库单、发票等是否一致；
2. 以 ERP 出入库时间为准，协助财务要在七个工作日内完成发票校验；
3. 是否取得增值税专用发票。

C6

财务部门审核要点：

1. 原始单据是否完整合规，包括入库单的收货信息是否完整（如物资名称、数量、收货日期、制造厂商、规格型号），是否经物资部门相关人员签字确认。
2. 核对发票、入库单和采购明细金额和数量是否一致，价款、进项税额填写是否正确。
3. 对照《国家电网公司固定资产目录》，审核采购物资是否含有固定资产。
4. 签批手续是否完整。
5. 是否纳入月度现金预算。
6. 会计科目使用是否正确。

流程图（左栏）：

开始 → 业务部门 提报采购需求 1 经办人员（C1～C3，物资计划审批表）→ 物资采购流程 → 业务部门 物资到货并领用发货 3 经办人员（C4，入库单、出库单、业务部门领用明细）→ 财务部门 发票校验 4 成本会计（C5 C6，会计凭证一）→ 资金支付流程（会计凭证二）→ 财务部门 多维宽表归集 6 成本会计 → 多维报表编制流程 → 结束

② **通过 ERP 服务采购流程办理安全费服务采购业务**

安全费	业务经办部门：相关部门	流程编号：SG-SD1103
	归口管理部门：安质部门	编制单位：国网山东省电力公司

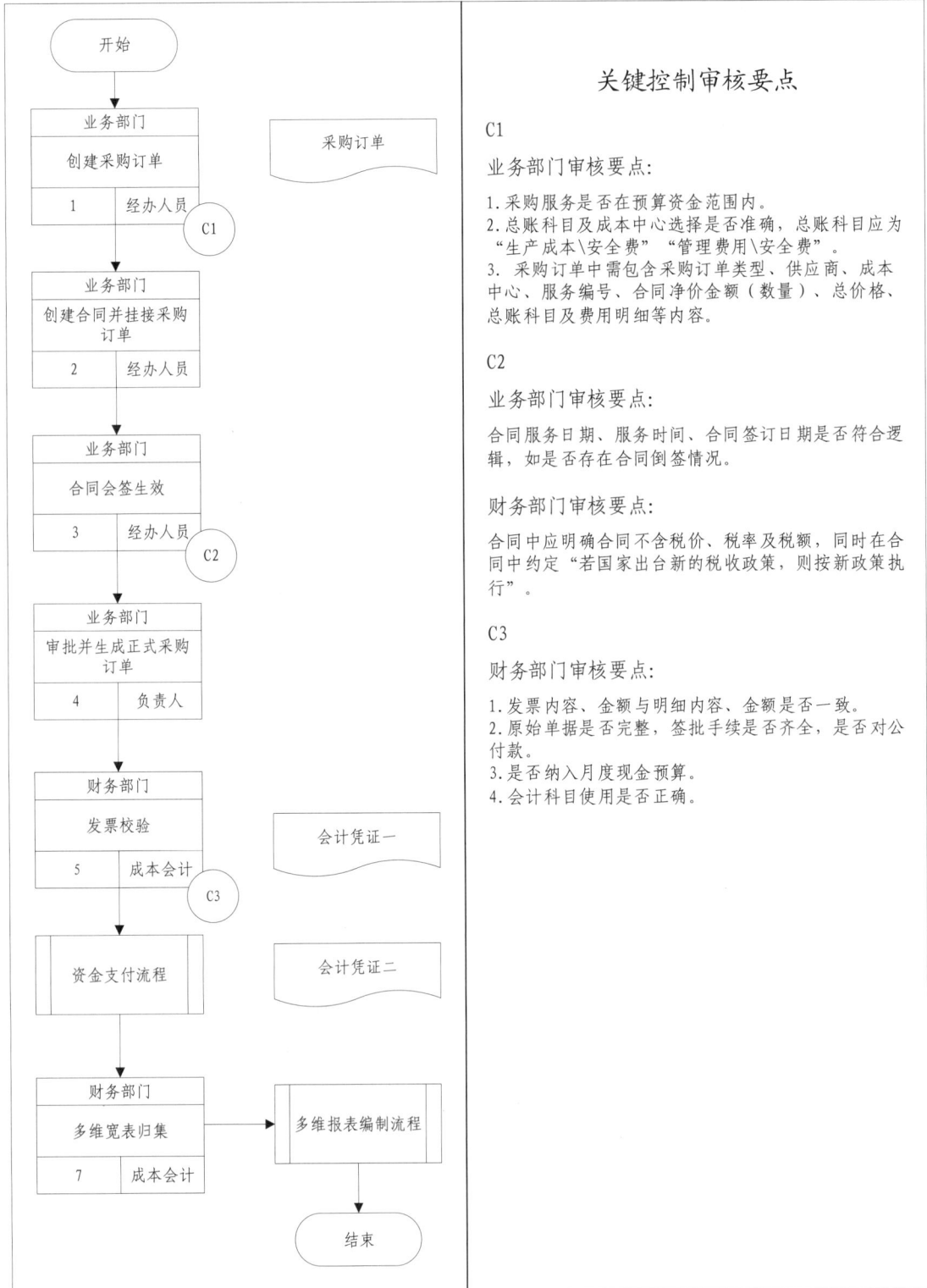

关键控制审核要点

开始

业务部门
创建采购订单
1　经办人员　C1

采购订单

业务部门
创建合同并挂接采购订单
2　经办人员

业务部门
合同会签生效
3　经办人员　C2

业务部门
审批并生成正式采购订单
4　负责人

财务部门
发票校验
5　成本会计　C3

会计凭证一

资金支付流程

会计凭证二

财务部门
多维宽表归集
7　成本会计

多维报表编制流程

结束

C1

业务部门审核要点：

1. 采购服务是否在预算资金范围内。
2. 总账科目及成本中心选择是否准确，总账科目应为"生产成本\安全费""管理费用\安全费"。
3. 采购订单中需包含采购订单类型、供应商、成本中心、服务编号、合同净价金额（数量）、总价格、总账科目及费用明细等内容。

C2

业务部门审核要点：

合同服务日期、服务时间、合同签订日期是否符合逻辑，如是否存在合同倒签情况。

财务部门审核要点：

合同中应明确合同不含税价、税率及税额，同时在合同中约定"若国家出台新的税收政策，则按新政策执行"。

C3

财务部门审核要点：

1. 发票内容、金额与明细内容、金额是否一致。
2. 原始单据是否完整，签批手续是否齐全，是否对公付款。
3. 是否纳入月度现金预算。
4. 会计科目使用是否正确。

十二、物资管理业务

审核：物资采购

1. 业务概述

物资采购是指公司日常生产管理中因检修运维、办公需要等耗用材料而发生的物资采购业务。

2. 风险分析

风险分类	风险描述
运营风险	1. 采购物资与项目实施内容不符，导致虚假采购，造成损失 2. 货物交接单未签字盖章，导致账实不符、资产流失 3. 未按规定履行招标程序 4. 实际收到的货物与货物交接单不一致，导致收货不实现象，造成损失 5. 到货验收单、采购订单上物资的名称、金额、数量等不一致，导致物资入库失真，造成损失
法律风险	合同未经有效审核，合同条款约定不明确，合同执行不到位，可能引起法律纠纷

3. 权责划分

涉及岗位	关键控制点	权限划分
业务经办人员	提报物资请购单，履行审批程序	提报权
	提报物资采购申请，履行审批程序	提报权
经办部门负责人	审核物资采购申请、物资采购订单	审核权、审批权
物资部门负责人	审核物资采购申请、物资采购订单	审核权、审批权

4. 制度依据

（1）相关业务制度

《国网山东省电力公司办公类物资电商化采购 _ 操作手册 _ 物资部分》

《国家电网有限公司采购活动管理办法》（国网（物资 /2）121-2019）

《国家电网有限公司采购业务实施细则》（国网（物资 /4）239-2019）

《国家电网公司物资采购标准管理细则》（国网（物资 /4）251-2014）

《国家电网公司物资采购标准管理办法》（国网（物资 /2）160-2014）

（2）相关财务制度

无。

5. 审核指引

（1）业务流程图

通过流程简图反映物资采购业务工作流程，明确对应岗位，确定关键控制点、原始单据等。

（2）关键控制审核要点

针对物资采购过程中相关业务经办部门、物资部门权责划分，确定重点审核要点，指导业务人员协同审核、规范办理此类业务，防范与应对相关风险。

通过电商平台发生物资采购业务

物资采购	业务经办部门：相关部门	流程编号：SG-SD1201
	归口管理部门：物资部门	编制单位：国网山东省电力公司

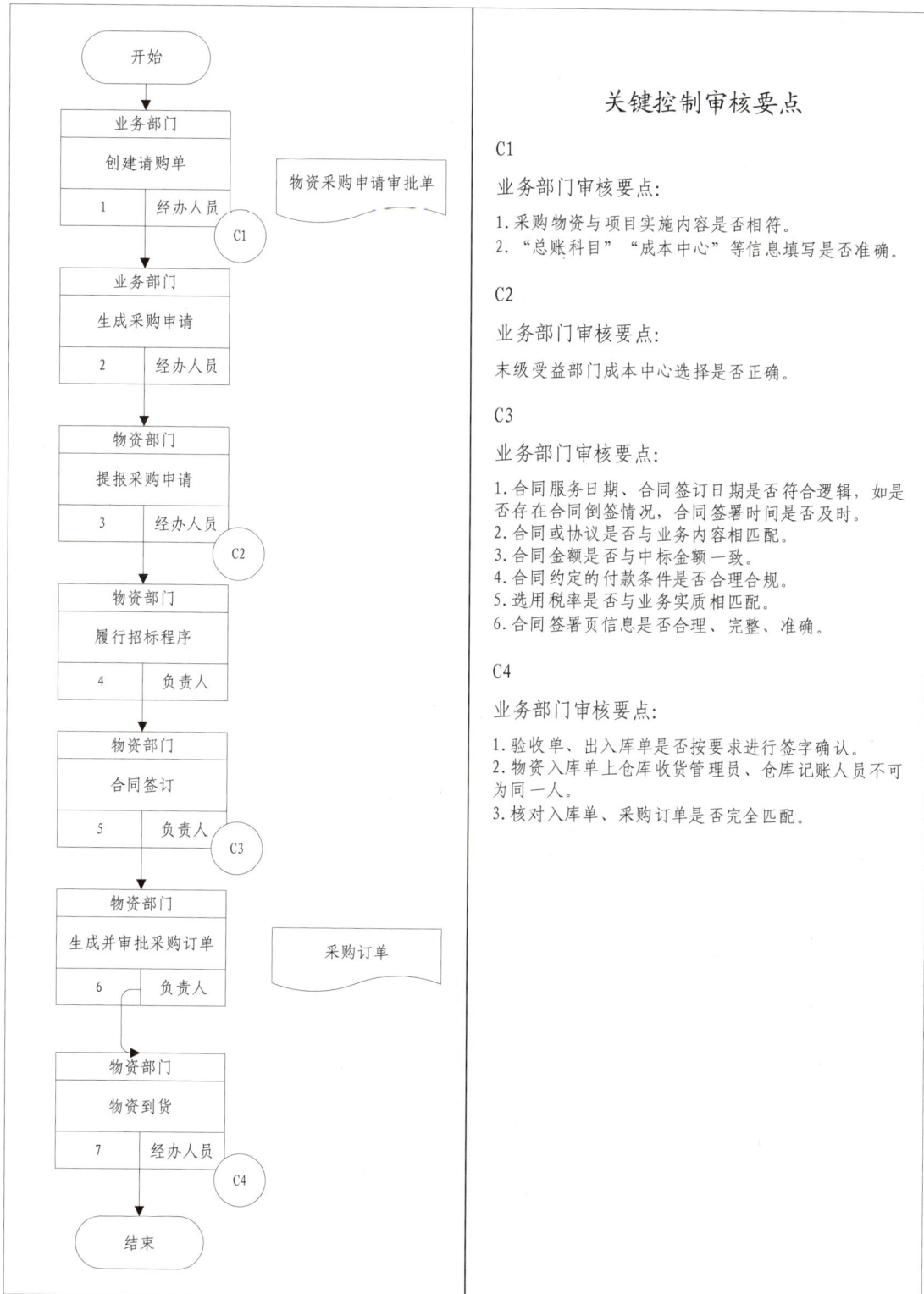

开始

业务部门
创建请购单
| 1 | 经办人员 |

物资采购申请审批单

C1

业务部门
生成采购申请
| 2 | 经办人员 |

C2

物资部门
提报采购申请
| 3 | 经办人员 |

物资部门
履行招标程序
| 4 | 负责人 |

物资部门
合同签订
| 5 | 负责人 |

C3

物资部门
生成并审批采购订单
| 6 | 负责人 |

采购订单

物资部门
物资到货
| 7 | 经办人员 |

C4

结束

关键控制审核要点

C1

业务部门审核要点：

1.采购物资与项目实施内容是否相符。
2."总账科目""成本中心"等信息填写是否准确。

C2

业务部门审核要点：

末级受益部门成本中心选择是否正确。

C3

业务部门审核要点：

1.合同服务日期、合同签订日期是否符合逻辑，如是否存在合同倒签情况，合同签署时间是否及时。
2.合同或协议是否与业务内容相匹配。
3.合同金额是否与中标金额一致。
4.合同约定的付款条件是否合理合规。
5.选用税率是否与业务实质相匹配。
6.合同签署页信息是否合理、完整、准确。

C4

业务部门审核要点：

1.验收单、出入库单是否按要求进行签字确认。
2.物资入库单上仓库收货管理员、仓库记账人员不可为同一人。
3.核对入库单、采购订单是否完全匹配。

审核：废旧物资处置

1. 业务概述

废旧物资是指已办理固定资产报废手续的物资、已办理流动资产报废手续的库存物资及已办理固定资产退役手续可以再利用的物资等。废旧物资处置主要分为再利用和报废变卖处理两种方式，实行"统一管理、合理利用、集中处置"原则。

2. 风险分析

风险分类	风险描述
运营风险	工作人员利用职权在废旧物资处置过程中出现谋取私利等行为的可能性
	工作人员在废旧物资处置过程中发生不合规行为，导致公司受到处罚或产生损失及其他负面影响的可能性
财务风险	1. 未对废旧物资处置的手续、单据的完整性进行有效复核，可能导致财务数据失真 2. 会计凭证编制未经有效审核，可能导致凭证编制错误未及时被发现，出现会计核算差错问题

3. 权责划分

涉及岗位	关键控制点	权限划分
实物保管人员	提报资产报废工作流	提报权
	将废旧物资移交物资部门	执行权
物资部门人员	对处置物资组织评估	执行权
	提报发票申请及收款申请	提报权
	履行线上废旧物资处置回收程序	执行权
运检部门人员	对报废工作流进行审批	审核权、审批权
资产管理会计	对报废工作流进行审批	审核权、审批权
	取得相关发票	执行权
	对废旧物资收入进行账务核算	执行权
	进行收入分摊	执行权
财务部门负责人	对报废工作流进行审批	审核权、审批权

4. 制度依据

（1）相关业务制度

《国家电网有限公司废旧物资管理办法》（国网（物资 /2）127-2018）

《国家电网有限公司报废物资处置管理细则》（国网（物资 /4）246-2018）

（2）相关财务制度

《国家电网公司会计核算办法》（国网（财 /2）469-2014）

《国家电网有限公司会计基础管理办法》（国网（财 /2）350-2018）

《国家电网公司财务管理通则》（国网（财 /1）97-2014）

5. 审核指引

（1）业务流程图

通过流程简图反映废旧物资处置业务工作流程，明确对应岗位，确定关键控制点、原始单据等。

（2）关键控制审核要点

针对废旧物资处置业务过程中相关业务经办部门、归口管理部门、财务部门权责划分，确定重点审核要点，指导业财人员协同审核、规范办理此类业务，防范与应对相关风险。

| 废旧物资处置 | 业务经办部门：相关部门 | 流程编号：SG-SD1202 |
| | 归口管理部门： | 编制单位：国网山东省电力公司 |

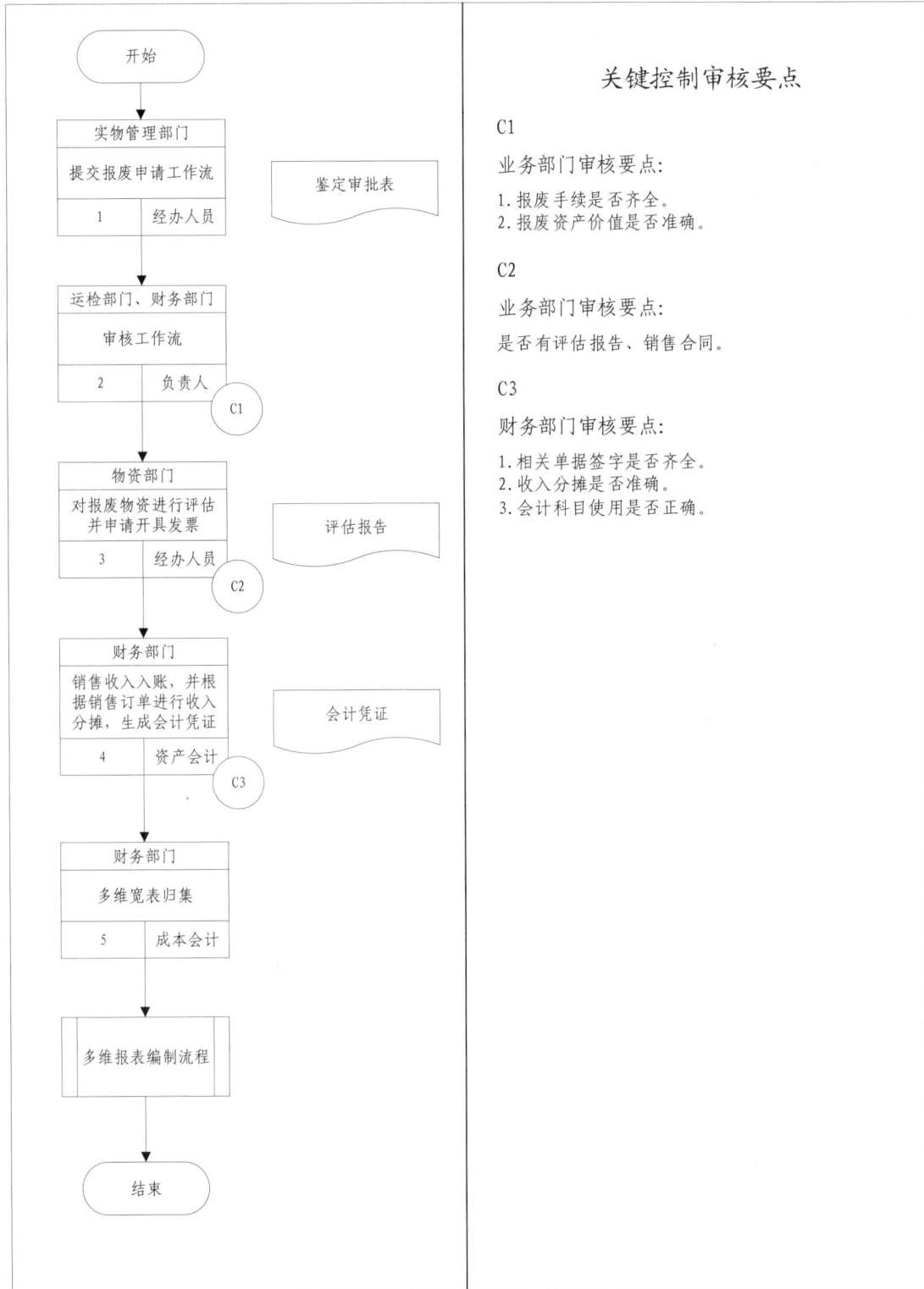

开始

实物管理部门
提交报废申请工作流
| 1 | 经办人员 |

鉴定审批表

运检部门、财务部门
审核工作流
| 2 | 负责人 |

C1

物资部门
对报废物资进行评估并申请开具发票
| 3 | 经办人员 |

评估报告

C2

财务部门
销售收入入账，并根据销售订单进行收入分摊，生成会计凭证
| 4 | 资产会计 |

会计凭证

C3

财务部门
多维宽表归集
| 5 | 成本会计 |

多维报表编制流程

结束

关键控制审核要点

C1

业务部门审核要点：

1.报废手续是否齐全。
2.报废资产价值是否准确。

C2

业务部门审核要点：

是否有评估报告、销售合同。

C3

财务部门审核要点：

1.相关单据签字是否齐全。
2.收入分摊是否准确。
3.会计科目使用是否正确。

十三、外联业务

审核：广告宣传费

1. 业务概述

广告宣传费是供电企业为电力营销、企业形象、企业文化等开展的宣传推广、发布广告等活动而发生的费用，包括营销服务宣传费、企业形象宣传费、企业文化宣传费、广告费等。

广告宣传费业务涉及两项流程：一是通过 ERP 服务采购流程办理广告宣传费等服务采购业务（合同签订限额标准以上）；二是通过员工报销系统办理广告宣传费等日常报销业务（合同签订限额标准以下）。

2. 风险分析

风险分类	风险描述
运营风险	1. 存在超范围、虚假列支风险 2. 未按合同要求取得增值税专用发票，造成公司经济损失 3. 签批手续不完整，存在合规风险
财务风险	1. 未对报销单据的完整性及报销事项与报销单据的一致性复核，可能导致财务数据失真 2. 会计凭证编制未经有效审核，可能导致凭证编制错误未及时被发现，出现会计核算差错问题
法律风险	合同未经有效审核，合同条款约定不明确，合同执行不到位，可能引起法律纠纷

3. 权责划分

涉及岗位	关键控制点	权限划分
业务经办人员	提交报销单据	提报权
	创建采购订单	执行权
	发起合同会签	执行权
经办部门负责人	审核报销单据	审核权、审批权
	审核采购订单	审核权、审批权
	合同会签	审核权、审批权
归口管理部门负责人	审核报销单据	审核权、审批权
成本管理会计	审核报销申请	审核权
	发票校验	执行权
	生成报销凭证	执行权

4. 制度依据

（1）相关业务制度

无。

（2）相关财务制度

《国家电网公司会计核算办法》（国网（财/2）469-2014）

《国家电网有限公司会计基础管理办法》（国网（财/2）350-2018）

《国家电网公司财务管理通则》（国网（财/1）97-2014）

5. 审核指引

（1）业务流程图

通过流程简图反映广告宣传费业务工作流程，明确对应岗位，确定关键控制点、原始单据等。

（2）关键控制审核要点

针对广告宣传费业务过程中业务经办部门、归口管理部门（办公室）、财务部门权责划分，确定重点审核要点，指导业财人员协同审核、规范办理此类业务，防范与应对相关风险。

①通过 ERP 服务采购流程办理广告宣传费等服务采购业务（合同签订限额标准以上）

广告宣传费	业务经办部门：相关部门	流程编号：SG-SD1301
	归口管理部门：办公室	编制单位：国网山东省电力公司

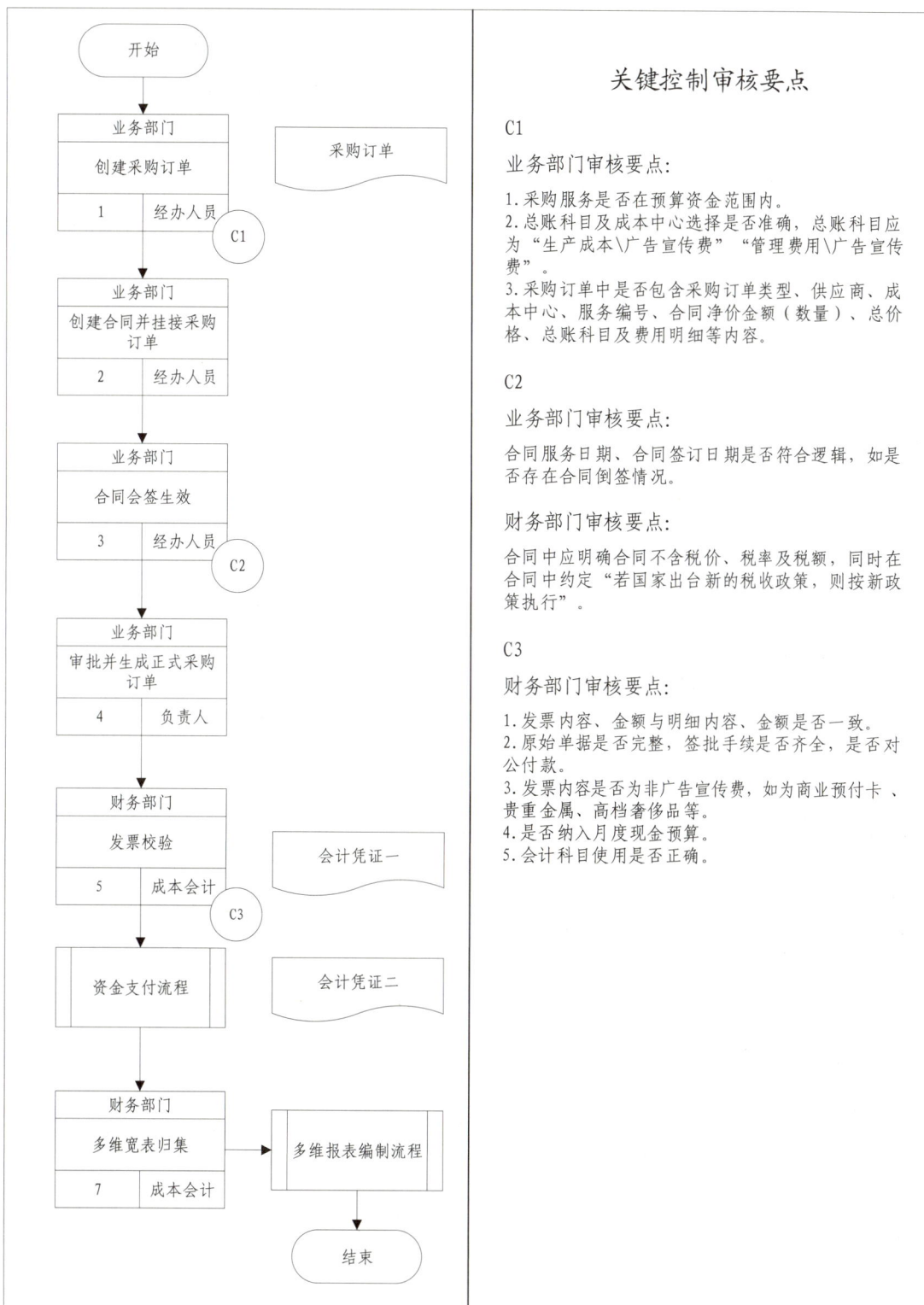

关键控制审核要点

C1

业务部门审核要点：

1. 采购服务是否在预算资金范围内。
2. 总账科目及成本中心选择是否准确，总账科目应为"生产成本\广告宣传费""管理费用\广告宣传费"。
3. 采购订单中是否包含采购订单类型、供应商、成本中心、服务编号、合同净价金额（数量）、总价格、总账科目及费用明细等内容。

C2

业务部门审核要点：

合同服务日期、合同签订日期是否符合逻辑，如是否存在合同倒签情况。

财务部门审核要点：

合同中应明确合同不含税价、税率及税额，同时在合同中约定"若国家出台新的税收政策，则按新政策执行"。

C3

财务部门审核要点：

1. 发票内容、金额与明细内容、金额是否一致。
2. 原始单据是否完整，签批手续是否齐全，是否对公付款。
3. 发票内容是否为非广告宣传费，如为商业预付卡、贵重金属、高档奢侈品等。
4. 是否纳入月度现金预算。
5. 会计科目使用是否正确。

②通过员工报销系统办理广告宣传费等日常报销业务（合同签订限额标准以下）

| 广告宣传费 | 业务经办部门：相关部门 | 流程编号：SG-SD1301 |
| | 归口管理部门：办公室 | 编制单位：国网山东省电力公司 |

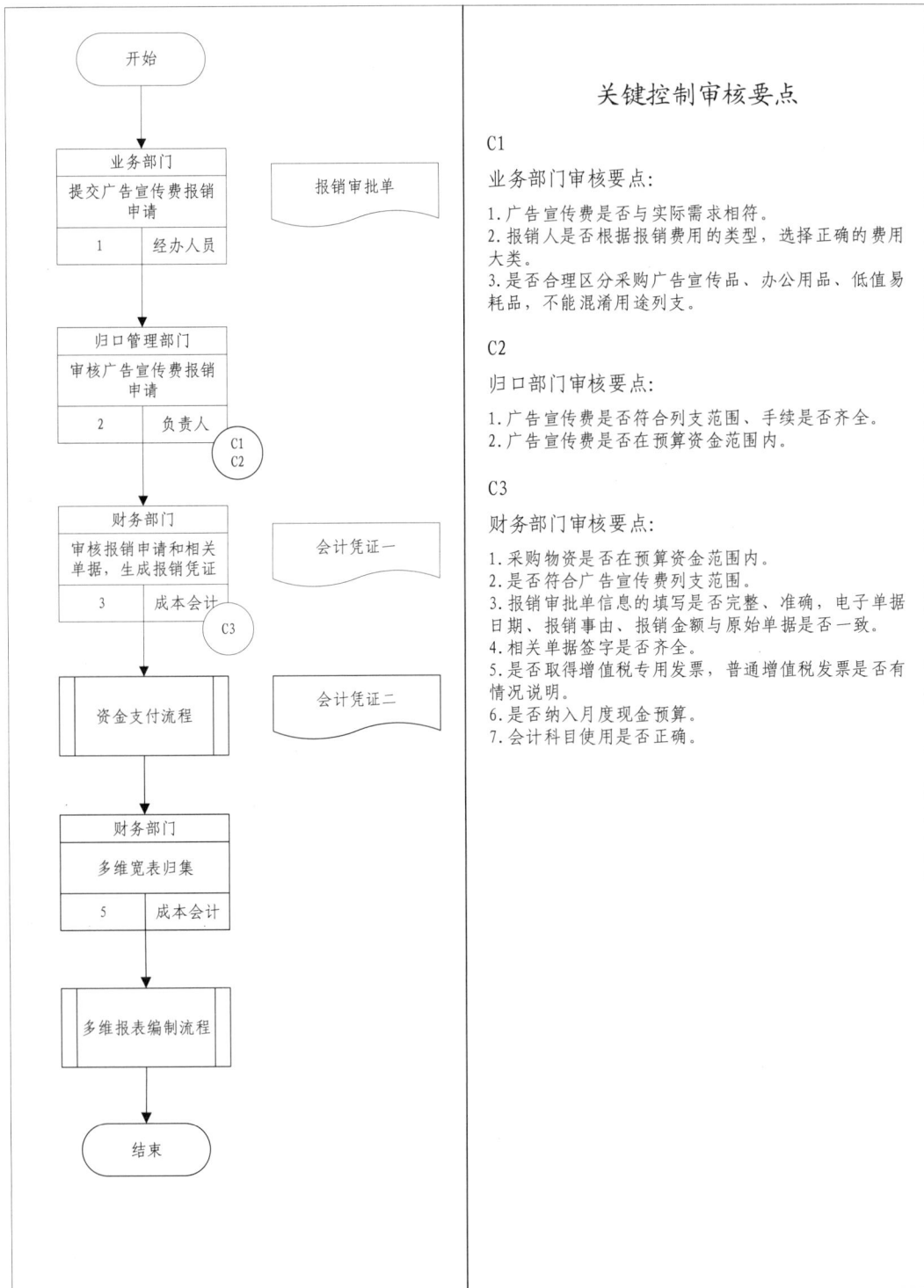

关键控制审核要点

C1

业务部门审核要点：

1. 广告宣传费是否与实际需求相符。
2. 报销人是否根据报销费用的类型，选择正确的费用大类。
3. 是否合理区分采购广告宣传品、办公用品、低值易耗品，不能混淆用途列支。

C2

归口部门审核要点：

1. 广告宣传费是否符合列支范围、手续是否齐全。
2. 广告宣传费是否在预算资金范围内。

C3

财务部门审核要点：

1. 采购物资是否在预算资金范围内。
2. 是否符合广告宣传列支范围。
3. 报销审批单信息的填写是否完整、准确，电子单据日期、报销事由、报销金额与原始单据是否一致。
4. 相关单据签字是否齐全。
5. 是否取得增值税专用发票，普通增值税发票是否有情况说明。
6. 是否纳入月度现金预算。
7. 会计科目使用是否正确。

审核：公益性捐赠支出

1. 业务概述

公益性捐赠支出是指公益、救济性捐赠，是纳税人通过中国境内非营利的社会团体、国家机关，向教育、民政等公益事业和遭受自然灾害地区、贫困地区的捐赠。

2. 风险分析

风险分类	风险描述
运营风险	1. 捐赠申请未经有效审批，导致入账依据不充分 2. 相关合同或协议、政府文件或情况说明未经有效审核，没有正确区分是公益性捐赠还是对外捐赠，导致报销事宜不相符
财务风险	1. 未对报销单据的完整性及报销事项与报销单据的一致性复核，可能导致财务数据失真 2. 会计凭证编制未经有效审核，可能导致凭证编制错误未及时被发现，出现会计核算差错问题

3. 权责划分

涉及岗位	关键控制点	权限划分
业务经办人员	提交报销申请	提报权
经办部门负责人	审核报销单据	审核权、审批权
归口管理部门负责人	审核报销单据	审核权、审批权
成本管理会计	审核报销单据	审核权
	生成报销凭证	执行权

4. 制度依据

（1）相关业务制度

《国家电网有限公司对外捐赠管理办法》（国网（外联/2）236-2019）

《国家电网有限公司扶贫捐赠实施细则》（国网（外联/4）942-2019)

（2）相关财务制度

《国家电网公司会计核算办法》（国网（财/2）469-2014）

《国家电网有限公司会计基础管理办法》（国网（财/2）350-2018）

《国家电网公司财务管理通则》（国网（财/1）97-2014）

5. 审核指引

（1）业务流程图

通过流程简图反映公益性捐赠支出业务工作流程，明确对应岗位，确定关键控制点、原始单据等。

（2）关键控制审核要点

针对公益性捐赠支出过程中业务经办部门、归口管理部门、财务部门权责划分，确定重点审核要点，指导业财人员协同审核、规范办理此类业务，防范与应对相关风险。

通过通用业务单据办理

公益性捐赠支出	业务经办部门：相关部门		流程编号：SG-SD1302
	归口管理部门：		编制单位：国网山东省电力公司

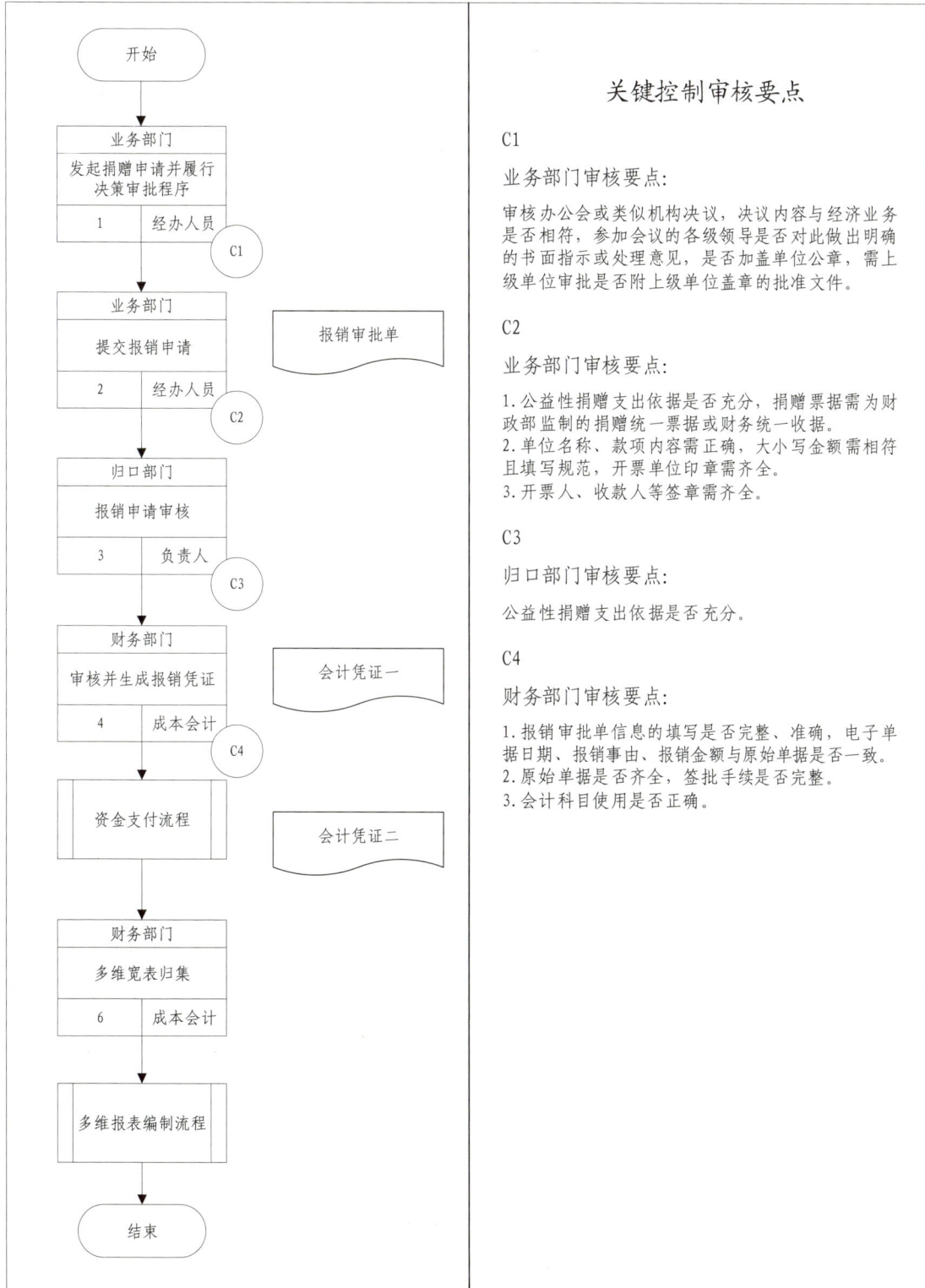

关键控制审核要点

C1

业务部门审核要点：

审核办公会或类似机构决议，决议内容与经济业务是否相符，参加会议的各级领导是否对此做出明确的书面指示或处理意见，是否加盖单位公章，需上级单位审批是否附上级单位盖章的批准文件。

C2

业务部门审核要点：

1. 公益性捐赠支出依据是否充分，捐赠票据需为财政部监制的捐赠统一票据或财务统一收据。
2. 单位名称、款项内容需正确，大小写金额需相符且填写规范，开票单位印章需齐全。
3. 开票人、收款人等签章需齐全。

C3

归口部门审核要点：

公益性捐赠支出依据是否充分。

C4

财务部门审核要点：

1. 报销审批单信息的填写是否完整、准确，电子单据日期、报销事由、报销金额与原始单据是否一致。
2. 原始单据是否齐全，签批手续是否完整。
3. 会计科目使用是否正确。

流程图：

开始

业务部门
发起捐赠申请并履行决策审批程序
1　经办人员　C1

业务部门
提交报销申请
2　经办人员　C2
（报销审批单）

归口部门
报销申请审核
3　负责人　C3

财务部门
审核并生成报销凭证
4　成本会计　C4
（会计凭证一）

资金支付流程
（会计凭证二）

财务部门
多维宽表归集
6　成本会计

多维报表编制流程

结束

十四、党建活动业务

审核：党组织工作经费

1. 业务概述

党组织工作经费是指各单位用于党建工作和活动所发生的费用。按照中共中央组织部、财政部、国务院国资委党委、国家税务总局《关于国有企业党组织工作经费问题的通知》（组通字〔2017〕38号），党组织工作经费列支范围包括开展党建工作和活动相关的交通费、住宿费、伙食费、租车费、场地费、会议费、宣传费和其他费用。

2. 风险分析

风险分类	风险描述
运营风险	1. 存在超范围、虚假列支风险 2. 签批手续不完整，存在合规风险
财务风险	1. 未对报销单据的完整性及报销事项与报销单据的一致性复核，可能导致财务数据失真 2. 会计凭证编制未经有效审核，可能导致凭证编制错误未及时被发现，出现会计核算差错问题

3. 权责划分

涉及岗位	关键控制点	权限划分
业务经办人员	提交报销申请	提报权
经办部门负责人	审核报销申请	审核权、审批权
归口管理部门负责人	审核报销申请	审核权、审批权
成本管理会计	审核报销申请	审核权
	生成报销凭证	执行权

4. 制度依据

（1）相关业务制度

《国家电网有限公司党组织工作经费管理办法（试行）》（国网（政工/2）938-2018（F））
《国网山东省电力公司党组织工作经费使用管理实施细则（试行）》（鲁电党〔2018〕198号）

（2）相关财务制度

《国家电网公司会计核算办法》（国网（财/2）469-2014）
《国家电网有限公司会计基础管理办法》（国网（财/2）350-2018）
《国家电网公司财务管理通则》（国网（财/1）97-2014）

5. 审核指引

（1）业务流程图

通过流程简图反映党组织工作经费业务工作流程，明确对应岗位，确定关键控制点、原始单据等。

（2）关键控制审核要点

针对党组织工作经费业务过程中业务经办部门、归口管理部门（党群工作部）、财务部门权责划分，确定重点审核要点，指导业财人员协同审核、规范办理此类业务，防范与应对相关风险。

通过 ERP 系统办理企业党组织工作经费报销业务

	业务经办部门：相关部门	流程编号：SG-SD1401
党组织工作经费	归口管理部门：党群工作部	编制单位：国网山东省电力公司

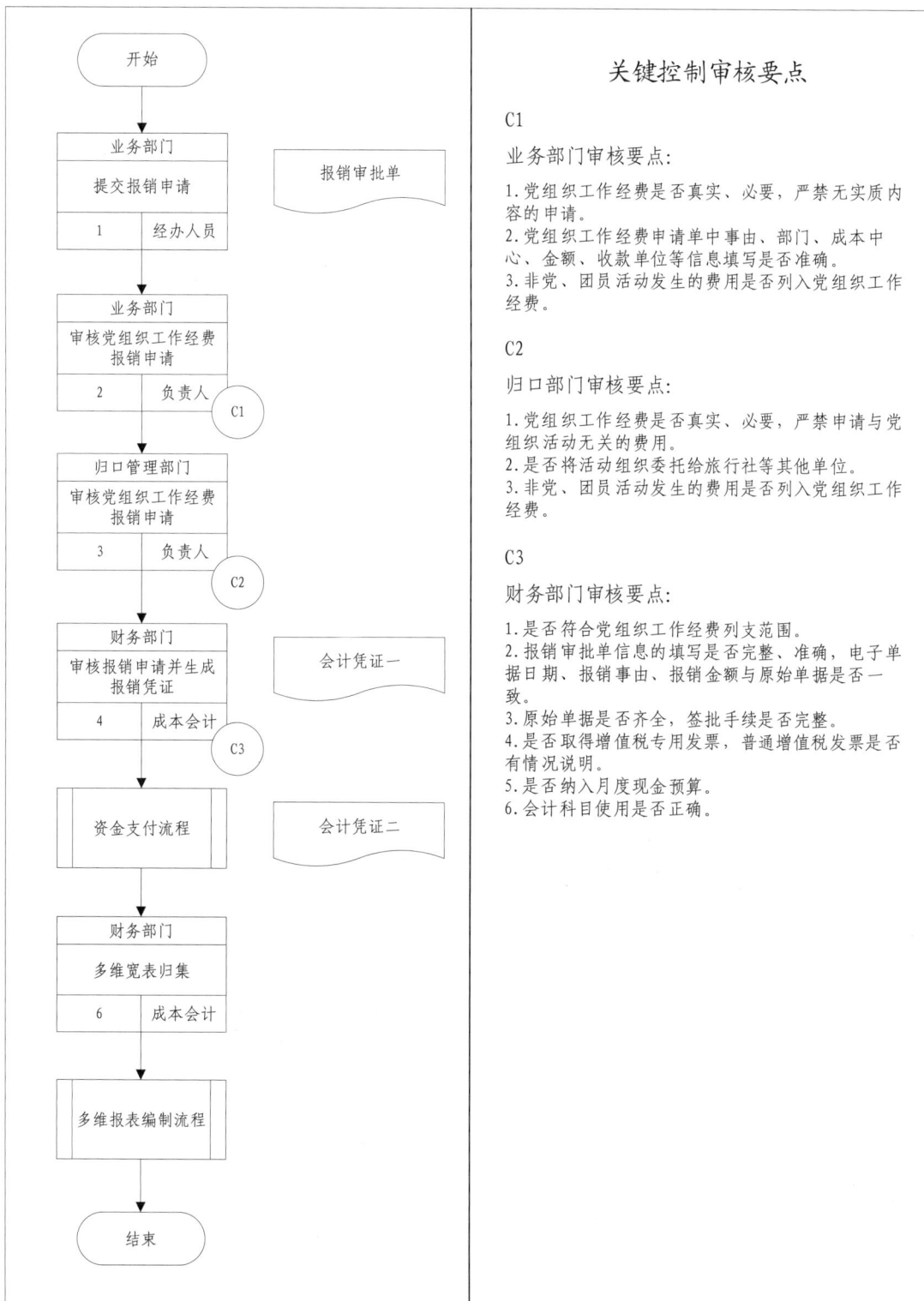

关键控制审核要点

```
开始
  │
  ▼
┌─────────────┐
│  业务部门    │        ┌──────────┐
│ 提交报销申请  │        │ 报销审批单 │
│ 1  经办人员  │        └──────────┘
└─────────────┘
  │
  ▼
┌─────────────┐
│  业务部门    │
│ 审核党组织工作经费│
│  报销申请    │
│ 2  负责人 ○C1│
└─────────────┘
  │
  ▼
┌─────────────┐
│  归口管理部门 │
│ 审核党组织工作经费│
│  报销申请    │
│ 3  负责人 ○C2│
└─────────────┘
  │
  ▼
┌─────────────┐
│  财务部门    │        ┌──────────┐
│ 审核报销申请并生成│       │ 会计凭证一 │
│  报销凭证    │        └──────────┘
│ 4  成本会计 ○C3│
└─────────────┘
  │
  ▼
┌─────────────┐
│  资金支付流程 │        ┌──────────┐
│             │        │ 会计凭证二 │
└─────────────┘        └──────────┘
  │
  ▼
┌─────────────┐
│  财务部门    │
│  多维宽表归集 │
│ 6  成本会计  │
└─────────────┘
  │
  ▼
┌─────────────┐
│ 多维报表编制流程│
└─────────────┘
  │
  ▼
结束
```

C1

业务部门审核要点：

1. 党组织工作经费是否真实、必要，严禁无实质内容的申请。
2. 党组织工作经费申请单中事由、部门、成本中心、金额、收款单位等信息填写是否准确。
3. 非党、团员活动发生的费用是否列入党组织工作经费。

C2

归口部门审核要点：

1. 党组织工作经费是否真实、必要，严禁申请与党组织活动无关的费用。
2. 是否将活动组织委托给旅行社等其他单位。
3. 非党、团员活动发生的费用是否列入党组织工作经费。

C3

财务部门审核要点：

1. 是否符合党组织工作经费列支范围。
2. 报销审批单信息的填写是否完整、准确，电子单据日期、报销事由、报销金额与原始单据是否一致。
3. 原始单据是否齐全，签批手续是否完整。
4. 是否取得增值税专用发票，普通增值税发票是否有情况说明。
5. 是否纳入月度现金预算。
6. 会计科目使用是否正确。